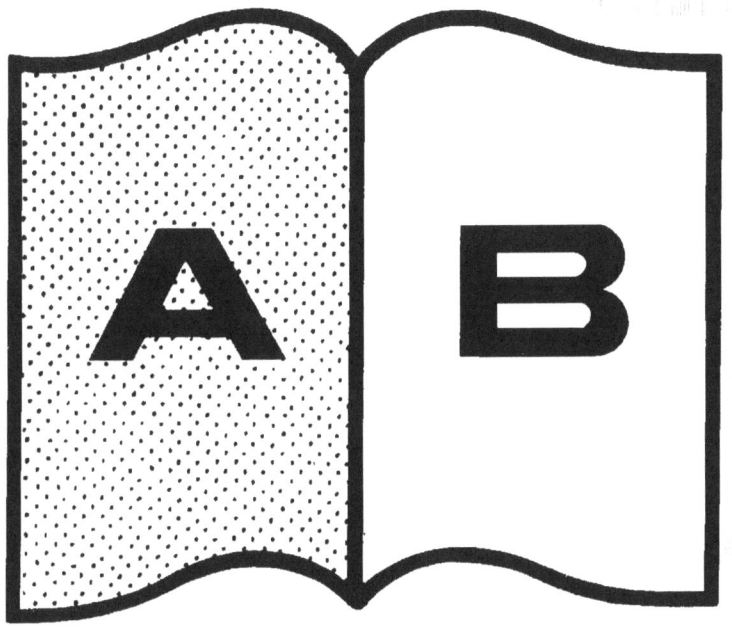

Contraste insuffisant

NF Z 43-120-14

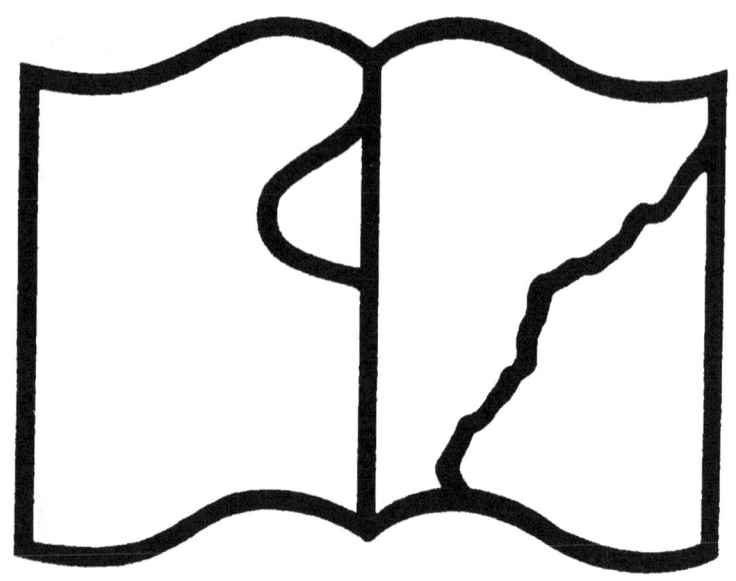

Texte détérioré — reliure défectueuse

NF Z 43-120-11

LES DRAMES DE LA JUSTICE

SEPTIÈME ÉPISODE

LES DRAMES DE LA JUSTICE

SEPTIÈME ÉPISODE

UNE

ERREUR FATALE

Par RAOUL DE NAVERY

CHAPITRE PREMIER

LE COMTE OSTROG

Deux hommes aux cheveux blancs, mais à qui une verte vieillesse pouvait encore promettre de longues années, se promenaient à pas lents dans les allées ombreuses d'un parc immense.

Dans les branches des arbres, des oiseaux jasaient à mi voix. Ils attendaient le mystère du soir pour reprendre leurs chansons, et se contentaient de bercer par un gazouillement léger les jeunes couvées endormies à l'ombre d'une feuille.

Tout au bord de l'allée une ligne bleue indiquait le cours de la rivière.

Les deux hommes ne semblaient nullement indifférents au charme de ce qui les entourait. Le silence qu'ils gardaient prouvait une de ces amitiés qui n'ont pas besoin de la parole pour s'entendre. Ils paraissaient dans une parfaite conformité de sentiments ou d'idées, et, quand ils approchèrent de la rivière en miniature, leur regard chercha à la fois la roche mousseuse sur laquelle ils avaient coutume de s'asseoir.

— Je me demande encore au bout de vingt ans, mon cher comte, dit l'un des promeneurs dont la longue chevelure blanche tombait en boucles sur le collet de son vêtement, comment vous pouvez borner votre horizon à ce parc, à cette rivière, après avoir visité l'Inde, la Chine, l'Afrique, et fait trois fois le tour du monde...

— C'est justement pour cela, mon cher Alex, répondit le comte Ostrog; il vient un âge où l'on éprouve le besoin de circonscrire sa vie.

— Mais c'est à quarante ans que vous avez interrompu votre carrière maritime.

— Je me sentais las. Une grande douleur nous brise plus que ne le font les fatigues de la mer. J'avais assez bien vu pour ne point désirer revoir. Je pouvais en fermant les yeux retrouver par le souvenir les jungles de l'Inde, les cratères éteints de Java, les volcans de Ternate, les rivages stériles des côtes africaines. Ma fortune dépassait mes rêves; je pensai que l'homme a plus besoin encore de penser que de regarder, et je cessai ma vie aventureuse. Je l'ai passionnément aimée, cette existence de marin qui nous permet de voir se dérouler devant nous le panorama des œuvres divines; mais du jour où mon cœur se brisa, une sorte d'indifférence me vint, et je cherchai un coin ombreux pour me reposer. Le hasard me fit découvrir celui-ci. Il possédait assez de ruines du passé pour me permettre de rêver aux anciens jours; l'habitation moderne était belle, les bois magnifiques, et j'achetai tout cela sans marchander. Je fus bien servi par la Providence. Je trouvai dans ce petit pays un digne prêtre aimant les pauvres; des paysans qui ne s'enivrent pas de leur dignité d'électeurs; des voisins de châteaux aimant la chasse avec passion; des fonctionnaires satisfaits de leur sort; et, plus que tout cela, un ami véritable qui me comprend et me permet de rêver près de lui...

Alex Cavaillan serra la main du comte Ostrog.

— Qui pourrait vivre près de vous sans vous aimer?

— Qui? Mais beaucoup de gens, Alex. Croyez bien qu'il n'en manque pas, même dans ce pays, pour qui mon caractère demeure indéchiffrable, et qui se défient vaguement d'un loup de mer ayant trafiqué dans tous les comptoirs du monde civilisé, parlant une foule d'idiomes; très dédaigneux des choses de convention, exempt d'hypocrisie, préférant la vérité la plus dure au plus agréable mensonge; résolu à ne point prendre femme parmi le nombre des héritières que peuvent attirer ma fortune; et qui ne veut recevoir dans son domaine que des hommes incapables d'une méchanceté, d'une indiscrétion ou d'une maladresse... Je dois, au contraire, compter pas mal d'ennemis dans le bourg... Mais l'abbé Germain m'a enseigné le pardon des injures...

— Vous vous trompez, Ostrog; chacun sait que nous vous devons une superbe école que vous chauffez royalement pendant l'hiver.

— Il faut bien que je me serve de mon bois.

— L'abbé Germain déplorait la vétusté de son église, il vous a confié son chagrin apostolique, et notre temple catholique est un des plus élégants de l'évêché!

— J'ai eu la chance de mettre la main sur un architecte intelligent.

— Est-ce lui qui vous désigne les pauvres gens dont vous devenez la providence visible? Qu'une famille tombe dans la misère, vite vous lui avancez les fonds. Vous réglez les honoraires du docteur Favière, afin qu'il soigne gratuitement les paysans du pays.

— Sans cela, mon cher ami, vous savez bien que chaque malade serait un homme mort; jamais paysan n'a demandé une ordonnance; si par hasard il en obtient une, il se garde bien de la suivre.

— Mon cher comte, vous essaierez en vain de me prouver que vous n'avez aucun mérite à sacrifier votre temps et votre fortune pour le bien-être des habitants de Versel, vous y perdriez votre talent de persuasion.

— Il faut que je m'occupe, vous en conviendrez, Alex.

— Certainement, mais chacun s'occupe à sa manière... Le juge de paix ramasse sur les routes des échantillons de cailloux dédaignés par les cantonniers, et il appelle cela faire de la minéralogie; Chamoiseau passe douze heures chaque jour au bord de la rivière, le chapeau rabattu sur les yeux, une ligne à la main. Encore s'il cherchait les endroits solitaires pour y abriter sa bêtise, mais il préfère le voisinage des lavandières, affirmant que le poisson abonde dans la crique où elles se réunissent d'ordinaire, et de temps à autre, au lieu d'enlever une ablette, Chamoiseau cache le battoir d'une fillette ou les serviettes d'une paysanne; de là querelles, injures. Le grand bipède intitulé Jean Lula lance la boule du matin au soir. Gigonnet prive des souris, et Pouicotret met des mouches en cage. Et ces gens-là sont presque riches. Leurs parents firent jadis la folie de les envoyer dans des lycées et le résultat des ambitions paternelles aboutit à la réussite de ces êtres particuliers à la province, chez qui tout s'amoindrit et s'atrophie. Je ne parle pas de mon voisin qui chasse à outrance, du brave Musardin qui fait des recherches historiques sur notre département. Lequel d'entre eux est utile? Chacun pense à soi, se concentre dans un goût qui ne tarde pas à dégénérer en manie. Un seul homme dans le pays est réellement utile, et cet homme, c'est vous.

— On comprend, à mesure qu'on avance en âge, combien Dieu et la société ont le droit d'exiger de chacun. Croyez-vous qu'à vingt ans je pensais comme aujourd'hui? Non. Je me laissais entraîner par la fougue d'une imagination ardente. Il me semblait que le monde m'appartenait du droit de ma jeunesse et de mon intelligence. Ma famille peu riche avait presque dépassé les bornes du possible en me donnant une éducation soignée. Mon avenir restait à faire. Sans doute, dans un lieu où mon père comptait bon nombre d'amis, il m'était facile de trouver une situation. Mais laquelle choisir? Toute administration m'eût un jour ou l'autre envoyé loin de la ville qu'habitait mon père. Devenir avocat, médecin, notaire, ne m'était pas possible, ou bien il eût fallu attendre tout de la dot d'une femme, et la fierté de mon cœur ne me l'aurait pas permis.

— Les jeunes gens ne se montrent pas si scrupuleux maintenant.

— Tant pis, mon ami, tant pis! Ah! ce fut, croyez-le, une profonde angoisse dans la famille, quand il s'agit de chercher, de trouver, ce que je voulais, ce que je pourrais faire. Élevé dans un milieu modeste, je gardais des aspirations vers la fortune qui permet la possession du beau et la pratique du bien. Quelque chose de l'esprit aventureux de mon grand-oncle avait passé en moi. Sans oser l'avouer encore, je me sentais étouffer dans ma petite ville, dont j'avais terminé le tour en deux heures. Mon père, encourageant en moi l'amour de la lecture, me procura un grand nombre de livres de voyages, que je dévorai avec avidité d'abord, puis que je relus avec enthousiasme. Depuis ma première enfance, depuis que je possédais le sentiment de ma vocation, je ne songeais qu'à partir. J'aimais bien ma mère, cependant, croyez-le, et mon père m'inspirait une vénération profonde. Seulement borner comme eux ma vie me paraissait impossible. Plus j'avançais dans mes études, plus ma dix-huitième année approchait, et plus ce sentiment devenait en moi fort et tyrannique. Mais comment réaliser ce projet? A vrai dire, je ne songeais point à entrer dans la marine de l'État. Je savais trop qu'un lieutenant de vaisseau passe souvent de longues années en croisière, descendant à peine à terre, et regardant, avec le sentiment d'un exilé à qui il est interdit d'aborder la côte natale, les terres fertiles, les forêts ombreuses, les mornes menaçant le ciel, et les merveilles d'une végétation inconnue. Comme j'avais la soif de voir et de savoir, c'était donc dans la marine marchande que je devais entrer. Mais alors se présentait un empêchement paraissant presque impossible à vaincre. Où trouver ma commission de capitaine au long cours? Avant d'avoir trouvé une solution, je gardai le silence, et je continuai à étudier les mathématiques, l'astronomie et la géographie, avec une sorte de rage. La Providence envoya dans notre ville un vieux marin devenu riche, un peu las de la mer, et qui avait été le camarade de collège de mon père. Ce fut à lui que je révélai, avec un courage dont je m'étonne encore, une vocation qui sans doute allait causer une grande peine à ma famille. « — Sois tranquille, me répondit-il, j'arrangerai tout. » — Il le fit comme il venait de le promettre. D'abord l'opposition de mon père fut absolue, ensuite les larmes de ma mère me retombèrent sur le cœur; mais le capitaine Martau avait à faire valoir des arguments sans réplique. Il était riche, très riche, et devait cette fortune au commerce. Je ferais comme lui, je vendrais du café, du poivre, des diamants, et à chaque retour en France je placerais de magnifiques économies. Il me serait alors facile d'aider a ma famille, car j'avais un frère plus jeune que moi, et une sœur toute petite encore. Mon père céda, et ma mère s'inclina sous la volonté du chef de la famille. Je les consolais tous deux de mon mieux, et je suivis le capitaine Martau, ayant dans ma petite malle tout le linge et les livres soigneusement rangés par ma mère, mon brevet de futur millionnaire. Ce premier voyage fut un enchantement. Nous allions aux Indes. De ce que cette traversée fut belle, n'en concluez point qu'elle fut exempte de fatigues, au contraire. Le capitaine Martau se montra d'une sévérité très grande, je fis la besogne du dernier des mousses pendant six mois, avec cette différence que, après des ablutions suffisantes et un changement de costume radical, je m'asseyais à la table du capitaine. Je m'extasiais alors sur la beauté de la mer, je lui rendais compte de mes études; il me questionnait sur la manœuvre et finissait par me donner un coup de poing solide sur l'épaule en affirmant que je deviendrais un « marin fini ». C'était pour lui la plus haute expression de la valeur humaine. Tous les six mois nous revenions en France. Je remettais à ma mère la plus grande partie de l'argent gagné. Avec le reste j'avais acheté des curiosités, des étoffes, des armes. Ma mère rangeait ces souvenirs dans de grandes armoires de chêne; je restais environ trois semaines dans la famille, me plongeant avec délices dans ces tendresses sacrées, inoubliables, dont le souvenir me faisait vivre, tandis que le flot berçait notre navire aux grandes voiles.

Durant ces semaines ma mère rajeunissait, elle se faisait presque coquette. La grande maison retentissait de la joie de mon retour. Les amis de la famille se groupaient autour de la table. On commençait à me considérer comme un personnage. Songez donc, Alex! j'avais vu des bayadères et des éléphants, j'avais chassé le tigre et visité des pagodes!

Il existait bien un revers à toute cette joie. Je le devinais plus que mon père et ma mère ne me le révélaient.

Je vous ai dit que j'avais un frère. Hector commençait à causer à tous une vive inquiétude. Paresseux, avide de plaisir, il s'était déjà fait chasser du lycée de la ville; on le gardait dans une pension par considération pour mon père. Mais ses notes restaient mauvaises, sa conduite irrégulière. Il apportait et cachait dans son pupitre d'écolier des livres scandaleux, débauchait ses camarades, et faisait verser à ma mère toutes les larmes d'un cœur brisé.

Quant à ma sœur, c'était un petit ange pâle, blond, timide, aux exquises délicatesses, qui tentait par sa douceur, sa grâce et ses vertus enfantines, de consoler mon père des angoisses causées par Hector.

Quel serait l'avenir de celui-là? Nul n'osait le prédire, mais il devenait de jour en jour plus certain qu'il ferait le désespoir, sinon la honte de la famille. J'essayai, quand mon âge me le permit, quand une plus grande habitude de la vie et certains succès d'affaires m'eurent donné quelque aplomb, de lui faire entendre raison. Il reçut mal mes conseils, plus mal encore mes observations, et une sorte de rupture se fit entre nous. Ma mère tenta de nous calmer, de nous rapprocher; tout fut inutile. Hector m'accusa de vouloir le supplanter dans l'affection de mon père, d'accaparer à mon profit la tendresse et l'estime de tous, de faire de lui l'Ésaü et le Caïn de la famille, et, sur ces accusations, il déclara que jamais il ne me pardonnerait.

Je partis de nouveau. Je revins dans la maison de plus en plus attristé par la conduite de mon frère. Cette fois j'apportais une somme assez ronde, à laquelle je donnais pour destination de commencer la dot de ma sœur. La pauvre chère mignonne ne devait jamais en avoir besoin! C'était un de ces anges que Dieu prête à la terre et qu'il lui reprend dans la crainte qu'ils souillent leurs ailes dans la fange de ce monde. Trop subitement grandie, elle avait la taille d'une femme et le visage d'une enfant. Son corps frêle se penchait, sa tête blonde prenait des tons d'ivoire. Pas de roses sur ses joues, et l'éclat du regard allait s'affaiblissant. Je constatai ces changements avec stupeur. Ma mère en demeurait moins frappée; voyant l'enfant tous les jours, elle s'accoutumait à sa faiblesse sans y trouver un motif d'inquiétude. Je restai plus longtemps à la maison. Il me semblait qu'à l'avenir j'aurais à consoler ma mère d'un immense malheur. D'ailleurs, mon voyage devait être long; le capitaine Martau, qui, pour la dernière fois, montait son navire, voulait visiter toutes les côtes de l'Inde. Il me fallait faire provision de tendresse et de courage.

Noéla ne me quittait guère; cette enfant trouvait dans son cœur des mots charmants, des expressions exquises. On eût dit qu'elle avait entendu le mystérieux appel de Dieu.

— Écoute, me dit-elle un soir, je suis de celles qui meurent jeunes, et peut-être ne nous reverrons-nous jamais! Jamais, comprends-tu, hors au ciel où ceux qui ont prié, aimé, se retrouvent pour l'éternité. Eh bien! quand je ne serai plus là, console-les tous, d'abord de m'avoir perdue, car ils me pleureront beaucoup, ensuite du chagrin que leur fera Hector... Rien n'a de prise sur lui, vois-tu; je ne te révèle pas cela pour exciter contre lui ton dédain et ta colère, mais plutôt afin que tu tentes encore de le relever, de le corriger de ses vices. Trois fois mon père a dû le changer de bureau. Il fait des dettes. Ma mère et moi nous les payons avec le produit de notre aiguille. Mon père ignore une partie de ces écarts... S'il connaissait la vérité, il serait capable de maudire ce malheureux... Jure-moi, oui, jure-moi, quoiqu'il fasse, de ne jamais l'abandonner... Il commettra des fautes ; il compromettra la fortune, peut-être l'honneur de la famille, n'importe! montre-toi bon et grand...

— Je te le jure.

— Je m'en irai tranquille, fit-elle avec le sourire d'un ange.

Ah! pauvre blanche et chère enfant! Elle avait raison dans ses présages de deuil ; nous ne devions plus nous revoir en ce monde...

Je reçus six mois plus tard, à Batavia, une lettre bordée de noir m'annonçant qu'elle était morte.

« Mon bien-aimé fils, ajoutait ma mère, je lui ai promis de te répéter ses suprêmes paroles. Elle semblait durant la dernière nuit que nous passâmes près d'elle très préoccupée d'un souvenir : « — Je t'en prie, me dit-elle en mettant un baiser sur ma joue, je t'en prie, dis à Jean de se rappeler son serment. » — Je la calmai en appuyant plus près du mien son pauvre visage, et doucement elle s'endormit. A quelque promesse qu'ait fait allusion cette morte qui est maintenant un ange, je te conjure à mon tour de la tenir. Il me semble qu'elle souffrirait même là-haut si tu la pouvais oublier... Hélas! la joie, la sérénité de la maison sont parties... Nous voilà seuls, ton père et moi, à ce foyer vide où tu ne prends plus que rarement ta place... Je n'ai plus d'enfant! Car, vois-tu, le désespoir que me cause la mort de Noëla s'augmente encore de la scandaleuse conduite d'Hector. Nous avons un moment songé à l'engager dans un régiment de discipline, mais si jamais il est soldat, le malheureux commettra une de ces fautes qui conduisent devant un conseil de guerre... Ton père a vieilli de dix ans. Que faire? Que devenir? Je m'épuise à travailler pour arriver à payer les dettes renaissantes de ton frère. Ma vue baisse, le travail à la lumière me fatigue horriblement, et cependant il faut sauvegarder l'honneur de notre nom... Quand reviendras-tu? Si tu reviens, nous trouveras-tu encore! »

Il m'était impossible de rentrer en France. Dix-huit mois devaient s'écouler avant le retour du capitaine Martau. Je tentai de ramener l'espérance au cœur de ma mère. Ma situation s'améliorait chaque jour. Le capitaine, devenu mon meilleur ami, me faisait espérer que le jour où il quitterait définitivement les affaires, il deviendrait mon armateur et me confierait le *Phœbus*, ce beau navire que j'aimais comme un Arabe fait de son coursier. A partir de cette heure ma fortune serait rapide. Elle n'aurait plus besoin de travailler pour subvenir aux dépenses honteuses de mon frère. Je réglerais sa situation, et je trouverais le moyen de le caser à l'étranger, puisqu'il

Elle vit le meuble forcé, les papiers épars. (Voir page 10.)

était impossible d'en faire quelque chose dans son pays. A cette lettre j'ajoutais des tendresses sans fin, puis dans un *post-scriptum* je mettais avec un dernier baiser :

« L'ange qui nous a quittés voulait la paix, l'honneur et la joie de la famille; prends tout ce qui constituait ce que nous appelions en souriant sa dot. Demande à Hector le chiffre de ses dettes, et paie-les jusqu'à la dernière. »

Je m'attendais à recevoir de ma mère une lettre trahisant moins d'inquiétude. Grâce à mon sacrifice le calme pouvait rentrer dans cet intérieur qui ne devait plus connaître la joie. Hélas! mon ami, la longue missive que je trouvai dans un des ports de l'Inde ne renfermait qu'une suite de désastres. Chaque page était trempée des pleurs de ma mère, et j'avais peine à en lire les mots à demi effacés.

Il s'était passé dans cette maison un drame terrible, n'ayant eu dans le monde aucun écho, mais qui venait de briser à jamais deux nobles cœurs et de compromettre deux vies.

A travers l'incohérence de ses confidences interrompues, puis reprises, voici ce que je compris :

Ma mère, profitant de mon autorisation, alla prendre chez son notaire les actions au porteur que j'y avais déposées pour assurer l'avenir de ma sœur. Hector la vit enfermer ces valeurs dans un secrétaire. Ma mère comptait le soir même lui demander le chiffre de ses dettes, lui apprendre quel sacrifice j'accomplissais, et lui conseiller de partir pour l'Amérique, afin de changer de vie d'une façon radicale. Pour amasser une fortune dans ces pays nouveaux, il n'est pas obligatoire d'avoir terminé des études brillantes. L'énergie de la volonté, la force musculaire sont d'un grand secours. Il était grand, robuste, assez instruit pour remplir un emploi. Peut-être cette preuve de mon affection le toucherait-elle, et Hector prendrait-il la résolution de s'amender? Ma mère le voulut croire. Ce soir-là une prière plus fervente que jamais monta vers Dieu, et elle s'endormit confiante dans la bonté du ciel.

Quel réveil! Lorsque le lendemain elle pénétra dans la petite pièce servant de bureau où se trouvait le secrétaire renfermant les valeurs qu'elle y avait déposées la veille, elle vit le meuble forcé, les papiers épars, et sur la cheminée une lettre par laquelle Hector l'informait que, prenant à l'avance sa part de la succession paternelle, il allait tenter fortune ailleurs... Où? il ne le disait point.

A la lecture de cette lettre, ma mère tomba évanouie, et on la crut morte de honte et de saisissement.

Quand elle revint à elle, mon père veillait près de son lit.

— Je sais tout, lui dit-il, ne parle de rien! de rien! Je l'ai maudit! Ce n'était pas assez d'être un mauvais fils, il est devenu voleur.

Ma mère regarda mon père avec une expression déchirante.

Maudit! il avait maudit son enfant!

Jamais elle ne s'en consola. Elle demeura frappée de cette idée qu'un malheur écrasant, irrémédiable, planait au-dessus de la tête du plus jeune de ses fils.

Enfin le voyage s'acheva. J'abordai au Havre, je courus à Rouen, et pendant trois mois je m'efforçai de calmer les douleurs des êtres chéris que j'y avais laissés. Il me semblait que je ne me rassasierais jamais de voir ces parents bien-aimés qui m'avaient attendu comme une consolation suprême. Je les trouvai vieillis, cassés, plus brisés par la douleur encore que par l'âge. Une seule chose les consolait : la prospérité constante de mes affaires. Le capitaine Martau, avec une générosité vraiment paternelle, me céda le *Phœbus*. Cette fois c'était la fortune. Non point une fortune égoïste, mais une fortune dont profiteraient tous ceux qui souffraient autour de nous. Ma mère allait devenir la distributrice de mes aumônes. Noble et sainte créature ! Je suis sûr que jamais elle ne mit un secours dans la main d'un pauvre, sans lui dire : « — Priez pour mon fils. » — Cet enfant pour qui elle demandait des prières, ce n'était pas moi, non ! Ne le croyez pas ; si étrange que cela fût, elle me préférait Hector. Je le savais et je lui pardonnais. Je ne cherchais pas même à lutter contre ce sentiment. Je me contentais de poursuivre ma route. Quand je quittai mes parents, ce fut le cœur rasséréné. Je les laissais dans une abondance que jusqu'à cette heure ils n'avaient point connue. Mon voyage fut fructueux. J'expédiai à diverses reprises des sommes assez considérables à ma mère ; elle semblait reprendre à la fois la santé et le courage, mais subitement elle retomba... Une lettre de mon frère lui était arrivée... C'en fut assez pour la tuer. Jamais je n'ai su ce que renfermait cette lettre... Mon père suivit à peu de distance ma mère dans la tombe, et je me trouvai seul dans le monde, au moment où il me semblait que j'avais davantage besoin de tendresse. Les pages d'un cahier sur lequel ma mère avait coutume d'écrire les événements de sa vie et les pensées de son cœur, m'arrivèrent en même temps qu'une longue lettre de mon notaire. Tout s'écroulait autour de moi. Je crus en ce moment que c'en était fait à jamais de mon énergie, mais alors une pensée me vint, pensée fortifiante. Ne pouvant plus me dévouer pour ceux que Dieu venait de rappeler, je m'occuperais sans relâche d'agrandir ma fortune, de telle sorte qu'à l'heure où la fatigue du corps me faisant comprendre qu'il serait temps de songer au repos, je pusse vendre le *Phœbus* à quelque vaillant jeune homme capable comme moi de lutter plus pour les autres que pour lui ; ensuite je chercherais un coin du monde pour y faire le plus de bien possible. De l'heure où j'eus pris cette résolution, je me sentis plus fort, et, sans dévier, je marchai à mon but... Je l'atteignis. J'avais alors cinquante ans ; des cheveux prématurément blanchis, mon teint basané accusaient davantage. Je revenais en France avec quatre millions, et un titre. Les millions m'étaient venus par le commerce sous toutes les latitudes du globe, et l'empereur de Russie m'avait donné un titre, payé au prix de mon sang. Un jour, dans les mers des Indes, je rencontrai un navire russe que venaient d'assaillir les pirates malais. L'équipage était perdu aussi bien que la cargaison, si je ne m'étais jeté avec mes hommes au secours du navire russe. La moitié des lascars périt; le reste fut jeté à fond de cale et livré aux magistrats dans le premier port où nous abordâmes. Cette affaire fit grand bruit. Le tzar Alexandre m'envoya la croix de Saint-André et le titre de comte... Vous me connaissez, Alex, et vous savez si jamais l'orgueil eut place dans mon âme... Eh bien ! ce titre fut pour moi plus qu'une satisfaction : le salut. Le nom de mon père compromis, perdu, déshonoré peut-être par les folies et les fautes de mon frère, ne fut plus porté par moi. J'échappais à la honte que pouvait m'infliger Hector... Je devins et je restai le comte Ostrog... Je me suis efforcé de justifier les bontés de l'empereur en portant haut ce titre. Vous l'avez dit, j'ai tenté de faire le bien... Par certains côtés j'y ai réussi. J'aime tout ceux qui m'entourent, et j'en suis aimé, cela console de bien des déceptions et de bien des douleurs. Cependant, je n'oublierai jamais que ma mère bien-aimée, mon père vénéré, et cette Noëla qui m'était si chère sont morts loin de moi, et que tous ces malheurs je les dois à mon frère.

— C'est horrible ! s'écria Alex Cavaillan.

— Plus horrible encore que vous ne sauriez croire, car j'en suis certain, s'il revenait en France, je n'aurais pas d'ennemi plus acharné que lui.

— Jamais vous n'en avez eu de nouvelles ?

— Jamais.

— Les êtres qui lui ressemblent meurent le plus souvent d'une façon misérable ; mais enfin, en admettant que jamais il se retrouve sur votre route, je ne puis croire que vous trouviez en lui l'ennemi que vous dites. Par deux fois vous l'avez sauvé...

— C'est justement ce qu'il ne me pardonnera jamais... Et tenez, il y a longtemps que j'éprouvais le besoin de vous faire ces tristes confidences. Mais aux plus intimes même, il répugne de montrer ses plaies secrètes, et si je n'avais résolu de faire mon testament...

— Votre testament ? Vous vous portez à merveille.

— Oui, mais je ne veux pas que la mort me surprenne avant d'avoir pris des dispositions suprêmes. En somme, je n'ai d'autre héritier que mon frère, et s'il reparaissait, il pourrait faire valoir ses droits à cette fortune si péniblement, si légitimement acquise.

En ce moment un promeneur apparut à l'extrémité de l'allée.

— Voici mon notaire, fit le comte Ostrog.

Et il alla au-devant de Mᵉ Aubry.

UNE ERREUR FATALE

En ce moment une femme vêtue de noir et tenant par la main une petite fille...
(Voir page 23).

CHAPITRE II

LE TESTAMENT

Le notaire était un vieillard à la physionomie douce et fine. Le regard pétillait sous les cils blancs, la bouche souriait avec bonhomie. Rien de ce qu'il pouvait avoir vu de douloureux ou de mauvais dans le monde n'avait eu prise sur cette âme d'élite, qui gardait l'aimable confiance des petits et des sages. Sans doute le secret professionnel lui avait montré bien des mystères sinistres du cœur. Il avait vu des familles désunies pour des questions d'argent, des frères et des sœurs circonvenant des vieillards affaiblis par cette seconde enfance qui leur enlève la notion austère de la justice; des fils avares, enrichis pendant leur vie du bien paternel, donner comme à regret le pain nécessaire à l'aïeul. Il avait vu, au moment de la signature d'un contrat, des hommes de vingt ans marchander leur fiancée. En face du lit de plus d'un moribond, il avait assisté à des scènes dégradantes; et le jour de l'ouverture de maints testaments, les héritiers lui avaient donné une lugubre comédie. Mais il avait haussé les épaules avec dédain, sans cesser d'estimer l'humanité en général, et de prêter aux souffrants l'appui moral de son influence et les secours de sa fortune, moins grande que son cœur.

Du jour de l'arrivée du comte Ostrog dans le pays, M⁰ Aubry se trouva être tout naturellement le conseiller financier du millionnaire.

Grâce aux renseignements qu'il lui fournit, le nouveau venu put rendre d'éminents services, et dispenser les bienfaits sans crainte de se tromper. Tous deux s'estimèrent rapidement, et de l'estime à l'amitié il n'y a pas loin pour certains cœurs.

Le comte Ostrog professait une véritable vénération pour M⁰ Aubry.

Après avoir causé pendant un moment dans le parc, Alex Cavaillan quitta les roches au milieu desquelles écumait la petite rivière, prit un livre et s'absorba dans sa lecture, tandis que le notaire et son client rentraient au château. Ostrog ne parlait plus. La tête baissée, il paraissait profondément réfléchir, pendant que M⁰ Aubry examinait à la dérobée le visage énergique de l'ancien marin.

— Certainement, pensait-il, il s'agite quelque chose de grave dans le cerveau comme dans le cœur de mon ami...

Questionner Ostrog lui eût semblé imprudent. Mieux valait attendre que celui-ci laissât échapper son secret.

Enfin les deux hommes pénétrèrent dans le cabinet de travail du comte. Cette pièce très vaste était encombrée de cartes, de souvenirs de voyage, de curiosités de tous genres. Quand il se promenait au milieu de ce musée, il était facile au hardi marin de reconstituer un passé déjà si loin de lui. Pas un objet qui ne lui rappelât un événement grave, une chasse, une bataille en mer, la découverte de quelque île oubliée des navigateurs, des relations avec des hommes que jamais il ne reverrait plus. Le vaste château dans lequel habitait Ostrog restait souvent silencieux; rarement les grandes salles s'emplissaient d'invités; le marin s'enfermait dans cette pièce qu'il préférait entre toutes, et y passait la plus grande partie de ses heures.

— Mon cher Aubry, dit Ostrog, je viens d'écrire mon testament.
— C'est bien tôt, répliqua le notaire.
— On ne prend jamais trop vite ses précautions. Veuillez lire avec une grande attention les divers articles qu'il renferme, et me dire si vous croyez que jamais on ne le puisse attaquer.

Maître Aubry prit le testament. Ce n'était pas une feuille de papier, mais un cahier complet. L'écriture en était large, posée; les lignes espacées, la grandeur des marges, tout convenait à lui donner un aspect spécial. On devinait, rien qu'en voyant ce testament, que celui qui l'avait tracé en avait médité chaque article, et que pas un mot n'était écrit sous l'influence d'un sentiment de colère ou de haine. Ostrog avait cru remplir un devoir en agissant comme il le faisait.

Pendant une minute le notaire lut, puis relut le second article :
— Ainsi, dit-il, vous déshéritez votre frère ?
— Sais-je seulement si j'en ai un encore ? Dans tous les cas, après avoir aussi mal commencé la vie, la confiance en lui me manque d'une façon trop absolue pour qu'il me soit possible de mettre ma fortune entre ses mains. J'ai beaucoup travaillé, beaucoup lutté pour l'amasser. L'argent qui ne sert pas pour le bien permet le mal. Après moi, il doit subsister quelque chose d'utile. Cependant, remarquez-le : bien que la loi me permette de déshériter d'une façon absolue celui qui fit mourir de chagrin ma mère et ma sœur, je lui réserve le pain de la vieillesse, une rente de deux mille francs. Avec cela un homme peut vivre, et il lui est interdit de faire le mal avec son argent. Il n'en a pas assez pour cela.

— Voilà qui est grand et beau! fit maître Aubry, en passant au troisième article du testament; vous léguez deux millions afin de construire un hospice destiné aux vieux marins...

— Oui, mon ami, tandis que les marins de l'État ont droit à une pension quand l'âge leur ôte la force de manœuvrer, nul ne songe aux hommes à bord des caboteurs des navires de commerce. Je sais bien que la plupart gagnent assez d'argent pour réaliser des économies, mais combien d'entre eux ont ce courage ? Je connais les tentations renaissantes qui saisissent les gens de mer au moment où ils mettent le pied sur un rivage. La discipline a été dure, la sobriété absolue, le travail écrasant. Ils veulent une compensation folle et rapide. Des festins où s'engouffre la moitié de la paie, des bals monstres, avec des orchestres fous, des promenades violon en tête. C'est une fièvre intermittente qui les prend, les grise, et suffit à leur faire oublier de longues semaines de traversée. Oh! je ne veux point dire qu'ils négligent la famille. La part de la vieille mère, de la petite sœur, du bonhomme de père qui ne peut plus même nouer un bout de filin, est faite sur la paie. Ces devoirs-là sont sacrés. Mais c'est justement parce que le matelot ne compte ni avec le devoir, ni avec la charité, ni avec le plaisir, qu'il se ruine si vite, et parvient à l'extrême vieillesse, sans avoir amassé ce qu'il lui faut pour manger du pain noir et fumer une grosse pipe. Ah ! les braves gens que les gens de mer, Aubry, et comme mon cœur tressaille de joie à l'idée que dans cette propriété, trop vaste pour celui qui bientôt n'aura plus besoin que de quelques pieds de terre, s'élèveront prochainement les premières assises de cet hospice. Je me réserve le plaisir de le voir monter, veuille le ciel qu'il me soit donné d'en faire l'inauguration, et d'y installer moi-même une douzaine de vieux marsouins qui ont navigué avec moi à bord du *Phœbus* sur toutes les mers du globe.

— Ainsi vous ne remettez pas l'érection de cet établissement après votre mort.

— Non, mon ami, non; j'ai l'égoïsme de vouloir jouir de ce bonheur-là, et le désir de sentir mes mains serrées par les mains calleuses de tant de dignes matelots. Je bâtirai l'hospice prochainement : l'architecte doit m'en apporter les plans dans une semaine ; quinze jours après nous en poserons la première pierre. Ce sera une solennité dans le pays. Tout le département y viendra. Le troisième million dont parle mon testament est affecté à l'entretien de mes pensionnaires.

— Article IV, vous laissez un million à M. Alex. Cavaillan...

— Mon meilleur ami ; quand je dis mon meilleur, ne croyez point cependant que je fasse moins de cas de votre affection. Cette donation sera du reste une sorte de fidéicommis. Je connais Cavaillan ; mes désirs sont pour lui des ordres... Il faut prévoir tous les événements dans la vie. Si je me montre dur à l'égard de mon frère Hector en supposant qu'il ait autour de lui une famille, je ne veux pas que cette famille souffre. J'expliquerai plus tard ceci à Cavaillan. Si jamais il apprenait que mon frère s'est marié, et qu'il ait des enfants, la moitié de cette somme reviendrait à ceux qui sont innocents des infamies de mon frère.

— Ceci est à la fois sage et bon. Voyons maintenant l'article V.

— Il contient le souvenir que je destine à mon médecin, M. Favières. La loi m'interdit de l'enrichir. Je ne lui lègue donc qu'un diamant de quinze mille francs.

— Vous vous montrez plus généreux à l'égard de son fils.

— Cela est vrai, mais vous savez ce que Gilbert a été pour moi. Un fils ne se serait pas montré plus respectueux ni plus tendre. Combien de fois n'a-t-il point passé de longues heures dans ce cabinet, mettant en ordre mes notes de voyage, rangeant mes livres, m'apportant l'éclat de rire de sa jeunesse à moi qui devenais si vite un vieillard. Et ne croyez pas que jamais je lui aie payé cette tendresse expansive. Un ouvrage scientifique de temps en temps, une arme curieuse, voilà tout. Gilbert ne se doute même pas que je songe à son avenir. Est-ce donc trop de léguer cinq cent mille francs à un jeune homme qui a si brillamment commencé ses études? S'il le veut, Gilbert est appelé à prendre place parmi les hommes de science dont la place est à Paris. Son père, mon vieux Favières, aime trop les pauvres pour faire fortune, Gilbert aura donc un mince patrimoine. Ajoutons-y ce legs, afin qu'il trouve la vie facile et ne se heurte jamais à la misère. Pauvre cher Gilbert! Je vous assure que je l'aime de toute mon âme.

— Et il vous le rend bien, et je pourrais répondre que jamais l'arrière-pensée d'une espérance intéressée ne fut pour quelque chose dans sa respectueuse amitié. Il est digne de vos bienfaits; il saura faire honneur à la générosité dont vous avez fait preuve à son égard.

— Je le crois, mais rien jusqu'à présent ne lui a fait pressentir que je songeasse à lui léguer une somme importante. Je lui tairai mes intentions. Le caractère des hommes se trempe dans la pauvreté, et Gilbert ne serait pas ce qu'il est et n'atteindrait jamais le but qu'il poursuit, s'il avait su le jour où il sortit du lycée que son avenir était assuré. Si je vaux quelque chose, si j'ai réussi, c'est parce que, n'attendant et ne possédant rien, j'ai compris que je devais seul me créer un avenir. Hélas! mon cher Aubry, dans le temps où je travaillais avec le plus d'énergie, ceux que j'aime vivaient encore; mon père, ma mère et cette sœur si chère, Noéla, dont le nom fait encore monter les pleurs dans mes yeux...

— Revenez à ce testament, mon cher comte.
— Oui, vous avez raison, il faut en finir.
— Les articles suivants renferment des donations diverses à des amis, à des familles qui vous intéressent... Mais votre frère...
— S'il se repent, il sera riche; mais s'il revient dans le pays le même qu'il y a vingt ans, qu'il garde du pain, voilà tout. Je ne lui laisse pas une fortune, je lui jette une aumône.
— Qui sera juge de la conduite de votre frère?
— Mon ami Cavaillan; vous, maître Aubry; et l'abbé Germain.
— Vous vivrez longtemps, répliqua le notaire en serrant la main du comte Ostrog, vous vivrez assez pour régler vous-même toutes ces affaires de famille!
— Tel qu'il est, mon testament est-il inattaquable?
— Sans aucun doute.
— Emportez-le donc, maître Aubry. Tenez, me voilà plus tranquille

et je vais maintenant m'occuper avec autant de hâte que de joie de mon hospice de marins. Tout ce que le département compte d'hommes riches ou célèbres sera invité ce jour-là au château de Versel... N'est-il pas étrange que parti tout jeune, presque sans autres ressources que ma volonté et ma probité, car je crois la probité sœur du succès, je puisse aujourd'hui accomplir une grande œuvre, et chercher dans la charité la consolation dont mon cœur a besoin.

— N'y avait-il pas un autre moyen de la trouver?
— Lequel?
— Celui de fonder une famille.
— Un moment j'y ai songé, mais je suis trop vieux. Je ne veux pas demander à une jeune fille sa beauté, sa tendresse; je ne puis pas exiger qu'elle pense à vingt ans comme moi à cinquante, ni qu'elle borne son horizon à Versel quand tant de fois j'ai fait le tour du monde. Voyez-vous, Aubry, ce serait une cruauté et une injustice. Et cependant, je puis bien l'avouer, souvent j'ai trouvé la solitude amère et mauvaise. Mais ce qui m'empêchait alors de poursuivre le projet dont vous parlez, c'est que le souvenir d'Hector traversait ma pensée. Si jamais il revient, quelque chose m'affirme qu'il sera fatal à mon repos... Ne rêvez pas pour moi, qui ai chassé les rêves. Dans les ruines les oiseaux de nuit cherchent seuls asile; ce n'est pas au manoir de Versel que doivent chanter les rossignols.

Maître Aubry se leva, garda longtemps dans ses mains la main du millionnaire, l'étreignit avec une force amicale, puis il quitta le comte Ostrog sans ajouter un mot.

Véritablement, à cette heure, il se sentait trop ému, trop bouleversé pour pouvoir parler. C'était une nature affectueuse et bonne comprenant difficilement le mal, et goûtant un grand repos à croire au bien. La lecture du testament de Jean Ostrog le jetait dans un monde de surprises. Jusqu'à cette heure, il avait été tenté de jalouser ce grand seigneur millionnaire, répandant autour lui ses bienfaits; mais depuis qu'il avait posé la main sur la plaie vive de son cœur, il ne songeait plus qu'à le plaindre. Il lui sembla que tout à coup il sondait le mystère de cette longue vie, et qu'au fond il n'y trouvait que des pleurs.

Combien Ostrog avait dû souffrir avant de se résoudre à écrire ces dispositions dernières. Ou celui qui déshérite commet une mauvaise action, ou il accomplit un acte de justice.

Jean Ostrog était trop loyal pour qu'il fût possible de le soupçonner. Nul ne saurait donc ce que lui avait imposé de souffrances le frère qu'il avait trop aimé.

Quand M⁰ Aubry rentra chez lui la trace de ses pénibles pensées se lisait encore sur son visage, et sa femme le regarda avec une inquiétude affectueuse.

— Qu'as-tu? lui demanda-t-elle.

— Rien.

— Ne mens point; je te connais trop pour ne pas être certaine que tu trahis la vérité.

— Ne me questionne pas, je t'en prie, il s'agit du secret professionnel.

— C'est différent, repartit Mme Aubry.

Elle laissa son mari seul dans son cabinet. Mais quelque discrétion qu'elle eût témoignée, elle n'en garda pas moins une vive curiosité. Puisqu'il s'agissait du secret professionnel, Aubry s'était rendu chez un de ses clients, mais lequel? Quand elle connaîtrait son nom, elle n'aurait nul besoin d'en demander davantage. Tout de suite avec l'intelligence spéciale à certaines femmes, elle saurait s'il s'agit d'une vente, d'un contrat de mariage, ou d'un testament. Sans renoncer à son vouloir, elle parut l'oublier, et quand M⁰ Aubry vint s'asseoir à une table plus soignée que d'habitude, Nathalie Aubry avait son visage riant des meilleurs jours.

— Eh bien! dit-elle, que se passe-t-il dans le bourg?

— Rien pour le moment, ma bonne; mais dans un mois nous aurons du nouveau, beaucoup de nouveau. Figure-toi que Versel deviendra l'objet de l'attention de tout le département, et peut-être de la France entière. Notre bourg dépassera le chef-lieu d'un seul coup... Et tiens je gardais dans une cassette quelques vieux doubles louis, en attendant une bonne occasion de les dépenser ; cette occasion se présente... achète-toi une robe de couleur sérieuse, mais faite à la dernière mode, demande un chapeau à Rouen. Je veux que tes amies te jalousent un peu ce jour-là.

— De quoi s'agit-il donc?

— Dans un mois on posera à Versel la première pierre d'un hospice pour les vieux marins, et les gens considérables du département descendront au château. L'amitié du comte Ostrog me répond que tu occuperas une belle place à cette fête.

— Oh! que tu es bon, Honoré! s'écria Nathalie, que tu es bon! Dieu sait que je n'ai pas beaucoup d'amour-propre ni de coquetterie; cependant je serai vraiment contente de n'être pas plus mal que ces dames du chef-lieu... Quel homme que ce comte Ostrog! Depuis son arrivée tout a changé de face ici. La création de cet hospice sera pour le pays une nouvelle source de fortune. Il est hors de doute que des ouvriers, des marchands s'y viendront installer. Versel prendra l'importance d'une ville, et la valeur de ta charge doublera en peu de temps. Quel homme heureux que le comte Ostrog !

— Ne juge jamais sur l'apparence, repartit le notaire, et comme tu pries bien le bon Dieu qui t'aime, prie pour le comte Ostrog...

— On dirait que tu le plains.

— Je l'admire d'abord.

— Je ne te demande rien de plus, depuis que tu m'as parlé du secret professionnel.

— Tu étais née pour être la compagne d'un notaire.

Il l'embrassa affectueusement sur ses cheveux prématurément blanchis, puis, ouvrant un tiroir de son bureau, il prit les dix doubles louis et les lui tendit avec un sourire.

Elle aussi eut un sourire, doux, heureux, tendre. Pauvre honnête créature ! elle avait rarement tenu dans ses mains une somme pareille destinée à l'acquisition d'une toilette. Accoutumée à la vie étroite, à l'économie de la province, elle s'y était faite. D'abord elle l'accepta pour l'amour des enfants dont elle devait préparer l'avenir, puis quand Dieu les lui eut retirés, elle s'occupa des pauvres, ces autres enfants, famille sans nombre, toujours renouvelée, à laquelle on s'attache par les liens du cœur et par ceux de la foi. Nathalie Aubry leur dévoua sa vie ; et ce qu'elle ne donna point à l'époux qu'elle chérissait, elle le leur sacrifia. Son mari ressentait pour elle une de ces affections tendres, profondes, qui prennent racine au plus profond de notre être, et ce ménage passait pour l'un des meilleurs du bourg.

Le lendemain, elle annonça à ses amies qu'elle ferait un petit voyage à Rouen ; mais elle garda la moitié de son secret. On s'étonna beaucoup en lui entendant parler de frais de toilette, elle qui, d'ordinaire, s'habillait de toile en été et de lainage en hiver. Mais Nathalie ne révéla rien de ce qui concernait les projets du comte Ostrog, et après une grande consultation avec sa couturière, elle revint à Versel sans plus parler à personne des raisons de cette absence.

Mais les journaux ne tardèrent point à faire grand tapage de la fête qui devait avoir lieu au château. Il ne se passa bientôt plus de jour sans qu'on fournît quelque détail sur la pose de la première pierre de l'hospice des marins. Les plans de l'architecte, les sommes consacrées à cet asile, la générosité du comte Ostrog fournirent des colonnes de copie. Les invitations furent lancées, et une sorte de folie s'empara du département tout entier. Les hauts fonctionnaires devaient descendre au château, les riches familles ayant accepté l'hospitalité du comte Ostrog devinrent l'objet de l'envie de tous. Ceux qui n'avaient point le bonheur de résider chez le comte, mais qui se trouvaient invités au bal et au dîner, s'enquirent à Versel de logements convenables. Les petits rentiers louèrent à prix d'or pour une semaine leurs chambres d'amis et jusqu'aux cabinets de toilette. Des bourgeois on alla aux artisans, de ceux-ci aux ouvriers. Les gens de Versel mirent un grand empressement à accueillir les étrangers, et trois jours avant la date fixée pour la pose de la première pierre de l'hospice des marins, toutes les routes aboutissant à Versel se trouvaient encombrées de voitures de maître, d'antiques carrioles, de chars à bancs, n'ayant rien de suspendu, de cabriolets antiques, voire même des charrettes de fromagers. Par les sentiers débouchaient à cheval des propriétaires voisins, peu riches, avides d'assister à la fête, et de dire plus tard : « J'y étais. » Les ânes de tous les moulins et de tous les charbonniers avaient été mis en réquisition.

On arrivait sur la place de la mairie, en groupes, en phalanges, en bandes. Le bourg prenait l'aspect bigarré, joyeux des jours de fêtes. Les costumes faisaient des taches de couleurs vives ; la poussière enveloppait les voyageurs comme un nuage.

Peu à peu l'ordre se faisait. Chacun s'informait de la demeure de ses hôtes. Ceux-ci affairés, curieux, bienveillants tout ensemble recevaient les nouveaux venus avec de grandes révérences. La brosse et l'eau fraîche ayant rempli leur office, les étrangers se dispersaient dans le village, visitaient l'église, puis rôdaient autour du château de Versel.

Dans les jardins et dans le parc travaillait une escouade de jardiniers. Les corbeilles de fleurs faisaient éclater au soleil leurs vives couleurs. A travers le grand vitrage de la serre on apercevait les bananiers, les palmiers, les bambous, les fougères arborescentes ; des massifs de rhododendrons, hauts comme des arbres, étalaient la profusion de leurs fleurs rouges, blanches, violacées. Sur le gazon nouvellement tondu, doux comme du velours, l'eau tombait en fine pluie. Ce grand luxe des jardins surprenait et enthousiasmait les braves gens qui, en fait de jardins, ne connaissaient que des carrés réguliers, plantés de poiriers en quenouilles, entre lesquelles on permettait à quelques touffes de fleurs de s'épanouir.

L'emplacement sur lequel devait s'élever l'hospice se trouvait entouré d'une palissade, assez haute, et le public n'y pénétrait pas.

De temps en temps une calèche dont les panneaux portaient des armoiries, un breack attelé de quatre chevaux, franchissaient la grille du château, tournait habilement dans la cour d'honneur, les valets de pied descendaient, ouvraient les portières, et le comte Ostrog venait recevoir ses hôtes.

Leur installation était princièrement organisée. Rien ne manquait à leur bien-être et à leurs plaisirs.

Des orchestres excellents jouaient dans les bosquets pendant plusieurs heures de la journée. A Versel les travaux étaient suspendus. On oubliait l'heure habituelle du coucher. Chacun voulait sa part des harmonies qui passaient au-dessus des grands arbres, et arrivaient en même temps que les bouffées de bise.

Enfin le grand jour arriva.

L'archevêque de Rouen daignait venir donner sa bénédiction. Des médailles commémoratives venaient d'être frappées à Paris. Toutes les autorités du département se trouvaient à Versel.

Le comte Ostrog était très pâle. Quelque satisfaction qu'il éprouvât à élever cette maison de refuge pour les vieux loups de mer, il lui semblait qu'à cette fête il manquait quelqu'un.

Ses amis se groupaient autour de lui, nombreux, sympathiques; mais où était la famille? Son père, sa mère étaient morts... Morte aussi, cette Noëla qu'il avait assez aimée pour la pleurer toujours.

Au milieu des félicitations de tous manquait une voix, celle qui du cœur va au cœur; voix dans laquelle se confondent le sang et l'âme. Il voyait bien qu'au fond il était seul, tout seul.

Alex Cavaillan, le vieux docteur Favières, et Gilbert, son fils, ce Gilbert à qui le comte Ostrog prédisait de si brillantes destinées, le notaire Aubry et sa femme, resplendissante dans sa toilette neuve, s'efforçaient de suppléer à sa famille éteinte. Tous comprenaient le secret de la tristesse du comte Ostrog.

Rien, pas même la bénédiction qu'appela l'archevêque sur le maître du château qui donnait d'une façon si libérale un asile et du pain aux vieillards oubliés par l'État; ni les compliments du préfet, qui se ressentaient un peu trop du style administratif, ne lui ôtèrent ce poids qu'il avait sur le cœur, et que chaque instant paraissait alourdir.

La partie officielle de la fête terminée, la foule quitta l'enceinte des palissades et se dispersa dans le parc.

Les étrangers logés dans le village, trouvant toutes les grilles ouvertes, y avaient déjà fait invasion. Dans un kiosque d'été les musiciens jouaient les valses à la mode, et pour la première fois les Rouennaises entendirent *Fraises au champagne* et *Cœur d'artichaut*.

Le sentiment de l'envie se glissa dans plus d'une âme féminine. Il faut bien en convenir, les toilettes des grandes dames venues de Rouen et qui, pour la plupart, se faisaient habiller à Paris, ne ressemblaient guère à celles des bourgeoises de Versel. Elles arboraient des chapeaux d'une fantaisie ravissante, et désespéraient par leurs airs d'élégance les pauvres femmes qui, pour la circonstance, avaient tiré de l'armoire une robe datant de leur mariage et dont les plis se limaient faute de servir. Les jeunes filles mettaient moins d'arrière-pensée dans leurs plaisirs. Une robe blanche, rose ou bleue, une fleur naturelle dans les cheveux suffisaient à leur désir de parure. L'aspect de ce luxe les épanouissait. Elles ne connaissaient point assez le monde, et n'éprouvaient pas assez de besoin pour ressentir d'envie. Celles qui atteignaient vingt-cinq ans, plus expertes déjà, étudiaient minutieusement les toilettes luxueuses, les voitures, les livrées des laquais. Dans leurs regards un observateur aurait découvert un monde d'idées nouvelles, amères, implacables. Elles demandaient des « pourquoi » à la destinée, et quand plus tard elles se regardèrent au miroir ce fut avec une joie mêlée de raillerie qu'elles se trouvèrent plus jolies que la plupart de celles qu'elles enviaient.

Dans une fête du genre de celle qu'offrait le comte Ostrog, un déjeuner permettant à certains invités de se retirer avant la nuit, et laissant aux autres la possibilité de jouir des charmes d'une admirable soirée, est bien préférable à un dîner. On servit dans une salle verte, formée par des charmilles centenaires, derrière lesquelles se cachaient les musiciens. Le service se réglait comme au milieu d'un décor d'opéra. Potel et Chabot avaient envoyé un de leurs chefs avec les plus merveilleux produits de leurs magasins.

Le luxe du menu et du service surprit même les gens assez riches pour se rendre fréquemment à Paris.

Du reste, cette fête gardait cela de particulier que quoique nombreuse, elle n'avait rien de mêlé, et qu'on s'y amusait franchement. La situation de célibataire du comte Ostrog détermina vite cette nuance. La courtoisie, sans sortir des limites du bon ton, y prenait les allures d'une aisance aimable. Au dessert on porta des santés. Plusieurs toasts exagérés dans leur expression le firent rougir. Il soulageait l'humanité sans prétendre au titre de bienfaiteur.

Enfin le repas s'acheva, et la foule joyeuse s'échappant des charmilles revint du côté des pelouses.

En ce moment une femme vêtue de noir, et tenant par la main une petite fille également en deuil, vint chancelante s'appuyer contre la grille. Elle fixa sur ces femmes élégantes, sur ces jeunes filles rieuses un regard désespéré, puis ses doigts essayèrent de se cramponner aux barreaux de fer forgé... Mais ce fut en vain, elle sentit la terre vaciller autour d'elle et tomba de toute sa hauteur sur le sable de l'allée; tandis que la petite fille se précipitait sur ce corps immobile, en poussant des cris déchirants.

L'apparition de ces deux créatures en deuil, l'accident qui venait de la suivre, les cris de désespoir de l'enfant qui, agenouillée sur le sol, couvrait sa mère de baisers éperdus, tout contribuait à bouleverser violemment la société brillante qui venait de quitter la salle à manger luxueuse du château de Versel.

Les femmes se portèrent en masse du côté de la grille. Inquiètes, émues, elles regardaient le groupe formé par la mère et l'enfant, avec des sentiments douloureux, que leur compassion restait impuissante à soulager.

Tout à coup une trouée se fit dans ces groupes, et la voix rude du docteur Favières répéta :

— Allons, place au médecin, mesdames, vous empêchez cette malheureuse de reprendre connaissance. L'air lui manque, pressée qu'elle est par tant de personnes courbées sur elle.

Et le vieux docteur parvint jusqu'à la femme évanouie.

Son fils le suivait.

— Charge-toi de l'enfant, dit M. Favières à son fils, je m'occuperai de la mère.

Gilbert se pencha vers la petite fille.

C'était une enfant de douze ans environ, mais que la délicatesse de ses traits et l'exiguité de sa taille pouvait faire paraître plus jeune. Très brune avec des yeux noirs dilatés par la souffrance, et qui semblaient trop grands dans cette petite figure pâle, elle avait une bouche fine, mais à peine rosée. Tout en elle trahissait une faiblesse extrême, ses mains étaient délicates, ses pieds mignons. Une chevelure lourde pour ce front fatigué tombait en boucles désordonnées sur son dos. Toute la sève de cette créature délicate semblait s'être réfugiée dans cette chevelure invraisemblable.

Tu ne vas pas mourir? — Qu'est-ce que je deviendrais, moi, si tu me quittais...
(Voir page 25.)

CHAPITRE III

AFFAMÉES

En ce moment, les deux bras jetés autour du cou de sa mère, ses lèvres pâles à peine teintées de carmin, et collées sur ce visage livide, l'enfant répétait au milieu de ses sanglots :

— Tu ne vas pas mourir, dis? Tu ne vas pas mourir? Qu'est-ce que je deviendrais, moi, si tu me quittais... Reste! reste! je n'ai plus que toi... Je ferai tout ce que tu voudras, s'il le faut, je mendierai pour te nourrir, puisque je ne suis pas en âge de travailler... Oh! maman! maman! réponds-moi, un mot, un seul... Regarde-moi, j'ai peur, j'ai si peur!

Gilbert Favières s'agenouilla près de la petite fille.

— Laissez-nous faire, mon enfant, dit-il, en mettant dans sa voix toutes les pitiés d'un cœur tendre ; mon père et moi nous sommes médecins ; à nous deux nous trouverons bien, dans notre science et dans notre compassion, le moyen de vous rendre votre mère...

— Médecin! répéta la petite fille, vous êtes médecin! Alors accomplissez un miracle, monsieur, faites sortir ma mère de ce sommeil de mort, rendez-la-moi! rendez-la-moi! je vous aimerai tant.

— Obéissez-moi d'abord, laissez agir mon père. De votre docilité dépend peut-être le salut de celle que vous aimez...

La petite fille détacha ses bras du cou de la femme évanouie, elle demeura à genoux, muette, ses grands yeux fixés sur le docteur Favières, qui essayait de ranimer la malade.

Au bout d'une minute la malheureuse ouvrit les yeux.

Elle porta les deux mains à sa poitrine avec un geste exprimant une atroce souffrance, et le vieux médecin dit à son fils :

— Je ne me trompais pas, Gilbert, cette femme a faim...

— C'est horrible! s'écria le jeune homme.

Puis soulevant la petite fille dans ses bras :

— Est-ce vrai? lui dit-il ; combien y a-t-il donc de temps que vous n'avez mangé?..

— Je n'ai rien pris hier, et ma mère m'avait tout donné...

— Nous allons, mon père et moi, transporter ta mère au château ; te sens-tu la force de marcher?

— Oui, répondit-elle avec une expression de vaillance, et j'en suis certaine, maintenant, vous me rendrez ma mère.

Le docteur Favières prit un des bras de la jeune femme, tandis que Gilbert la soutenait de l'autre côté.

En ce moment le comte Ostrog, prévenu de ce qui venait d'arriver, accourait du côté de la grille :

— Favières, dit le comte, disposez de moi, de mes gens, si j'en crois ce qu'on vient de me dire, ces infortunées meurent de faim. Se peut-il qu'à la porte du riche, on voie tomber des créatures affamées!

Deux petites mains saisirent une des mains du comte, et celui-ci sentit l'impression d'un baiser d'enfant.

— Vous êtes bon! dit la petite fille, oui, vous êtes bon!

Il regarda cette mignonne créature, mais à mesure qu'il la contemplait ses yeux exprimaient une surprise mêlée de frayeur. On eût dit que dans ce visage infortuné il cherchait le souvenir d'un autre visage.

— Non, fit-il, je ne suis pas bon, mais sois certaine que je viendrai à ton aide... Quel souvenir ta pâle figure me rappelle... Comment t'appelles-tu?

Elle leva sur lui ses yeux, et répondit :

— Noëla!

— Noëla! Pourquoi ce nom presque étrange, le sais-tu?

— Je crois que je suis née le jour de Noël, répondit la petite fille.

— Oui, c'est cela, sans doute... Noël, Noëla, mais quelle ressemblance... Il me semble que tu me regardes du fond d'une tombe...

— Oh! mon Dieu! fit l'enfant en joignant les mains, ma vue renouvelle-t-elle pour vous un violent chagrin? Si vous saviez combien j'en serais malheureuse!

— Toi, pauvre petite...

— Sans doute, songez donc, vous nous témoignez à ma mère et à moi une si grande pitié; vous devenez notre Providence... Oh! il ne se peut pas que je sois pour vous une cause de tristesse?

— Non, tu as raison, répondit le comte Ostrog... Où le pauvre pénètre il apporte avec lui une bénédiction .. Sois la bienvenue, mignonne, entre avec moi dans cette habitation qui va devenir la tienne, tant que tu auras besoin d'un toit pour t'abriter.

Tandis que la petite fille serrant la main du comte le suivait aussi vite que le lui permettaient ses forces, le docteur Favières et Gilbert pénétraient dans le château, et se faisaient indiquer, par la femme de charge, une chambre dans laquelle l'étrangère allait être installée.

Il se trouvait au second étage du château une petite pièce très claire, tendue d'étoffes à ramages rouges, garnie de meubles antiques, curieux et charmants, et dont les murailles s'ornaient de superbes gouaches. Ce fut là que Mme Dorothée introduisit le docteur Favières et Gilbert.

Mme Dorothée n'avait pas un bon cœur.

C'était une personne grasse et fraîche, avenante, et dont le sourire de commande cachait les secrètes révoltes et les ennuis. Profondément égoïste, elle savait à merveille dissimuler ses sentiments, chaque fois qu'un accès de franchise eût été capable de lui nuire. Orgueilleuse, et dédaignant la domesticité placée sous sa direction, elle faisait lourdement sentir à ceux qu'elle dirigeait le poids d'une autorité qui, par la force des choses, avait grandi. La bonté facile du comte Ostrog lui avait permis lentement de prendre plus d'autorité, et comme elle gouvernait admirablement la maison, possédait un ordre parfait et ne souffrait aucune dilapidation, le comte tolérait ses empiètements successifs.

Elle n'atteignit cependant pas son but. Après avoir établi son empire sur les serviteurs, elle eut l'ambition d'obtenir la confiance du maître. Mais alors elle rencontra une réserve glaciale, et pas plus à son égard qu'auprès des autres domestiques, le comte ne se départit d'un laconisme froid provenant moins de l'orgueil que du chagrin dont il ne parvenait pas à se guérir.

L'ordre que le comte Ostrog fit transmettre à Dorothée d'installer la jeune étrangère et sa fille dans une des chambres du château ne pouvait que lui être désagréable.

Depuis le jour où commencèrent les préparatifs des réceptions au château, Mme Dorothée se donnait une énorme importance. Elle gourmandait les valets, surveillait les ouvriers, blâmait, dirigeait, avec une sécheresse un peu hautaine quand elle parlait à ceux qu'elle considérait comme ses inférieurs, mais soudainement elle changeait de ton et de langage, si le comte Ostrog ou des intimes, tels que M. Cavaillan, les Favières ou maître Aubry, donnaient un avis ou adressaient une question. Tout portait ombrage à Mme Dorothée. Dans chaque nouvelle servante intelligente, entrant au château, elle tremblait de trouver une rivale.

Les capacités l'effrayaient plus qu'elles ne l'attiraient.

Le comte Ostrog ne s'occupait jamais des menus détails de l'administration de sa maison, et pourvu qu'elle marchât régulièrement et que la tranquillité un peu farouche dont il ressentait le besoin ne fût jamais troublée, il s'estimait suffisamment bien servi.

L'exercice de l'autorité avait donné à Mme Dorothée l'amour du commandement, en même temps que le goût de la flatterie. Quiconque lui adressait un compliment sur l'habileté de son administration était certain d'être le bienvenu. Peu à peu, elle changea d'allures, même de costume. De servante elle devint femme de charge; les dentelles et les rubans remplacèrent sa coiffe de paysanne; une couturière du pays lui confectionnait des robes dans lesquelles, sans oser prétendre à la complication des ornements dont les « dames » du bourg surchargeaient leurs toilettes, elle employait cependant du velours, quelques dentelles et des nœuds de rubans. Ses bonnets prenaient d'imperceptibles allures de chapeaux; un peu plus et cette différence serait supprimée.

Quand elle pénétra dans la chambre de la malade, le docteur Favières et son fils achevaient de lui rendre le sentiment de l'existence.

— Madame Dorothée, di le vieux médecin, déshabillez rapidement cette jeune femme, couchez-la, et servez-lui un bouillon.

Mme Dorothée prit son air le plus digne :

— Monsieur le docteur, dit-elle, vos ordres seront ponctuellement exécutés, la Jeanne s'entend fort bien à soigner les malades.

— Eh! qui vous parle de la Jeanne? Ne pouvez-vous dégrafer la robe de cette infortunée, et la servir vous-même?

Le regard de Mme Dorothée traduisit la pensée qu'elle n'osa exprimer; elle s'approcha du lit, car, surveillée par Favières, il n'était pas possible de lui résister, mais elle se promit de faire expier à l'étrangère l'humiliation qu'elle venait de subir.

Deux minutes après, quand le médecin et son fils, qui s'étaient éloignés un moment, rentrèrent dans la chambre, la malade était paisiblement étendue dans un lit blanc, et Mme Dorothée venait de descendre pour demander un bouillon.

Elle ne poussa pas la condescendance jusqu'à l'apporter; la Jeanne suivait, soutenant le plateau, son rude visage portait l'empreinte d'une pitié profonde, et ses yeux un peu ronds, grands yeux ruminants, graves et doux, allèrent rassurer la malade qui, trop faible pour intervenir dans le débat du médecin et de la femme de charge, comprenait que cette demi-servante ne l'aimait pas et ne l'aimerait jamais.

L'étrangère but avidement le bouillon réconfortant, tandis que sa fille mangeait avec une lenteur prudente, en obéissant aux prescriptions de Gilbert.

Bientôt toutes deux, cédant à l'excès des privations et de la fatigue, tombèrent dans un lourd sommeil.

Quand le vieux docteur les vit endormies, dans les bras l'une de l'autre, il adressa au ciel un remerciement, et descendit avec son fils pour chercher le comte Ostrog.

Cependant il ne voulut point laisser toutes seules ces deux créatures malheureuses, et rencontrant la Jeanne, qui semblait errer dans les couloirs et les escaliers comme une âme en peine :

— Vous êtes une brave fille, vous! lui dit-il, je vous confie la garde de cette jeune femme.

— Alors, monsieur le docteur, je vais prévenir Mme Dorothée.

— Vous ne préviendrez personne, la Jeanne; je vous donne des ordres au nom du comte Ostrog, dont Mme Dorothée est la première servante.

Un large éclat de rire ouvrit les lèvres de Jeanne.

— Ah! bien! monsieur le docteur, si elle vous entendait, vous pourriez vous vanter de vous être fait une rude ennemie. Je sais bien que vous vous en moquez pas mal, et que l'opinion de Mme Dorothée ne vous tourmente guère; mais si elle supposait seulement que j'ai pu rire de vous entendre, elle ne me le pardonnerait de sa vie. Avec M. le comte elle reste humble et soumise, mais vous ne vous doutez pas des revanches qu'elle prend à l'office. Il ne faut plus même qu'on prononce son nom de baptême. Elle a décrété qu'à l'avenir nous l'appellerions simplement «Madame». Avez-vous remarqué sa toilette aujourd'hui? de la soie, des bijoux, tout comme la femme du notaire ! Quel dommage que M. le comte ne se marie pas ! Nous aurions au moins une véritable maîtresse. et l'on nous traiterait plus doucement.

— Patience, ma bonne Jeanne, patience ! Et sans vous révolter contre l'omnipotence de Dorothée, n'exagérez point les égards qui lui sont dus. Je ne crois pas me tromper en affirmant que l'infortunée que la Providence vient d'envoyer ici est une femme ayant reçu de l'éducation, et que des malheurs dont elle n'est pas responsable ont jetée dans une misère qui la conduisait à la mort... Ce n'est pas à l'heure où le comte Ostrog élève un hospice pour les vieux marins qu'il renverra cette créature étiolée et cette ravissante enfant. Soignez-les donc, Jeanne ; quand il s'agit de cas de ce genre une ordonnance de médecin est sacrée. Je vous certifie d'avance que votre maître ratifiera toutes mes prescriptions. Installez-vous donc dans le couloir de la chambre de cette jeune femme, et à son premier appel, occupez-vous de la soulager. Elle pourra manger peu à la fois et lentement ; boire des vins exquis, les meilleurs de la cave ; je vais avertir le sommelier.

Les grands yeux placides de Jeanne brillaient.

— Oh! monsieur fit-elle, vous êtes bon de me fournir l'occasion de me dévouer à plus malheureux que moi.

Elle monta l'escalier et disparut, tandis que Favières murmurait :

— Un cœur d'or sous une rude enveloppe ! Allons, ces deux infortunées sont en bonnes mains.

Au moment où il traversait le vestibule, Mme Dorothée, le visage animé par une violente colère intérieure, interpellait une fille de service.

— Va chercher Jeanne, dit-elle ; que fait là-haut cette paresseuse ? dis-lui que je la chasserai demain si elle se montre aussi peu soigneuse de son travail.

— Dorothée, dit le docteur d'une voix très douce, il faudrait éviter de vous mettre dans des états pareils. N'oubliez pas que vous êtes d'un tempérament sanguin, très forte, et qu'il reste peu d'espace entre votre tête et vos épaules. Cela a toujours passé pour être l'indice d'une prédisposition à l'apoplexie... Surveillez-vous, Dorothée, surveillez-vous... Quant à Jeanne, de la situation de fille de cuisine qu'elle occupait, je l'ai élevée à la dignité de garde-malade.

— Il faut croire, monsieur le docteur, repartit Dorothée, que la confiance que vous porte le comte Ostrog vous autorise à changer l'ordre de la maison... Je me permettrai de vous faire observer cependant que le nombre des domestiques est à peine suffisant... Nous avons un dîner ce soir.

— Je le sais, je le sais... Eh bien! mettez la main à la pâte, Dorothée, et pour une fois remplacez Jeanne qui ne saurait quitter son poste.

— Remplacer Jeanne! s'écria Mme Dorothée, suffoquée par ce qu'elle appelait l'impertinence du docteur, remplacer Jeanne...

Elle n'osa en dire davantage, dans la crainte d'être entendue, mais elle murmura entre ses dents après avoir vu disparaître Favières :

— Je ne souffrirai pas que ces mendiantes restent longtemps à la maison; elles y auraient vite amené le désordre... Dorothée! Ne m'appelle-t-il pas Dorothée tout court, ce petit médecin de campagne, dont les rentes ne valent pas les miennes... Le mot « madame » lui écorcherait-il la bouche... C'est l'autre qui paiera cette insolence, la mendiante blonde et la petite fille aux cheveux noirs...

Tandis que Mme Dorothée exhalait sa méchante humeur, Jeanne, fidèle à sa consigne, s'installait à la porte des étrangères.

Bien différentes étaient les songeries de cet esprit lent et les sentiments de ce cœur tendre.

— Cette jeune femme pâle a dû être riche, pensait Jeanne. Elle a le teint blanc, des mains petites qui jamais ne se sont fatiguées à un gros ouvrage... Bon Dieu! à regarder la mère et la fille, on dirait une martyre et un ange... Je suis joliment contente d'avoir été chargée de la soigner... Je sens que je l'aimerai par-dessus le marché, moi! L'aimer! à quoi cela lui servira-t-il? Elle nous quittera, sans doute... Quand on est sur une route c'est pour aller quelque part... Il y a un terme à tous les voyages...

Elle entr'ouvrit la porte et regarda dormir l'enfant et la mère.

Les cheveux noirs de la petite fille se mêlaient aux blonds anneaux déroulés de la mère. Celle-ci pouvait avoir trente ans à peine; mais le chagrin avait cruellement marqué son front et l'angle de ses lèvres. On voyait à ses yeux qu'elle avait beaucoup pleuré; les paupières fatiguées gardaient ces tons délicats et rosés qui trahissent les larmes. Pourtant, elle était encore jolie. Une extrême délicatesse de teint, des yeux profonds et dont l'expression avait dû être radieuse, une bouche mignonne, des dents blanches, un cou délicat, une taille élégante, des pieds très petits, et une main merveilleuse confirmaient l'opinion du docteur.

Cette créature, qui venait de tomber d'épuisement devant la grille du château de Versel, était vraiment une femme élevée sinon dans un grand luxe, du moins dans l'habitude d'une vie élégante.

La petite Noéla souriait déjà dans son rêve.

Jeanne entra sur la pointe des pieds.

— Je ne peux pourtant pas rester à rien faire, dit-elle. Inspectons le linge. Les jupons ont besoin d'un coup de savon, ce sera pour cette nuit. Il s'agit de brosser les robes noires, la poussière du chemin les a bien ternies ; l'enfant s'est déchirée aux épines. Ce n'est rien, Quand elles s'éveilleront ce désordre sera réparé.

Jeanne trouva une brosse dans un des meubles de la chambre prit au fond de sa poche son dé et ses ciseaux et se mit hardiment à brosser, puis à repriser ces pauvres costumes. Elle souriait tout en continuant son labeur, et quand il fut terminé, elle poussa un soupir de satisfaction.

Le soir seulement les voyageuses se réveillèrent.

— Jeanne ! Jeanne ! appela l'enfant.

— Tiens, fit joyeusement la servante, vous vous souvenez de mon nom ?

— Je n'oublie jamais ceux qui sont bons pour moi.

— Vous allez dîner, madame, reprit Jeanne ; voici un plateau sur lequel on a placé des gelées de viande, un poulet, du vin de Bordeaux. Faites souper la mignonne.

— Mais vous, Jeanne ? demanda l'enfant.

— Oh ! non, je n'ai pas faim ; s'il me faut quelque chose, l'office n'est pas loin. Soyez tranquilles ! les provisions ne manquent jamais à la maison, et aujourd'hui, si je ne croyais faire injure à mon maître en le comparant au roi Balthasar, je dirais qu'on donne ce soir ici un festin de ce genre... Cent personnes à table, et un luxe !

— D'ordinaire y a-t-il autant de monde au château ?

— Non, madame, au contraire. Mon maître n'aime pas le bruit ; mais aujourd'hui on a posé la première pierre d'un hospice qu'il bâtira, et entretiendra à ses frais, et toute la fleur du département est là.

— Alors, fit l'enfant, le comte Ostrog est un bon riche ?

— La fleur des bons riches, ajouta Jeanne avec conviction.

Tout en causant elle soutenait la malade sur ses oreillers, servait l'enfant et témoignait à toutes deux une bonté si touchante, que la voyageuse en avait les larmes aux yeux.

Puis, quand ce léger repas fut pris, Jeanne quitta de nouveau la chambre, et sortant même de la propriété, elle gagna le village, entra dans une modeste maison, et s'adressant à un vieillard assis sur un escabeau :

— Père Agathon, faudrait me raccommoder ces bottines-là tout de suite, et mettre si finement les pièces qu'on n'en voie rien, mais rien !

Le cordonnier en vieux tourna et retourna les paires de chaussures :

— C'est fait dans les grandes villes, dit-il, et ça a dû coûter cher... Je n'ai point de cuir assez beau pour les réparer convenablement. Voyez-vous, la Jeanne, il faudrait quasiment de la peau de gant ! Enfin, je ferai de mon mieux, puisque vous me recommandez ce travail... Et c'est pressé ?

— Je désire ces bottines ce soir.

— On fera son possible, la Jeanne.

La servante se rendit à la buanderie.

En un tour de main elle eut fait chauffer de l'eau, savonné, rincé les bas, les jupons et les collerettes. Une heure lui suffit pour repasser le tout. Elle regagnait l'escalier du château au moment où le père Agathon entrait dans le vestibule.

— Voilà l'ouvrage, dit-il, solide, mais pas élégant ! J'ai fait de mon mieux... Ne me parlez pas d'argent, Jeanne, je devine que ces bottines appartiennent à la femme et à l'enfant qui sont tombées sur la route... Il faut que chacun fasse la charité à sa manière... M. le comte bâtit un hospice, je rapièce des chaussures, le Père céleste fera le compte...

— Merci, Agathon, dit Jeanne.

Les malades dormaient toujours.

D'en bas montaient les sons de l'orchestre.

On dansait dans les salons ; on errait dans les jardins illuminés ; les traînes de couleurs claires balayaient les allées sablées. Sous les doubles rayonnements de la lune et d'une illumination féerique, les nuances des fleurs éclataient plus magnifiques. Aux accords des musiciens se mêlaient les éclats de rire joyeux, les conversations fantaisistes. La fête donnée par le comte Ostrog avait cette chance rare de réunir tous les suffrages. Certainement, quelques esprits grincheux, quelques femmes jalouses, essayaient bien, sinon de blâmer l'ensemble ou les détails de cette réception royale, au moins de tenter d'en affaiblir l'effet. Quelques remarques envieuses se perdaient dans le concert des voix joyeuses.

Du reste, les riches n'étaient pas seuls à se réjouir ; tous les pauvres du pays avaient non pas reçu des secours à domicile, ce qui aurait pu les humilier, mais pris leur part de ces larges agapes. Dans une des cours du château, qu'ombrageaient de grands mûriers, on avait dressé des tables rustiques, pliant, comme celles des rois d'Homère, sous le poids des gigantesques plats de viande. Des cochons de lait rôtis, couchés sur un lit de fenouil au parfum sauvage, et tenant une orange dans leur goule dorée, excitaient l'admiration des rustiques invités. On servait les ragouts épicés dans de gigantesques plats d'étain; deux tonnelets de vin suffisaient à toutes les soifs. Des pyramides de fruits s'étageaient dans des corbeilles. Sur des tonneaux, debout, leur violon enrubanné à la main, les deux violoneux du pays s'escrimaient avec un acharnement récompensé par des applaudissements fréquents, et par des libations à plein gosier. On s'amusait autant et plus franchement peut-être dans cette vaste cour que sous les charmilles, et le nom du comte Ostrog se trouvait mêlé à tous les chocs des verres. On lui souhaitait du bonheur, on demandait à Dieu pour lui une longue vie, et les toasts que le châtelain de Versel avait entendus n'étaient pas plus chaleureux que les souhaits de ces braves gens.

Leur joie fut au comble, quand, le dîner fini au château, le comte et quelques-uns de ses hôtes quittèrent les jardins et passèrent dans la cour des mûriers. Les hommes se levèrent, les enfants agitèrent les mains. Ce fut une explosion de joie et de reconnaissance qui toucha profondément le millionnaire.

— Mes amis, leur dit-il, je ne puis trinquer avec chacun de vous, la tête la plus robuste du département ne résisterait pas à des libations semblables; mais le plus vieux du bourg, Mathurin le sonneur, me rendra raison. Allons Louisette, ma filleule, remplis mon verre, et vous, Mathurin, élevez le vôtre; vous avez donné à tous dans le pays l'exemple du travail; vous avez élevé douze enfants qui sont à leur tour de braves garçons; que votre exemple serve à tous ! A la santé de tous les paysans dont vous êtes le patriarche, de tous les ouvriers de la terre, qui la fécondent de leurs sueurs et la fertilisent. A ceux qui gardent la sagesse de demeurer dans nos campagnes, et de ne point céder à l'entraînement qui en pousse tant d'autres à l'émigration dans les villes.

Le comte rapprocha son verre de celui de Mathurin.

Le vieillard, dont la main tremblait moins de vieillesse que de joie, répliqua :

— Tous ceux qui sont ici, monsieur le comte, vous ont des obligations, car vous n'avez pas été seulement pour nous un maître juste, mais un père. Chaque fois qu'un paysan a été éprouvé par une gelée ou par la grêle, vous êtes venu à son aide. Nous vous chérissons et nous vous estimons comme on doit estimer et aimer les riches ayant dans le cœur la compassion pour le pauvre. Que Dieu vous donne une longue vie, monsieur le comte. C'est fête aujourd'hui dans tout le pays pour les pauvres et pour les travailleurs. Que votre œuvre soit bénie. Nous avons hâte d'accueillir parmi nous les vieux marins à qui vous allez ménager une tranquille vieillesse.

— Mes amis, reprit le comte, j'ai fait ma fortune sur la mer, et il est juste que je songe à ceux qui, longtemps, coururent les mêmes dangers que moi. Cependant, chacun doit aujourd'hui avoir sa part de joie et de tranquillité. A partir de ce jour, tout paysan, étant resté dans ce village, et dont la conduite n'aura mérité aucun reproche, sera certain de toucher chez M° Aubry, dès qu'il atteindra soixante-dix ans, une pension de quatre cents francs. Grâce à cette petite somme annuelle, il pourra rester chez ses enfants sans leur être à charge, ou s'abriter chez de vieux amis... Je vois déjà ici quatre de mes pensionnés : Mathurin, Jacques Landrec, Jean Morel, et la Rissolle. Ils recevront demain leur premier quart de pension.

— Vive monsieur le comte ! crièrent toutes les voix.

Les quatre vieillards se levèrent et marchèrent en tremblant vers Ostrog.

— Nous ne pouvons que prier pour vous, monsieur le comte, mais nous n'y manquerons pas une heure de notre vie.

Les grosses larmes qui roulèrent sur leurs joues prouvèrent la sincérité de leur reconnaissance.

Les violons s'étaient tus. Cette foule de travailleurs, si gaie tout à l'heure, était maintenant émue. Ostrog ne voulut point laisser ces braves gens sous l'impression d'un attendrissement prolongé, et adressant un signe aux ménétriers :

— Allons, les violoneux, dit-il, vos airs les plus beaux, et que les garçons invitent les jeunes filles. Si l'une d'elles est demandée en mariage ce soir, je la dote de mille écus.

— Pardon, excuse, monsieur le comte, demanda un robuste paysan d'environ vingt-sept ans, et s'il y en a plus d'une ?

— Je les doterai toutes.

— Et nous permettrez-vous aussi d'aller vous présenter les fiancées avant de quitter la cour du château ?

— Certainement, mes enfants, vous me trouverez dans la salle verte.

Ostrog salua d'un dernier geste amical, et rejoignit ses invités. Le bal commençait.

Certes, la gaieté qui y présida fut moins expansive que celle des artisans, mais les parfums des fleurs, les senteurs des jeunes feuilles, la pureté de l'air, ce je ne sais quoi de grisant qui s'exhale vers le soir de la campagne, ne tarda pas à doubler l'animation des danseurs. Les quadrilles se succédaient, lorsque, entre deux mazurkas, on vit arriver une bande composée de cinq couples de jeunes filles et de jeunes garçons.

Les jeunes filles, les yeux baissés, rougissantes, portaient au côté un énorme bouquet de fleurs des champs. Les garçons en arboraient à leurs chapeaux; de loin, les violons des ménétriers semblaient guider une noce villageoise.

Le grand garçon qui avait adressé la parole au comte Ostrog s'avança le premier. C'était un beau gars, solidement bâti, à l'œil bleu, vif et doux, aux épaules robustes, à la voix sonnant franche et pure.

— Monsieur le comte, dit-il en ôtant son chapeau, et en tirant son pied droit en arrière avec toute la politesse voulue, nous voilà tous cinq, dont deux frères à moi, très décidés à prendre femme. Nous hésitions encore un peu, parce que, voyez-vous, ces jeunesses ont plus de beauté et de vertus que d'argent, mais mille écus paieront une chaumière et ses meubles, et nous vous demandons d'assister à notre mariage.

— Ah! ça, mais, dit le préfet, il s'agit d'un couronnement de rosières à Versel, ce me semble?

— Justement, répliqua le comte Ostrog; vous ne croyiez pas vraiment si bien dire. Janie, la petite blonde que vous voyez, a soigné pendant cinq ans sa vieille grand'mère malade; Reine, cette belle brune, a servi de mère à six jeunes frères et sœurs. Toutes sont l'exemple du village.

— S'il en est ainsi, ajouta le préfet, nous réclamons le droit d'ajouter quelque chose aux roses de leur couronne.

En un instant les invités déposèrent dans une petite corbeille des pièces d'or sonnant franchement la joie et la charité, tandis que quelques très jeunes filles, ôtant de leurs doigts des bagues, et de leur cou des croix d'or, les offraient aux modestes fiancées.

On venait de payer le trousseau des épousées.

Tandis que cette scène joyeuse se passait, Noëla la contemplait, appuyée sur la fenêtre de la chambre où reposait sa mère. Ses grands yeux bleus se fixaient avec admiration sur le comte Ostrog, et sa voix harmonieuse murmura:

— Il est heureux, Dieu l'a fait riche, et il est resté bon!

Il la questionna longuement, doucement, sur sa famille et sur sa vie. (Voir page 43.)

CHAPITRE IV

HOSPITALITÉ

La première pensée du comte Ostrog fut le lendemain, non pour le souvenir de la fête de la veille, qui s'était terminée assez avant dans la nuit, ni la pensée des hôtes demeurés sous son toit, et pour qui durant plusieurs jours il renouvellerait les magnificences de son hospitalité, mais pour cette jeune femme blonde tombée d'inanition à la grille du château.

Aussi, se levant plus vite que d'ordinaire, sonna-t-il Mme Dorothée.

Celle-ci considérait comme un devoir de sa charge de ne se présenter devant le comte que soigneusement habillée, et coiffée avec une correction remarquable.

La robe de cachemire serrait alors le buste, les bandeaux luisants de pommade se collaient aux tempes; une cravate de dentelle adoucissait la sévérité de cette toilette habilement calculée, et des souliers à talons achevaient, croyait-elle, de lui donner un air infiniment distingué. Ces souliers découvraient un bas blanc, bien tiré, et s'ornaient d'une boucle d'argent massif.

A l'heure où la sonnette électrique du comte Ostrog retentit dans la chambre de Mme Dorothée, celle-ci s'éveillait d'un long et pénible sommeil ; le reste de la nuit avait été empli de songes troublants au milieu desquels revenaient avec l'obstination d'un cauchemar la pauvre affamée et sa fille. La femme de charge se trouvait donc physiquement et moralement dans les plus mauvaises dispositions d'esprit quand la sonnette impérative l'arracha à ses pensées.

— Déjà! fit-elle. Ah! ça, le comte Ostrog a marché sur un réveil-matin, c'est sûr... Je ne me présenterai pas chez lui dans ce négligé... Bon pour cette maritorne de Jeanne, mais moi!

Elle se hâta de chercher ses souliers à boucles, et elle se disposait à régulariser sa coiffure, quand un véritable carillon résonna au-dessus de sa tête.

— Allons! fit-elle, il y a de l'orage dans l'air...

La sonnette tintait toujours.

Dorothée jeta un châle par-dessus son peignoir, un fichu de dentelle noire sur ses cheveux emmêlés, puis, furieuse d'être obligée de paraître devant son maître dans un négligé semblable, elle entra dans l'appartement du comte.

— Vous avez le sommeil dur, madame Dorothée, dit celui-ci; vous voilà, c'est l'essentiel... Comment vont ce matin cette jeune femme entrée hier mourante au château et sa ravissante petite fille?

— En vérité, monsieur le comte, je n'en sais rien.

— Vous avez tort de ne point vous en être inquiétée ; ne devaient-elles point vous intéresser autant que moi, vous qui êtes femme, et qui peut-être avez souffert...

— Certainement, monsieur le comte, si j'avais cru...

— Vous vous en seriez occupée, considérant ce soin comme un devoir de votre charge ; j'aurais préféré vous voir guidée par votre cœur.

— J'interrogerai Jeanne, monsieur le comte, elle a passé la nuit près d'elles.

— Jeanne est une brave fille ! En ce cas, envoyez-la-moi tout de suite, je saurai plus vite ce que je désire apprendre.

Mme Dorothée fit une révérence soumise et sortit.

Elle étouffait de rage :

— Dérangée pour ces mendiantes, moi ! murmurait-elle. Pour elles, être obligée de courir à travers le château, sans avoir eu le temps de faire ma toilette. Ah ! elle me le paiera, l'aventurière. Et cette Jeanne qui ne manquera pas de se faire valoir. Ah ! quelle engeance que la basse valetaille ! et combien je hais les pauvres ! Décidément, ils commencent à prendre trop de place dans la maison, et à se partager trop vite la succession de M. le comte. Un ingrat encore celui-là... Libre, sans enfants, acceptant depuis qu'il est dans le pays mon dévouement et mes soins, n'aurait-il pas dû avoir l'idée... Mais rien ! rien ! Et s'il me laisse par testament douze cents francs de rente, il croira se montrer généreux... Douze cents francs de rente, de quoi épouser le vieux marguillier... Si je n'avais pas d'économies... Heureusement que j'ai eu l'esprit de faire ma pelote.

Elle entra dans l'office et chercha Jeanne du regard.

Celle-ci cousait activement.

— Allez vite chez M. le comte, il vous demande, lui dit Mme Dorothée d'une voix aigre.

— Moi ! fit Jeanne stupéfaite.

— Oui, vous ; il est vrai qu'une aide de cuisine n'a guère coutume de s'entretenir avec le comte Ostrog, mais la première idée qui lui est venue ce matin a été de vous demander.

Jeanne ne songea ni à la cornette mise un peu de travers sur ses cheveux roux, ni à sa pauvre robe de cotonnade bleue sur laquelle se nouait un simple mouchoir blanc ; sans même poser sur la table l'ouvrage de couture qu'elle tenait à la main, elle courut à l'appartement du comte.

Certes, elle n'était pas jolie, cette Jeanne, mais elle avait, chose rare chez les paysannes, un teint éblouissant relevé par quelques mouches noires, une taille riche et souple, de grands yeux honnêtes et un bon sourire.

— Eh bien ! Jeanne, lui demanda le comte, tu as donc veillé mes malades ?

— Je ne les ai guère quittées que pendant leur sommeil, monsieur. Ce matin, la mère semble déjà mieux, et l'enfant a retrouvé sa gaieté. Soyez tranquille, quand elles se présenteront devant vous, leur costume sera convenable. J'ai tout lavé, reprisé, arrangé cette nuit, et tenez voici un fichu de tulle blanc pour la mère... Comme elle semble intéressante et malheureuse!

— N'est-ce pas, Jeanne? Mme Dorothée t'a-t-elle commandé tout cela?

— Oh! monsieur le comte, croyez-vous qu'il soit nécessaire de recevoir un ordre pour s'occuper des malheureux. Il suffit d'avoir un cœur et de pratiquer l'évangile; d'ailleurs, cette dame semble si douce, l'enfant est si jolie... C'est plaisir de travailler pour elles.

— Tiens, Jeanne! fit le comte en tendant trois pièces d'or à la servante.

— Merci, monsieur! Combien cette pauvre créature va être contente!

Il ne lui vint pas même à l'esprit qu'on les lui offrait.

— Jeanne, reprit vivement le comte, ne lui remets pas d'argent. Il vaut mieux rendre des services que de faire l'aumône... Achète quelque chose pour elles, ce que tu voudras... A propos tu ne descendras plus à la cuisine; je ne te connaissais point les aptitudes dont tu viens de donner les preuves.

— Que ferai-je donc, monsieur?

— Tu continueras à soigner cette étrangère et son enfant.

— Voilà qui me va mieux, monsieur le comte.

— As-tu pu comprendre quel désastre, quel chagrin a réduit à cet état une femme qui semble née dans une condition meilleure?

— Non, monsieur le comte; seulement, à plusieurs reprises, elle a serré sa fille dans ses bras en répétant : Seules au monde! Nous sommes toutes seules!

— Allons, j'aviserai... En attendant veille sur elles, et répète-leur qu'elles ne doivent point songer à quitter le château jusqu'à ce que leur santé soit complètement rétablie.

Jeanne sortit radieuse.

Mme Dorothée la guettait au passage.

— Descendez vite à l'office, lui dit-elle.

— Ah! mais, j'ai monté en grade, Mme Dorothée, je ne suis plus fille de cuisine, M. le comte a fait de moi la femme de chambre de la dame étrangère...

Mme Dorothée eut un méprisant éclat de rire.

— La dame étrangère! Une mendiante mourant de faim!

Mme Dorothée rentra chez elle bouleversée. Elle commençait à redouter sérieusement l'aventurière qui venait de recevoir asile dans le château. Cependant son irritation ne lui fit point négliger le soin de sa parure. Elle choisit une robe marron d'un ton doux, lissa ses bandeaux, doubla les plis de son jabot de dentelle et glissa deux épingles d'or dans ses cheveux. Mais elle eut beau faire, la colère qui fermentait en elle laissait un reflet sur son visage; son teint d'ordinaire placide et blanc semblait d'un rouge pourpre. Jusqu'à ce jour Mme Dorothée n'avait point dû recourir à l'usage de la poudre de riz. Mais à l'idée de paraître devant les hôtes du château avec ce teint vermillonné, elle fut prise d'un véritable accès de désespoir, et dans son angoisse, voyant passer la femme de chambre de la préfète, elle l'attira dans sa chambre, et eut avec elle une conversation d'un quart d'heure, à la suite de laquelle la femme de chambre, riant aux larmes, redescendit au premier étage, entra dans le cabinet de toilette de sa maîtresse, fourragea dans une demi-douzaine de petits pots, de boîtes et de flacons, puis s'étant assuré que sa nonchalante maîtresse dormait encore, elle rejoignit Mme Dorothée.

— Nous avons le temps! dit Séraphine, ma maîtresse se lèvera vers onze heures afin d'avoir le teint reposé. Dans une demi-heure vous serez prête. Comme vous êtes coiffée, pauvre madame Dorothée! Je vais arranger cela, en un tour de fer et deux coups de peigne! Voyez-vous, les bandeaux plats sont d'un autre âge. Ça date; il faut des frisons, à moins que vous aimiez mieux que je les coupe en frange à l'américaine... Vous voulez les frisons? Je les préfère aussi...

Séraphine natta trois mèches des cheveux de Dorothée, les passa au fer, défit les tresses, décrêpa les cheveux, et les étagea d'une façon savante de façon à ce qu'ils descendirent presque sur les sourcils de Dorothée.

Ensuite elle lui tendit un miroir à main.

— Voilà, ma petite! dit-elle du ton d'un artiste satisfait de son œuvre. Je gagne cent francs par mois pour l'exercice de ce talent-là... A votre service pendant la durée de mon séjour au château.

— Sans doute, pendant votre séjour, tout ira bien, mais après...

— Oh! soyez tranquille, je vous donnerai des leçons. En huit jours vous serez très forte.

— Et j'aurai l'air distingué?

— Excessivement distingué.

— Je ne serai point ingrate, dit Mme Dorothée d'une voix émue.

— Entre collègues! reprit Séraphine, il faut se rendre service.

Entre collègues! Cette expression froissa considérablement l'orgueil de Dorothée. N'était-elle pas mille fois au-dessus de Séraphine, elle, gouvernante du château de Versel. En vérité cette Séraphine, si elle entendait l'art du maquillage! manquait des plus simples notions de la hiérarchie dans la domesticité. Elle n'en était plus, elle, Dorothée. La confiance du comte l'élevait autrement haut.

Elle feignit de n'avoir ni compris l'intention de la femme de chambre ni souffert de sa familiarité, et les deux femmes se quittèrent cordialement.

Pendant que cette scène se passait chez Mme Dorothée, Jeanne entrait dans la chambre de l'étrangère.

Celle-ci était levée.

En voyant la servante elle lui dit avec l'expression de la reconnaissance :

— Que vous êtes bonne! Ce linge blanc, ces habits réparés, autant d'attentions de votre part. Je vous remercie, Jeanne, oui, je vous remercie du fond du cœur.

— Vous vous levez trop matin, madame, dit doucement la servante ; j'aurais souhaité vous voir reposer longtemps encore... Enfin, il n'y a pas grand mal... J'ai commandé un bain pour vous dans l'après-midi, vous le prendrez, et vous ferez ensuite la sieste. Demain je répondrai de vous, mais aujourd'hui vous ne devez point encore sortir.

— Je crains d'abuser de l'hospitalité qui m'est offerte.

— Vous en usez à peine, au contraire, madame... Le comte Ostrog me met à votre service, et semble croire que vous accepterez longtemps de demeurer au château. Oh! ne craignez rien! Il est aussi bon que riche, et vous lui causeriez une grande peine en le refusant.

— Oui, Jeanne, ma bonne Jeanne! répondit la fillette en se suspendant au cou de la servante, nous resterons... Maman est bien faible, elle tomberait un peu plus loin, comme déjà elle est tombée ici... Je ne connais guère le maître du château, mais déjà je l'aime de tout mon cœur. S'il n'y avait pas ici un si grand nombre d'invités je t'aurais demandé déjà à visiter la faisanderie, le parc où sont les biches, les chamois et les cerfs...

— Vous viendrez, mignonne, tantôt, pendant que votre mère reposera.

— Dieu est bon! dit l'étrangère, oui, Dieu est bon! A qui traverse le désert il fait découvrir l'oasis... Tu suivras Jeanne, Noëlie; profite de quelques heures de joie, ma mignonne! Qui sait ce que nous réserve l'avenir...

Le déjeuner fut presque gai.

Sous le rayonnement des yeux de Noëlie, la jeune femme paraissait reprendre courage. Jeanne s'essuyait les yeux de temps en temps avec une sorte de brusquerie comique.

Enfin elle descendit avec Noëlie, tandis que sa mère s'assoupissait doucement dans son fauteuil.

Le hasard voulut que l'enfant rencontrât le maître.

Avec la grâce charmante de son âge elle lui tendit les bras.

Pour la seconde fois les yeux du comte Ostrog se voilèrent. Il considéra la petite fille avec une expression de pitié mêlée d'une profonde tendresse. Enfin, comme s'il voulait acquérir une certitude ou se débarrasser d'un doute, il saisit la main de l'enfant et l'entraîna.

Jeanne les suivit des yeux en souriant.

Noëlie marchait vite afin de suivre son guide. Elle n'avait point peur, et tenait au contraire sa main avec confiance.

Ostrog ouvrit la porte d'un petit salon, et se dirigea vers la cheminée près de laquelle s'étageaient des portraits. Une miniature très douce de ton, assez grande, occupait la place d'honneur dans un cadre de bronze ciselé.

Le comte Ostrog ôta la miniature, se rapprocha de la fenêtre ouverte sur le parc, puis comparant chaque trait du visage de l'enfant avec la peinture il sentit s'augmenter son trouble.

Alors prenant Noëlie sur ses genoux il la questionna longuement, doucement, sur sa famille, sur sa vie

— Ma famille... dit-elle, j'ai maman..

— Et ton père?

— Mon père est mort... On a vendu nos meubles... Maman pleurait beaucoup, beaucoup... Jamais elle ne s'est couchée depuis... Elle travaillait pour me gagner du pain, et souvent elle passait les nuits... Enfin, elle tomba malade, et quand elle fut prise de la crainte de mourir, elle s'accusa d'avoir négligé un moyen de salut... Je ne sais pas ce qu'elle voulait dire... Quoique bien faible, elle me prit par la main, et nous avons marché... marché si longtemps que mes chaussures se sont usées, que ma robe s'effiloquait... C'était en été heureusement... Et jamais nous n'arrivions au pays que voulait visiter ma mère et dont je ne sais pas le nom... Enfin, un soir nous sommes entrées dans une ville... Si vous saviez combien de fois maman a demandé une adresse... Personne ne connaissait la personne qu'elle désignait... Il paraît qu'il s'agissait d'une histoire bien vieille... Elle pleurait en m'embrassant. Elle me disait au milieu de ses larmes : « J'ai eu tort, mon ange ! J'aurais pu te sauver de la misère... Mon orgueil, non ce n'était pas l'orgueil, mais un sentiment de crainte, la terreur d'avoir à rougir... Tu pourrais avoir un protecteur encore et je t'en ai privée... »

Puis elle me dit un matin :

— Cherchons encore !

Nous avons repris notre route. Cette fois nous avions faim, et ma mère ne possédait plus rien, et n'avait rien à vendre... C'est alors que nous sommes arrivées ici, et que vous nous avez sauvées...

Aujourd'hui, quand Jeanne est entrée, ma mère parlait déjà de quitter Versel...

— Quitter Versel! répéta le comte avec une expression de crainte dont il ne fut pas maître.

— Oh! mais j'ai tout de suite compris que cela vous ferait peine... Et à moi, donc! monsieur... monsieur le comte... Il paraît qu'il faut vous appeler ainsi, on dit que vous élevez dans votre parc des chevreuils à qui vous portez du pain; que vos volières sont remplies d'oiseaux; vous garderiez peut-être bien aussi une petite fille qui vous suivrait comme un chevreuil privé, et qui ne mangerait guère plus qu'un linot...

Le comte Ostrog souleva les épais cheveux noirs de l'enfant, et l'embrassa avec une tendresse recueillie.

— Tu es déjà un petit ange, Noëlie; je te remercie de cette prière naïve, elle me met à l'aise pour supplier ta mère de te laisser près de moi... Dans quelques jours cette demeure aura retrouvé sa tranquillité, j'y serai seul, seul avec mes souvenirs... Reste-moi, Noëlie, et je t'aimerai, je te gâterai à la place de ton père...

Le pacte fut scellé entre le comte et l'enfant.

Il mit la miniature à sa place, et ce fut lui qui, prenant la main de Noëlie, l'emmena visiter les volières, cueillir des fleurs et porter du pain aux biches.

Noëlie rentra les cheveux au vent, le visage rayonnant de joie.

— Oh! fit-elle, tu ne sais pas, le comte Ostrog et moi, nous sommes deux amis, deux vrais amis... Quand il me regarde, il a envie de pleurer, et il dit que je lui rappelle une autre enfant. Il m'a conduite partout, et pour moi il négligeait tout le monde. Et puis il m'a fait présent d'un tout petit chevreuil et de deux pigeons. On mettra un collier à la petite bête, et elle me suivra. Quant aux pigeons, il m'a dit qu'on les appelait des pigeons romains, ils sont gris perle, avec une colerette verte à reflet roses. Tu ne peux savoir combien ils sont jolis.

— Mais ma pauvre bien-aimée, répondit la jeune femme en attirant Noëlie dans ses bras, que veux-tu que nous fassions dans notre vie misérable de ces hôtes privés et charmants. Tu manquerais de grain pour l'oiseau et d'abri pour le chevreuil.

— Eh bien! nous resterons ici, avec eux; le château est très grand, nous ne gênerons personne. Je n'effaroucherai point les mignonnes bêtes... Jeanne m'aime déjà... Le comte Ostrog me parlait tantôt comme si nous ne devions jamais partir...

Sans que la jeune femme l'entendît, la porte venait de s'ouvrir, et le docteur Favières, qui se tenait sur le seuil, avait entendu les derniers mots de Noëlie.

— Vous ne devez certainement pas, madame, dit-il en s'approchant de la jeune femme, songer à abandonner de longtemps la maison dans laquelle vous êtes reçue... Vous êtes malade, plus malade que vous ne croyez... Je ne voudrais point vous alarmer, mais un médecin doit la vérité à ses clients, même quand elle est brutale... Votre mal s'appelle l'anémie...

— L'anémie, qu'est-ce que cette maladie, docteur?

— Elle naît d'éléments très divers ; dans tous les cas elle est la résultante de la faiblesse, de l'apauvrissement du sang... Vous êtes anémique parce que vous souffrez, que vous manquez de vins fortifiants et de viandes succulentes... Parce que vous pleurez depuis longtemps, et qu'un secret chagrin vous mine...

La jeune femme cacha son front dans ses mains.

— On en meurt? demanda-t-elle.

— Oui, et si vous essayiez de quitter trop vite cette maison, vous seriez perdue. Je n'ai point à vous demander la cause de vos chagrins, vos secrets vous appartiennent. J'en constate seulement les ravages... Peut-être, car l'excès de la souffrance peut conduire jusqu'à ce découragement, y trouveriez-vous une délivrance ; mais vous êtes mère, et vous devez songer à votre enfant...

— Quitter ma fille ! s'écria la jeune femme avec l'accent d'une tendresse éperdue, que deviendrait-elle?

— Restez l'une près de l'autre, personne ne vous séparera. Mon ami, le comte Ostrog, est en ce moment bien occupé de ses hôtes. C'est lui qui m'envoie vers vous. Considérez-le comme un ami désormais... Cette enfant a eu le don et le bonheur d'exciter sa sympathie... Elle lui rappelle d'une façon frappante un être cher qu'il a perdu... Êtes-vous bien soignée? Le pays vous plaît-il?

— Il me semble entrer dans un paradis en sortant de l'enfer... Mais je ne pourrai me résoudre à accepter ainsi les bienfaits du comte...

— Qui vous dit que vous ne pourrez les lui rendre en services?

— Ce jour-là je serai bien heureuse.

— Dieu fait bien toute chose ! Et c'est au comte Ostrog que vous rendrez un inappréciable service. Dans cette vie qui semble si brillante se cache plus d'un regret. Peut-être cette enfant lui rendra-t-elle la sérénité perdue... En attendant, je vous interdis de songer au départ.

Des larmes mouillèrent les yeux de la jeune femme.

— O mon Dieu ! fit-elle en joignant les mains, croyez-vous donc que si je ne faisais de mon départ une question de délicatesse, je serais bien pressée de quitter un asile si providentiellement trouvé... Le jour où je poserai le pied sur la poussière de la route, la misère nous reprendra toutes deux, d'autant plus terrible, plus implacable, que je ne me sentirai plus soutenue par l'espérance... Rester ici, dans cette demeure princière, y employer mon temps, mon habileté de ménagère, servir avec une reconnaissance sans bornes le bienfaiteur dont vous me promettez la protection constante, ce serait le ciel ouvert... Et je ne croyais plus qu'il pût s'ouvrir jamais pour moi...

— Tout ira bien, fit le docteur. Dans huit jours les invités seront partis, le comte Ostrog, Alex Cavaillan et moi, nous reprendrons nos parties d'échecs et nos promenades. Vous serez alors complètement guérie, et l'enfant animera le vieux parc des éclats de sa gaieté. Courage, madame, courage, vous serez encore heureuse, je vous en donne l'assurance.

— Il faut croire les bons anges, murmura la jeune femme, et je vous crois...

Le docteur embrassa l'enfant et rejoignit Gilbert.

Un peu plus tard Jeanne monta le dîner.

Tout en dressant sur une petite table le poulet, le potage, les légumes et les fruits, elle souriait et semblait tourmentée par le besoin de faire une confidence. Noëlie l'interrogeait du regard, et la jeune femme attendait, comprenant bien que jamais Jeanne ne résisterait à la tentation qui l'agitait.

— Tant pis! fit-elle, il faut que je parle. Tout l'office est dans la joie. Jamais le jardinier en chef n'a tant ri, et le maître d'hôtel s'en tenait les côtes. J'ai fait comme les autres avec plus d'aplomb qu'autrefois, parce qu'alors on m'aurait renvoyée à la cuisine, tandis que je suis élevée par monsieur le comte à la dignité de femme de chambre... c'est un grade, ça... Je n'ai plus à servir que vous... Donc, tantôt Dorothée ayant reçu une rude mortification de monsieur a voulu s'en venger en essayant de singer les dames du chef-lieu. Séraphine, une rusée mouche, celle-là, a puisé dans toute la pharmacie de toilette de sa maîtresse et s'est mise à peindre la figure de Mme Dorothée... Il fallait voir ça... Du blanc sur le front, du rouge aux joues, du bleu aux tempes, du noir aux yeux, et des cheveux frisottés sur les yeux. Avec sa robe marron et son jabot de dentelle, Mme Dorothée était si drôle, qu'au moment où elle a paru pour donner des ordres, les marmitons, prenant de grands couvercles de casseroles, se sont mis à lui donner une sérénade. Elle s'est enfuie en menaçant de les faire chasser mais alors elle est tombée au milieu d'un groupe d'invités qui sont partis d'un éclat de rire. La préfète a donné une verte leçon à Séraphine, et Mme Dorothée est entrée dans une colère telle qu'elle a eu une véritable attaque de nerfs... Le docteur Favières a dû employer l'éther, on lui a jeté de l'eau fraîche au visage, et vous devez penser ce qu'est devenue la peinture de Séraphine,

— Ne soyez pas moqueuse, Jeanne, vous êtes si réellement bonne !
— C'est que j'en veux à Dorothée.
— Pourquoi?
— Cela me regarde.
— Moi aussi, n'est-il pas vrai?
— Quand ce serait exact !
— Vous n'avez le droit de vous fâcher avec personne, surtout à cause de moi... Allons, Jeanne, une promesse, vous allez ce soir faire une tasse de thé et la porter à Dorothée.
— Oh ! pour cela, jamais.
— Et si je vous en prie...
— Même si vous m'en priez, et surtout si vous m'en priez... Votre bonté me prouvera davantage la jalousie, la méchanceté de cette femme... Vous ne savez pas combien elle s'est montrée dure pour les serviteurs de bas étage, comme moi et bien d'autres... Elle n'avait garde de s'attaquer au maître d'hôtel, au cocher, au valet de chambre, ceux-là se moquaient d'elle et de ses grands airs... mais les aides, les pauvres filles, les enfants, c'était autre chose. Elle les traitait comme des chiens, et nous avons des revanches à prendre.
— C'est pour cela que je vous demande de lui porter une tasse de thé pour l'amour de moi... Elle comprendra que votre procédé doit la faire rougir de sa méchanceté passée, elle deviendra meilleure; la seule leçon efficace que vous lui puissiez donner est celle-là.
— Enfin, dit Jeanne, monsieur le comte m'a ordonné de vous obéir, et je vous obéirai, ce sera d'autant plus dur qu'elle est capable de mal me recevoir...
— Oh ! Jeanne, que tu es bonne, fit l'enfant.
— Ne répétez pas cela, mon chérubin, fit la servante, c'est votre mère qui se montre indulgente et douce; aussi nous l'aimerons bientôt tous ici; ah ! cependant, je ne réponds pas de Dorothée...
— Qui sait? répondit la jeune femme avec un sourire.
— On prive les couleuvres, répondit la servante, mais jamais les vipères.

Elle desservit rapidement et descendit faire le thé de Mme Dorothée.

— Qui vous a dit de m'en apporter? demanda durement la femme de charge.
— La mère de la petite Noëlie.
— Ah ! oui, cette mendiante que vous appelez déjà : « la dame ». Elle commence à donner des ordres dans la maison.

— Elle m'a conseillé de vous soigner, puisque vous êtes malade.

— Vous lui direz que je la remercie ; emportez ce thé, je n'ai besoin que de repos, et de ne pas marcher sur la vermine...

— Prenez garde de vous écraser le pied, fit Jeanne.

Elle sortit furieuse.

— Quand je disais que je recueillerais une violence pour prix d'un service. Enfin, elles l'ont voulu toutes deux, et après tout, je n'en mourrai pas...

Elle revint dans la chambre de la jeune femme, aida à coucher Noëlie, et se retira au bruit d'un concert qui venait de commencer.

Pendant une semaine durèrent les fêtes du château de Versel ; puis, l'un après l'autre s'éloignèrent par groupes, par couples, les invités du comte Ostrog.

A mesure que cette demeure reprenait son calme habituel, il semblait au marin millionnaire qu'il retrouvait sa véritable vie. Un moment il avait eu l'illusion de voir se dissiper au milieu du bruit sa tristesse persistante, il s'apercevait au contraire qu'elle grandissait dans l'animation extérieure. Ses vieilles douleurs lui semblaient plus cuisantes aux accords des instruments, aux sons des voix joyeuses.

D'ailleurs, si dans la solitude du domaine de Versel apparaissait souvent comme une ombre sinistre la figure d'Hector, les fantômes de sa mère et de Noëla le visitaient aussi ; et ceux-là, comme s'ils avaient besoin du silence des nuits, ne revenaient plus depuis que dans le château s'agitait une foule bruyante.

Alex Cavaillan et le docteur Favières comprenaient trop cette disposition de son esprit pour essayer de réagir contre la mélancolie qui l'envahissait ; ils lui prouvaient leur amitié prévoyante en se multipliant pour faire avec lui les honneurs du château. Aussi les invités s'éloignaient-ils de Versel en chantant sur tous les tons les louanges du propriétaire. Il reçut plus d'invitations que la longueur d'une vie ne lui eût permis d'en accepter. Pour n'en décliner aucune, il s'empressa de les accepter, se réservant de trouver plus tard des raisons majeures qui l'empêchassent de quitter Versel.

La meilleure de toutes ne serait-elle point la surveillance des travaux de l'hospice ?

Sans qu'il s'en rendît compte, il éprouvait le besoin de voir plus souvent Noëlie ; il lui semblait que la vue de cette ravissante petite créature apportait un baume sur sa blessure secrète.

Gilbert me semble le frère de Noëlie depuis qu'il s'occupe de son instruction, et lui donne des leçons de dessin. (Voir page 59.)

CHAPITRE V

VIE HEUREUSE

Le lendemain du jour où la grille du château se referma sur les derniers invités, le comte Ostrog fit demander à la pauvre étrangère qu'il abritait si elle pouvait le recevoir.

Les infortunés sont plus reconnaissants que les heureux, les façons délicates du comte touchèrent jusqu'aux larmes la mère de Noëlie.

— Dites à monsieur le comte, répondit-elle, que je lui serai reconnaissante de sa visite.

Elle attira Noëlie sur ses genoux et attendit Ostrog en proie à un grand trouble.

Il se présenta simplement, mettant plus de bonté encore que de respect dans son attitude et dans la façon dont il embrassa l'enfant.

Avant tout, il voulait mettre la jeune femme à l'aise et appeler plutôt que de demander ses confidences.

Il la voyait vraiment pour la première fois.

Au moment où elle tomba évanouie près de la grille, il ne lui avait été possible d'entrevoir qu'une forme svelte, un visage pâle et de longs cheveux blonds dénoués.

Cette fois, l'étrangère se trouvait placée en pleine lumière. Il put détailler alors un profil d'une finesse grecque, de grands yeux bleus emplis jusqu'au fond d'une insondable douleur, une bouche qui depuis longtemps ignorait le sourire, un corps frêle, affaissé sous le poids d'un long chagrin.

— J'espère, madame, lui dit le comte, que vous n'imiterez point l'exemple de mes hôtes; le dernier a quitté Versel hier... Vous accomplirez en restant une bonne, une très bonne action... Laissez-moi vous parler franchement, vous me répondrez ensuite. Je ne sais ni vos devoirs ni vos chagrins. J'ignore tout de votre vie, hors votre dénuement. Je ne demande à rien apprendre. Si plus tard vous avez confiance en moi, vous me révélerez ce qu'il vous conviendra... J'appartiens à une classe de gens heureusement assez rares : les millionnaires tristes... Toute ma famille est morte... De cette famille, l'être que j'ai le plus aimé était une sœur que je vis pour la dernière fois quand elle avait douze ans... Je la pleure depuis ce jour-là... Votre fille lui ressemble d'une façon si frappante qu'il m'est presque facile de me faire illusion en la regardant... Restez ici... Dans cette grande demeure où manque une maîtresse de maison, vous aurez votre place. Je vous prierai de bien vouloir en surveiller la dépense, et je fixerai pour ce travail, plus important que vous ne croyez peut-être, une rétribution honorable... Six mille francs par an... Mais vous me permettrez de traiter l'enfant comme ma fille, de la gâter un peu, et de l'aimer beaucoup.

— Accepte! maman! accepte ! s'écria Noëlie en joignant les mains.

— Avant de vous répondre, monsieur le comte, dit la jeune femme, veuillez m'écouter... J'ai une histoire, une triste histoire... Ma fille peut l'entendre, c'est vous dire que je n'ai jamais eu à rougir...

— Je vous écoute, madame, répondit le comte Ostrog.

La jeune femme se recueillit un moment, puis elle reprit :

— Mon père, d'origine française était depuis longtemps fixé en Italie. Peintre de talent, mal servi par la fortune, il arrivait cependant à nous faire vivre d'une façon honorable, grâce au produit de belles copies des toiles célèbres qu'il vendait ensuite à des Anglais. J'ai vécu toute ma jeunesse dans un milieu tranquille et heureux. J'aimais les arts sans m'y livrer, et ma seule occupation était d'aider ma mère dans les mille travaux du ménage, et d'exécuter de merveilleuses broderies. Jusqu'à l'âge de dix-huit ans, je vécus dans cette insouciance qui est le partage des enfants n'ayant eu sous les yeux que l'exemple du bien, et qui se savent aimés de tous ceux qui les entourent. Vers cette époque un Français affichant un grand luxe arriva à Rome. Il paraissait aimer les arts, fit à mon père des commandes importantes, et obtint l'entrée de notre maison... Que vous dirai-je, monsieur le comte, il me dit qu'il m'aimait et je le crus. Ma famille n'était point assez riche pour exiger une grosse fortune de mon fiancé ; le luxe qu'il affichait semblait me promettre plus que l'aisance... Il devint mon mari, et pendant six mois je me crus la plus heureuse des femmes... Le caractère du compagnon de ma vie —
— laissez-moi vous taire son nom... devenait bien difficile et sombre, mais je parvenais toujours à le dérider. Ses chagrins ne duraient guère ; il m'était interdit de lui en demander la cause, et je voyais dans cette défense une nouvelle preuve d'affection... Cependant je ne tardai pas à m'inquiéter ; la gêne se faisait sentir... Je dus engager, puis vendre des bijoux ; enfin, confiante dans la bonté de ma mère, je lui empruntai diverses sommes qu'il me fut impossible de rendre. Un jour, mon père me prit à part, et me regardant profondément me demanda :

— Es-tu heureuse ?

— Mon mari m'aime toujours... répondis-je.

Il secoua la tête et répéta :

— Marguerite, es-tu heureuse ?

Je penchai mon front sur son épaule, et j'ajoutai :

— Je vais bientôt être mère, comprends-tu ma joie ?

Il me serra sur sa poitrine, poussa un soupir et murmura :

— Dieu veuille que la pensée de sa femme et de son enfant l'arrête dans une mauvaise voie.

Je me redressai subitement :

— Que veux-tu dire, mon père ? Accuses-tu mon mari ?

— Ne sais-tu point qu'il passe des nuits au jeu ?

Mon regard brilla de joie, une consolation immense m'envahit le cœur.

— Au jeu ! c'est au jeu qu'il passe ses nuits ! Dieu soit loué ! il ne ment pas quand il me répète qu'il m'aime...

— Mais, malheureuse ! s'écria mon père, ignores-tu donc que le joueur n'aime que les cartes... Oh ! j'eusse préféré n'importe quelle passion à celle-là. Le joueur ne guérit jamais; il tombe infailliblement de la pauvreté dans l'abjection, et Dieu sait au fond de quel abîme il roule quelquefois. Supplie ton mari de vaincre ce goût dangereux; rattache-le à ton foyer; peut-être en est-il temps encore...

Je voulais le croire. Le soir même je causai longuement avec mon mari, je le suppliai de ne plus jouer. Il me le promit, et durant quelques jours, en effet, il ne me quitta pas. Je croyais avoir vaincu ; mais à la suite de la visite d'un de ses amis qui lui rapportait une somme assez considérable, il retourna dans les salons et les cercles où se risquaient des fortunes sur une carte, et je retombai dans les angoisses qu'avait fait naître en moi la révélation de mon père.

Ma vie devint si douloureuse que je tombais gravement malade. Alors ma famille intervint, elle parla de ma santé perdue, de mon avenir brisé; mon père s'emporta; mon mari répliqua avec violence; le lendemain une lettre m'apprenait qu'il partait pour l'Allemagne. Il reviendrait, me disait-il, quand la fortune lui aurait souri. En attendant, il me priait de lui écrire poste restante à Francfort.

Je crus mourir de douleur à cette nouvelle. Quand je revins d'un long évanouissement ma mère en pleurs se tenait à mon chevet.

Hélas ! ce fut elle, ce fut mon père que j'accusai de mon malheur :

— Pourquoi, lui dis-je avec cette violence nerveuse que donne la douleur poussée à son dernier degré, pourquoi vous êtes-vous mis tous deux entre lui et moi ? Me suis-je plainte à vous ? L'ai-je épousé parce que je le croyais riche ? Pauvre, je l'eusse encore préféré à tous les hommes. Il fallait me laisser régler avec lui les conditions de mon bonheur. La pension que vous me faites suffit à mes besoins, vous étiez donc certains que je ne pâtirais pas.

— Il devait partir, répéta ma mère ; qui sait si la justice ne se fût point mêlée des affaires de tripots dans lesquelles il se trouvait compromis.

J'écrivis à mon mari. Je lui appris la naissance de sa fille; il me répondit presque tendrement. Il gagnait... Car à partir de la révélation de mon père, il ne me cacha plus que toutes ses ressources lui venaient du jeu... Il me ferait revenir en même temps que mon enfant un peu plus tard, et une fois ses affaires rétablies, il chercherait en France un coin de terre pour y vivre et pour y mourir... Après quelques lettres remplies d'espérance, sa correspondance se ralentit. Il m'apprit qu'il allait désormais voyager d'une ville à l'autre, mais qu'un banquier de Francfort continuerait à lui faire parvenir mes lettres. Désormais je ne saurais plus où il habiterait... Déçue violemment dans mon affection, comprenant que la passion du jeu m'avait pris toute la part de la tendresse de mon mari, j'essayai de me consoler en élevant Noëlie... Mais jamais je n'oubliai, jamais! et ma fille grandit sous mes larmes. Des mois, des années se passèrent. Le banquier à qui j'écrivis m'apprit qu'il ignorait dans quelle ville mon mari faisait sa résidence, mais il ajoutait que sans nul doute, il ne tarderait pas à revenir, l'Allemagne attirant les joueurs comme l'aimant attire le fer. Noëlie atteignait six ans, lorsque la santé de ma mère se mit à décliner d'une façon inquiétante. Rien ne saurait vous rendre notre douleur. Ma mère avait été ma consolation depuis le commencement de mes épreuves; si Dieu me l'enlevait je comprenais que j'étais perdue. Sans doute mon père me chérissait tendrement, mais les hommes, si bons qu'ils soient, ne comprennent pas tous les mystères du cœur des femmes. Je pouvais avouer à ma mère que j'aimais encore, que je pleurais toujours mon mari... Mon père eût accusé mon cœur de lâcheté, et devant lui je devais feindre d'avoir oublié un ingrat.

Que vous dirai-je, monsieur, pendant huit mois entiers je veillai ma mère agonisante, recueillant ses dernières prières, ses dernières larmes, ses suprêmes conseils... Ces conseils me répétaient : « Pardonne! »

Elle mourut, et nul de nous ne se consola.

Ni Noëlie dont elle avait entouré de tant de soins la première enfance, ni mon père qui perdait en elle une incomparable compagne.

Le chagrin qu'il ressentit de cette mort lui enleva presque subitement la vue. Nous vécumes alors du revenu des économies réalisées par ma mère... La chère sainte avait trouvé le moyen de nous mettre à l'abri du besoin. Mon père, pour se distraire, mit un crayon dans les mains de Noëlie, il répétait qu'elle apprendrait vite, qu'elle aussi ferait des copies qui nous permettraient une vie plus facile ; mais lentement la lumière s'éteignit et il devint tout à fait aveugle.

Noëlie n'eut pas d'occupation plus douce, de mission plus sainte que celle de le conduire, et pour nous s'assombrit et se rétrécit de plus en plus le cercle de la famille.

Une seule lettre m'arriva en quatre années.

Elle était datée de France.

Mon mari y avait sa famille. D'après ses demi-confidences je savais qu'elle habitait la Normandie. Probablement il y était revenu dans un moment de besoin croissant ou de désespoir.

Mais nulle indication d'adresse, rien qui me mît absolument sur la voie. J'écrivis au banquier allemand, et j'appris plus tard que mon mari avait reçu cette lettre.

Les mois passèrent, puis des mois encore, ma fille grandissait; elle devenait ce que vous la voyez, douce et belle, résignée comme sa mère. Dieu ne permit pas que je gardasse mon dernier protecteur, Je perdis mon père... Cette fois je faillis succomber à ma douleur. Ma fille me rattacha à la vie, mais usant de mes premières forces, j'écrivis à mon mari pour lui apprendre à quel abandon je me trouvais réduite. Ma lettre trempée de larmes n'était qu'une prière ardente de revenir à sa fille, à sa femme: puis après avoir jeté ce cri d'angoisse suprême, j'attendis... Un soir on frappa rudement à la porte de notre pauvre logis, je courus ouvrir, un homme me prit dans ses bras en m'appelant « Marguerite ». Il revenait, comprenez-vous ma joie, il revenait...

Dans ma surprise heureuse, je ne m'aperçus point d'abord combien il était vieilli et changé; le lendemain seulement je reconnus que ses cheveux avaient blanchi, que ses vêtements trahissaient la misère. Je lui remis mes économies, il put acheter des habits convenables, et nous tuâmes, dans ma pauvre maison, cet éternel veau gras qu'on met à toutes les tables où vient s'asseoir un mari, un fils repentant.

Pendant quelques semaines mon mari ne me quitta pas. Il m'enveloppait pour ainsi dire de sa présence. Ses paroles, ses actions, ses silences, son affection pour ma fille, tout semblait me demander pardon de son abandon et de mes peines. Je renaissais à la vie. Oh! si vous saviez, monsieur le comte, jusqu'à quel point les femmes gardent l'amour persévérant, et la confiance tenace!

Un jour, mon mari me parla de l'avenir. Il voulait venir en France disait-il; jamais il n'avait pu se trouver complètement heureux à l'étranger.

Je ne répondis rien. Je sentais combien je regretterais Rome où j'avais grandi, où mon père et ma mère dormaient leur dernier sommeil... Mais le refuser? M'obstiner à demeurer en Italie, n'était-ce pas lui fournir une raison de me quitter de nouveau. J'essayai de lui persuader que la vie était plus économique à Rome qu'ailleurs; que ma fille supporterait peut-être difficilement le climat plus froid de la France. Il me répondit qu'il devait à moi et à notre enfant de nous faire connaître sa famille. Plus tard nous reviendrions en Italie si je ne m'habituais pas à ma nouvelle patrie. Je pleurai, mais je cédai. C'était mon devoir. Ce devoir que ma mère me recommanda de respecter jusqu'à mon dernier soupir.

Il fallut procéder à la vente de notre maison, demeure si chère où j'avais passé tant d'heureuses années. Il ne m'était guère possible de conserver que des œvres d'art et des tableaux que j'enfouis dans des caisses destinées à partir avec moi.

Mon notaire s'attrista de ma résolution. Il me rappela avec toute la délicatesse possible la passion de mon mari pour le jeu, me conjurant de ne point remettre entre ses mains la fortune modeste destinée a nous faire vivre moi et ma fille... Rien ne put changer ma résolution. La maison fut vendue, et j'en donnai le montant à mon mari. Il le joignit aux valeurs constituant nos ressources, et huit jours après cette liquidation du passé nous prîmes la route de Paris.

Quand je demandai pourquoi nous ne nous rendions pas tout de suite en Normandie, mon mari me répondit qu'il voulait me dédommager de mon sacrifice en me montrant la capitale.

Hélas! monsieur le comte, je ne quittai guère la chambre d'hôtel dans laquelle il nous installa. Sans doute il comptait à Paris des amis de plaisir, car nous restâmes seules, et souvent la nuit il ne rentra pas.

La terreur s'empara de moi. Je compris que de nouveau il cédait à la passion du jeu... Je lui avais remis mon bien, le pain de ma fille, il pouvait nous réduire à la misère... Je l'attendis un soir, et au moment où il rentrait blême, effrayant, les yeux injectés de sang, je l'entraînai dans ma chambre, et je lui demandai compte de sa conduite. Je n'avais plus peur de rien, je défendais ma fille. Je l'adjurai de me rendre ce qui lui restait encore, je me traînai à ses genoux, sanglotant et menaçant tour à tour, il leva le bras, et entraîné par une fureur depuis longtemps contenue, il me frappa avec une horrible violence. Mes cris étouffés parvinrent jusqu'à ma fille... Elle accourut, toute blanche dans sa longue robe de nuit, et se mit à pousser des appels effrayants, se roulant sur moi, souillant ses mains, sa robe au sang dont j'étais couverte.

— Taisez-vous! dit mon mari en saisissant un pistolet armé qu'il tira de son paletot. Si l'on entre, je vous tue...

Il s'enferma chez lui.

Noëlie s'efforça de me rappeler à la vie, je perdais beaucoup de sang, et n'avais plus le sentiment de l'existence. Quand il me revint, le soleil entrait à flots dans ma chambre.

Plus de bruit dans la pièce voisine, rien, pas un souffle...

Je me traînai jusqu'à mon lit, et Noëlie prévint la maîtresse de l'hôtel.

Un médecin fut mandé, il pansa mes blessures, me recommanda un grand repos... On parla de prévenir la police... Mais mon mari, effrayé des suites de sa violence, avait disparu.

Je restai seule, sans argent, n'ayant d'autre ressource qu'une caisse remplie d'objets rapportés d'Italie.

Je les vendis pour payer la note de l'hôtel.

Qu'allions-nous devenir? Lorsque j'eus tout cédé à vil prix, il nous restait cent francs.

Je pris une résolution désespérée; celle de fouiller la Normandie afin de trouver les parents dont mon mari m'avait parlé. Mais pouvais-je attacher la moindre créance à ce qu'il m'avait dit. Son retour en Italie avait-il eu d'autre but que de s'emparer de l'héritage de mon père? Je voyais clair dans sa conduite, mais hélas! trop tard... Ma faiblesse venait de réduire ma fille à la misère... Les malheureux se fient en Dieu, et nous partîmes. Je commençai cette longue enquête, voyant avec terreur diminuer mes ressources... Quand je manquai d'argent, je vendis mon linge, les robes de l'enfant... Il me semblait toujours que j'approchais du but... Non, je ne devais pas l'atteindre... Ne pouvant plus voyager en chemin de fer, nous allâmes à pied... Il y a dix jours je tombai à votre porte... Vous m'avez relevée, nourrie, vous semblez aimer mon enfant... Je regarderais comme une ingratitude à l'égard de la Providence de refuser ce que vous m'offrez... Si ma fille n'avait pas vu si souvent couler mes larmes, si elle n'avait pas été témoin de la dernière scène qui faillit me coûter la vie, je n'aurais point fait devant elle ces tristes confidences; mais elle est d'âge à comprendre et à juger, et il faut qu'elle aussi vous dise ce qu'elle désire...

Noëlie se jeta dans les bras de sa mère.

— Restons! dit-elle, restons!

— Oui, restez! fit le comte Ostrog en tendant la main à la jeune femme; la tristesse de ce grand château vous convient; vous m'aiderez à répandre mes aumônes, et si ce que vous avez souffert peut s'oublier, je m'efforcerai de vous en faire perdre la mémoire.

Elle serra doucement la main du comte.

— Puis-je maintenant vous demander votre nom?

— Vous m'appellerez Mme Julie Delâtre.

Le comte s'inclina

Il comprenait que ce nom n'était point celui de la voyageuse, mais que celle-ci redoutant d'apprendre quelque jour que son mari avait déshonoré le sien, elle le répudiait comme un danger.

— Noëlie, demanda le comte, avez-vous vu près du grand parterre un chalet tapissé de vignes vierges?

— Oui, monsieur le comte.

— Vous vous installerez là avec votre mère. De la sorte vous serez tout à fait chez vous. Jeanne vous servira, madame, et j'espère que vous voudrez bien vous asseoir à ma table avec Noëlie.

— Vous êtes trop bon! répondit la jeune femme dont les yeux se mouillèrent de larmes.

— J'ai beaucoup souffert, répondit le comte, et Noélie ressemble tant à ma sœur...

Pendant les deux jours suivants le chalet fut mis en état de recevoir Noélie et sa mère ; puis des ballots de marchandises arrivèrent de Rouen. Ils renfermaient un trousseau pour Noëlie, des étoffes simples, mais charmantes, pour elle et pour sa mère.

Une couturière fut installée dans le chalet, et commença à confectionner des robes pour les deux protégées du comte Ostrog.

Celui-ci ne voulait point que Mme Delâtre entrât en fonctions avant d'être convenablement vêtue.

Depuis l'aménagement du chalet auquel présida Mme Dorothée, la femme de charge tombait d'une colère dans une autre, ou plutôt elle ne cessait point d'être en colère. Jamais elle ne fit plus lourdement peser son joug sur la domesticité de Versel. A ces gronderies jadis écoutées d'une façon respectueuse et craintive, Jeanne répondait par de joyeux éclats de rire. Elle comprenait que le règne despotique de Mme Dorothée était fini. Ses robes de soie, ses grands airs, sa poudre de riz n'y faisaient rien.

Il lui faudrait déposer le spectre de l'autorité domestique.

Dorothée le comprit, et pendant un moment elle songea à rendre ses clefs comme un ministre son portefeuille ; mais si grosses que fussent ses économies, elles ne lui permettraient point de vivre aussi largement qu'au château. Elle s'était accoutumée au grand luxe, à une table succulente, et une lâcheté gourmande la prenait à l'idée d'y renoncer.

Après tout, le comte ne parlait pas de la renvoyer.

Mme Delâtre serait sa lectrice, elle ferait ses aumônes, mais Dorothée règlerait sans doute les comptes avec les fournisseurs, et c'était là l'essentiel. A quoi bon se presser de demander à partir.

Du fond du chalet qu'elle habiterait, la jeune femme ne surveillerait pas tout.

La vie pouvait encore être possible...

Elle résolut de s'y résigner. Du reste il se passa plusieurs jours avant qu'elle eût à subir cette épreuve.

Mme Delâtre, du jour où elle accepta le secours miraculeux de la Providence, voulut se créer des devoirs sérieux, en remplissant la place qui lui était destinée.

Dès qu'elle se trouva remise de ses fatigues, et qu'elle put se présenter de façon à ne pas rougir de sa misère, elle visita le château des caves jusqu'aux combles. Dorothée la guidait roide d'allure et le masque rigide ; mais bientôt comprenant que cette attitude lui pouvait être plus défavorable qu'utile, elle revint à son véritable caractère : l'hypocrisie basse et rampante. Elle parla à la jeune femme avec une obséquiosité exagérée qui l'offensa au lieu de la réjouir. Peut-être espérait-elle à force d'humilité obtenir que Mme Delâtre lui laissât une partie de ses attributions.

Mais en voyant la confiance du comte, sa générosité, sa bonté pour Noëlie, Julie Delâtre comprit qu'elle devait remplir un devoir. Peut-être au moyen d'un ordre sévère, d'une surveillance active parviendrait-elle à économiser les appointements de six mille francs que lui assignait Ostrog.

Elle en fit pour elle une question de délicatesse, et prouva bientôt que ce qu'elle voulait elle le réaliserait toujours.

Avec une douceur sous laquelle on sentait une grande fermeté, elle ordonna que toutes les notes des fournisseurs lui fussent envoyées, et prétendit les régler elle-même.

Au bout d'un mois elle sut à quoi s'en tenir sur la délicatesse de Mme Dorothée.

L'épicier qui, à l'instar de ses confrères de Paris, s'intitulait « négociant en denrées coloniales, » se présentant chez Mme Delâtre pour toucher le montant de ses fournitures mensuelles, posa tout d'abord sur la table une petite boîte de bonbons. Noëlie l'ouvrit, et Julie aperçut alors en guise de papier à dentelle un billet de banque de cent francs.

— Qu'est-ce que cela signifie? demanda-t-elle.

— Mais, madame, répondit l'épicier interdit, c'est l'habitude de la maison...

— Offriez-vous de semblables épices à Mme Dorothée?

— Moi, comme les autres. C'est une fine mouche, allez!

— Avant tout, c'est une malhonnête femme.

— Mais, madame, si j'avais refusé de lui payer ce tribut, mes concurrents l'eussent fait, et j'aurais perdu la pratique du château...

— Vous aurez simplement soin, à dater d'aujourd'hui, de ne rien exagérer dans le prix des marchandises vendues... Je me tairai à cette condition. Croyez-vous que beaucoup de fournisseurs soient dans le même cas?

— Tous, madame.

— A combien pouvaient se monter les « épices » de Mme Dorothée.

— A huit cents francs par mois.

— Prévenez, je vous prie, ceux que vous connaissez, vous m'éviterez la peine de certaines exécutions devant lesquelles je ne reculerais pas.

Le soir Julie fit appeler Dorothée.

— Le linge se trouve dans un pitoyable état, dit-elle, veuillez dorénavant vous charger de la lingerie; le reste me regarde.

Dorothée jeta un regard vipérin sur la jeune femme.
— Déjà! fit-elle.
— Oui, répliqua froidement Julie, et il est à regretter, dans l'intérêt du comte Ostrog, que je prenne si tard les intérêts de la maison.

Le lendemain, elle eut une conférence avec le maître d'hôtel, arrêta la quantité de viande qui serait prise chaque jour, visita les caves, régla tout avec un ordre minutieux, et manœuvra si bien qu'elle satisfit tout le monde, sauf Dorothée. Deux mois plus tard quand elle présenta ses comptes à Ostrog, celui-ci parut surpris du chiffre de la dépense :

— Si peu! fit-il.
— Vous êtes-vous donc trouvé moins bien?
— Au contraire.
— Alors je continuerai.
— Mais dans ces chiffres, je ne vois pas la part des pauvres.
— Elle a cependant été faite très large, monsieur le comte ; j'ai seulement changé le mode de distribution. On vendait la desserte de la table à vil prix, et l'argent en était donné aux indigents. Je fais mieux, j'ai chargé Noëlie de la distribution des restes. Chaque matin une longue file de pauvres vient chez vous, et chacun s'en retourne rassasié. Je suis certaine de la sorte que les enfants ne souffrent pas, et que le père ne dépense pas au cabaret l'argent que vous donnez généreusement.
— Savez-vous bien, madame Delâtre, qu'au lieu de coûter, vous me rapporterez à la fin de l'année un joli bénéfice?
— C'est mon espérance, monsieur le comte.

Il repoussa le registre et prit la main de la jeune femme.
— Sans compter, ajouta-t-il, que votre présence ici me rend l'illusion de la famille perdue. Je me suis attaché à vous d'abord parce que vous êtes la mère de Noëlie, maintenant que j'apprécie vos qualités, vos vertus, je sens que votre présence ici en bannit la tristesse. Voulez-vous que je vous dise? Vous êtes une charmeuse... Cavaillan et le docteur Favières ne jurent que par vous. Gilbert me semble le frère aîné de Noëlie depuis qu'il s'occupe de son instruction, et lui donne des leçons de dessin. Bénie soit la Providence qui vous arrêta sur mon seuil.
— Oui, bénie soit-elle, mais pour moi seule, monsieur le comte. Que serais-je devenue sans vous?
— Remercions-la ensemble. Tout me sourit depuis que vous habitez le chalet... L'hospice sort de ses fondations; dans quinze jours nous marierons les jeunes gens que je dote. Ma fortune augmente au lieu de s'amoindrir. Je gagne à tous les tirages, j'ai même eu un bon numéro à une loterie d'Allemagne, et me voilà possesseur d'un

burg démantelé sur la Saar... Tant mieux! tout le pays n'est pas riche, et j'en veux établir la prospérité avant de mourir.

Le comte disait vrai, autour de lui tout changeait de face. Ce château si morne jadis entendait maintenant des rires et des chansons d'enfant; une robe de femme en effleurait les grands escaliers. Sur le perron de marbre se dessinait le soir de frêles silhouettes. Sous les berceaux de clématite ou dans les grands salons sonores une voix de femme vibrante et douce lisait les œuvres des poètes, ou une enfant chantait avec un timbre angélique des airs appris à Rome, en s'accompagnant d'une mandoline venue pour elle de Paris.

Le curé de Versel ne cessait de vanter Julie et sa fille. La présence de cette jeune femme attirait au château l'excellente Mme Aubry, la femme du notaire. D'autres suivirent, d'abord défiantes à l'égard de cette étrangère, ensuite froissées par sa situation dépendante. Mais il fallut peu de temps à Julie pour prouver que sa naissance et son éducation la faisaient au moins l'égale des bourgeoises du pays. La glace se rompit, et bientôt elle ne compta que des amies. De l'amitié on en vint à l'admiration.

Dorothée seule grommela des appréciations malveillantes et des prophéties terribles; nul ne l'écouta, et on lui répondit par des railleries.

Le banc seigneurial fut dès lors occupé à l'église; le comte Ostrog ne voulut point causer à Noëlie le chagrin de ne pas l'accompagner.

— Venez prier pour votre sœur, lui dit-elle un jour.

A partir de cet instant il la suivit.

Oui, la vie devint douce à Versel; les vieux amis y vinrent avec un empressement marqué; le comte consentit à voir un peu plus le monde. S'il ne redonna plus de grandes réunions, il ordonna cependant des solennités quasi patriarcales. On fêta les foins dans les prés, la première gerbe dans les champs, la bûche de Noël, la Saint-Nicolas pour les enfants du village.

Ostrog présidait à toutes ces réunions, et quand il avait distribué ses dons et reçu les bénédictions de tous, il embrassait Noëlie en lui disant :

— C'est toi qui me vaut cela, et c'est pourquoi je t'aime.

Julie bénissait Dieu chaque jour de lui avoir ménagé ce port après tant d'orages, et parfois quand le nom de son mari revenait à sa mémoire c'était moins pour en souhaiter le retour que pour le redouter...

A quel bonheur n'avait-il point touché sans le briser ou sans le ternir?

UNE ERREUR FATALE

Le notaire les feuilleta lentement. (V. page 63).

CHAPITRE VI

LE FRÈRE PRODIGUE

Le jour se levait quand un navire arrivant de New-York déposa ur le port du Hâvre une centaine de passagers.

La plupart encore ensommeillés, fatigués par le roulis et par le tangage, semblaient plutôt des malades que des voyageurs. Des parents, des amis, des cochers, des domestiques en livrée et des garçons d'hôtel encombraient le quai. Au désordre de la première heure succéda un calme relatif. Les bagages se tassèrent sur des impériales de voitures, les voyageurs jetèrent une adresse, les portefaix et les garçons d'hôtels s'éloignèrent; bientôt il ne resta plus près de la passerelle de débarquement, que quelques pauvres diables tenant à la main un portemanteau, et qui, dénués d'argent, privés de familles, demeuraient debout, perdus dans une songerie amère.

Au nombre de ceux-là se trouvait un homme d'environ quarante ans, à la figure maigre et ravagée. Ses cheveux éclaircis aux tempes, ses joues creuses, les rides de ses yeux, et cet indélébile stygmate de la débauche, indiquaient assez la misérable vie qu'il menait depuis longtemps. Il paraissait minable, affamé, et cependant on ne pouvait dire qu'il fût capable d'inspirer la pitié. La raillerie et l'astuce se trahissaient sur son visage. A coup sûr la misère dont il souffrait n'était point une de ces honorables misères qui inspirent à la fois la sympathie et le respect.

Nul ne l'attendait, et sans doute il ignorait de quel côté diriger ses pas, car il demeurait inerte, regardant d'un œil vague se dorer les clochers de la ville, et rougir l'horizon du côté de la Seine.

Une main se posa sur son bras.

— Camarade, dit une voix naturellement aigre, la fraîcheur de l'aube ne vaut rien à des gens éprouvés comme nous par une traversée ; si vous suiviez mon conseil, nous entrerions dans cette boutique hospitalière, dont la devanture étale des fioles alléchantes et des bocaux reconfortants.

Pour toute réponse le voyageur retourna ses poches.

Celui qui venait de lui adresser le conseil d'entrer chez le marchand de vin haussa les épaules avec insouciance.

— Voilà ce qui me reste, dit-il en montrant une pièce de vingt sous. Avec cela nous aurons un verre d'eau-de-vie, un petit pain et une tranche de saucisson... Le saucisson sera de viande de cheval, le pain dur, l'eau-de-vie un infernal tord-boyaux, mais quand nous aurons réchauffé notre estomac, nous serons cependant mieux disposés à élaborer des plans d'avenir.

— Des plans d'avenir... murmura le voyageur.

Cependant il avait faim, la brume lui desséchait la gorge ; il suivit son compagnon et prit place avec lui à une petite table.

— Voilà qui est singulier, fit l'homme à la pièce de vingt sous, nous ne nous sommes guère liés pendant la traversée, et nous voici coude à coude comme des amis ou des associés... Il me semble toujours que les gueux devraient s'entendre... Une chose me frappe : vous avez dû être riche ; vous semblez intelligent et vous manquez de tout...

— Juste comme vous... A vous étudier on jurerait que vous avez été homme de loi.

— Notaire, pour vous servir.

— En disponibilité?

— Sans honorariat.

— Moi je n'ai jamais exercé qu'une profession : j'étais joueur et je le suis resté !

— Seulement vous n'avez plus rien à risquer.

— Non, mais il me reste une carte à jouer.

— Est-ce un atout?

— Cela dépendra des circonstances.

Les deux hommes portèrent du même mouvement leur verre à leurs lèvres, et chacun d'eux fit une grimace significative.

Ils s'observaient.

A la pensée que l'homme qu'il régalait d'un verre de mauvaise eau-de-vie pouvait avoir à jouer une dernière partie, l'ancien notaire tressaillait comme un chien flaire le passage du gibier. De son côté, en apprenant la qualité de son nouvel ami, le voyageur se dit que peut-être les ruses d'un homme de loi lui pourraient devenir utiles. Seulement que lui confier, comment agir? Tous deux se trouvaient si dénués qu'ils ne pouvaient rien entreprendre avant d'avoir au moins quelques écus dans leur poche.

— Garçon, dit l'ancien notaire, des cartes.

En un instant une partie fut organisée; peu après des clients de l'établissement se groupèrent autour des nouvelles connaissances, et risquèrent à leur tour quelques pièces de monnaie.

Quand le notaire vit son compagnon à la tête de cent sous :

— Tu sais, dit-il, nous sommes pressés, viens; ce soir nous offrirons une revanche à ces messieurs.

Une minute après tous deux étaient dans la rue.

— Diable! fit-il, vous possédez de jolis talents de société.

— Je ne compte pas en faire usage.

— Qu'espérez-vous?

— Toucher le cœur d'un de vos anciens collègues.

— Un notaire, c'est coriace.

— Peut-être me contenterai-je de lui demander une adresse.

— Tenez, fit l'ex-notaire, je vous propose une association. J'ai gardé de mon ancien métier une finesse que nul ne dépassera; vous en aurez peut-être besoin. Nous partagerons les bénéfices. C'est dit, je m'attache à votre fortune, si elle craque dans nos mains nous chercherons autre chose. Où demeure votre notaire?

— Près de la basilique. Seulement, il faut attendre, les clercs ne sont pas encore à l'étude.

Ils se promenèrent en effet devant la porte au-dessus de laquelle s'étalaient des panonceaux.

L'un après l'autre, les clercs arrivèrent, jetant leur dernier éclat de rire sur le seuil, et disparaissant sous une haute voûte.

Ils montèrent avec lenteur, comme à regret, puis arrivés dans l'étude sombre, chacun d'eux s'assit devant un pupitre, chercha des feuilles de papier timbré, se mit à griffonner avec une hâte inspirée par la crainte de voir apparaître le patron, maître Onorius Pointel.

Mais avant qu'il passât la revue de son bataillon de petits clercs, les voyageurs, qui s'étaient promis de partager la bonne comme la mauvaise fortune qui leur pourrait advenir, franchirent le seuil de l'étude, et le plus âgé, s'avançant vers un petit homme à cheveux gris, vieilli dans cette maison bâtie depuis deux siècles, demanda s'il pouvait parler à M. Onorius Pointel.

— Certainement, répondit le vieux clerc, quoiqu'il soit matin. S'il vous était possible de m'apprendre le but de votre visite, je pourrais sans doute vous renseigner.

— Je ne crois pas, répondit le voyageur; du reste, l'affaire qui m'amène a un caractère tout à fait confidentiel.

Le vieux clerc regarda le voyageur de la tête aux pieds, comme s'il prenait au moral la mesure de son client, puis, haussant légèrement les épaules, il passa dans le cabinet de M. Pointel.

— Qu'y a-t-il? demanda le notaire qui, d'après des notes remises la veille, rédigeait un projet de contrat.

— Deux clients demandent à vous parler, monsieur.

— Les connais-tu?

— Nullement.

— A quel monde appartiennent-ils?

— Ils m'ont tout l'air de venir de l'autre monde.

— Jasmin, je ne suis pas souvent en humeur de plaisanter.

— Surtout à jeun, patron, c'est comme moi. Je ne plaisantais pas, je vous assure, seulement je m'expliquais mal... Je ne prétends point qu'ils viennent du royaume des trépassés, quoique leur maigreur soit presque transparente, et qu'ils aient dû manger plus de vache enragée que de fins morceaux; mais plus d'une fois il m'est arrivé de rencontrer des troupes de gens arrivant d'Amérique après y avoir subi toutes les tribulations de l'exil; ils ressemblent à des émigrants malheureux; et cependant on devine très bien à les voir qu'ils ont dû connaître d'autres positions.

— Fais entrer à tout hasard, Jasmin.

Le vieux clerc s'inclina, revint dans la grande salle, et désigna aux deux nouveaux compagnons le chemin de l'étude.

L'homme à la pièce de vingt sous passa le premier.

Il entra sans gaucherie, et ne parut nullement gêné de la pauvreté que trahissaient ses vêtements.

— Monsieur, dit-il, je n'ai point l'honneur d'être connu de vous, et cependant, je viens vous demander un service. Mon père exerçait au Havre un emploi honorable, et ne croyant point avoir pour vocation de suivre la même carrière, je pensais trouver dans les transactions commerciales et dans les voyages une fortune que je n'ai saisie que pour la perdre aussitôt. Je rentre donc très pauvre en Normandie, mais ma famille est morte pendant mon absence, et j'ai certainement des droits à exercer.

— Vous vous nommez, monsieur?

— Hector Dambrun.

— Je me souviens parfaitement de ce nom, monsieur, répondit le notaire, et je garde chez moi les dossiers de toute votre famille...

M. Pointel sonna.

— Les dossiers de la famille Dambrun, dit-il au vieux clerc.

Celui-ci étudia rapidement et profondément le visage du voyageur, et sans nul doute une foule de souvenirs peu honorables pour lui revinrent à sa mémoire, car il échangea un singulier regard avec son patron.

Il existait dans l'étude un ordre merveilleux, et deux minutes après, Jasmin Caudal apportait une liasse de papiers jaunis.

Le notaire les feuilleta lentement.

— Contrat de mariage de Jérôme Dambrun avec Jeanne Hernille.

— Mon père et ma mère.

— Acte de vente de la maison dont votre père avait fait l'acquisition.

— Je le reconnais.

— Copie du testament de votre père.

— Je vous écoute, monsieur.

— Voici la partie importante : Je passe le préambule... « Je déclare vouloir partager le peu que je possède entre mes deux enfants Jean et Hector... mais devant Dieu et devant les hommes, pour que ce partage soit égal, je dois tenir compte du chiffre de dettes payées pour le compte d'Hector... Elles se montent à la somme énorme pour moi de trente-trois mille francs, dont je joins les quittances à ce testament... Une somme à peu près équivalente restera pour mon fils Jean dont la tendresse m'a consolé des folies de son frère... Au cas où Hector reviendrait en Normandie, car il s'est écoulé plusieurs années depuis que je ne l'ai vu, M. Onorius Pointel lui remettrait avec mes quittances, la liste des dettes éteintes par son généreux frère... S'il reparaît jamais en Europe, Hector se trouvera sans ressources aucunes, mais je connais Jean, et par amour pour son père, il donnera du pain au frère prodigue... »

Un cri de rage expira sur les lèvres d'Hector.

— Déshérité! fit-il.

Un geste de l'homme aux vingt sous le calma.

— Mais ce frère, dit-il d'une voix insouciante, ce frère n'est peut-être pas mort...

— En effet.

— Il existe! s'écria Hector.

— Il existe, répéta le notaire.

— Pouvez-vous m'apprendre où demeure M. Jean Dambrun?

— Vous le chercheriez en vain sous ce nom, il ne le porte plus.

— Et il s'appelle?

— L'empereur de Russie l'a fait comte; on ne le connaît plus que sous le nom de comte Ostrog.

— Est-il riche? demanda Hector avec un tremblement dans la voix.

— Plusieurs fois millionnaire.

— Millionnaire! répéta Hector.

Puis, timidement, il ajouta:

— La chance m'a été peu favorable; je me rends chez mon frère, ou plutôt, débarqué ce matin, je souhaite aller près de Jean... Au nom de la famille, sinon au mien, consentiriez-vous à me faire une légère avance de fonds?

— Jasmin, demanda M. Pointel, combien coûte le voyage d'ici à Versel?

— Huit francs vingt centimes.

— Cela fait dix-sept francs pour vous... et votre...

— Mon compagnon de route.

— Je vous en remets trente, il faut prévoir le retour, et vous avez sans doute besoin de déjeûner. Sur un ordre du comte Ostrog, je me mettrai absolument à sa disposition.

Les trois menues pièces d'or humilièrent profondément Hector Dambrun et lui firent mieux comprendre que toutes les paroles du notaire, ce que M. Pointel pensait de lui. Il les garda cependant, salua avec roideur, rentra dans l'étude, consulta une carte afin d'apprendre son itinéraire, et descendit, son camarade sur les talons...

— J'ai été avoué, lui dit celui-ci, nous nous tirerons d'affaire... Au besoin on attaquera le testament...

— A propos, demanda Hector, vous vous nommez?

— Oscar Persil.

— Eh bien! Oscar, déjeunons, et en route pour Versel.

Quelque belles que fussent les espérances des deux aventuriers, la parcimonie de M. Pointel leur donnait à réfléchir. Le notaire du Havre devait en savoir long sur le compte d'Hector Dambrun pour recevoir avec cette froideur défiante le frère d'un millionnaire considéré comme le bienfaiteur du pays. Derrière le testament du père Dambrun se cachaient sans doute de graves confidences et des mesures préservatrices.

Si hardi que fût Hector, peut-être aurait-il reculé devant une humiliation certaine, dont les suites étaient problématiques en tant que résultat d'argent, si Oscar Persil ne lui eût répété d'un accent convaincu :

— Le vieux Dambrun a fait comme tous les gens qui aiment à s'étendre sur leur style, il en a trop dit. Un testament verbeux présente toujours des phrases à double entente. Vous pouvez m'en croire, j'ai été avoué, je vous tirerai de cette affaire sinon une fortune, du moins un morceau de pain. Dans la situation qu'occupe votre frère, un procès retentissant mettant au jour les côtés aventureux de votre vie, serait pour lui sinon un déshonneur, du moins un scandale devant lequel il reculera.

— Du reste, reprit Hector, peut-être n'aurai-je pas même besoin de l'effrayer. Il était bon jadis. A la dernière extrémité seulement, je réclamerai ma part de la succession paternelle.

Pendant leur modeste repas, ces hommes unis par un instinct de divination propre aux grands cœurs pour se reconnaître et aux misérables pour s'accoupler, échangèrent des confidences et des projets.

— Que ferez-vous si votre frère vous rend votre part d'héritage ? demanda l'ancien avoué.

— Je partirai pour Paris.

— Qu'y ferez-vous ?

— Nous monterons un cabinet d'affaires. Rien de plus pratique, rien de plus merveilleux pour faire rapidement fortune. Un seul commerce réussit toujours à Paris : celui des secrets à taire et des consciences à acheter. Nous venons de trop loin vous et moi pour créer une maison. Il faut vingt, trente ans d'astuce pour monter un cabinet muni de dossiers ; mais on trouve toujours une maison qui liquide ses profits et pertes, et abandonne à un successeur moyennant une somme un peu ronde, les dossiers et la clientèle. Soyez tranquille, avant un an je connaîtrai les uns par cœur et les autres jusqu'au fond de la conscience.

Il s'arrêta et reprit un moment après :

— Et cependant, je vous le jure, ce que je préférerais encore à la vie parisienne qui, quoi que nous fassions restera une vie d'aventures, ce serait de me retremper dans le calme et le silence. Il me semble parfois, à moi qui ai tant et si loin navigué, que l'idéal de la vie dans l'avenir serait une place dans un château entouré de bois, une table largement hospitalière, le repos des nuits et la sécurité des jours... Si Jean se souvenait, non plus des dernières années pendant lesquelles j'entassai des folies, mais des premières qui nous virent unis, heureux, sous les regards d'une mère qui nous aimait, près d'une sœur qui mourut jeune, il me semble que j'oublierais le passé avec ses luttes, ses misères, et...

— Achevez donc, fit Oscar, et ses fautes, n'est-ce pas ?

— Eh bien ! oui, et ses fautes.

— Nous tombons dans la sentimentalité, mais après tout, cela peut avoir du bon dans les circonstances présentes. En route pour Versel ! dit l'ancien avoué, et, quoi qu'il arrive, promettez-moi de ne pas m'oublier dans une situation brillante, pas plus que je ne vous abandonnerai si la chance vous devient mauvaise.

— Parole donnée, parole tenue ! répondit Hector Dambrun.

Celui-ci paya l'addition du modeste déjeuner, puis, renseignements pris, les deux nouveaux compagnons se dirigèrent vers la vaste cour d'un hôtel au milieu de laquelle une antique diligence à caisse jaune semblait attendre qu'on mît les chevaux aux brancards.

Les deux aventuriers demandèrent des places sous la bâche, près du conducteur, ce mode de voyage étant moins dispendieux, et au bout d'une demi-heure les voyageurs du coupé s'installèrent confortablement ; on se serra dans l'intérieur, on s'entassa dans la rotonde, et les voyageurs de l'impériale, escaladant les échelons de fer, gagnèrent leur place aérienne.

Le conducteur Vincent Ribajou connaissait son département mieux qu'un employé du cadastre ; aussi Hector et son compagnon surent-ils bientôt tout ce qu'ils souhaitaient apprendre.

— Ah ! vous allez au château de Versel, dit-il en tirant comme par respect sa longue pipe de sa bouche, eh bien ! je jurerais que vous en sortirez contents, quoique vous ayez à demander... Un cœur d'or, le comte Ostrog ! Si vous allez chez lui pour visiter l'hospice des marins, je ne vous dis que cela, vous serez émerveillés ! Il faut voir le bonheur, la joie de ces pauvres gens ! J'assistais il y a cinq ans à la pose de la première pierre ; en deux ans le bâtiment fut achevé et les invalides de la mer placés à l'abri de tous les orages. On devait seulement en abriter douze ; en se serrant ils tinrent vingt ; plus de trente vinrent ensuite frapper à cette porte hospitalière. Le comte répondit qu'il n'avait plus de place ; les marins répliquèrent qu'ils manquaient de pain. Le pavillon réservé à des invités fut changé en dortoir ; les vieux matelots valides devinrent jardiniers ;

il faut s'attendre dans peu à les voir envahir le château même. Et le comte sourit après s'être fâché. Il jure que jamais il n'en accueillera un nouveau ; il s'en présente trois, et il les loge. Ah ! quel homme, monsieur, quel homme !

Les deux voyageurs échangèrent un sourire plein d'espérance.

— Aussi, reprit Vincent qui se sentait en humeur de causer, il ne faudrait pas que quelqu'un s'avisât de chercher à nuire au comte Ostrog ; son compte serait vite réglé, je vous le jure, et pas un des vétérans ne serait manchot pour l'étrangler.

Oscar et Hector se regardèrent avec moins d'assurance.

La route s'étendait superbe, bordée de haies fleuries ; on apercevait au loin les pommiers couverts de fleurs rosées ; les grands herbages ondulaient comme une mer. Vraiment tout était printemps, charme et repos dans cette campagne magnifique.

Enfin les chevaux s'arrêtèrent en face d'une route formant angle avec celle que suivait la diligence, et Vincent s'adressant aux voyageurs qui descendaient :

— A droite, la prochaine grille... Vous serez en face du château de Versel.

Les deux hommes marchèrent avec lenteur.

Pour l'un comme pour l'autre, il s'agissait d'une question d'avenir, de fortune. Ils ne parlaient point ; mais à la façon nerveuse dont Hector passait la main sur son front, il était facile de comprendre qu'à mesure qu'il approchait du but, il appréciait davantage les difficultés de la démarche qu'il allait risquer.

Enfin ils aperçurent l'hospice. C'était un vaste bâtiment complété par une chapelle. Les vieux loups de mer se promenaient en causant dans les allées. D'autres lisaient ; quelques-uns jardinaient et paraissaient prendre un puissant intérêt à l'éclosion des fleurs et à la propreté méticuleuse des allées.

Au delà de l'hospice, dont les vastes pelouses s'égayaient de corbeilles de fleurs aux couleurs vives, s'apercevait le château, enveloppé dans un massif de pins noirs d'Autriche. Il avait très grand air, avec ses hautes tourelles ; son perron à double rampe, et ses hautes fenêtres. Par l'une d'elles on entendait les sons d'un piano, et la voix fraîche d'une jeune fille.

— Bonne maison, fit l'ancien notaire ; le conducteur n'a rien surfait ; reste à savoir quel accueil on nous réserve.

— Sonnons toujours, dit Hector.

— La cloche retentit, et un jardinier qui se trouvait tout près ouvrit la grille.

— Pouvons-nous voir le comte Ostrog ? demanda Hector dont la voix trembla légèrement.

— Je vais m'en informer, répondit le jardinier.

Il savait qu'à cette heure le comte Ostrog se promenait régulièrement dans la grande allée du parc conduisant à la rivière. Ce fut de ce côté qu'il se dirigea. Il dut aller près des roches contre lesquelles écumait l'eau avec un bruit charmant. Jean Dambrun, assis sur une large pierre, tenait à la main un livre dont il oubliait de tourner les pages. Son esprit voyageait dans le passé, et dans le clair miroir de la petite rivière il lui semblait voir se pencher deux visages également souriants et purs :

Noëla sa sœur, puis Noëlie, la petite affamée accueillie pour l'amour d'elle.

Cinq années s'étaient écoulées depuis l'heure où la misère avait jeté la jeune mère en deuil et l'enfant sur le seuil du château de Versel.

On eût dit que l'âme de la vieille demeure y était revenue, que des milliers de rossignols nichaient maintenant sous ce toit. Ce solitaire avait une famille, cet affamé de tendresse était chéri de deux êtres doux et bons.

A peine Mme Julie Delâtre eut-elle accepté dans le château une hospitalité qu'elle eut bientôt l'assurance de payer en services, que tout changea de face. Au lieu de s'asseoir à une table solitaire, Ostrog eut en face de lui la figure pâle mais sympathique de la jeune femme, la physionomie intelligente et fine de l'enfant. Celle-ci se livra tout de suite, et l'aima avec cette tendresse faite d'instinct et de reconnaissance qui ne trompe jamais les êtres purs. Elle n'eut aucune des timidités de sa mère. Encouragée par le comte, elle se voua à lui et l'adopta plus peut-être qu'elle n'était adoptée elle-même. Certaine de ressembler à cette Noëla dont il gardait un si précieux souvenir, elle voulut être comme elle coiffée de longues boucles flottantes. Dans le parc elle cherchait Ostrog au milieu des biches privées et des faons. Si elle l'apercevait au milieu des invalides de la mer, elle le rejoignait, en lui prenant la main, elle écoutait grave, émue, les confidences des vieillards. Chaque jour Mme Delâtre et sa fille visitaient les dortoirs de l'hospice, surveillaient la cuisine des pensionnaires, montaient partager quelques friandises entre les malades. Eux aussi les adoraient Dès que la jeune femme et l'enfant arrivaient, les regards s'animaient, la joie rayonnait sur les visages. Et le comte Ostrog jouissait de cette affection qui lui revenait en caresses de Noëlie, en touchante gratitude de Julie Delâtre.

Peu à peu celle-ci perdit sa tristesse; peu à peu aussi, elle laissa le comte s'occuper de l'enfant. Le vieux Cavaillan se fit son professeur, le jeune docteur Gilbert Favières lui enseigna la botanique. Un matin un piano arriva à Versel; le soir Mme Delâtre joua une symphonie de Beethoven. Les dispositions de Noëlie étaient grandes, sa mémoire prodigieuse, sa voix charmante; deux ans plus tard, elle s'accompagnait aisément, et le grand repos du comte Ostrog était de lui entendre chanter quelques belles mélodies qu'elle interprétait avec un goût rare et un style déjà formé.

La présence de Mme Delâtre attira davantage à Versel; elle fit les honneurs du salon du comte avec une grâce discrète.

Pendant quelque temps Mme Dorothée tenta de disputer un sceptre qui lui échappait; elle comprit qu'elle y devait complètement renoncer, et s'enferma dans sa lingerie comme Achille sous sa tente.

Un moment elle eut l'idée de quitter le château, et de vivre des ressources qu'elle avait su économiser; mais elle comprit vite que mieux valait arrondir encore une pelote déjà si bien rembourrée, que de commencer à dépenser ses revenus. Il lui semblait d'ailleurs que l'heure de sa revanche sonnerait. Elle ne pouvait croire que celles qu'elle appelait les « aventurières » fussent pour toujours en possession de cette prépondérance dans le château. Elle vit grandir leur crédit, de telle sorte que le comte Ostrog ne se cacha plus pour annoncer qu'il se chargerait de l'avenir et de la dot de Noëlie.

A mesure qu'elle grandissait, elle devenait plus jolie; l'enfant se transformait et devenait jeune fille. Sans paraître se douter de sa beauté, Noëlie se faisait belle à miracle. Chaque année lui donnait une grâce nouvelle. L'esprit, le caractère, les talents, se formaient avec la même perfection, et déjà dans le département même on disait qu'au château de Versel vivait une ravissante enfant qui serait une des riches héritières de la Normandie.

Ostrog avait déjà l'intention de refaire son testament, et de laisser une grande partie de ce qu'il possédait à l'Antigone de sa vieillesse.

Sans doute l'hospice garderait ses revenus, mais toutes les sommes disponibles reviendraient à Noëlie. Elle s'attristait plus qu'elle ne se réjouissait en entendant le millionnaire parler de son avenir. Il lui semblait que pour elle, l'avenir devait se borner à visiter les vieux marins et les pauvres du village, à faire de la musique pour le comte; à vivre paisible sous l'aile de sa mère qui, elle aussi, avait retrouvé la force et la sérénité.

Une sorte de beauté maladive refleurissait même sur son visage, comme en automne ces fleurs aux teintes adoucies qui nous consolent des approches de l'hiver.

Elle oubliait les sombres heures du passé, la pauvreté subie, tout ce qui l'avait faite si vite misérable et désespérée, et quand elle priait Dieu, elle ne lui demandait que la continuation de ce bonheur.

Aussi, qu'elles fussent toutes deux retenues par des travaux ou par un devoir, le comte Ostrog ne les trouvait pas moins près de lui par la pensée, et jamais elles n'avaient été plus liées à son cœur qu'au moment où assis sur une large pierre faisant face à la rivière, il croyait voir confondues les deux Noëlies dans une seule et même image...

En ce moment le jardinier s'approcha de lui.

— Monsieur le comte, dit-il, deux personnes demandent à vous parler ; deux hommes dans les cinquante ans... Ils ne paraissent pas heureux.

— Envoie-les moi, Louis, répondit le comte.

Un moment après le jardinier rejoignit les voyageurs.

— Suivez l'allée, messieurs, dit-il, mon maître vous attend.

Un frisson parcourut le corps d'Hector Dambrun; si bas qu'il fût tombé, il comprit qu'il allait commettre une action lâche. A cet homme, à ce frère qu'il avait abreuvé de chagrin, il allait demander l'aumône, car il savait trop qu'il ne lui était rien dû. Mais celui qui tant de fois avait payé ses dettes pouvait bien le tirer une dernière fois d'embarras. Quelque envie de rester à Versel que lui inspirât la vue de cette habitation magnifique, il devinait que la différence des goûts, des opinions, ne permettrait jamais aux deux frères d'y vivre.

Il rentrerait sinon en enfer, du moins en purgatoire; ce qu'il lui fallait, c'était le moyen d'acheter à Paris une charge véreuse et de se créer une insdustrie interlope. Il se sentait trop bien gangrené pour songer un moment à vivre dans une sécurité parfaite.

Il marchait lentement dans la direction de la rivière, sous les grands arbres centenaires, et de loin, sur un pan du ciel, se détachait la silhouette du comte, du comte Ostrog son frère et son juge.

Il franchit plus rapidement la distance qui les séparait, et tandis qu'il laissait l'ancien avoué en arrière, il se plaça en pleine lumière, et demanda d'une voix qu'il s'efforça de rendre calme :

— Jean Dambrun, me reconnaissez-vous?

Mais au son de cette voix Hector avait brusquement tressailli. (V. page 78.)

CHAPITRE VII

LE PARDON D'ABEL

En entendant ce nom qui jamais ne retentissait plus à ses oreilles, le comte leva la tête : son regard interrogea rapidement la figure d'Hector; mais à mesure que le souvenir lui ramenait des traits effacés dans l'ombre du passé, les yeux devenaient plus froids et la bouche plus rigide.

Hector attendait immobile, tordant entre ses doigts nerveux les bords déformés de son chapeau.

— Que voulez-vous? demanda le comte Ostrog d'une voix sévère.

— Mon frère, répondit Hector d'un accent puisant son humilité dans une profonde hypocrisie, je viens de loin; nous ne nous sommes pas vus depuis quinze ans, permettez-moi, sinon de m'asseoir dans votre maison et d'y manger le pain et le sel, du moins de prendre place sur cette pierre.

— Quel est cet homme? demanda le comte en désignant Oscar.

— Un ami.

— Vous avez des amis, vous!

— Un conseiller.

— Appliquez-lui son véritable nom : un complice.

Un geste d'Hector fit comprendre à son nouvel associé qu'il devait se tenir à distance. Oscar gagna un banc assez éloigné pour qu'il pût tout voir, sans rien entendre. Bientôt, malgré son vif désir de suivre sur les visages et dans l'attitude des interlocuteurs les diverses phases de leur entretien, l'ombre fraîche du parc, l'excessive lassitude, la chaleur de midi, le jetèrent dans une torpeur qui ne tarda point à se changer en profond sommeil.

Les deux frères se trouvaient assis sur deux roches, et derrière eux s'étendait le parc, tandis qu'en face, au delà de la rivière, un herbage immense ondulait sous un vent léger.

— D'où venez-vous? répéta le comte Ostrog.

— Il serait plus exact de me demander d'où je ne viens pas? Que voulez-vous, mon frère, c'est une illusion d'espérer refaire sa vie. Quand elle est manquée, c'est sans retour. J'ai commis des fautes, je ne le nie pas...

— Des fautes qui causent la mort d'un père et d'une mère s'appellent des crimes, monsieur...

— Soit! répondit Hector. Je ne suis point venu pour essayer de les pallier. Aussi bien je sais que je n'y réussirais pas. Mais il m'a semblé que le bonheur devait vous rendre indulgent.

— Il ne m'empêche point d'être juste.

— Je reviens pauvre, très pauvre...

— Quel métier exerciez-vous, là-bas... dans ces pays mal définis qui ont pour confins la misère, la tromperie au jeu et le déshonneur?

— Je n'ai point d'état, vous le savez; j'ai donc essayé de beaucoup de choses sans réussir à rien. Seulement à force d'être misérable sous toutes les latitudes, je me suis dit que mieux valait revenir dans son pays... J'ai appris ce matin la mort de mes parents, et votre adresse... Je suis venu implorer votre pitié.

— Je n'ai point pitié des paresseux.
— Je suis votre frère, Jean.
— Pour mon malheur. Oui, vous êtes mon frère, et c'est pour cela que j'ai tant de fois payé des dettes renaissantes comme les têtes de l'hydre... Vous êtes mon frère... Sans cela mes serviteurs vous auraient déjà chassé... Vous êtes sans ressources et vous avez besoin d'une aumône; si coupable que vous ayez été, je ne vous la refuserai point... Vous aurez du pain, rien que du pain; vous le mangerez dans un petit village que je vous laisserai choisir. Avec quinze cents francs vous ne manquerez de rien; si vous pouvez joindre quelque occupation à cette rente modeste, ce sera l'aisance.
— Jean, vous n'y songez pas, je ne saurais vivre dans un village.
— Les villes vous ont perdu; si vous y mettiez le pied, vos vices vous reprendraient.
— Laissez-moi vous expliquer ce que je rêvais, ce que je comptais vous demander comme un dernier service. Oui, l'oisiveté m'a perdu; mais le hasard m'a fait faire la traversée de New-York à Paris avec un homme habile, ancien avoué, ayant gardé des relations à Paris. Avec une mise de fonds modeste, il nous serait possible d'acquérir un cabinet d'affaires dont le produit me permettrait de vivre d'une façon honorable.
— Un cabinet d'affaires permettant de vivre d'une façon honorable! Croyez-vous donc que mon séjour prolongé aux extrémités du monde m'ait rendu assez ignorant pour que je ne sache point quelles turpitudes se brassent dans ces antres de la basse chicane? Ah! voilà le plan élaboré pendant la traversée, et sans doute l'ami qui vous accompagne est l'habile conseiller auquel vous devez cette idée ingénieuse. Savez-vous bien, monsieur, que si je vous confiais la somme nécessaire pour entreprendre cet honnête commerce, je me croirais de moitié dans toutes les turpitudes qui se brasseraient dans vos bureaux. Je sais trop quels agents de ruine, quels tripotages monstrueux se font dans ces prétendus cabinets d'affaires, pour vous accorder ce que vous me demandez. Si vous m'eussiez parlé de fonder un négoce honnête, d'occuper un emploi demandant un cautionnement, peut-être aurais-je eu la faiblesse d'accéder à ce désir. Il est dur de fermer devant un homme, quel qu'il soit, la porte ouverte sur la route du repentir et de la réhabilitation; mais votre prière même me prouve que non seulement vous n'êtes point corrigé, mais encore que vous vous êtes perverti davantage. En somme, le joueur ne risque que sa mise; dans les **misérables boutiques** faisant métier de scandale et de chantage, c'est **l'honneur d'autrui** qui sert d'enjeu.

— Ainsi, demanda Hector, vous me ferez, comme à un mendiant, l'aumône d'un morceau de pain?

— Oui, répondit froidement le comte Ostrog.

— Tandis que vous bâtissez des palais pour des étrangers, vous refusez dans votre maison un asile à votre frère?

— Je pourrais vous objecter que mes actions ne vous regardent point; mais j'aime mieux vous exposer mes idées. Vous dites que j'ouvre un palais à des étrangers... Sont-ils donc pour moi des étrangers, ceux qui ont, de près ou de loin, partagé ma vie. Deux des hommes qui mourront dans l'asile dont vous parlez ont risqué pour moi leur existence; l'un près de Bogota, l'autre dans un combat contre les Malais. Cinq furent à mon bord des modèles de bravoure et de discipline. Cette fortune dont je leur fais une part, ils m'ont aidé à la conquérir. Des étrangers! eux! dites des frères. Nous parlons la même langue, nous nous aimons du même cœur. Je suis toujours leur capitaine, comme ils demeurent mes matelots. Ce qu'ils ne firent point sous mes ordres, ils l'accomplirent sous le commandement d'autres marins comme moi : d'aventureux que l'amour de voir jeta dans les voyages et dans le négoce, et qui, après avoir parcouru les deux mondes, reviennent mourir dans le coin où ils sont nés. Ah! les braves gens! Quelles mains loyales je serre quand je touche leurs doigts calleux. Aussi, ma fortune est leur fortune, je ne leur donne rien, je leur rends. Mais vous, à quoi avez-vous employé, dépensé votre jeunesse? Est-il une sentine de vice dans laquelle vous ne vous soyez roulé? Une fange qui n'ai rejailli jusqu'à votre cœur pour le noyer. On parle des liens de la famille et des obligations qu'elle crée : la famille naît plus des sentiments que du sang. Ne m'avez-vous point jalousé, haï? Tous vos efforts n'ont-ils point tendu à me faire perdre la tendresse de la famille? Oui, je vous ai aimé, gravement aimé, tant que j'ai cru que votre tendresse répondrait à la mienne...

— J'ai mal fait, répondit Hector; j'ai eu tort : je me repens. Je comprends à vos reproches que je me trompais encore dans mon projet de m'établir à Paris. Eh bien! soyez bon une fois, une dernière. Trouvez-moi dans cette maison un coin pour dormir, ne me rejetez pas tout à fait. S'il est trop tard pour recommencer la vie, il est du moins temps encore de remonter vers le bien... Souvenez-vous de mon père, Jean; et dites-vous que s'il était là, il vous conjurerait de me pardonner.

— Je ne garde point de haine, repartit le comte Ostrog : je vous ai fait connaître ma résolution. Cherchez à quelques lieues d'ici une maison et un jardin; j'en ferai l'acquisition en mon nom; vous vous y reposerez des orages de la vie; vous comprendrez dans la solitude et le silence ce qui ne peut arriver jusqu'à votre cœur. Un jour viendra où, voyant vos regrets, j'aurai sans doute la force d'oublier. Mais auparavant, je veux être certain du repentir.

— Cœur de fer! s'écria Hector.

— Acceptez-vous? demanda le comte en se levant, comme pour faire comprendre à son frère que cet entretien avait assez duré. Si vous comprenez bien vos intérêts, vous n'hésiterez pas une minute. Confiant dans votre parole je vous logerai dans un pavillon jusqu'à ce que vous ayez consulté mon notaire; vous verrez que l'apaisement se fera peu à peu en vous; et à mesure que se calmeront les passions mauvaises, je retrouverai pour vous un cœur fraternel.

— Ne parlons plus de fraternité, dit Hector avec violence, c'est un mot que vous n'entendez point; ni d'aumône, c'est pour moi un mot qui sonne mal. Causons affaires, si vous le voulez bien.

— Affaires... répéta le comte, quelles affaires ai-je à traiter avec vous?

— Quand ce ne serait que celles de la liquidation de la succession de mon père.

— Vous savez bien qu'à l'avance vous avez dévoré votre part.

— Mon père a laissé une somme relativement importante.

— Donnée par moi, afin de soutenir sa vieillesse.

— J'en ignore la provenance, j'en exige la moitié.

— Vous pouvez prendre connaissance du testament de notre père.

— J'ai vu M° Onorius Pointel.

— Vous savez donc à quoi vous en tenir.

— Il m'a montré le testament.

— Que prétendez-vous de plus?

— L'attaquer.

— Ce serait étaler votre honte au grand jour.

— Peut-être serait-ce prouver davantage la dureté de cœur du comte Ostrog le millionnaire.

Celui-ci jeta un regard du côté où le compagnon d'Hector s'était étendu sur son banc. Comme s'il eût compris que pour lui le moment d'entrer en scène était venu, l'ancien avoué fut en un moment sur les pieds.

— Et voilà pourquoi vous m'ameniez un homme de loi?

— Il faut tout prévoir.

— Et ce notaire véreux...?

— Vous l'accusez déjà.

— Il me suffit qu'il soit votre ami pour le juger.

— Dans tous les cas, il me rend l'immense service de se charger de débrouiller mes affaires. Je me connais mieux en cartes qu'en procès.

— C'est juste, dans les procès ne tourne pas le roi qui veut.

— Refusez-vous de me remettre les trente mille francs représentant ma part de la succession paternelle?

— Nous avons réglé mon père et moi pour vous plus de cent mille francs de dettes.

— Il fallait laisser crier mes créanciers.

— L'honneur a paru valoir ce sacrifice.

— Enfin, aurai-je mes trente mille francs?

— Vous feriez mauvais usage d'un capital. En vous achetant une maison et en vous payant une rente, je dépasse le chiffre de votre demande.

— Je ne vous laisse pas le maître de choisir pour moi.

— Je crois avoir ce droit, et je le garde.

— Nous plaiderons, dit Hector.

— Nous gagnerons, ajouta Oscar qui venait de rejoindre les deux frères.

— En attendant, fit le comte Ostrog, comme vous aurez besoin de vivre pendant la durée de votre procès, je maintiens ma première offre.

Au même moment le bruit d'une course rapide et d'une voix joyeuse retentit dans le bois, et, débouchant d'un coin du parc, tout noyé d'ombre, une belle jeune fille de dix-sept ans répéta :

— Mon ami, mon grand ami, je vous cherche partout... J'ai trouvé un tout petit faon blanc, si joli, si doux ; il faut me le donner, à moi, rien qu'à moi.

— Folle! répondit une douce voix de femme, ne vois-tu pas que monsieur le comte n'est pas seul?

Mais au son de cette voix Hector avait brusquement tressailli, et tournant la tête vers les deux femmes, le corps penché en avant, il murmura :

— Elles! Elles ici! toutes deux!

Son front se redressa, un sourire passa sur ses lèvres, sourire amer et mauvais; un éclair traversa son regard, éclair de haine satisfaite, puis se mettant bien en face de la jeune femme, il appela d'une voix dure :

— Julie!

A son tour elle devint pâle comme une morte, et fût tombée sur les roches où sans doute elle se serait broyé le front, si le comte Ostrog ne l'eût soutenue.

— Que signifie? demanda-t-il en se tournant vers Hector.

— Grâce, pitié! murmura Julie, si vous saviez?

Noëlie était tombée sur les genoux.

— N'aie pas peur! dit-elle, il ne nous fera pas de mal ici...

— Pas de mal! répéta Ostrog en mouillant les tempes de Julie, que vous est donc cet homme?

— C'est mon mari, répondit l'infortunée en courbant la tête.

— Votre mari! à vous un ange! Ton père, à toi, Noëlie? Oh! c'est horrible. Quoi! vous serez tombées toutes deux demi-mortes de faim à ma porte, il vous aura abandonnées sans secours et sans appui, pour courir le monde ou fuir la justice... et plus tard il viendra faire rougir votre front et détruire l'œuvre de sept années. Non! Non! Si vous avez eu, Julie, le malheur d'épouser cet homme, je vous en délivrerai, soyez-en certaine. On le connaît en Normandie, et devant tous les juges vous gagnerez un procès en séparation.

— C'est mon mari, murmura Julie.

— Il n'a profité de ce titre que pour vous tyranniser et flétrir votre vie.

— Je pense, reprit Hector, que pour ravoir ma femme, je ne serai point forcé de plaider comme pour rentrer dans ma part de fortune. Les querelles des époux ne regardent qu'eux. Je regrette que ma femme ait souffert; je regrette davantage qu'elle vous doive de la reconnaissance.

— Taisez-vous! s'écria Julie, en prenant les mains d'Hector, taisez-vous, malheureux! Votre frère s'est montré pour moi l'ami le plus généreux, le protecteur le plus dévoué. Près de ma fille il a rempli le rôle d'un père... Vous aviez raison de le dire tout à l'heure, il ne sera point nécessaire que vous employiez la force pour me faire rentrer dans votre maison, si humble qu'elle soit. Ma fille sait qu'elle vous doit le respect; moi j'ai juré obéissance... Ne craignez donc rien! non rien!... Mais il me semble que j'ai une mission à remplir ici... Jean Ostrog, vous à qui mon cœur s'est attaché d'une façon si puissante : mon frère bien-aimé, que je ne connais que par des bienfaits, accomplissez le dernier, le plus grand de tous... Rappelez-vous ce père dont vous me parliez si souvent; cette mère qui fut un ange; Noëla que mon enfant vous rappelle... Pardonnez à Hector comme je lui pardonne... De même que nous croyant étrangères vous nous avez ramassées et sauvées, prenez-le dans vos bras, ce frère prodigue, pauvre, vieilli... Tuez pour lui le veau gras, ouvrez-lui votre cœur... Remportez sur vous-même cette dernière victoire... La maison n'est-elle point assez vaste pour tous... Mon frère! mon frère!...

— Pas un mot de plus! s'écria Hector avec violence, vous m'humiliez trop en vous abaissant jusqu'à le supplier.

— Nous l'aimons tant! fit Noëlie en se jetant dans les bras de Jean Ostrog.

— Venez! dit Hector en serrant violemment le poignet de sa

femme, venez... et vous, ma fille, je vous ordonne de me suivre...

— Julie, ma sœur, dit le comte Ostrog en se plaçant devant la jeune femme, ignorez-vous qu'avant deux jours vous retomberez dans la misère...

— C'est le devoir! murmura Julie.

— Ah! vous ne m'avez jamais aimé.

— Ingrat! dit l'enfant en couvrant de baisers le visage du millionnaire, ingrat... c'est toi qui nous laisses partir, toi qui nous chasses...

— Vous chasser, toi! ta mère!

— Dame! si tu ne nous gardes pas...

— Hector, fit le comte, vous m'avez demandé trente mille francs, vous les aurez.

— Il est trop tard.

— Doublez la somme.

— Ce n'est pas assez.

— Faites vos conditions.

— Je n'en puis poser qu'une sans me déshonorer. Ignorant ce que ma famille était devenue, je vous ai prié de me remettre la succession de mon père. J'espérais à l'aide de cette somme gagner quelque argent. Plus tard, je me serais informé de Julie et de ma fille... Depuis un moment, tout est changé. Je retrouve chez vous ma famille, je l'emmène et nous partons...

— Vous ne savez pas combien Noëlie m'est chère... Pauvre enfant, elle m'aime aussi, voyez ses larmes... Sans doute elles céderont à la loi du devoir, et partageront votre misère... Mais vous serez plus cruel que jamais en agissant de la sorte...

— Continue... Continue... dit tout bas Noëlie à son oncle.

— Laissez-les dans cette maison qui leur fut hospitalière, dans ce pays où elles sont adorées, et où, après avoir été pauvres, elles goûtent à leur tour la joie de faire l'aumône...

— C'est bien... après... après... fit Noëlie.

Hector attendait, et un sourire, sourire de triomphe cette fois, venait à ses lèvres...

Le comte reprit...

— Oui, le père me dirait de pardonner... Il me semble que du ciel sa joie serait grande en voyant que je me montre miséricordieux pour l'amour de lui... Hector, n'avez-vous rien à me dire?

— Rendez-moi votre amitié, mon frère, j'essaierai de m'en montrer digne... Des anges ont à l'avance plaidé ma cause, je l'avais perdue devant vous, et maintenant je la leur confie.

— Mon frère! dit Julie en joignant les mains.

— Mon oncle! mon cher oncle! répéta Noëlie.

Elle prit la main de son père, celle de Jean, et sur leurs doigts enlacés, elle posa ses chastes lèvres d'enfant.

— Vous ne me quitterez plus Hector, dit Jean.

— Jamais! jamais vous ne regretterez cette heure! fit Hector avec solennité.

En ce moment, si perverti que fût ce cœur, un sentiment vrai y vibrait encore.

Ce sentiment était complexe, et certes son intérêt personnel y entrait pour une grande part ; cependant, il ne pouvait manquer d'être touché de la bonté avec laquelle, sans connaître les liens qui les attachaient l'un à l'autre, Jean Ostrog avait accueilli sa femme et sa fille dans leur détresse.

Si dépravé que soit un homme, Dieu garde toujours au fond de son âme l'étincelle divine qui peut suffire à rallumer le feu sacré. D'ailleurs si mauvais mari, si mauvais père qu'il eût été, la vue de Julie et celle de cette belle jeune fille le troublaient étrangement. Oui, à cette heure, Hector Dambrun fut saisi par la grandeur du caractère de Jean, et quand il porta sa main à ses lèvres, il étouffait de véritables sanglots.

Et comme toute vertu porte en elle sa récompense, le comte Ostrog en ouvrant les bras à Hector sentit un immense soulagement intérieur. Pour cette âme d'élite un remords devenait un poids mortel. En pardonnant il retrouvait une joie depuis longtemps évanouie, celle de se sentir véritablement frère. Puis maintenant, il éprouvait une double satisfaction dans sa tendresse pour Julie et pour Noëlie. Frère de l'une, il restait le père de l'autre. Rien n'était changé dans sa vie.

Le château de Versel ne compterait qu'un nouvel hôte.

La famille qu'un frère de plus.

Noëlie, radieuse, témoignait par ses paroles et par ses caresses combien elle était heureuse du dénouement inattendu de ce drame intime.

— Mon oncle, disait-elle en couvrant de baisers les cheveux blancs du comte Ostrog, je vous aimais bien ; je vous considérais comme mon bienfaiteur ; je vous aurais ouvert mon cœur comme à mon père ; maintenant, c'est de l'adoration que je ressens pour vous. Songez donc! je vais vous devoir le bonheur de ma mère... Ne secouez pas la tête... Si dur qu'ait souvent été mon père, elle le regrettait.. Versel va devenir un paradis, grâce à vous... Je vous remercie, je vous bénis.

— Et moi je suis récompensé, Noëlie ; ma mère, ma sœur sont contentes de moi là-haut.

— Mais, mon oncle, demanda Noëlie, et le compagnon de mon père, qu'en allez-vous faire?

— Au fait! il s'agit de s'en débarrasser d'une façon honorable... face de coquin au premier chef. Mais avant de prendre un parti, encore faut-il que je sache dans quelles proportions il est l'associé d'Hector.

Hector, un peu à l'écart, causait avec Julie. Des larmes roulaient sur les joues de la jeune femme; mais un demi-sourire flottait cependant sur ses lèvres. Hector avait gardé cette parole colorée et facile qui séduit et entraîne. Après avoir reçu le pardon de son frère, il aspirait à celui de sa femme. La retrouvant belle, reposée, plus touchante encore qu'autrefois, il comprenait la valeur d'un trésor dont il avait jadis si mal compris le prix. Sans doute Julie faisait la part de l'attendrissement du retour, de la surprise; cependant elle ne pouvait se défendre d'une grande joie à la pensée que les liens rompus de la famille allaient se briser, et qu'elle garderait à jamais près d'elle les objets de son affection.

Le pardon était facile à cette grande âme, profondément imbue des principes de l'Évangile. A cette heure, en voyant revenir à elle, pauvre, vieilli, celui qui l'avait prise pour femme dans la verdeur et la beauté de sa jeunesse, elle oublia qu'elle lui devait sa ruine, ses douleurs, son isolement, la faim qui avait failli la tuer avec son enfant, pour ne voir que le compagnon auquel jadis elle avait promis autant de fidélité et d'amour que le ciel lui devait donner de vie. Elle se sentait revenir à lui toute entière non seulement pour l'avenir, mais pour le présent. Afin de s'encourager dans cette résolution, dans cette vertu, elle regardait sa fille, sa Noëlie, si jeune, si rayonnante, et la tête sur les épaules de l'émigré d'Amérique, de celui qui avait traîné de ville en ville ses caprices, ses débauches, sa richesse imprévue ou sa ruine subite, elle répéta :

— Moi aussi je pardonnerai si vous vous montrez tel que vous devez être à l'égard de l'admirable frère à qui vous devez tout...

Le comte Ostrog saisit le bras d'Hector.

— Apprenez-moi sans exagération et sans ambage, lui dit-il, quelles sont vos obligations à l'égard de ce piètre compagnon ?

Et du doigt il désigna Oscar.

— Mon Dieu! fit Hector, le récit sera très succinct; sur le pont du navire qui nous a débarqués au Havre, nous avons plus d'une fois échangé quelques mots. Quand je suis descendu à terre, il ne me restait rien! rien! Lui gardait vingt sous... Et sur cette pièce blanche qui devait nous servir à payer deux déjeuners, nous avons juré de tout partager en frères... Lorsque nous sommes sortis de l'étude de maître Onorius, il m'a offert sa science de droit, et voilà tout.

— Rien de plus simple en ce cas, dit le comte Ostrog.

Il tira un portefeuille de sa poche, puis il marcha vers Oscar Persil.

— Mon frère me charge de régler sa dette, fit-il. Entre nous, permettez-moi de vous remettre ces deux mille francs ; ce sont les honoraires de votre consultation.

— Monsieur le comte, croyez... dit l'ancien notaire.

— Je ne crois rien, monsieur ; à l'angle de la route que vous avez prise pour venir ici, passe à midi précis une voiture allant de Versel au Havre, il vous sera loisible de la prendre.

Oscar jeta un mauvais regard au comte, puis il s'avança vers Hector :

— Au revoir, lui dit-il ; les gens comme nous se retrouvent toujours. Deux mille francs sont un trop mince capital pour me permettre d'acheter un cabinet d'affaires, il me reste la ressource d'en créer un. Vous ne tenez point la parole donnée ; je prends, moi, aujourd'hui une résolution, et soyez tranquille, je n'y faillirai pas.

Il fit le geste de boutonner son mince paletot sur du linge absent et s'éloigna lentement en descendant la grande allée.

Quand il se trouva à l'extrémité ses yeux vairons se fixèrent sur le château monumental, et de là errèrent sur les jardins au milieu desquels se dressait l'hospice des matelots.

— Je t'ai dit au revoir, Hector Dambrun, et je le répète. Ce qui vient de se passer aujourd'hui est un incident ; la bonté de ton frère ne changera pas ta nature ; de ce qu'Abel a pardonné à Caïn ses premières jalousies et ses premières haines, il ne s'ensuit pas que Caïn soit changé... Oui, au revoir, Hector Dambrun !

Il étendit le bras du côté du parc, et vit lentement s'éloigner dans la direction du château Julie donnant le bras à son beau-frère, Noëlie s'appuyant sur celui de son père.

Sans doute un sentiment d'envie furieuse lui poigna le cœur, car il franchit la grille, prit la route garnie de haies vives que lui avait indiquée le comte ; ensuite, assis sur une large pierre marquée de traces de sculptures, il attendit la diligence. La tête dans ses mains il repassa toute sa vie, sa vie perdue, gâchée, devenue si misérable qu'il quittait l'Amérique où tous les mauvais chemins conduisant à la fortune avaient été pris par lui, pour arriver à Paris où il espérait se mieux cacher. Ah ! Hector lui manquerait. Ce maître fourbe avait du bon ! Mais voilà, Dieu n'était pas juste ! Au moment où il avait moins le droit d'y compter, ce vagabond des deux mondes, ce rebut de tripots retrouvait un frère millionnaire, une femme charmante, une fille angélique.

— Que je suis bête ! fit l'ancien notaire. Il reste une carte dans mon jeu, et je puis encore tourner le roi. Je saurai bien découvrir dans le passé de cet Hector Dambrun un acte suffisamment passible du code pour que je puisse le perdre. Quand je le tiendrai dans ma main, je lui demanderai sa fille en mariage et le millionnaire paiera la dot. Allons, voici la diligence, en route pour Paris, et associons-nous à quelque directeur de cabinet d'affaires.

Une sonnerie de grelots, un bruit de roues criardes retentit; le fouet du postillon claqua d'une façon savante, Oscar agita le bras, sauta près du conducteur, puis adressant un dernier geste menaçant du côté du château de Versel, il perdit bientôt de vue les tourelles du manoir et les toitures de l'hospice.

Noëlie venait d'ouvrir la porte, souriante, des fleurs plein les bras.
(Voir page 95.)

CHAPITRE VIII

LA JALOUSIE DE CAÏN

Depuis longtemps le rôle de Dorothée s'effaçait dans le château de façon à disparaître. Tout le jour enfermée dans la lingerie comme au sein d'une forteresse, elle avait fini par s'y créer un domaine indépendant. La fille d'une vachère du château lui servait de camériste et lui apportait de l'office des repas qu'elle ne consentait plus à prendre avec les gens du comte Ostrog. Toute sa volonté se bornait désormais à grossir le chiffre de ses rentes dont les revenus placés régulièrement, grâce aux soins de maître Aubry, formaient déjà un capital honnête. Dorothée gardait religieusement dans son armoire les magnifiques robes qu'elle ne mettait plus. Elle savait qu'une heure sonnerait où elle reprendrait triomphalement la situation perdue, et elle l'attendait avec le calme des gens réellement forts. La haine qu'elle gardait au cœur contre celle qu'elle appelait « la mendiante » grandissait sans trêve, et Dorothée était bien résolue à profiter d'une occasion favorable pour lui faire payer les humiliations subies et les profits perdus. La rage sourde qui bouillonnait en elle ne permettait point de risquer de se trahir dans des rencontres fréquentes. Lorsque le hasard la plaçait en face de la nouvelle gouvernante de la maison, elle affectait un respect mêlé d'une raillerie si imperceptible que Julie la devinait plus qu'elle ne la constatait.

Elle tenta plus d'une fois de se faire pardonner par l'irascible Dorothée; quand elle comprit qu'elle échouerait dans toutes les tentatives, elle cessa d'entrer dans la lingerie, et Noëlie n'en franchit jamais le seuil.

Aussi, tandis que les serviteurs du château se prenaient tous de vénération pour « la mendiante », Mme Dorothée nourrissait sa haine de ses souvenirs. Rarement elle faisait des visites dans le village ; on commençait à craindre que l'âge lui affaiblît un peu l'esprit. Jamais cependant celui de Dorothée n'avait été plus lucide.

La petite Loulou venait de lui servir son repas, et Dorothée mangeait lentement, savourant les mets fins préparés par le chef, quand le valet de chambre entra dans la lingerie :

— Allons, Dorothée, dit-il, dépêchez-vous de déjeuner.

— Me dépêcher, moi ! Et c'est vous qui osez me donner des ordres... Est-il donc si pressé de compter des piles de draps et des douzaines de serviettes..? Me dépêcher ! Qu'y a-t-il donc de changé dans mes attributions ?

— Pas grand'chose, sinon que vous redevenez femme de charge.

— Enfin ! s'écria Dorothée... La mendiante est donc partie ?

— Voilà des façons de parler dont il faudra vous défaire au plus vite, madame Dorothée. Vous vivez trop renfermée dans votre lingerie. Je comprends que les conversations de l'office ne vous distraient guère ; elles ont cependant du bon, et peuvent nous instruire. Si vous vous étiez assise à notre table, vous sauriez que monsieur le comte a retrouvé sa famille, de la façon dont ces sortes de choses arrivent dans les drames qu'on représente sur les théâtres de Paris.

— Une famille! répéta Mme Dorothée.

— Son frère cadet, rien que cela. Mais ce qui vous surprendra davantage, c'est d'apprendre que Mme Julie Delâtre...

— Oui, la mendiante...

— Celle à qui vous donniez ce nom est la propre belle-sœur de monsieur le comte, la femme de M. Hector Dambrun. De sorte qu'elle a le droit, non seulement de vivre au manoir, mais d'y commander.

— Ah! fit Mme Dorothée, ah! vous avez raison de le dire, cela ressemble à un roman, à un drame, comme vous voudrez... Et dans quel équipage est arrivé M. Dambrun, s'il vous plaît? Car je ne me souviens point d'avoir entendu rouler de voiture dans la cour d'honneur, et la grille est restée fermée ce matin.

— Son entrée chez son frère a eu lieu très simplement, à ce que m'a dit le jardinier; mais ce qui est certain, c'est que toute la famille est au salon, et qu'il me faut du linge pour la chambre rouge qu'occupera M. Dambrun. A partir de ce moment, la belle-sœur de Monsieur, n'ayant pas besoin de gagner d'argent, vous rendra les clefs...

— Reste à savoir si je les accepterai.

— Vous auriez tort de refuser, Dorothée.

— Pourquoi cela, s'il vous plaît?

— On dirait que vous êtes fâchée.

— Fâchée, moi! Grand Dieu!

— Eh! qu'y aurait-il de surprenant?

— Sans doute, j'ai mon amour-propre...

— Et aussi votre intérêt.

— Je me suis sentie cruellement froissée de la façon dont monsieur le comte en a agi à mon égard.

— Et votre bourse pâtit des économies réalisées par Mme Julie Delâtre.

— Je ne vous comprends pas bien.

— Que voulez-vous, ma chère, on naît domestique. Mme Julie n'est pas du métier. Il ne lui a point fallu deux jours pour comprendre que vous receviez une forte remise des fournisseurs, et désormais monsieur le comte en profite. Si vous retrouvez votre titre de gouvernante, vous direz cependant adieu à la plus grande part de vos bénéfices.

— Voici le linge dont vous avez besoin; l'avenir amènera bien des choses. Je suis prête à attendre les événements, grâce à vous j'aurai moins de surprise. Merci.

Pendant deux jours un grand mouvement régna dans le château.

Le valet de chambre fit au Havre plusieurs voyages. Il ramena dans la voiture du comte le meilleur tailleur et la plus habile couturière du pays. On encombra un des salons d'étoffes pour Julie et Noëlie ; les écrins couvrirent les tables. Le comte Ostrog ne pouvait assez manifester sa joie d'avoir l'une pour sœur et l'autre pour nièce.

D'abord Julie voulut résister, mais le comte Ostrog témoigna tant de regrets de ses refus qu'elle le laissa faire. Peu à peu elle s'abandonna à la joie de renaître au bonheur. La tenue d'Hector était convenable à l'égard de tous : modeste devant les amis de Jean, reconnaissante à l'égard de celui-ci. Il témoignait à sa femme un repentir sincère et s'efforçait de reconquérir un cœur si longtemps méconnu. Il avait des humilités touchantes et des expressions qui poignaient le cœur. Sans exagérer la misère dans laquelle il se trouvait quand, comme ressource suprême, il s'adressa à son frère, Hector parlait des services anciennement rendus et des bienfaits présents avec une franchise mêlée de gratitude.

Ostrog voulut fêter le retour du « frère prodigue » ; les habitants notables de Versel furent invités à un grand dîner. On eût dit que le comte faisait de ses amis autant d'amis à son frère. Le dîner fut gai, et si la gravité de maître Aubry arrêta parfois l'élan des convives, Hector s'efforça de se rendre sympathique. On ne se montra pas exigeant. L'honorabilité de Jean couvrait Hector. La grâce de Julie, le charme de sa fille plaidaient la cause de celui qui revenait de si loin.

Le vieux curé fut le premier à lever son verre en portant une santé au retour de l'exilé, à la concorde et à l'amour des familles. Chacun approuvait la conduite d'Ostrog ; et quand, après le repas, les invités du comte se dirigèrent vers l'hospice des vieux marins, ceux-ci, prévenus par le jardinier, vinrent au-devant d'Hector, et le plus hardi lui adressa des paroles de bienvenue, promettant que leur amitié respectueuse pour lui égalerait la reconnaissance qu'ils portaient au comte. Hector les appela ses chers camarades, leur distribua des poignées de main, et comme il possédait à un haut degré, ainsi qu'un grand nombre de mauvais sujets, la faculté de plaire et de se mettre à la portée de tous, il eut bientôt fait la conquête de Cavaillan, du vieux docteur Favières, du curé et des propriétaires du pays. Deux hommes seulement se montrèrent rebelles à ce charme mêlé d'une grande coquetterie d'esprit : Gilbert Favières et maître Aubry.

Le premier déclarait trop s'y connaître en hommes pour croire à la conversion de ce joueur, de ce débauché d'Hector.

L'autre s'en rapportait à ses pressentiments.

Le curé leur donna tort à tous deux :

— C'est mal! leur dit-il, c'est fort mal de soupçonner que le pécheur retombera dans ses fautes. Vous n'avez point, aux yeux de la charité, le droit de suspecter le repentir. Ah! mon brave notaire! Sans doute vous connaissez les hommes, et plus d'une fois vous avez assisté à des scènes honteuses ayant l'intérêt pour but. Vous avez connu des fils souhaitant la mort de leurs parents, des frères guettant le trépas de leur sœur. Toutes les lâchetés dont l'avarice rend capable ont passé sous vos yeux ; cependant vous ne devez point croire que l'argent est l'unique mobile des actions humaines.

— Je le crois pour certaines natures, monsieur le curé! Sans doute Hector Dambrun semble avoir divorcé avec ses vices. Il affecte de ne plus toucher une carte, et il ne boit que de l'eau. Cette exagération me le rend plus suspect que le ferait un usage modéré du jeu qui repose et du vin qui fortifie. Vous, monsieur le curé, quand vous revenez d'une course dans la campagne, vous trinquez avec un brave homme; et si, au château, le comte vous demande de faire une partie d'échecs ou de trictrac, vous ne le refusez point. Qui veut trop prouver ne prouve rien.

— Vous êtes criminaliste, maître Aubry.

— Non point. Ainsi, quoi qu'il advienne, je demeurerai certain que Julie sera toujours la plus indulgente, la meilleure des femmes, et que Noëlie est un ange.

— Ah! sur ce point, tout le monde est d'accord, ajouta Gilbert. Il est impossible de trouver une jeune fille plus aimable, plus douce et meilleure que Noëlie Dambrun.

— Elle sera un des beaux partis du pays, ajouta maître Aubry.

— Oh! mon cher ami, dit Gilbert, vous êtes trop notaire, vous songez au contrat avant la demande en mariage.

— Je ne plaindrais pas le mari de Noëlie, répliqua l'abbé Germain.

— Mais je redouterais fort un beau-père semblable à Hector Dambrun.

— Assez de médisances et de jugements téméraires! fit le curé ; voici ces messieurs qui viennent de ce côté. Pour faire grand plaisir au comte Ostrog, témoignez de l'amitié à Hector Dambrun.

Gilbert et maître Aubry cédèrent à la charitable prière du prêtre ; mais celui-ci put juger qu'ils faisaient un visible effort.

En dépit des prévisions, des craintes connues, l'accord le plus parfait parut régner dans cette famille.

Hector s'effaçait assez pour ne gêner personne ; la plupart des domestiques ne l'aimaient guère, bien qu'ils lui obéissent servilement ; une seule créature semblait avoir pris en grande affection Hector Dambrun : c'était Mme Dorothée. Autant elle avait haï Julie qui lui prenait sa place dans la confiance de Jean Ostrog, autant elle se faisait ouvertement l'alliée d'Hector. En toute occasion elle prenait bruyamment sa défense. Il faut bien avouer qu'elle était seule de la maison à le défendre. Les braves gens au service du comte depuis de longues années ne voyaient pas sans un sentiment de regret mêlé de crainte cet homme à la figure ravagée, au regard brûlé, aux lèvres minces, qui traversait à la façon d'une ombre les vastes pièces du château et les allées du parc. Du premier jour l'impression produite par lui avait été mauvaise, et jamais on ne devait revenir de l'idée préconçue qu'Hector porterait malheur à toute la famille. Quand le comte lui tendait les bras, lui pardonnait avec cette sainte et admirable franchise des grands cœurs, les domestiques subissaient sa présence et ne l'acceptaient point pour maître.

Il le devina, et le sentiment de la sourde méfiance qu'il inspirait fut le premier nuage dans un ciel qui, jusqu'alors, avait gardé sa pureté.

Du reste, par aucun mot, par nulle démarche hasardeuse, Hector ne donnait prise au soupçon. Il se montrait parfait pour sa femme, tendre à l'égard de sa fille, toujours un peu craintive devant lui, cordial et reconnaissant avec son frère.

Julie semblait considérer le passé comme un mauvais rêve, elle revenait à la vie du cœur avec une rapidité qui doublait la joie du comte Ostrog.

— Vois-tu, Cavaillan, disait-il un soir à son vieil ami, en reprenant avec lui le chemin de la rivière, Dieu est bon de m'avoir procuré la joie de pardonner à qui m'avait fait tant de mal. J'accomplissais un acte de justice en dépossédant mon frère d'une succession à laquelle il n'avait aucun droit ; mais je m'estime deux fois plus heureux de lui faire une large part de mon opulence.

— A sa femme et à sa fille, du moins.

— Sans aucun doute ; d'abord je doterai Noëlie.

— Cela veut-il dire que tu la marieras prochainement ?

— Elle ! une enfant !

— Elle compte dix-sept ans, mon ami, et qui sait si ses grands yeux noirs ne se sont pas déjà fixés rêveurs et confiants sur un de ceux qui fréquentent le plus ta maison.

— Noëlie aimerait quelqu'un ?

— Je ne dis pas cela. Noëlie est trop candide, trop respectueuse pour toi, trop confiante à l'égard de sa mère pour avoir donné son cœur et pris un engagement, même dans sa pensée... Si elle aime, la pauvre enfant! c'est d'une façon inconsciente, et je suis certain que pas un mot n'a été échangé entre ces deux jeunes gens...

— Mais de qui parles-tu? Que veux-tu dire...? Il ne vient pas de jeunes gens, ici... Je me trompe : Gilbert Favières! tu veux parler de Gilbert?

— J'ai surpris plus d'une fois la rougeur de Noëlie au moment où il entrait.

— Et lui? demanda le comte.

— Lui la traite amicalement, fraternellement.

— C'est d'un digne garçon; sans doute! cette inclination est je dirai presque fatale... Tous deux jeunes, rapprochés par l'affection qui me lie au vieux Favières, ils ont dû se sentir rapprochés l'un de l'autre... Est-ce un malheur, après tout? Nullement. Le mariage de ma nièce ne sera jamais pour moi une question d'argent. Gilbert est reçu docteur, et, s'il réside à Versel, c'est que son père, atteint d'une maladie de cœur, l'a supplié de ne le point quitter. Gilbert est, ce me semble, un garçon d'avenir, aimant la science; dans tous les cas il possède les vertus que je rêverais pour le mari de Noëlie, et si cette enfant doit fonder à son tour une famille, comme c'est la vocation des femmes, j'aime mieux qu'elle choisisse celui-là.

— Ainsi, tu ne m'en veux pas de t'avoir prévenu?

— Au contraire, je te remercie.

— Que vas-tu faire?

— Le plus pressé est de recommencer mon testament. Tout en enrichissant Noëlie et sa mère, je veux laisser à mon frère une large indépendance.

La conversation des deux amis prit un autre tour, et, quand tous deux rentrèrent au château, ils trouvèrent Gilbert et Noëlie chantant le duo de l'*Amandier*.

— Oui, oui, tu as raison, Alex, fit le comte Ostrog, je les marierai et je ferai deux heureux.

A partir de ce jour le comte éprouva une grande joie à la pensée de voir la surprise de Noëlie quand il lui ferait comprendre que son secret était connu et qu'il s'occuperait de réaliser son rêve.

Seulement il ne voulait point la marier avant qu'elle eût atteint dix-huit ans.

Il avait donc tout le temps d'étudier davantage le caractère de Gilbert, et de le préparer pour ainsi dire aux devoirs nouveaux qu'il aurait à remplir.

Son amitié pour le vieux Favières redoubla. Il eut pour sa femme des attentions qui comblèrent celle-ci de joie et d'orgueil ; et comme il savait que le désir de plaire redouble l'innocente coquetterie des jeunes filles, il devint prodigue à l'égard de sa nièce.

Mais, au lieu d'égayer le caractère sombre d'Hector, tout ce que Jean multipliait afin de prouver son dévouement et sa tendresse paraissait augmenter la tristesse de son frère. Durant les premières semaines de son séjour à Versel, en se trouvant, lui, l'exilé, le vagabond, le joueur perdu de vices, l'hôte de ce château où chacun s'efforçait de prévenir ses souhaits, il avait respiré comme un noyé qui sort de l'eau. Tout s'adoucit et se pacifia en lui. Sa conversion lui parut à lui-même sincère et irrévocable. Il se plongea avec délices dans le bien-être matériel. Il éprouva des joies profondes à l'idée qu'il n'entendrait plus de récriminations de créanciers, qu'il ne recevrait plus de papier timbré; qu'un bruit fâcheux répandu sur son compte ne l'obligerait plus à quitter brusquement une ville où il commençait à se plaire. Il se répétait souvent qu'il était libre, heureux, et non seulement l'égal de ceux du pays parmi les plus riches, mais que sa situation de frère du comte Ostrog lui donnait sur tous une incontestable supériorité. Il retrouva bientôt l'orgueil, mais un orgueil malsain, dangereux, capable d'enfanter en son cerveau d'autres idées et d'empoisonner des joies réelles.

En effet, il s'accoutuma à la sécurité de la vie, au luxe de l'existence. Et à mesure qu'il s'y trouva plus à son aise, il sentit diminuer sa reconnaissance pour son frère. Aux premiers transports du retour succédèrent des réflexions amères. Il continua de profiter de la fortune de Jean; mais loin d'éprouver pour celui-ci la gratitude des premiers jours, il en arriva à penser qu'après tout Jean remplissait simplement un devoir.

En effet, son premier mouvement avait été de le chasser comme un lépreux, comme un maudit. S'il n'avait point cédé à cette tentation, c'est qu'il redouta plus qu'il n'en voulait convenir le procès dont on le menaçait. D'ailleurs il aimait Noëlie... Pour Noëlie seulement il avait cédé. Ne pouvant garder l'enfant sans le père, il avait conclu la paix... Mais quelle paix ! Sans doute Hector ne manquait de rien, mais il ne possédait rien non plus. A la table du château il prenait place comme un invité prié quotidiennement, voilà tout. Les chevaux qu'il montait ne lui appartenaient pas. Il se servait des voitures de son frère. Pas une pierre de ce château n'était à lui; le lit dans lequel il dormait n'était pas le sien. On pouvait le chasser de la même façon qu'on l'avait reçu. Entré en mendiant, il pouvait sortir en mendiant. Et la valetaille le savait, le comprenait. Les domestiques lui parlaient en apparence comme au comte Ostrog, mais quelle nuance dans l'accent, dans l'attitude! Que de sourires il avait surpris dans les antichambres ! Que de propos interrompus à son arrivée! Il devinait qu'on le surveillait, qu'on l'épiait. Parfois même il lui semblait qu'on se défiait de lui.

— Oh! s'écriait-il, quand ces pensées lui torturaient l'âme, Jean ne comprend-il rien qu'il me laisse dans cet abaissement?... Ne pourrait-il me faire tout de suite ma part? me rendre indépendant de tous et de lui-même? Des bienfaits semblables à ceux dont il semble m'accabler deviennent lourds à la longue... Et je ne puis rien dire, rien faire! Noëlie touche une pension pour sa toilette et ses aumônes, et moi rien! rien! Jean craint que je joue, il me redoute encore... Il ne croit pas à ma conversion absolue... Eh bien! il a tort s'il attend de moi que je m'estime trop heureux de manger le pain de sa table! Je me révolterai à la fin. Il m'avait promis de me traiter en frère, et il me fait l'aumône comme à un pauvre...

Ces pensées, rares d'abord, devinrent bientôt fréquentes; elles finirent par le hanter, et par s'attacher à lui d'une façon dévorante. Sa taciturnité frappa tout le monde. Julie s'en inquiéta, et Noëlie devint triste à son tour.

On le rencontrait dans le parc, le regard perdu dans le vague, remuant les lèvres et gesticulant d'une façon étrange. Il rôdait le soir autour du château, comme une bête fauve encagée. Quelquefois il s'égarait dans les allées, gagnait les bâtiments de l'hospice, et murmurait de sinistres paroles :

— Ces hommes sont chez eux; les vétérans de la mer ont un palais; une somme d'un million déposée chez un notaire assure l'existence de cette fondation. Que Jean vienne à mourir, rien n'est changé dans leur vie ; mais si mon frère succombait tout à coup, que deviendrais-je, moi! Un moment j'ai cru qu'il se montrerait véritablement généreux, mais cette illusion s'est enfuie. Il ne fera rien! rien! Et plus j'accepterai ses bienfaits, plus j'achèverai de me déconsidérer dans l'esprit de ceux qui l'entourent. Oh! il ne devine donc rien! Il ne comprend pas que je pouvais l'aimer, lui pardonner sa fortune, tandis que je retrouve au fond de mon âme ma jalousie première, sifflant en moi comme une nichée de couleuvres... J'ai voulu être bon! Je ne peux pas! Je ne peux pas!

A partir du jour où ces réflexions rougèrent le cœur d'Hector, sa conduite même changea. Il cessa de monter à cheval, refusa de prendre place dans les voitures de son frère, changea son appartement luxueux pour une petite chambre et parut se retirer de la vie de la famille.

Julie lut la première dans cette âme troublée. Un jour qu'il était venu chez elle, comme s'il espérait que la vue de cette douce créature lui rendrait la paix, Julie approcha son siège du sien, prit les mains de son mari, et lui demanda :

— Qu'as-tu ? N'essaie point de me tromper, tu n'es plus le même. Sans que rien dans notre conduite ait motivé le changement survenu, tu es retombé dans tes idées sombres, et l'on dirait que la vue de ton frère est une souffrance pour toi...

— Tais-toi ! fit Hector, ne me parle jamais de lui !

— Pourquoi ? Ne nous a-t-il point tous sauvés ? Sans lui ne serais-je pas morte ? Noëlie abandonnée de tous m'eût suivie dans la tombe. La Providence nous fit tomber affamés devant sa porte, et depuis tout nous sourit. Sa générosité pour nous est sans bornes...

— Oui, fit Hector, parlons de cette générosité. Nous avons le pain et le gîte dans cette maison, c'est vrai ! Mais que je me lasse de cette protection qui dissimule mal ma tutelle ! Et je me sens tellement étouffer dans cette atmosphère de bourgade que j'aspire à retourner à Paris...

— Oh ! tu ne saurais avoir cette cruelle pensée ?

— Pourquoi donc ?

— Paris ! répondit Julie dont le front se couvrit subitement d'une pâleur mortelle, Paris m'a été trop fatal pour que jamais j'y veuille retourner... J'y ai souffert à la fois de ton abandon et de la faim... J'y ai versé toutes mes larmes... Paris est une ville maudite, où jamais je ne remettrai les pieds, à moins que le vent du malheur ne m'y pousse...

— Si je voulais quitter Versel, cependant ?

— Je te supplierais à genoux de repousser cette pensée comme une tentation. Il me semble que ma vie est faite ici, vie de tendresse, de bienfaisance et de calme. Notre fille y a grandi. Elle a pu oublier sous le toit de la maison fraternelle et à l'ombre du grand parc la froide mansarde dans laquelle nous avons vécu ; la patrie de son cœur est ici. C'est dans la chapelle de Versel qu'elle a fait sa première communion ; elle s'y mariera, je l'espère... Non ! non ! ne m parle jamais de me séparer de celui qui nous a tous sauvés !

— Pour vous il s'est montré un frère, soit ! mais pour moi.

— Eh ! que te manque-t-il, grand Dieu ?

— Apprends-moi plutôt ce que je possède.

— La moitié de tout.

— C'est-à-dire rien.

— Ainsi, demanda Julie dont les mains se joignirent avec une expression désespérée, c'est bien l'envie qui te ronge le cœur... Tu ne pardonnes pas sa fortune à ton frère...

— Sa fortune! Oh! sa fortune! N'ai-je point dû croire qu'il m'en donnerait une part? J'avais rêvé pour vous, pour moi, l'indépendance.

— Elle se fût traduite par la liberté de te montrer ingrat.

— Suis-je cause d'être ainsi? demanda Hector avec violence. J'ai des soifs d'or que rien n'apaise, des besoins de plaisirs violents qui me montent au cerveau et me rendent à demi fou. Cette maison que tu trouves hospitalière, je la prends en haine... Ce frère qui t'inspire autant d'admiration que de tendresse, je voudrais...

Julie posa la main sur la bouche de son mari :

— Tais-toi devant ta fille! fit-elle avec autorité.

En effet Noëlie venait d'ouvrir la porte. Souriante, des fleurs plein les bras, elle s'approcha d'une console sur laquelle elle déposa sa moisson odorante, puis elle vint nouer ses bras autour du cou de son père.

— Allons, dit-elle, il me semble qu'il était temps que j'arrivasse ici... Voilà encore que vous devenez triste... Oh! d'abord, je commence par vous dire que vous me causez beaucoup de chagrin Et à mon oncle, donc! Lui qui s'était repris à vivre retombe maintenant dans ses rêveries... Je suis certaine qu'il est comme moi, père, et qu'il se demande grâce à quel moyen il ramènerait bien le sourire sur tes lèvres, et la tranquillité dans ton esprit. Voyons! c'est joli pourtant Versel... Tu as eu beau voyager, jamais, j'en suis sûre, tu n'as rien trouvé de comparable... Je m'y connais, moi... D'abord le pays est ravissant... Nous habitons un château superbe... La chapelle est magnifique, grâce aux cadeaux de mon oncle... Tout le monde nous aime dans le pays... Les pauvres me connaissent, les vieux marins m'adorent... Je ne sais pas ce qui pourrait te manquer, moi! Dans tous les cas, le plus simple serait de l'apprendre à mon oncle... Je me chargerai bien de la commission, moi à qui jamais il n'a rien refusé.

— Eh bien! fit Hector d'une voix âpre, va donc lui apprendre, toi, sa Benjamine, que j'aimerais mieux une maison à moi que son château; qu'il me semblerait préférable d'être servi par une Gothon normande que d'avoir à mes ordres ses laquais insolents; que je consentirais à ne jamais monter en voiture, à porter des habits râpés, pour recevoir tous les trimestres le quartier d'une pension qui me fît indépendant et libre...

— Libre! tu voudrais quitter Versel?

— Je voudrais, je voudrais... Oh! ce que je voudrais surtout, c'est qu'on cessât de m'assassiner de mots tout faits, de phrases banales, de sentiments de convention! Si vous êtes créées, toi et ta mère, pour ne point souffrir des bienfaits humiliants d'un homme et pour les accepter en lui baisant la main, je ne me trouve point si malléable. Tu as voulu savoir ce que j'ai, le voilà! Ce n'était pas tout pour Jean de m'arracher à la misère, il devait non point me secourir, mais me sauver avec générosité et grandeur... Tu sais ce qui m'agite et me tourmente! Va maintenant le dire à Jean Dambrun, comte Ostrog.

Noëlie inclina son front sur l'épaule de sa mère.

— Jamais! dit-elle, jamais je ne causerai un chagrin à l'être le meilleur qui soit au monde.

— Et moi? demanda Hector, que pense de moi ma fille?

— Vous êtes mon père, répondit-elle d'une voix grave.

— Le père! oui, le père, parce qu'il n'existe point un autre titre pour exprimer les liens qui nous unissent. Le chef de la famille qui a le droit de dire à la femme et à l'enfant : « — Suivez-moi! » — et qu'il faut suivre au nom du code. Le père! Sans doute! Mais derrière lui se cache l'homme que ni toi ni ta mère n'osez nommer : celui qui t'a abandonnée, celui qui te fit à demi orpheline et qui ne t'a pas vue grandir... Le paria rentré par compassion à un foyer où nul ne lui gardait sa place.

— Assez! assez! fit Julie, n'oubliez pas que j'ai appris à votre fille à vous respecter.

— A me respecter, moi! Elle! Pensez-vous donc qu'elle ait oublié la scène violente après laquelle je suis parti? Elle était bien petite! Cependant elle s'en souvient, car elle détourne la tête... Vous me faites l'aumône, vous aussi : elle de son respect, vous de votre affection. Je mendie tout ici! Le pain et la tendresse! Oh! tenez, j'en ai assez de cette vie, et il me prend des tentations de fuir, n'emportant que les habits qui sont sur mon dos, et cassant un bâton dans la haie prochaine.

— Partir! fit Julie avec un cri.

— Partir! répéta Noëlie en fondant en larmes.

— Bah! vous en seriez vite consolées; cette fuite donnerait raison aux défiances de Jean qui se jugerait un habile homme de ne point m'avoir confié ma part du gâteau de sa fortune... Mais je me vengerais de lui d'une façon cruelle...

— Que feriez-vous donc? demanda Julie.

— Je vous emmènerais, répondit Hector.

Noëlie poussa un cri et tomba évanouie dans les bras de sa mère.

Julie courut à la sonnette, appela à l'aide, emplit le château de ses cris, les domestiques accoururent; Jean Ostrog, prévenu, envoya chercher le médecin, et Hector s'enfuit de la chambre dans laquelle on avait transporté sa fille en poussant une exclamation de malédiction et de haine.

Le vieux Favières ne devait plus quitter son fauteuil. (Voir page 107.)

CHAPITRE IX

LES FRÈRES AMIS

Le comte Ostrog se promenait de long en large dans son appartement. Une vive préoccupation se lisait sur son visage, reflétant le combat qui se livrait dans son esprit. Ce qui se passait dans la tête et dans le cœur de son frère ne pouvait lui échapper d'une façon complète. Lentement il l'avait vu se retirer de lui, et il avait été possible à Ostrog de suivre le décroissement progressif d'une reconnaissance devenue lourde à l'orgueil d'Hector. Plus tard il comprit que le cœur de son frère, un moment dilaté, se fermait de nouveau. Alors il se demanda s'il avait réellement rempli son devoir et si, en gardant Hector prisonnier, pour ainsi dire, du service rendu, il ne se montrait pas dur à son égard. Que pouvait-il lui reprocher depuis son retour? Rien. Hector s'était montré rempli d'égards pour sa femme; il témoignait de la tendresse à sa fille, et, s'il gardait au fond de son âme une pensée amère, on pouvait croire qu'il s'efforçait de n'en point faire retomber le poids sur deux créatures depuis trop longtemps éprouvées.

Ne pouvait-il avoir confiance dans le repentir du frère prodigue? Après lui avoir ouvert sa maison, devait-il à toute heure lui faire comprendre qu'il pouvait l'en chasser à sa guise et le rejeter à la grande route?

Non, cela était indigne d'un homme comme lui. Jean Ostrog était assez riche pour compléter son bienfait et pour offrir à son frère, sinon une grande fortune, du moins une aisance suffisante et une entière liberté!

S'il lui permettait de quitter Versel, ne serait-il point deux fois plus sûr de son affection que s'il demeurait avec lui?

De quoi s'agissait-il? De sauvegarder l'orgueil d'Hector et de refaire en sa faveur un testament qui jadis le déshéritait.

Dans sa conscience Jean commençait à s'y croire obligé; et lorsque sa conscience était en jeu, il n'était pas homme à reculer. Pour lui le devoir était le devoir. Si Hector abusait d'une générosité scellant le premier pardon, au moins n'aurait-il rien à se reprocher ni à l'égard de son frère ni à l'égard de Julie et de sa fille.

Après avoir longuement discuté avec lui-même et préparé la formule d'un nouveau testament, Jean Ostrog écrivit trois billets également brefs et chargea le valet de chambre de les remettre à leur adresse.

Celui-ci revint un quart d'heure après en rapportant un remerciement et une promesse. Les trois invitations étaient acceptées.

Le maître d'hôtel reçut des ordres spéciaux, et, vers six heures, l'abbé Germain, maître Aubry et Alex Cavaillon firent leur entrée dans la cour du château.

Jean était dans la journée entré chez son frère, et lui avait dit d'une voix pénétrante :

— Ne manquez pas de dîner avec nous, mon frère... J'aurai besoin de votre présence ce soir.

Hector parut le dernier dans la salle à manger. En reconnaissant les convives, en se souvenant de la recommandation de Jean, il ne put s'empêcher de rougir. L'heure d'une revanche était-elle sonnée? Son frère allait-il enfin lui donner la place et la fortune auxquelles il aspirait?

Une préoccupation visible agitait les deux frères; et Jean s'attristait du trouble dans lequel il voyait Hector. Ce trouble ne prouvait-il point qu'il devinait en partie ce qui allait se passer?

Julie et Noëlie, sans rien comprendre à l'émotion de Jean, à la préoccupation d'Hector, s'efforçaient d'animer la conversation. Le regard de Jean les en remercia, mais en même temps un signe imperceptible qu'elles comprirent leur révéla qu'il fallait laisser passer cette phase de tristesse.

Du reste, le dîner terminé, le comte prit affectueusement la main de sa belle-sœur :

— Julie, dit-il, ces messieurs, Hector et moi nous avons à parler d'affaires graves; allez de ma part remettre quelques secours à la vieille Catherine; quand vous reviendrez de cette visite charitable, vous nous trouverez tous disposés à entendre un peu de musique.

Julie prit en souriant les pièces d'or que lui tendait son frère.

— Merci, dit-elle, et à bientôt.

Noëlie se suspendit au cou de son oncle :

— Mon père est triste, fit-elle, vas-tu le consoler?

— Je l'espère, chérie.

— Tu es bon! excellemment bon! fit-elle.

Une seconde après les deux femmes avaient disparu, et Noëlie courait sur la pelouse avec la légèreté d'un oiseau.

Le comte Ostrog ouvrit un vaste portefeuille de cuir rouge posé sur la table, et en tira un paquet de papiers.

— Mon frère, dit-il, et vous mes amis qui, jusqu'au moment où je retrouvai Hector, m'avez tenu lieu de famille, je vous ai réunis ce soir pour vous faire part d'un grand changement dans mes résolutions. Il y a sept ans, croyant être seul au monde, je rédigeai un testament qui est resté dans votre étude, mon cher Aubry ; ce testament enrichissait des amis et les pauvres qui sont nos meilleurs amis, et il déshéritait le frère qui me laissait sans nouvelles. Dieu me l'a rendu; j'espère que, en le ramenant sous mon toit, il a ressuscité dans son cœur les sentiments de notre première enfance, quand nulle passion, nulle faute ne nous avait séparés. Je ne veux plus qu'Hector paraisse obligé par sa misère à demeurer sous son toit. Quand je l'aurai fait riche, il sera libre d'en sortir... Mais j'espère alors qu'il se souviendra qu'en s'éloignant il briserait la dernière de mes illusions et que, s'il emmenait avec lui sa femme et sa fille, je ne survivrais point à leur départ... J'ai résolu de m'en fier à son cœur, de le rendre plus riche que moi, puisqu'il dispose de biens que rien ne saurait payer, et que je le supplie de me laisser jusqu'à ma mort.

— Oh ! Jean ! Jean ! s'écria Hector.

— Plus tard, mon frère, plus tard vous me ferez connaître toute votre pensée ; en attendant laissez-moi poursuivre.

Ostrog reprit un cahier sur la table.

— Monsieur l'abbé, et vous, mes amis, voici les principaux articles de mon nouveau testament : — « Je laisse une rente de deux mille francs au curé de Versel, à la condition qu'il servira d'aumônier à mes vétérans de la mer. La somme capitale d'un million assure la durée de mon œuvre. Après ma mort, mon frère Hector recevra également un million, et, durant ma vie, je lui en servirai régulièrement la rente... Le château de Versel et ses dépendances lui appartiendront, et dès ce moment il reste libre d'habiter le grand pavillon voisin du château ; il devinera vite que j'aime mieux le garder plus près de moi...

« Je lègue à Gilbert Favières une somme de cinq cent mille francs... »

Jean Ostrog s'arrêta, et serrant la main d'Hector :

— Je n'exprime qu'un vœu, lui dit-il, mais je serais bien heureux si ce jeune homme que j'ai vu naître, et dont le père m'a rendu d'importants services, pouvait te paraître digne de devenir le mari de Noëlie. Je ne fais aucune condition : Gilbert et Noëlie sont libres de choisir ailleurs ; quoi qu'il arrive, le fils de Favières touchera à ma mort cinq cent mille francs... Mais enfin, si tu crois qu'ils pourraient être heureux, marie-les, mon frère...

— Mais, dit Hector, il me semble que ces deux jeunes gens éprouvent une grande sympathie l'un pour l'autre.

Le comte reprit le cahier dont il tourna quelques feuillets, et poursuivit :

— Mon ami Cavaillan reste mon exécuteur testamentaire. Je ne lui désigne point quel souvenir je lui laisse : ce souvenir lui sera cher, puisqu'il vient de son meilleur camarade. Nous avons passé ici des années qu'il a su rendre heureuses, et nul ne m'est plus attaché que lui... Quant à vous, mon bon abbé, j'ai fait la part de vos pauvres, c'est tout dire, puisque tout ce que vous possédez leur revient... Aubry acceptera pour sa femme le diamant que je tiens d'un rajah... Tout est réglé, paraphé, signé ; je remets devant vous ce testament dans le grand portefeuille rouge rapporté de Constantinople, et je vous en donne la copie, mon cher Aubry, gardez-la dans votre étude.

— Dieu veuille que de longtemps nous n'ayons point à l'ouvrir, répondit le notaire.

Hector se leva et se jeta dans les bras de son frère :
— Je ne te vaux pas! dit-il, non, je ne te vaux pas!
— Aime-moi davantage si tu peux!
— Oh! je te le jure, c'est maintenant entre nous à la vie et à la mort... Tu es grand et généreux, Jean. Ce qui me torturait, et tu l'as compris, c'était un faux orgueil; je rougissais de ma pauvreté, d'un seul coup tu me donnes l'opulence! Sois béni, car tu viens pour jamais de pacifier mon âme.

Une étreinte chaleureuse rapprocha les deux frères; Jean puis Hector serrèrent la main de leurs amis, et, quittant le salon, ils allèrent rejoindre Julie et Noëlie dans le parc.

Le front d'Hector rayonnait.

Il s'approcha rapidement de sa femme.

— Julie, dit-il, à partir de cette heure nous sommes riches! riches, comprends-tu?

— Mais, répondit la jeune femme avec un sourire attendri, depuis que nous vivons près de mon frère nous partageons avec lui tout ce qu'il possède...

— Cela est vrai, mais nous n'avions rien en propre.

— Je préférais cela... dit Julie avec un sourire attendri.

— Tu ne comprends donc pas quelle différence il existe entre recevoir chaque jour les miettes de l'opulence du riche, ou sentir qu'on possède à soi, tout à soi, un million!

Julie eut un mouvement d'effroi.

— Un million! répéta-t-elle.

— Oui, et de plus la jouissance entière du grand pavillon.

— Je t'en supplie, dit Julie, ne quittons pas la maison de mon frère. Je m'y sens plus heureuse et mieux abritée.. Quant à cet argent, il m'effraie plus qu'il ne me réjouit; la reconnaissance ne me semblait pas lourde... Il est si bon, et je l'aime tant! Je ne sais pourquoi cette fortune subite m'effraie; il me semble que ce don princier sera suivi d'un grand malheur... Hector! Hector! nous avons souffert, beaucoup souffert; notre enfant a grandi dans les privations et dans les larmes; par tout ce que Dieu dans sa bonté t'a rendu de bonheur, jure-moi de t'en montrer digne...

— J'essaierai, fit-il d'une voix tremblante.

— Ne te montre ingrat envers personne.

— Hélas! chère femme! c'est envers toi que j'ai contracté la dette la plus grosse; les chagrins s'oublient vite à l'âge de Noëlie; mais le cœur de la femme reçoit souvent des blessures que rien ne cicatrise.

— Tu te trompes, ami, quand la femme est chrétienne, les plaies les plus vives se ferment toujours... Puisque la richesse, dont tu as maintenant la possession, manquait seule à ton bonheur, n'oublie pas de remercier Dieu et de te mettre sous sa garde. Ce que je sais bien, moi, c'est que dès demain j'irai à la messe de l'abbé Germain, afin de le remercier du bonheur qu'il t'envoie... Ne parle de rien à Noëlie : je veux être la première à lui faire part de la générosité de son oncle, du bonheur de son père...

— Qu'il soit fait selon ton désir. Tu es sa confidente, et toi, sa mère, tu dois savoir si son premier rêve d'amour a battu des ailes... Jean a songé à tout. Sans imposer ce mariage, il le désire, je dirai presque il le conseille...

— Un mariage?

— Quelle attitude garde Gilbert Favières à l'égard de Noëlie?

— Celle d'un frère complaisant et dévoué.

— Rien que cela?

— Rien que cela.

— Interroge Noëlie... Dans son testament Jean lègue cinq cent mille francs à Gilbert. Il désire vivement lui voir épouser notre fille... Les enfants de l'âge de Noëlie ne savent pas toujours ce qui se passe au fond de leur propre cœur... Nous devons tenir à ce que les souhaits de Jean soient exaucés. Et, crois-moi, si les jeunes gens se conviennent, ne laissons point s'écouler trop de temps entre les arrangements de famille et la réalisation de nos projets.

— Je te le promets, répondit Julie, dont le visage s'éclaira à la pensée du bonheur de sa fille. Je ne sais si je me trompe, mais il me semble que si Noëlie a fait attention à un jeune homme, c'est certainement à M. Gilbert.

— Songe quelle situation serait la nôtre! Jean adore notre fille, il multiplierait les dons, qui sait, peut-être changerait-il encore quelque chose à ce testament déjà refait plusieurs fois... Car enfin, sauf son hospice de vieux marins, tout peut être refait. Il m'assure un million, et un demi-million à Gilbert, mais Jean n'a point lu tous les articles de son testament, et certaines donations pourraient changer de mains...

— Non! non! repartit Julie, qu'il enrichisse le plus grand nombre possible, qu'il donne l'aisance aux pauvres. Je ne demandais point autant que nous avons reçu. J'ai mangé son pain sans honte, j'aurais continué sans regret.

— Tu manques d'orgueil! s'écria Hector.

— Qu'importe! si je ne manque pas de cœur, répliqua Julie.

Avec un sentiment de tristesse dont elle ne resta pas maîtresse, et qu'il lui eût été impossible d'analyser, elle prit les deux mains de son mari et les serra avec lenteur :

— Tu m'as promis de prier, dit-elle, viens à l'église ce soir.

— Oh! j'ai le temps! répliqua Hector; si j'y mettais trop d'empressement, j'aurais l'air d'avoir fait un vœu et d'acquitter une dette.

Un soupir s'échappa des lèvres de Julie, mais Noëlie venait à sa rencontre ; elle se contenta de jeter un regard suppliant à son mari ; puis, prenant le bras de Noëlie, elle l'entraîna doucement.

Au même moment le docteur Favières et son fils parurent devant la pelouse.

Noëlie se pencha vivement sur un arbuste et cueillit une fleur qu'elle respira. Quand elle releva son visage, une belle flamme rose y avait monté.

Mme Dambrun la regarda avec une angoisse mêlée de joie.

— Je m'étonne toujours, dit-elle, que M. Gilbert reste dans un petit pays comme Versel. Il me semble qu'avec son amour du travail, la régularité de sa conduite, il arriverait à se créer ailleurs une situation plus large. Véritablement il se sacrifie pour son père, mais si le vieux docteur venait à mourir...

— Tu crois que M. Gilbert quitterait Versel? demanda la jeune fille d'une voix faible.

— Et toi, Noëlie...

— Oh! moi, répondit la jeune fille, je ne me le suis jamais demandé, mais je sais bien que s'il s'en allait... si jamais plus il ne devait revenir dans ce grand château... O mère ! mère ! toi qui es si bonne, pourquoi me fais-tu tant de mal ?

— Tant de mal moi ? Non ! non ! Je ne veux pas te voir souffrir.. c'est ton bonheur que je rêve, un bonheur complet... Les mères sont un peu devins, vois-tu, ma chérie... Il m'avait semblé que la présence de M. Favières te causait une émotion mêlée de joie, et j'ai voulu savoir tout ton secret, afin d'avoir ensuite le droit de dire : « — Ton oncle désire cette union, ton père la bénira, et le jour où je verrai ton avenir assuré sera le plus beau de ma vie. »

Noëlie se jeta dans les bras de sa mère.

— Tu es un ange! lui dit-elle, sois donc heureuse, car mon cœur est d'accord avec les projets de mon oncle et les désirs de mon père... Je ne sais si, avant que tu m'adresses cette question, je m'étais bien rendu compte de ce qui se passe en moi... J'avais peur de me pencher au-dessus de mon âme, comme font les enfants qui, en dépit des fleurs couvrant la surface d'un beau lac, en redoutent les dangereuses profondeurs... Tu m'as élevée à ton école, vois-tu ; je sais grâce à ton exemple, qu'on n'aime qu'une fois dans la vie, et que cette affection fait votre joie ou votre martyre... Pouvais-je engager la meilleure part de moi-même sans te demander si tu m'y autorisais... Non, vois-tu, non! J'étouffais en moi un penchant secret, une tendresse inavouée... Je pensais, et vois combien je pensais juste, que tu devais la première m'apprendre quel homme je devais aimer et quel mari tu m'avais choisi... Jamais M. Gilbert ne m'a donné une marque d'amitié autre que celle qu'un frère se permettrait à l'égard de sa sœur... J'ignore s'il m'aime, j'ignore s'il accepterait sans répugnance l'avenir que vous arrangez pour nous. Je sais d'avance que je souffrirais beaucoup s'il refusait; je suis presque certaine que j'en mourrais s'il me préférait une autre femme...

— Est-ce que cela se peut, ma chérie? Discutons ton bonheur, maintenant que ton père, ton oncle et moi, nous l'avons préparé avec sollicitude... Gilbert ne voit autour de lui que des jeunes filles incapables de lutter contre ta beauté...

— Oh! ma beauté, fit Noëlie, tu exagères...

— Ton charme et ta grâce, si tu le veux. Pas une héritière du pays ne lui apporterait cinq cent mille francs de dot.

— C'est possible, mère, mais cela n'empêche point que nous ayons été recueillies par charité.

— Qui s'en souvient, maintenant que ton oncle vient d'assurer la fortune de ton père.

— Sa fortune?

— C'est vrai, tu ne sais rien encore... Jusqu'à cette heure Jean nous faisait seulement partager sa richesse; nous en possédons une aujourd'hui... Le revenu d'un million nous est assuré, et à la mort de ton oncle... Dieu veuille que nous ne le voyions pas mourir! à sa mort, il laisse à Hector le capital de cette rente.

— Ainsi, demanda la jeune fille avec une sorte de terreur, mon oncle a fait son testament?

— Dis plutôt qu'il l'a refait... Le premier testament qui déshéritait ton père était antérieur à notre arrivée ici...

— Eh! que nous importait, n'est-ce pas, ma mère? de manger le pain tendu par une main généreuse ou de nous dire qu'un don royal nous permet désormais de le payer?... Je ne sais pourquoi cette nouvelle me trouble au lieu de me réjouir... Si mon oncle a cru doubler la satisfaction que j'éprouve à me sentir entourée de luxe, il se trompe; ma pauvreté m'était chère; je ne me tourmentais de rien, certaine qu'il veillerait sur tout... Ainsi, je suis une héritière! triste chose, en vérité; pauvre, j'aurais pu être élevée par l'homme de mon choix; riche, je puis toujours me demander si les convenances de fortune ne seront pas pour quelque chose dans sa décision.

— Mais Gilbert sera aussi riche que toi, pour le moins.

— Lui!

— Ton oncle n'oublie personne. Une amitié profonde l'unit depuis son arrivée dans ce pays à deux hommes également dignes de cette préférence : M. Alex Cavaillan dont l'existence s'est pour ainsi dire fondue dans la sienne, et le docteur Favières qui tant de fois lui servit d'intermédiaire et porta chez le pauvre les secours envoyés par le riche. Eh bien! la loi interdit d'enrichir son médecin, comme elle défend de laisser un legs à son confesseur. Elle a redouté l'influence de deux hommes dont l'un soigne le corps, tandis que l'autre dirige l'âme. Ton oncle ne peut rien donner au vieux docteur son ami; mais il peut laisser à son fils ce qui lui convient, et voilà pourquoi Gilbert aura cinq cent mille francs à la mort de Jean.

— A sa mort... A sa mort... Mais cela est horrible, de tout baser sur la perte de ceux qu'on aime. Oh! que je me marie sans dot, que je reste pauvre à côté d'un mari qui travaille, peu m'importe! mais qu'on ne parle jamais, toi surtout, de succession ni de fortune ramassée dans un cercueil. Cela me porterait malheur, vois-tu... et Dieu doit bénir la félicité humaine, pour que cette félicité soit durable...

Julie serra sa fille dans ses bras :

— Tu seras heureuse! dit-elle, tu le seras, chère bien-aimée, et je ne me plaindrai jamais d'avoir beaucoup souffert, si mes douleurs te sont payées en joies.

En ce moment la voix du comte Ostrog s'éleva dans l'antichambre voisine de l'appartement de Mme Dambrun, et Julie courut au devant de son beau-frère.

— Qu'avez-vous? lui demanda-t-elle, vous paraissez bouleversé.

— Ma sœur, répondit le comte en serrant les mains de la jeune femme, le domestique de mon vieil ami Favières sort d'ici, il venait m'apprendre une terrible nouvelle... Mon pauvre camarade vient d'être frappé d'une attaque d'apoplexie....

— On en revient! dit Julie.

— Sans doute, mais il est vieux... Ah! c'est un avertissement terrible, voyez-vous. En voyant tomber ceux qu'on aime, on songe qu'à l'horloge du temps notre heure va sonner peut-être... Et si je me sens résigné à la volonté de Dieu, je sais aussi combien je regretterais de mourir...

— Pensez-vous que M. Favières ait besoin de moi? demanda Julie.

— Gilbert est le meilleur des fils, et j'ai en lui pleine confiance, cependant allez, Julie; les soins d'une femme dévouée comme vous sont toujours utiles... Je serai plus tranquille quand vous m'aurez vous-même donné des nouvelles...

— Va, mère! va! murmura Noélie en couvrant de baisers le visage de Mme Dambrun, oui, partout où on pleure on a besoin de toi, et M. Gilbert doit tant souffrir!

Les deux femmes s'embrassèrent, Julie jeta un mantelet sur ses épaules, prit un chapeau et sortit.

Le matin un mal terrible avait terrassé le docteur Favières. A l'heure de son lever il se trouva la tête lourde, chercha ses vêtements, puis les laissa échapper de ses mains; ses doigts avaient perdu le sens de la tactilité; quand il tenta de descendre l'escalier, il éprouva subitement le sentiment du vide et roula sur les marches qu'il ensanglanta.

Son domestique arriva en poussant des cris de terreur, le releva, et une seconde après Gilbert saigna son père. Il eut un moment d'horrible angoisse : le sang ne jaillissait pas. Il coula cependant, mais noir, épais, et Gilbert le laissa couler jusqu'à ce que le visage du malade eût perdu ses tons effrayants... La faiblesse du vieillard était grande; il ouvrait les yeux avec peine, ne pouvait plus rien retenir dans ses mains devenues molles, et le souvenir du passé comme les facultés de la pensée semblaient à jamais perdus. Il ne reconnaissait pas même Gilbert.

La douleur du jeune homme ne saurait se décrire. Il fit monter un paysan à cheval, et l'envoya chercher des remèdes à la ville voisine; puis, assis au chevet de son père qui ne lui parlait plus, il laissa couler des larmes amères.

Ce fut dans cet état de prostration douloureuse que Mme Dambrun le trouva.

Les hommes rougissent moins de s'abandonner à la douleur devant une femme que devant un homme. En présence même de l'ami le plus cher, ils tiennent à garder une cuirasse sur leur âme; mais quand une voix sympathique trouve le chemin de leur cœur, ils peuvent s'abandonner à une faiblesse qui les honore loin de les diminuer.

Tout ce qui, depuis la veille, avait été dit au château de Versel, relativement à Gilbert, la conversation qu'elle venait d'avoir avec sa fille, avait contribué à mettre dans le cœur de Mme Dambrun un sentiment de pitié plus tendre pour le jeune homme.

Elle lui aida dans les soins qu'il rendait au vieillard; elle le rassura pendant les moments où ils échangèrent leurs craintes et leurs espérances. Durant ces heures d'angoisse, elle se sentit véritablement mère et l'adopta pour jamais dans son cœur.

Lui ne voyait que son père. Il oubliait même de remercier Julie. Haletant, pâle, le cœur oppressé, penché sur le lit du malade, il épiait un soupir, un mouvement des cils, il guettait le retour de la sensibilité et se désespérait de son impuissance.

Enfin Denis revint du Havre, ramenant avec lui un vieux praticien et rapportant des remèdes. Le docteur Jauballe, sans rassurer

Gilbert d'une façon complète, lui fit cependant espérer que son père recouvrerait l'usage de la pensée. Il ne fallait que de la tendresse, des soins et de la patience. De la tendresse, Gilbert aurait offert sa vie en échange de celle de son père; des soins, il espérait bien ne pas le quitter d'une minute. De la patience, il en demanderait à Dieu.

Mme Dambrun resta jusqu'à la nuit.

Au moment où elle se disposait à rentrer au château de Versel, Gilbert lui serra les deux mains, en répétant d'une voix dans laquelle vibrait une profonde reconnaissance :

— Vous êtes pour moi bonne comme une mère !

— Oui, répondit-elle, c'est comme une mère que je vous aime.

Elle rapporta ces nouvelles à Jean Ostrog qui l'attendait avec impatience.

— Ce sera long, dit-elle, bien long, mais Dieu le laissera vivre.

En effet, chaque jour apporta une amélioration à l'état du malade; avant de recouvrer ses forces, il retrouva l'usage de ses sens. Ses yeux reconnurent les êtres chers à son cœur; s'il leur parla d'une voix plus lente et avec une sorte d'hésitation craintive, il put du moins leur exprimer de nouveau toute sa tendresse. La maladie lui procura cette joie de connaître la sincérité de l'affection de ses amis et la grandeur de la piété filiale de Gilbert.

Celui-ci passa toutes les nuits au chevet de son père. Durant les heures où son bien-aimé malade paraissait ne point avoir besoin de lui, il courait en hâte visiter sa pauvre clientèle, laissant des aumônes dans chaque chaumière, et répétant aux vieillards qui semblent prêts à frapper aux portes du ciel et aux petits enfants qui en descendent :

— Priez pour que Dieu me conserve mon père !

Le jour où le docteur Favières put quitter son lit, Gilbert versa des larmes de joie.

Hélas ! ce fut le dernier effort d'un reste de vie. Le vieux Favières ne devait plus quitter son grand fauteuil. On l'y plaçait le matin; pendant le jour on roulait le fauteuil près de la fenêtre. Sur une table s'entassaient des livres, des cahiers, des plantes. Favières voulait travailler encore, travailler toujours... Il achevait des manuscrits, il complétait des notes :

— Je laisse si peu d'argent à mon fils, murmurait-il, il faut bien que je lui lègue ma science.

Le château tout entier parut se déplacer. Le matin un des aides jardiniers apportait chez le vieux docteur les primeurs et les fruits ; pendant la journée le comte Ostrog venait causer avec son ami ; le soir Julie et sa fille s'asseyaient un moment près du fauteuil du vieillard. Ses regards se reposaient sur le beau et pur visage de la jeune fille, et il soupirait.

Jamais il ne faisait allusion à un mariage qui eût comblé ses vœux secrets. C'est qu'il avait plus d'une fois sondé le cœur de son fils et demandé au jeune homme, avec la confiance d'un ami plus que l'autorité d'un père, ce qu'il pensait de Noëlie si douce, si belle, on pouvait presque dire si parfaite.

Et Gilbert avait répondu :

— J'aurais aimé une sœur comme je l'aime. Souvent même il m'est venu à la pensée que j'aurais souhaité sentir en moi un sentiment plus tendre pour elle. Noëlie possède tout pour être entièrement, absolument aimée. A tort ou à raison je me suis fait du mariage un idéal que j'essaierai de réaliser. Vous avez trop profondément chéri ma mère pour ne point me comprendre et m'approuver. Si j'épousais Noëlie, et parfois j'ai cru deviner que c'était votre vœu secret, je garderais au fond de mon cœur une aspiration mal satisfaite. Il resterait une part de moi qui ne serait point à elle, et cette part est la meilleure.

— Qui sait, lui répondit un jour le malade, un jour peut-être ton cœur s'éveillera brusquement à cette tendresse. Il faut une circonstance imprévue, un coup violent pour la faire naître, attendons. Oui, j'aurais aimé te voir le compagnon de cette charmante fille; mais le mariage veut une complète fusion des âmes, et tu as raison, ce serait offenser Noëlie que de l'aimer à demi. N'en parlons plus. L'homme doit librement choisir la femme qu'il accepte pour l'aide de sa vie. Je suis certain que la jeune fille amenée par toi à mon foyer méritera tout ensemble l'amour et le respect. Attends l'élan de ton cœur, ma bénédiction y répondra.

Et pourtant, chaque fois que les yeux fatigués du paralysé se portaient sur Noëlie qui devenait de jour en jour plus sérieuse et plus pâle, la jeune fille y pouvait lire l'expression d'un regret profond et d'un attendrissement paternel.

Alors elle pressait les mains tremblantes du docteur dans ses petites mains frêles, et, si des larmes roulaient dans ses grands yeux, elle s'efforçait de sourire et de causer avec un entrain plus communicatif.

Pauvre Noëlie ! devant Dieu seulement elle pleurait.

— Allez-vous-en! monsieur, dit-il, allez-vous-en! (Voir page 114).

CHAPITRE X

UN COUP DE FOUDRE

Le préfet se trouvait en tournée de revision. Chaque année il e profitait pour rester une journée à Versel. Quelques grands propriétaires du voisinage, des autorités municipales dînaient au château. L'abbé Germain y apportait son aimable indulgence, le préfet une causticité aiguisée à Paris. Au milieu de ces éléments divers, le comte Ostrog s'efforçait de maintenir la bonne harmonie, Julie répandait la grâce de son sourire, et Noëlie la gaieté de ses dix-huit ans. Un magistrat austère, vieilli sous la toge, et le juge de paix du canton complétaient avec Hector Dambrun et Alex Cavaillan la liste des invités.

Depuis son changement de fortune, Hector Dambrun n'était plus le même homme. Il parlait avec assurance et faisait sonner haut sa richesse. Lui qui, trois mois auparavant, trouvait insoutenable son séjour à Versel le jugeait maintenant un paradis. Chaque chose changeait de face à ses yeux, depuis qu'il possédait cinquante mille livres de rente. Tandis que Hector devenait fier, presque hautain, Noëlie et sa mère s'effaçaient davantage, et Mme Dorothée reprenait tout doucement son autorité. Hector ne permettait plus à Julie de surveiller comme autrefois les détails de la maison, et Dorothée envahissait de nouveau l'office, attirant chez elle les fournisseurs. N'avait-elle point une revanche à prendre?

Il faisait ce jour-là une chaleur étouffante, et, tandis que ses hôtes restaient groupés sur la terrasse, le comte, voyant passer son frère, l'appela :

— Aie la bonté de dire à Joseph de m'apporter un verre de limonade.

— Tu l'auras dans un instant, répondit Hector.

Un moment après, celui-ci revint porteur d'un petit plateau.

— Comment! fit Ostrog, tu t'es donné cette peine?

— Je ne savais où prendre Joseph, j'ai préféré te servir moi-même.

Le comte se versa un verre du liquide contenu dans la carafe et l'avala d'un trait.

Ce fut seulement quand il eut posé le verre sur le plateau qu'il dit à Hector :

— Quel breuvage est-ce que cela? Par ma foi, il est détestable.

— Mais je ne sais, répondit Hector; d'après tes ordres, il y a toujours sur un guéridon de la limonade, de la glace et une carafe d'eau fraîche. Je t'apporte le tout.

— Vous sentez-vous souffrant, mon cher comte? demanda le vieux magistrat.

— Nullement. On n'en meurt pas pour une limonade mal faite. Je te remercie de la peine que tu as prise, Hector, mais envoie-moi Joseph, lui seul sait accommoder ma boisson favorite.

— Je vais de nouveau le chercher, répondit Dambrun.

Il reprit le petit plateau et revint du côté du château. Au moment où il allait en monter les marches, son pied heurta maladroitement le premier degré du perron, le plateau lui échappa des mains, et le verre, la carafe se brisèrent avec fracas.

A ce bruit, Mme Dorothée apparut.

— Qu'est-il arrivé, monsieur Dambrun? demanda-t-elle.

— Presque rien, répondit-il, une maladresse, voilà tout. J'ai eu le tort de vouloir servir mon frère, et Joseph l'eût fait beaucoup mieux que moi. Dites de commander une limonade extrêmement fraîche et de l'apporter au comte Ostrog ; ensuite faites enlever ces débris au plus vite.

— Je vais faire exécuter vos ordres, monsieur, répondit Mme Dorothée.

Cinq minutes après, Joseph revenait avec un nouveau plateau.

Cette fois le comte trouva la limonade délicieuse.

Cependant un quart d'heure après, il éprouva une si violente crampe d'estomac qu'il parvint mal à dissimuler sa souffrance.

— Qu'avez-vous donc, monsieur le comte? lui demanda M. de Villiers, l'ancien magistrat ; vous êtes d'une pâleur...

— Je ne devrais jamais prendre de boissons glacées, dit-il, cela me fait souvent mal.

— Si vous faisiez prévenir un médecin?

— Ce n'est vraiment pas la peine. Un peu de repos me remettra... Je vous quitte... J'espère être tout à fait bien ce soir...

M. de Villiers rejoignit Alex Cavaillan près de la rivière ; mais quand sonna l'heure du dîner, Julie très pâle vint annoncer que son frère ne pouvait présider au repas du soir.

Cette nouvelle attrista tout le monde. On se retira de bonne heure et Hector monta chez son frère.

— Vous n'êtes point assez malade pour vous condamner à la diète, lui dit-il. Quand on ne dîne pas, on soupe. Il reste bien quelque chose à l'office. Rapportez-vous-en à moi pour votre menu.

En effet, un quart d'heure après il revenait.

— Vous aurez la volaille la plus exquise, dit-il, une bouteille de vin de Bordeaux et quelques fruits : tout cela choisi de ma main.

Un moment après Mme Dorothée entrait, portant l'en-cas annoncé.

En dépit de ses prévisions, le comte prit avec grand plaisir une aile de poulet, but deux verres d'un vin velouté, et, après avoir rassuré gaiement Julie et Noëlie, il leur déclara qu'il passerait une nuit excellente.

Une lampe fut laissée allumée ; un livre se trouvait à portée de sa main ; il prit le livre et commença la lecture d'un roman nouveau.

C'était une de ces œuvres dans lesquelles l'imagination du romancier s'est donné pleine carrière, et qui, préparée avec l'habileté d'un dramaturge, arrivait à produire des effets d'une grande puissance. Seulement, tandis qu'on tournait les feuillets de ce livre, on se sentait progressivement envahir par un sentiment d'angoisse. Autour des personnages mis en scène on sentait s'épaissir une atmosphère dangereuse ; le vent du crime soufflait autour d'eux ; et, livré aux suggestions de l'esprit du mal, l'un des deux êtres sur lequel se reportait une partie de l'intérêt cessait d'inspirer tout autre sentiment que celui de l'horreur.

Cette lecture troublait plus qu'elle ne distrayait le comte. Il laissa rouler le volume sur ses couvertures, et sa tête retomba sur les oreillers.

Ostrog ferma les yeux, s'efforça d'isoler sa pensée de tout souvenir, et perdit pour un moment le sentiment. Il fut arraché à son sommeil par une souffrance horrible.

S'attachant désespérément au cordon de la sonnette, il appela à l'aide, et en un instant Joseph parut sur le seuil de la chambre.

— Mon ami, dit-il, courez chercher le docteur Gilbert, j'ai du feu dans la poitrine... En attendant, un verre d'eau pure, je vous prie.

— Si je prévenais M. Dambrun ?

— Oui... répondit le comte, ou plutôt non ; il ne saurait pas me soigner, lui... Mais ma sœur, ma sœur... Celle-là me gardera en attendant le médecin... Vite, vite, Joseph, je souffre trop...

Au moment où Julie entrait dans la chambre, la crise dont souffrait le comte Ostrog devint si aiguë qu'il se mit à pousser des cris étouffés.

Julie le prit dans ses bras.

— Qu'avez-vous ? lui demanda-t-elle, qu'avez-vous ?

— Eh ! le sais-je, ma sœur, répondit-il. Tantôt, vous le savez, un verre de limonade glacée m'a fait mal ; ce soir j'ai soupé très légèrement, et cependant, vous le voyez, mes douleurs redoublent d'intensité... Joseph est allé chez Gilbert... Que je souffre, ma sœur, que je souffre !

Julie le soutint dans ses bras pendant qu'il se débattait contre une croissante torture. Et ce fut avec un profond soulagement qu'elle entendit un bruit de pas dans l'escalier.

Ostrog venait d'être pris de vomissements violents.

Gilbert entra rapidement, et courut au chevet du malade. Il le questionna avec une inquiétude si visible que le comte Ostrog tenta de le rassurer. Gilbert secoua la tête, donna des ordres, enferma la cuvette dans une armoire dont il prit la clef, prépara une potion pour Ostrog, puis il s'assit au chevet de son lit, dans le fauteuil que venait de quitter Julie.

— Allez vous reposer, madame, lui dit-il avec insistance ; demain, nous aurons besoin de vous, demain il vous faudra beaucoup de courage... Je vous affirme d'ailleurs que je suffirai parfaitement aux soins dont a besoin mon cher malade... La potion qu'il vient de prendre apaisera un peu ses douleurs... A l'aube, faites remettre cette carte à mon confrère du Havre ; qu'on parte à franc étrier.

— Tout cela sera exécuté, monsieur Gilbert ; je regrette seulement que vous ne me permettiez pas de veiller près de vous...

Le jeune homme fit un geste équivalant à une prière, et Julie sortit.

Comme l'espérait le jeune médecin, le malade se sentit vite soulagé, et, sa main serrant celle de Gilbert, il chercha une position favorable au sommeil et demeura immobile.

Comme quelques heures de souffrance l'ont changé ! murmura Gilbert... Si ce que je redoute est vrai, en présence de quel abominable mystère allons-nous nous trouver !

Son pied heurta le livre dont le comte avait lu la première partie, et il le releva.

Le nom d'Hector Dambrun se trouvait sur la couverture.

— Aussi, pensa Gilbert, je m'étonnais de voir un roman de ce genre dans la bibliothèque du comte... Hector Dambrun doit être plus facile à satisfaire, en fait d'œuvres d'art... Un livre qui ressemble à tous les autres, sans doute... Méchant conseiller, et mauvais compagnon... Ah ! deux frères rivaux... Caïn et Abel, toujours... L'un devenu riche, l'autre devenu pauvre.

Il tourna plusieurs pages sans les lire, se contentant de les parcourir du bout des cils.

— Celui qui est gueux ne pardonne pas à son frère ses chances heureuses... Rien ne l'apaise, rien ne le désarme... Et le poison...

Gilbert lança le volume sur le tapis.

— Ce livre dans cette maison ! entre les mains d'Hector Dambrun... C'est une clarté semblable à celle de la foudre qui éclaire les ténèbres au milieu desquelles je me débattais.

Il reprit le volume et se mit à lire avec une attention si grande, qu'il ne vit point poindre l'aube à travers les rideaux.

Ostrog reposait toujours.

Cependant peu à peu un changement s'opéra dans la physionomie du malade. L'angoisse y reparut, un spasme crispa la face, la poitrine se souleva avec violence, et un soupir douloureux s'échappa de ses lèvres.

— La souffrance revient, fit le docteur.

Il se pencha vers le comte Ostrog, le souleva doucement par le buste et appuya contre sa poitrine le front couvert de sueur du malade.

— De l'eau ! fit-il, de l'eau, par pitié ; j'ai du feu dans la poitrine... Je ne croyais pas que l'on pût autant souffrir sans mourir...

Gilbert composa un breuvage destiné à calmer les douleurs du comte, et il le lui fit prendre lentement.

— Ouvrez les fenêtres, Gilbert, je vous en supplie. C'est pour moi un besoin de revoir la clarté du jour et de respirer l'air pur du matin.

Le jeune homme se rendit à son désir.

Presque au même instant, Julie et son mari entrèrent dans la chambre du comte Ostrog.

La jeune femme s'approcha du lit de son beau-frère; mais au moment où Hector s'avançait vers Jean, Gilbert s'élança et, saisissant M. Dambrun par les deux bras :

— Allez-vous-en ! monsieur, dit-il, allez-vous-en !

Hector adressa du regard une question au docteur. Mais celui-ci fit un haussement d'épaules dont la signification fut tellement étrange que Dambrun perdit subitement contenance.

Au moment où Hector allait franchir à reculons le seuil de la porte de son frère, Gilbert lui dit d'une voix sifflante :

— Tout médecin est maître dans la chambre de son malade, monsieur; et je vous défends, entendez-vous, je vous défends d'y mettre les pieds.

— Vous êtes bien jeune, pour le prendre de si haut !

— Ce n'est point vous qui me ferez baisser de ton.

— Qui sait! en réalité vous n'êtes point le médecin de mon frère; votre âge peut ne point me donner suffisamment confiance dans votre savoir ..

— Oh ! fit Gilbert, vos paroles ne sauraient m'atteindre. Je suis jeune, soit. Je manque d'expérience, mais vous me reconnaîtrez assez de perspicacité quand je vous dirai que, si je vous interdis la chambre du comte Ostrog, c'est que j'aurais peur de vous voir épier sur son visage les progrès de la mort qui comblera de joie votre âme criminelle! Allez! allez !

En ce moment un roulement de voiture se fit entendre dans la cour d'honneur.

— Mais partez donc! fit Gilbert d'une voix sourde, ne devinez-vous pas quelle parole me brûle les lèvres...

Hector Dambrun semblait avoir perdu tout sang-froid, toute présence d'esprit. Quelque chose de plus fort que sa volonté le dominait en ce moment : l'irritation mêlée de douleur de Gilbert et l'état effrayant dans lequel lui était apparu son frère.

Il descendit l'escalier et se trouva dans le vestibule au moment où un homme d'environ quarante ans, et dont la physionomie calme et austère racontait une vie de labeurs scientifiques, s'avançait précédé de Mme Dorothée.

La femme de charge guida M. Duranduel jusqu'à la chambre du comte, qu'elle ouvrit doucement.

Gilbert s'avança au-devant de son collègue :

— Venez, dit-il, venez, monsieur, donnez-moi l'appui de votre expérience.

M. Duranduel se pencha vers le comte.

Il l'examina longuement, lui adressa deux ou trois questions brèves, et rejoignit Gilbert dans l'embrasure de la fenêtre.

Julie rentra en ce moment :

— Monsieur, demanda-t-elle à Duranduel, je vous en supplie, dites-moi la vérité, mon beau-frère est-il bien mal?

— Très mal, madame.

— Le sauverez-vous?

Ils échangèrent un regard, regard mêlé d'inquiétude et d'un sentiment plus sombre. Enfin Gilbert saisit les deux mains de Julie :

— Vous êtes un ange, madame, lui dit-il, et de tout temps Dieu a permis aux anges de l'implorer, afin que sa miséricorde s'épanchât davantage sur les hommes. Priez donc beaucoup près de votre fille, et laissez-nous à notre tâche.

— Ne puis-je vous aider à la remplir?

— Hélas! madame, elle est déjà trop lourde.

— Oh! tenez! fit Julie en prenant les deux mains de Gilbert, vous ne me dites pas tout! Je vous connais trop pour ne point lire dans votre regard... Vous me cachez par pitié quelque chose de terrible... Mais je suis forte, plus forte que vous ne croyez... J'ai beaucoup souffert autrefois, dans le passé... Vous le savez... Je croyais avoir épuisé mon calice... S'il plaît à Dieu de le remplir de nouveau, prévenez-moi... Il faut sauver Jean, entendez-vous? Jean est plus que mon frère; il est le second père de ma fille... Nous lui devons tout! tout! Ah! que le Seigneur me reprenne une fortune que je ne lui ai pas demandée. Qu'il me rejette, s'il le veut, sur la grande route; mais que mon frère vive, par un miracle de la science et de la bonté divine!

— Aussi, je vous ai dit de prier, répéta Gilbert. Et plus tard, rappelez-vous, car cette minute est solennelle, que je vous assure de ma vénération la plus sincère et de ma sympathie la plus grande.

— Oh! comme vous dites cela! Comme vous dites cela, monsieur Gilbert... Ma tête brûle, mon cœur bat à se briser, un grand malheur est dans l'air.

— Je vous ai dit de prier, madame.

— Près du lit de Jean, alors...

— Non! à la chapelle! nous suffirons à son chevet.

— Vous vous trompez, monsieur Gilbert, vous ne suffirez pas... Il souffre, et il a besoin de moi... Si les douleurs deviennent plus cuisantes, il sera soulagé en me voyant là toujours... Il faut des médecins près des malades; mais, avant tout, il faut des gardiennes qui les aiment, que rien ne rebute et n'effraie et qui puisent dans le sentiment du devoir la force de rester même sur les degrés d'un calvaire...

— Non! fit Duranduel, c'est impossible! Mon collègue et moi, nous resterons seuls ici.

Gilbert posa la main sur le bras du vieux docteur.

— Sur mon honneur, dit-il, sur mon salut, elle est digne de demeurer près de lui... Je me trompais tout à l'heure en répétant que notre devoir était de l'éloigner de cette chambre .. Nous l'estimons assez pour lui permettre d'y rester... Mais seule! Seule!

— Ma fille?

— Oui, votre fille, car vous l'avez faite à votre image... Mais c'est tout! Tout, entendez-vous! et vous allez jurer, madame, jurer sur le Christ... que vous ne permettrez à personne de franchir le seuil de cette chambre.

— A personne, monsieur, je le jure... à moins que mon mari...

— J'ai dit : à personne! répéta Gilbert avec violence.

Un soupir s'échappa des lèvres de Mme Dambrun, dont le poignet venait d'être serré par Gilbert avec une force qui l'avait soudainement bleui.

— J'obéirai, dit-elle.

Et sans qu'elle sût pourquoi, elle baissa la tête, et un frisson parcourut ses membres.

Julie salua avec une expression de tristesse navrée et rentra dans la chambre du comte Ostrog.

— Enfin, dit-il, vous voilà, chère sœur; tout me manque quand vous n'êtes pas là et que je souffre... Votre vue me repose. . Vous me guérirez, il me semble, plus vite que Gilbert... Croirez-vous qu'il se refuse de m'apprendre de quelle maladie je suis atteint... Ce ne peut être grave, cependant... Une boisson glacée qui m'a contracté l'estomac, voilà tout... Cependant j'éprouve des crampes cruelles... Puis il me semble qu'on me serre la tête avec un bandeau de fer... Cela est horrible... Et toujours ce feu dans la poitrine... De l'eau, Julie, de l'eau à boire, rien que de l'eau...

La jeune femme versa de l'eau dans un verre et l'approcha des lèvres du malade.

— Cela me fait du bien, je suis mieux... Parlez-moi de vous maintenant, de Noëlie... Ah! si je devais mourir, vous ne savez pas combien je serais consolé en lui passant au doigt un anneau de fiançailles... Je ne serai tranquille que quand je l'aurai remise au bras de Gilbert... Je ne doute point de votre mari, de mon frère; je le vois revenu des égarements de la jeunesse; mais enfin, depuis qu'il habite avec nous, sa situation dépendante l'a obligé à des ménagements extrêmes... Tandis que, si je mourais, Hector se trouvant brusquement à la tête d'une grande fortune pourrait se souvenir qu'il fut joueur... Mais alors Gilbert serait là pour protéger Noëlie, pour vous défendre, pour vous garder comme je vous gardais...

— Oh! je vous en supplie, dit Julie en s'agenouillant près du lit d'Ostrog, ne me parlez ni de mort, ni de testament, ni de fortune... Vous guérirez, vous guérirez vite! Je suis là pour vous soigner.

Mais à peine Julie achevait-elle ces mots qu'une crise horrible tordit Ostrog sur sa couche et qu'il fut repris de vomissements douloureux.

Julie éperdue appela au secours.

Au même instant la porte s'ouvrit devant Hector Dambrun.

Mais alors se souvenant seulement de la parole donnée, inconsciente du mal qu'elle pouvait causer à son mari, Julie s'élança vers lui et cria :

— N'entrez pas! n'entrez pas dans cette chambre!

Et pourquoi, quand vous y êtes?

— Les médecins l'ont défendu, et j'ai promis de faire respecter leurs ordres...

— Sont-ce aussi les vôtres? demanda Hector en repoussant sa femme et en s'avançant vers le malade.

— Non, mon frère, non; je souffre horriblement, cela est vrai... Mais vous voir est aussi une consolation...

— Je t'en prie, je t'en prie! dit Julie en s'attachant à son mari, laisse mon frère, ne le trouble pas...

— Hector, à boire! à boire! cria le malade.

— La carafe est vide! s'écria Julie.

Hector sortit en l'emportant.

Une seconde après, il rentrait.

Alors, emplissant le verre à moitié, il se rapprocha de Jean.

Mais au même moment deux doigts de fer se crispèrent sur son poignet, le verre lui fut arraché des mains, et d'une voix rauque Gilbert lui dit :

— Sortez!

— Sortir, moi!

— Qu'avez-vous fait, madame? demanda Gilbert, vous aviez juré...

— Si je n'étais près du lit d'un malade, monsieur, fit Hector pâle de rage, je vous demanderais raison de vos paroles.

— Vous me trouverez toujours prêt à en répondre... Je souhaite que de la même façon vous puissiez expliquer tous vos actes.

Il lui souffla ces derniers mots au visage, poussa sur Hector la porte de la chambre, sonna un domestique et lui dit :

— Tirez vous-même, entendez-vous bien, de l'eau au puits, et me l'apportez...

Les douleurs auxquelles le comte Ostrog se trouvait en proie ne lui avaient point permis de comprendre toute la portée de cette scène. Mais Julie en restait remplie d'une telle épouvante que, agenouillée et serrant son front à deux mains, elle demeurait abîmée dans le sentiment d'une angoisse sans nom. Elle comprenait une seule chose, c'est que dans l'esprit de Gilbert et dans celui de Duranduel avait passé un soupçon terrible.

On administra au malade une nouvelle potion; les deux médecins échangèrent un signe que surprit Julie.

En ce moment Noëlie entra précédant l'abbé Germain.

Le bon vieillard avait appris la maladie de son ami et venait fraternellement le voir. Mais quand son regard, qui avait pris l'habitude, près du lit des mourants, de connaître les symptômes de l'agonie, contempla le visage du comte Ostrog, il sentit deux larmes rouler sur son visage, et, s'agenouillant lui aussi, il pria.

Devant le prêtre tout le monde se retira.

Tandis que l'abbé Germain s'occupait de l'Éternité avec le malade, Gilbert et Duranduel se rendaient à l'appartement que le vieux magistrat occupait au château.

— Messieurs, dit-il en avançant des sièges aux deux médecins, votre visite à cette heure et l'expression de votre physionomie semblent annoncer un malheur.

— Oui, monsieur, répondit Gilbert, il s'agit d'une chose grave.

— Le comte Ostrog est en danger?

— Le comte sera mort ce soir, répondit Duranduel.

— Mais de quel nom appelez-vous cette maladie foudroyante?

— Le comte ne succombe pas à une maladie, ajouta Gilbert.

— Si je ne me trompe, ajouta le magistrat avec une prudente lenteur, si j'en crois l'expression de vos visages, la réserve de vos paroles, vous voyez un crime où je ne devinais qu'un malheur?

— C'est la vérité, monsieur.

— Et nous venons vous demander quel est notre devoir?

— Attendre, monsieur, attendre! Vous ne pouvez appeler la justice au chevet de cet homme et lui rendre la mort amère, après qu'il a fait si douce la vie de ceux qui l'entouraient. En admettant que vous ayez raison dans vos soupçons, une preuve seule est irréfutable, et le trépas seule la laissera à notre disposition. Surveillez, que sans fin l'un de vous reste dans la chambre du malade... Et de quel poison croyez-vous qu'on se soit servi?

— De strychnine, répondit Gilbert.

— Ce serait affreux! affreux! fit le magistrat.

Il demeura un moment pensif, puis se levant :

— Je persiste dans mon opinion ; réalisez un miracle pour essayer de sauver notre cher malade, je ferai le reste.

Les médecins sortirent, et une heure après les sons lointains d'une clochette argentine se faisaient entendre. Bientôt des lanternes de bois doré portées par des enfants de chœur parurent au milieu des arbres du parc. Derrière, venait lentement sous l'abri d'un dais de velours, soutenu par des porteurs, l'abbé Germain en surplis, l'étole au cou, soutenant dans ses mains un ciboire d'or. Quatre porteurs de torches venaient ensuite, puis une foule recueillie, les hommes le front découvert, les femmes le chapelet à la main. Les domestiques du château formaient la haie près de la grille ; lorsque le prêtre et ceux qui l'accompagnaient eurent gravi le grand escalier, la porte de la chambre du malade fut ouverte à deux battants.

La voix de l'abbé Germain s'éleva grave, émue :

— Mon fils, dit-il, nous espérons que Dieu vous laissera longtemps encore au milieu de nous... Vous continuerez dans ce pays votre œuvre de civilisation et de bienfaisance. Mais si le Seigneur vous rappelle avant l'heure et vous enlève à vos parents, à vos amis, à ceux que vous appeliez vos enfants, faites-vous sans regret le sacrifice de votre vie ?...

— Non ! dit le mourant d'une voix pleine de tristesse, n'exigez pas tant... Je regrette ceux qui m'aiment, ceux que j'aimais...

— Du moins vous ne vous révoltez point contre la main de Dieu ?

— J'accepte tout de sa miséricorde.

On entendit alors dans la foule des mots étouffés et des soupirs entremêlés d'exclamations sourdes.

— Mes vétérans, mes amis ! fit le comte Ostrog, approchez-vous, serrez-moi la main... Nous avons subi d'autres orages ; l'heure est venu de jeter l'ancre ailleurs ! Vous penserez à moi, si nous nous voyons pour la dernière fois...

Julie et Noëlie, à demi évanouies, ne trouvaient plus la force de parler. Ostrog posa la main sur leurs fronts :

— Soyez bénies, dit-il, vous qui m'avez rendu la vie si douce !

Le mourant agita la main du côté de Favières :

— Gilbert, dit-il en fixant un regard anxieux sur le jeune homme, votre père connaît mon secret désir... N'oubliez jamais que j'eus pour vous une affection paternelle.

Le jeune homme cacha sans répondre son front dans ses mains.

En ce moment il se fit à la porte un mouvement bruyant, Favières tourna la tête, et aperçut Hector qui, le front pâle, les cheveux en désordre, la cravate dénouée, s'efforçait de traverser la foule des assistants.

Peut-être Gilbert allait-il s'opposer à ce que M. Dambrun s'approchât de son frère, mais celui-ci appela d'une voix faible :

— Hector !

Le regard de M. Dambrun se tourna vers les assistants, avec une expression de défi, et il passa.

Le mourant lui prit la main, se souleva un peu, prononça quelques paroles que nul ne put entendre, puis il répéta par deux fois :

— Je vous pardonne ! oui, devant Dieu je vous pardonne !

Ce fut alors que l'abbé Germain s'avança ; il éleva la blanche hostie et la déposa sur les lèvres du mourant.

Pendant un moment un grand silence régna dans la chambre, et ce fut la voix de l'abbé Germain qui l'interrompit.

Il récitait les dernières prières...

Au moment où il les achevait le comte Ostrog se souleva sur son lit :

— J'ai soif ! dit-il, je brûle ! de l'eau ! de l'eau !

Au moment où il vidait le verre que Gilbert lui présentait, il retomba sur les oreillers, ses doigts se crispèrent dans les nattes noires de Noëlie, un soupir d'angoisse passa ses lèvres, ses paupières battirent, puis la prunelle remonta en haut, et tout fut dit.

Le comte Ostrog était mort.

Elle cacha un moment son front dans ses mains. (Voir page 126.)

CHAPITRE XI

OU ENTRE LA JUSTICE

Quand la nouvelle de la mort du comte se répandit dans le château, ce ne fut pas seulement une douleur profonde qui se manifesta à Versel; ce malheur produisit l'impression d'une catastrophe. Il sembla que la vie se retirait d'une façon subite d'un domaine dont le comte avait fait la patrie de tant de malheureux, et que désormais le désespoir deviendrait le partage de ceux qu'il avait aimés et consolés.

Les regrets de Julie et de sa fille se manifestaient par des larmes silencieuses, tandis que quelque chose de farouche se lisait sur le visage d'Hector.

Depuis que le souffle venait de s'éteindre sur les lèvres d'Ostrog, que les palpitations de son cœur avaient cessé, nul ne pouvait s'opposer, croyait-il, à ce qu'il demeurât dans la chambre du frère qui n'était plus.

Debout, adossé contre la muraille, l'œil cave et sombre, il regardait le cadavre avec une expression poignante.

Désormais tout était dit pour celui qui s'était montré généreux et bon durant le cours d'une vie brusquement tranchée. Ostrog rendait compte au Seigneur des actes vertueux, comme des faiblesses de son existence.

Tandis qu'Hector considérait cette face pâle, tirée, sur laquelle les convulsions de la douleur faisaient place à la sérénité de la tombe, il se souvenait de l'incommensurable bonté de son frère ; il se rappelait ses tendresses d'enfant, ses générosités de jeune homme, la grandeur simple avec laquelle il l'avait enrichi, dans la crainte qu'il se sentît humilié...

Alors il s'accusa sans restriction. Son mauvais orgueil plia; son cœur que tant de passions coupables avaient saturé de fange retrouva un de ces élans de vrai repentir qui obtiennent grâce devant Dieu.

Le pas lourd des vétérans de la mer, demandant à voir une dernière fois celui qui les avait aimés et à monter religieusement la garde près de son cadavre, l'arracha à l'accablement de ses regrets. L'expression austère de leurs rudes visages, les grosses larmes roulant sur leurs moustaches grises, le tremblement de leurs mains noueuses exprimaient leurs regrets d'une façon plus saisissante que toutes les paroles. Ils entourèrent le lit de leur bienfaiteur, et leurs lèvres murmurèrent un suprême adieu.

Pendant ce temps les jeunes gens du pays dont il avait fourni la dot, les ouvriers auxquels il avait prêté la somme nécessaire à leur installation, se groupaient à l'entrée et s'occupaient, avec des tapissiers venus du Havre, à tendre et à disposer le vestibule en chapelle ardente. Les Pompes funèbres avaient envoyé leur catafalque brodé d'argent, leurs draps de drap noir semés de larmes, des torchères funèbres, des statues allégoriques, tout le luxe mercantile et banal qu'on loue à prix d'or et qui, après avoir servi à un avare dont les fils vont rapidement gaspiller l'héritage, sera employé pour un bienfaiteur de l'humanité semblable à Ostrog, en attendant qu'il satisfasse la vanité d'un parvenu orgueilleux, même après sa mort.

Cavaillan, maître Aubry et quelques habitants notables de Versel s'occupaient de rendre au mort ces suprêmes devoirs, tandis que les parents et les serviteurs demeuraient dans la chambre mortuaire ; mais ce que rien ne commandait et ne payait, c'était le soin pieux avec lequel les paysans parcouraient la campagne, cherchant des brassées de fleurs que les enfants changeaient en guirlandes et en couronnes: tribut de tendresse et de reconnaissance offert à celui que tous à Versel avaient appelé leur père.

Une longue file de pauvres gens se succédaient dans le vestibule, attachant des guirlandes embaumées au-dessus des draperies noires, mettant des gerbes de fleurs entre les bras des statues symboliques, couvrant le sol de pétales effeuillés, et faisant de cette chapelle ardente un véritable reposoir.

On les laissait aller et venir à travers les grandes allées. Ils marchaient sans bruit, recueillis et tristes, oubliant dans ce sentiment de leur amertume que les mains généreuses qui venaient de se fermer ne se rouvriraient plus jamais. Chacun s'oubliait dans l'oppression du regret commun ; mais tandis que les pauvres, les humbles, les travailleurs tressaient des fleurs, ils se rappelaient les actes de bienfaisance accomplis, les dons prodigués, et jamais oraison funèbre ne fut plus digne d'un honnête homme et d'un chrétien que les dialogues entrecoupés de pleurs des souffrants qu'il avait vêtus, nourris, et consolés.

Noëlie et sa mère ne quittaient point la chambre du mort. Enlacées, le cœur gonflé de sanglots, les joues ruisselantes de larmes, elles s'absorbaient dans une de ces prières sans paroles que les anges recueillent et portent aux pieds de Dieu avec l'impression d'une pitié céleste.

Ni Mme Dambrun ni sa fille n'avaient encore adressé la parole à Hector. Toutes deux respectaient le repentir du mauvais frère. Nul à cette heure ne devait se placer entre lui et sa conscience.

L'absence d'un seul homme fut remarquée par elles : Gilbert Favières, aussitôt que le comte Ostrog eut rendu le dernier soupir, s'éloigna de son lit, après avoir jeté sur Hector un indéfinissable regard.

Le docteur Duranduel ayant rempli son mandat venait de reprendre la route du Havre où l'attendaient ses nombreux malades, tandis que Gilbert courait s'enfermer dans l'appartement de M. de Villiers.

Leur entretien fut rapide et grave :

— Vous êtes certain de ce que vous avancez? demanda l'ancien magistrat.

— Autant qu'il est permis à un homme d'affirmer quelque chose.

— Alors, continua le magistrat, votre devoir est tracé : dénoncez le crime, et désignez celui que vous croyez coupable.

— Eh! qui serait-ce? demanda Gilbert d'une voix devenue subitement sourde et brisée, sinon le misérable qui devait hériter du comte Ostrog, le fils dénaturé qui laissa mourir son père et sa mère de chagrin et de honte; le frère méprisable qui commença par exiger de l'argent, et ne permit à sa femme et à sa fille de rester dans la maison du comte qu'à la condition qu'on l'y garderait en même temps qu'elles-mêmes. Le comte ne l'a-t-il point désigné malgré lui par ce mot : — « Je te pardonne ! » — Après avoir pardonné les égarements de Caïn, Abel lui pardonnait sa mort...

— Je vous le répète, fit le magistrat avec solennité, puisque telle est votre conviction, remplissez votre devoir en écrivant au Procureur de la République.

— Je ferai mieux, répliqua Gilbert, je partirai pour le Havre.

Le magistrat lui étreignit les mains.

— Il est dans votre profession comme dans la nôtre des obligations terribles; vous l'apprenez bien jeune, monsieur Favières.

Un moment après Gilbert donnait ordre d'atteler.

— Il attendait le moment de monter en voiture quand Noëlie poussée par une sorte d'instinct, Noëlie que l'on venait d'emporter de la chambre funèbre à demi évanouie, se pencha à la fenêtre, et cria d'une voix étouffée :

— Monsieur Gilbert, ne nous abandonnez pas dans un pareil moment !

Cet accent brisé pénétra jusqu'au fond de l'âme du jeune homme. Jusqu'à ce moment il n'avait envisagé qu'un côté du drame sinistre qui venait d'avoir Versel pour théâtre; il n'avait vu en face de lui qu'un misérable qui, pour jouir plus vite d'une fortune indépendante, empoisonnait froidement son frère, affectant jusqu'au dernier soupir de sa victime la tendresse et le désespoir.

L'affection qu'il portait au comte Ostrog, l'amitié de son père pour le généreux bienfaiteur de la contrée, tout concourait à le pousser en avant, sans même demander conseil au vieux Favières à qui Dieu enlevait la vie jour par jour, heure par heure.

Tout à coup, dans le cri d'angoisse de Noëlie, le jeune homme sentit passer en lui une sensation nouvelle. Les bras tendus, le visage bouleversé, les yeux rouges de larmes, Noëlie lui criait : — « Où allez-vous ? »

Que pouvait-il répondre ?

Une seule parole eût été franche :

— Je cours dénoncer votre père et sans nul doute l'envoyer à l'échafaud.

Pouvait-il porter ce coup à cette enfant? Depuis deux jours il la voyait si douloureusement frappée qu'il s'était senti pris pour elle d'une incommensurable pitié! Il ne l'aimait pas d'amour; il savait bien qu'il ne la chérirait jamais dans le sens complet que nous donnons à ce mot; mais cette enfant lui avait toujours paru doublement sacrée par ses malheurs et par sa grâce. D'ailleurs, il ne pouvait à cette heure s'empêcher de se souvenir des questions paternelles, des insinuations du comte Ostrog, des encouragements mystérieux de sa mère. Chacun avait à sa manière révélé au jeune homme que dans le château du comte vivait une adorable jeune fille qui lui avait voué la tendresse d'une âme pure. Elle l'aimait sans demander de retour, sans rien attendre en échange de son dévouement. Elle l'aimait à la façon dont les arbres donnent leurs fruits et leurs fleurs : sans compter, avec une prodigalité de millionnaire.

Lui passait à côté de cette inclination tendre, sans y répondre, réservant ses rêves de jeune homme et la fraîcheur de sa première tendresse pour l'inconnue qui n'avait encore passé ni devant ses yeux ni dans son rêve.

Il savait que, tout en lui portant une affection de frère, il n'avait pour elle ni cet entraînement soudain ni cette sympathie ardente qu'il voulait éprouver pour celle qui deviendrait sa femme. Il la traitait en camarade aimable, en sœur qu'il se plaisait à protéger. Lorsqu'il songeait que sans nul doute sa vie toute entière ne se passerait point à Versel, la séparation qu'elle entraînerait entre lui et Noëlie ne briserait rien dans son âme. Il pouvait sans souffrir se figurer qu'un jour il la verrait mariée à un homme digne d'elle, qu'il la retrouverait entourée d'une jeune famille, et qu'il aurait une joie véritable à lui rappeler un passé déjà lointain.

Il songeait à cela quelques jours avant la catastrophe qui changeait tout à Versel, et qui menaçait d'engloutir sans retour le bonheur fragile que ces deux femmes avaient conquis au prix de tant de douleurs.

Mais en voyant apparaître Noëlie à la fenêtre, en l'entendant lui crier : « — Où allez-vous? » il sembla subitement à Gilbert qu'elle lui jetait un cri de supplication et d'angoisse. Au lieu de lui répondre, il baissa la tête sur sa poitrine.

Un sanglot de Noëlie le secoua tout entier.

Ses mains se crispèrent, mais il garda le silence, n'osant pas regarder l'enfant désespérée.

Depuis trois jours celle-ci s'agitait au milieu de scènes si terribles, elle sentait tant de choses amères passer sur son cœur en le noyant, qu'elle se trouva subitement à bout de forces. Celui à qui elle s'adressait, ce Gilbert qui n'osait lever la tête vers elle, était l'homme à qui son bienfaiteur et sa mère l'avaient fiancée dans le secret de leur désir. Qu'importait qu'il n'eût pas répondu encore ; elle demeurait certaine au fond de son âme qu'un jour viendrait où il la demanderait pour femme. Elle se croyait sur lui des droits sacrés et mystérieux. Aussi, voyant qu'il n'osait ni monter vers elle ni lui répondre, elle quitta rapidement la fenêtre, descendit l'escalier, trouva Gilbert dans le vestibule, l'entraîna dans la bibliothèque silencieuse, et lui prenant les deux mains :

— Monsieur Gilbert, répondez-moi à cette heure doublement terrible... Depuis ce matin je subis des regards hostiles, j'entends ou plutôt je devine des propos insultants. Les uns semblent me condamner, les autres me plaindre... Vous, vous me fuyez... N'est-ce point assez que la mort m'ait ravi un père, car mon oncle Jean était pour moi un véritable père ? faut-il encore que notre situation dans cette demeure paraisse maintenant plus que menacée ? Il y a quelques instants Dorothée en passant devant la porte de ma chambre a proféré de sourdes menaces. Je sais trop que nous ne sommes pas tous aimés dans la famille, mais je croyais avoir droit à quelques égards, et, depuis que le maître de Versel n'est plus, il semble qu'on laisse suspendu au-dessus de nos têtes quelque chose de plus terrible encore que le malheur qui nous frappe... Monsieur Gilbert, je vous en supplie, apprenez-moi ce qui se passe... En perdant mon oncle, avons-nous donc tout perdu ? Chacun cesse-t-il de nous respecter, de nous aimer ?... Hélas ! il ne peut plus nous défendre, ma mère et moi, celui qui nous aimait tant ! celui dont le moindre bienfait avait été de nous enrichir... Vous détournez les yeux, vous baissez la tête, vous n'osez me répondre, vous ! monsieur Gilbert... O mon Dieu ! mon Dieu !

Elle cacha un moment son front dans ses mains ; puis soudain, relevant la tête avec fierté et s'adressant à lui avec une fermeté dont il l'aurait crue incapable :

— Où allez-vous, monsieur Favières, répondez-moi, car un secret pressentiment me le révèle, votre démarche nous doit être fatale.

Il regarda profondément la jeune fille, lui prit les deux mains, et, à mesure qu'il les serrait dans les siennes, il considérait ces grands yeux clairs, si purs, si bons, et il se sentait pris d'une inénarrable pitié.

— Pauvre, pauvre enfant ! fit-il ; vous ignorez ce qui se passe... Les crimes dont se souillent les hommes n'arrivent pas même à votre pensée... Vous croyez n'avoir qu'à vous affliger du trépas inattendu du comte Ostrog... Vous pensez que Dieu l'a soudainement rappelé, sans supposer que l'heure de sa mort fut avancée par un crime...

— Un crime ! répéta Noëlie dont la voix devint soudainement rauque.

— Suivant toutes les prévisions de la science, votre oncle est mort empoisonné...

— Lui ! si bon, si noble, si généreux...

— Trop généreux, Noëlie.

— Ce serait horrible ! véritablement horrible ! répondit-elle.

Puis d'une voix ardente :

— Qui accusez-vous ? Contre qui planent vos soupçons ? Je le devine, maintenant, vous vous rendiez au Havre afin de prévenir la justice...

— Oui.

— Est-ce possible ! Vous ! devenir l'artisan d'une accusation qui peut entraîner la mort d'un homme.

— Il est des devoirs terribles, mademoiselle, devant lesquels nous n'avons pas le droit de nous récuser... Médecin, et regardant comme certain que le comte Ostrog est mort empoisonné, je dois cette révélation à la justice...

— Et si l'on vous demande davantage...?

— On n'exigera rien de plus.

— Qui sait ! peut-être voudra-t-on savoir qui vous suspectez ?

— Je me tairai, mademoiselle ! je me tairai, je vous le jure !

— De quel ton étrange vous me dites cela, monsieur Gilbert.

— C'est qu'en ce moment tout est douloureux et terrible dans notre vie... C'est que, après avoir cru nécessaire de remplir non seulement une tâche professionnelle, mais encore de venger celui qui fut mon meilleur ami, je m'aperçois que je vais me heurter contre des difficultés imprévues et trouver entre moi et la justice des innocents sur qui retombera le poids du crime... Pourquoi êtes-vous venue affaiblir ma résolution et me jeter dans une perplexité pareille... Le courage me manque maintenant pour accomplir ma tâche... Je n'irai point au Havre, et ce crime odieux...

— Vous avez raison, monsieur Favières, dit d'une voix grave l'ancien magistrat. Restez ici à consoler et à soutenir des femmes en pleurs. Je suffirai à remplir ce devoir austère...

Le vieux magistrat monta dans la voiture attelée qui fila sur la route au milieu d'un nuage de poussière.

— Mademoiselle, dit Gilbert, allez prier près de votre mère...

De grosses larmes roulaient sur les joues de la jeune fille. Sans deviner la nature des soupçons de Gilbert et du vieux magistrat, elle comprenait que jamais, dans toute sa vie déjà si cruellement éprouvée, elle n'avait souffert autant qu'elle allait souffrir.

Julie venait de rentrer dans sa chambre; quand sa fille la rejoignit, elle éclata en sanglots.

Qui les défendrait, qui les aimerait désormais? Certes Julie ne pouvait croire à la conversion absolue, radicale de son mari; un changement soudain dans les idées, dans les habitudes n'est sincère et durable que s'il s'appuie sur la foi : Hector ne croyait pas, Hector ne pratiquait rien ! Pour plaire à son frère, pour éviter d'en être déshérité, il avait pu témoigner quelques regrets de sa conduite passée et paraître se repentir; mais Mme Dambrun et sa fille ne trouvaient rien de plus tendre au fond de ce cœur gangrené, et, maintenant que le comte était mort et qu'Hector se retrouvait riche, peut-être leur vie allait-elle changer de nouveau. Les deux infortunées le sentaient et s'apprêtaient à lutter avec la patience qui est la force des faibles. Mais alors elles croyaient n'avoir aucun autre danger à craindre.

L'apparition de Noëlie, ses questions, son angoisse, venaient d'arracher son secret à Gilbert.

Devait-elle révéler à sa mère ce qu'elle venait d'apprendre? Elle ne s'y crut point obligée. L'opinion du docteur Favières, celle de M. Duranduel était qu'un crime venait d'être commis, mais la justice gardait pleins pouvoirs; la justice pouvait ne pas être de l'avis des médecins, qui pouvaient affirmer le crime jusqu'à ce que les magistrats se fussent prononcés. Noëlie sentait une douleur horrible à l'idée que le premier soupçon était né dans l'esprit de Gilbert. N'aurait-il pas dû par reconnaissance laisser dormir dans son tombeau celui qui partait entouré de tant de regrets et de reconnaissance? S'il se trouvait un coupable, Dieu le châtierait un jour. Il lui semblait qu'on attentait à la mémoire de son oncle et qu'on lui enlevait quelque chose de la vénération à laquelle il gardait tant de droits, en osant affirmer qu'il s'était trouvé un homme assez misérable pour l'empoisonner.

Noëlie, éplorée, restait donc silencieuse dans les bras de sa mère, cherchant des forces nouvelles sur un cœur dont elle connaissait l'inépuisable bonté; puis, quand elle eut laissé s'épancher le trop-plein de sa douleur, elle se leva, et dit d'une voix faible :

— M. Gilbert m'a recommandé de prier, viens.

Toutes deux rentrèrent dans la chambre mortuaire.

L'abbé Germain, agenouillé sur un prie-Dieu, lisait les psaumes de la douleur et de la mort; une religieuse égrenait son chapelet. Assis au pied du lit, Hector, la tête dans ses mains, ses longs cheveux voilant son visage, semblait absorbé dans un sentiment de douleur inconsolable. Dans la ruelle, montant la garde auprès du corps de celui qui avait été leur capitaine et leur ami, se tenaient les vétérans de la mer. Muets, l'œil sec, la lèvre crispée, on eût dit qu'ils écoutaient au dedans d'eux-mêmes la voix de celui qui tant de fois leur avait donné des ordres.

Le comte, les paupières closes, dormait paisiblement son sommeil suprême. Le calme de son visage paraissait même avoir grandi, pour donner aux hommes l'expression la plus noble et la plus sainte du bonheur des justes.

Au loin le glas tintait à l'église du village ; on se demandait déjà dans le pays quand auraient lieu les obsèques de Jean Ostrog.

Au cimetière la fosse était creusée, en attendant que le monument où on le déposerait fût construit. Mais en dépit de ces préparatifs rien ne transpirait sur la date et sur l'heure des offices.

L'abbé Germain ne quittait point le château, et la curiosité des gens de Versel s'accroissait du mutisme de chacun.

— De quoi vous occupez-vous? demandait une vieille femme qui, durant longtemps, avait lavé le linge de la sacristie. Croyez-vous que le comte Ostrog puisse être enseveli en vingt-quatre heures, comme un petit propriétaire de Versel? On viendra du Havre et de Rouen à ses obsèques ; qui sait même si des gens de Paris ne feront pas le voyage?

Tout cela était possible, en effet ; d'ailleurs la famille de Jean Ostrog, dans sa religieuse douleur, devait retarder l'heure de se séparer de cette chère dépouille. On comprenait la lenteur pieuse avec laquelle Hector procédait à l'éternelle séparation.

Tant que le mort bien-aimé est là, il ne semble point qu'il nous ait tout à fait abandonné. Quelque chose de lui flotte dans l'air et nous environne. Son dernier souffle semble nous effleurer encore. Des liens mystérieux nous attachent encore à la créature qui vient de rendre son âme à Dieu, et, quand on l'emportera de la chambre funèbre où elle repose, quelque chose se brisera de nouveau en nous.

L'irrémédiable s'achève.

Les médecins nous ont répété : tout est fini ; les battements du cœur se sont éteints, aucun souffle ne frémit sur la lèvre ; cependant on attend encore, on attend toujours, sinon ce que promet la science, du moins ce que demande le miracle.

Le peuple de Versel avait donc raison de considérer comme un signe de piété familiale de ne pas songer encore aux obsèques.

Cependant vers le soir un domestique du château s'étant rendu à la mairie afin de demander l'autorisation d'inhumer le comte Ostrog, il lui fut répondu par un employé qu'il n'était pas temps encore de procéder aux obsèques.

Mais ce refus se trouva enveloppé de toutes sortes de formules polies, et, si étonné qu'il dût être de cette réponse, Hector Dambrun n'en demeura pas frappé.

Il se contenta de questionner l'abbé Germain sur les habitudes du pays, quand il s'agissait d'obsèques, et parut surpris qu'on y dérogeât en cette circonstance.

— Je suis le plus proche parent, je dirai même l'unique parent de Jean Ostrog; il m'appartient à la fois comme chef de la famille et comme héritier de régler toutes choses. Si je ne parle point de faire embaumer le corps de mon frère, c'est que je considère l'embaumement plutôt comme une profanation que comme une preuve de respect. La dépouille de celui qui n'est plus ne sera touchée par personne; ma femme qui ferma les paupières du mort le roulera dans son drap mortuaire; et le pauvre Jean se réjouira de n'être effleuré que par des mains pieuses et chères.

Toute la nuit se passa de la sorte.

Les vétérans se séparèrent en deux troupes, et chacune d'elles se releva.

Le curé et la religieuse demeurèrent à la même place.

Julie et sa fille restèrent près du mort; Hector ne le quitta pas.

De plus en plus s'épaississait le nuage de tristesse enveloppant les âmes.

Par deux fois Noëlie fut obligée de sortir.

L'atmosphère de la chambre devenait irrespirable. Les parfums de la cire, les aromes affaiblis des fleurs fanées, l'encens jeté de temps à autre dans un brasero se combinaient et formaient déjà un air épaissi auquel s'ajoutait cette fade odeur que la mort laisse après elle.

A l'heure où le sacristain sonna sa messe, l'abbé Germain s'éloigna en promettant de revenir.

Comme il traversait la cour, il dut se reculer afin de laisser tourner une calèche de voyage renfermant plusieurs personnes, au nombre desquelles se trouvait M. de Villiers.

Le clair regard du prêtre se croisa avec un autre regard austère, inflexible; ce regard, il le connaissait bien.

— Monsieur Néris à Versel, murmura le prêtre; quel mandat y peut-il remplir?...

La voiture tourna dans la cour, s'arrêta devant le perron à double rampe, puis M. de Villiers descendit le premier. Hôte du château depuis quelque temps, il en connaissait les moindres détails, et ce fut lui qui introduisit les visiteurs dans le grand salon.

L'arrivée de ces étrangers ne causa nulle surprise. On s'attendait, dans la maison, à voir affluer à Versel ceux qui avaient été les amis du comte Ostrog. Seule, Mme Dorothée ayant reconnu les visiteurs s'avança avec une sorte de grâce obséquieuse, et leur demanda ce qu'ils souhaitaient.

— Vous êtes la femme de charge du château? demanda le plus âgé des nouveaux venus.

— Oui, monsieur le juge d'instruction, répondit Dorothée avec une révérence savante, et je puis dire que j'ai été honorée de la confiance absolue de mon maître, jusqu'à l'arrivée ici de ceux dont il a sans doute fait ses héritiers.

Les yeux clairs de M. Néris se fixèrent sur le visage de la femme de charge. Cette créature grande, forte, lourde, dont le teint fleuri menaçait de tourner à la couperose, avait en ce moment une pâleur verdâtre; ses prunelles vipérines dardaient un éclair de joie triomphante et mauvaise. On eût dit que, en voyant entrer dans cette demeure les trois hommes vêtus de noir, elle prévoyait une sinistre revanche à ce qu'elle appelait les affronts reçus.

Le juge d'instruction, le commissaire de police et le juge de paix se consultèrent du regard.

Ils s'entendirent sans échanger une parole; M. de Villiers le comprit, salua ses collègues et se retira, laissant Dorothée seule avec ceux qui avaient le droit de l'interroger.

La femme de charge attendait, droite, pâle.

— Le comte Ostrog votre maître est mort d'une façon dont la rapidité a dû vous surprendre tous à l'office? reprit M. Néris.

— Je ne sais pas ce qu'ont pensé les domestiques de ce malheur, répondit Dorothée avec un redoublement de dignité; je leur adresse rarement la parole, et je n'ai de rapports journaliers qu'avec la petite Gothon, ma femme de chambre... Mais le trépas de monsieur le comte m'a plus attristée que surprise... J'ai souvent des pressentiments, et depuis longtemps je me disais à part moi qu'il arriverait malheur à monsieur le comte...

— Aucun fait n'appuyait cependant ou n'expliquait ce que vous appelez vos pressentiments?

— Non, répondit-elle, rien si vous le voulez, et mille choses me donnaient cependant à penser... Monsieur le comte avait eu le tort de refaire son testament... Il n'est pas prudent de léguer de grosses sommes.

— Qu'avez-vous pensé de sa soudaine maladie?

— Qu'elle n'était pas naturelle... Monsieur le comte était d'un tempérament de fer. Jamais je ne l'ai vu malade... De ses longs voyages et de ses fatigues, il n'avait pas même rapporté de douleurs...

— Vous savez à la suite de quel incident il s'est trouvé indisposé?

— Tout le monde ici vous l'apprendra comme moi... Il faisait très chaud... Monsieur le comte pria son frère de commander à Baptiste de lui préparer une carafe de limonade... Ce ne fut point Baptiste qui l'apporta, mais M. Dambrun... Monsieur le comte trouva un goût amer à cette boisson... Alors au lieu de laisser le plateau sur la table du jardin, M. Dambrun le reprit et, au moment où il allait gravir le perron, le plateau lui échappa des mains et la carafe se brisa.

— Vous parlez de ce fait comme si vous en aviez été témoin?

— Je traversais le vestibule en ce moment.

— Après? demanda M. Néris.

— Après? Monsieur le comte fut pris de crampes, de douleurs, de vomissements, et dut se coucher... Le soir son frère veilla à ce qu'un en-cas lui fût servi... Du moment où il eut pris ce repas qui fut le dernier, le comte est entré en agonie...

— Savez-vous ce que vous faites en ce moment, madame Dorothée? demanda le juge de paix.

La femme de charge leva ses yeux verdâtres sur le magistrat, puis elle répondit d'une voix dans laquelle elle essaya de mettre une intonation dramatique :

— J'accuse M. Dambrun d'avoir empoisonné son frère.

— Mais vous accusez sans preuves!

— Les preuves! fit-elle, vous les trouverez, vous, messieurs les magistrats; je ne me souviens pas des mots qui ont été prononcés; les docteurs vous les répéteront... Oui, j'accuse M. Dambrun... La mort du comte lui met un million dans les mains...

Dorothée fit un pas comme pour se retirer.

— Je ne sais rien de plus, monsieur, dit-elle.

M. Néris fit un signe et la femme de charge disparut.

UNE ERREUR FATALE

Soupçonné! moi... Je suis soupçonné d'avoir tué mon frère! (Voir page 139.)

CHAPITRE XII

LE DRAME DE VERSEL

— Messieurs, dit M. Nolis en se tournant vers ses deux collègues, vous venez d'entendre par la bouche de cette femme l'opinion de la domesticité toute entière. Dorothée, bien qu'elle affecte de demeurer sans rapports d'amitié à l'office, se fait l'écho du personnel de la maison. Sans doute nous questionnerons les autres serviteurs du comte; mais, soyez-en certains, leur opinion est faite : pour eux, le comte Ostrog est mort empoisonné, et empoisonné par son frère.

— Monsieur le juge d'instruction, demanda le commissaire de police, votre intention est-elle de mander tout de suite M. Dambrun ?

— Je veux auparavant demander au docteur Gilbert Favières des preuves du crime. Nous avons déjà, du reste, l'opinion de son confrère, M. Duranduel.

Les deux hommes s'inclinèrent en signe d'acquiescement.

Mais quand on chercha Gilbert au château, le jeune homme n'y était plus.

Depuis deux jours et deux nuits il n'avait pas quitté soit le lit du malade, soit la chambre mortuaire. A ces premiers devoirs du praticien allaient en succéder de plus graves. Avant de les remplir, avant de se trouver mêlé d'une façon décisive au drame de Versel, il éprouvait le besoin de consulter son père et de lui demander du courage.

Le vieux docteur Favières l'attendait avec inquiétude. Le paralytique connaissait la mort du comte, il devinait quelles multiples obligations son fils avait à remplir envers une famille qui était à demi la sienne. Il savait que, durant les heures de crise, les malheureux aiment à se savoir entourés d'êtres compatissants. Jusque-là, Gilbert avait eu le courage de lui taire ce qui se passait à Versel, mais cette fois il ne pouvait plus reculer, et ce fut la mort dans le cœur, la pâleur sur le visage, qu'il vint s'asseoir près du grand fauteuil où s'immobilisait la vie du vieillard.

— Vous saurez tout! oui, tout! mon père. Aussi bien les rumeurs du château vont vite trouver un écho dans le village... Le comte Ostrog, votre ami, le comte Ostrog qui rêvait de me donner pour femme cette ange qui s'appelle Noëlie, notre conseiller, notre bienfaiteur à tous, a été empoisonné...

Contre l'attente de Gilbert, le paralytique ne témoigna aucune surprise.

— Hector Dambrun! dit-il seulement d'une voix plus basse.

— Eh! quel autre, mon père? Son frère mort, il touche un million et reprend cette vie de joueur et de débauché qu'il a si longtemps menée.

— Quel toxique a-t-il employé? demanda le vieillard.

— La strychnine.

— Ce poison laisse peu de traces, tu as pu cependant en constater la présence?

— Oui, mon père, après une rigoureuse analyse des vomissements du malheureux.

— Révèle tout à la justice, mon fils, Hector Dambrun n'est pas d'ailleurs un criminel ordinaire. Il a préludé à l'empoisonnement de son frère par l'assassinat moral de son père et de sa mère... Tu sais de quelle façon il a traité sa femme et sa fille... Qu'a-t-il fait en Amérique, sinon entasser fautes sur fautes? Nous ne saurions le suivre dans les pays qu'il habita sans doute sous des noms différents, mais sois sûr que dans chacun il s'est déshonoré davantage... Quant aux deux femmes dont ce misérable fit des martyres, elles porteront leur croix jusqu'au bout, et Dieu se chargera de leur rémunération. La justice est prévenue?

— Oui, mon père.

— Tiens-toi prêt à lui répondre, sans aller au-devant. Pauvre enfant! tu n'aimais pas d'amour celle que nous t'avions destinée pour femme, mais tu la juges assez digne de respect pour souffrir de la détresse d'âme dans laquelle Noëlie va se trouver. La vie est austère, mon fils, et te voilà bien jeune mêlé à une affaire sinistre.

— Vous avez joui d'une réputation de science légitime, mon père, reprit le jeune homme, rassurez, je vous en supplie, ma conscience, en me disant si vous croyez que je suis dans le vrai et si mes opérations vous semblent logiques.

Lentement, minutieusement, le jeune homme raconta à son père de quelle façon il avait procédé. A chaque détail, le père faisait un signe d'approbation, et, lorsque Gilbert eut achevé, il lui dit :

— Tout ce que tu pouvais faire a été fait, et ta conscience doit être en repos... La science jusqu'à cette heure ne nous en a pas dit davantage... Mais qui peut savoir où s'arrêteront les recherches de la science... Une pensée m'a souvent bouleversé, celle des erreurs judiciaires causées par l'ignorance. J'ai toujours tremblé quand il s'agissait d'une expertise, en me demandant ce que l'on dirait, dans un siècle, d'arrêts que nous considérons comme des oracles de sagesse, et qui peuvent être empreints de si épouvantables erreurs... Mais rassure-toi, mon enfant, tu t'appuies sur l'expérience de Duranduel, sur les traditions léguées par les plus habiles médecins légistes.

Gilbert serra les deux mains de son père avec une expression de tendresse et de reconnaissance.

Au même instant la sonnette de la petite maison retentit avec un bruit sec, et Baptiste, le visage blême, entra dans le salon gris, précédé par la vieille Véronique. Celle-ci ne crut nullement manquer à son devoir en demeurant dans la baie de la porte, tandis que le valet de chambre disait à Gilbert :

— M. le juge d'instruction du Havre attend monsieur le docteur.

— Ainsi, demanda Gilbert, chacun sait au château...?

— Non, monsieur, la vérité n'est encore connue que de quelques-uns. En attendant monsieur, les magistrats ont interrogé Dorothée, Jeanne et moi ; mais il nous a été enjoint de ne rien dire, et je jurerais que le damné Hector Dambrun ignore ce qui se passe. Le misérable hypocrite ne quitte pas la chambre mortuaire d'où l'on a emporté madame et mademoiselle évanouies...

— Va! dit le vieillard à son fils.

Gilbert suivit le valet de chambre.

— Je ne suis pas méchant, monsieur, reprit Baptiste, mais je donnerais dix ans de ma vie pour que le scélérat fût puni... L'échafaud est trop doux pour de semblables criminels... Il ne souffrira qu'une minute, ce lâche, ce Caïn, ce Judas! tandis que mon maître a enduré pendant deux jours et deux nuits des tortures égales à celles de l'enfer...

Gilbert ne répondit rien. L'heure était venue de livrer une terrible bataille.

Quand il gravit le perron du château, un tremblement le prit et sa gorge se contracta à tel point qu'il se demanda s'il aurait la force de parler.

Les magistrats s'aperçurent de sa pâleur et se montrèrent à son égard d'une grande courtoisie.

Du reste, ils avaient reçu déjà la déposition de Duranduel, et leur opinion était formée. Néanmoins ils insistèrent sur les moindres détails des travaux d'analyse du jeune homme, le félicitèrent sur la clarté de son résumé, et, comme Gilbert fut pris de nouveau d'une crainte terrible à la pensée de la responsabilité qu'il assumait, M. Nolis le rassura pleinement :

— Je comprendrais votre angoisse, lui dit-il, même en présence d'une vérité terrible, si votre voix s'élevait seule pour signaler un crime; mais avant que la science eût parlé, la vindicte publique s'était prononcée. Nous sommes venus ici avec la vague espérance de trouver un innocent dans l'homme qu'on nous désignait comme coupable. Mais ici les faits se groupent d'une telle sorte, les dépositions sont tellement unanimes, celui qui nous est signalé comme l'auteur de l'empoisonnement a été toute sa vie si peu digne d'estime et d'intérêt, que nous considérons comme un service rendu à l'humanité d'empêcher désormais ce monstre de nuire encore. Il ne nous reste plus que lui à interroger. Nous voulions pouvoir l'écraser des preuves de son crime avant de le mander devant nous. Pas une voix ne s'est élevée pour le défendre, pas un fait n'est venu plaider sa cause. Nous n'éprouvons aucun doute, et nous croyons à la culpabilité de Dambrun comme nous croyons à la lumière du soleil.

— Monsieur, demanda Gilbert au juge d'instruction, ma présence ne vous est plus utile?

— Non, jusqu'à l'autopsie.

Gilbert salua et se retira.

M. Nolis tira le cordon d'une sonnette, et Dorothée parut. Cette créature éprouvait le besoin de jouer un rôle important dans cette tragédie domestique.

— Veuillez prier M. Dambrun de descendre, dit le juge d'instruction.

— Je n'ai vu qu'une fois ce triste personnage, dit le juge de paix, lors de la dernière fête donnée par le comte. Sa physionomie dure et mauvaise me frappa. Il semblait irrité de la joie générale, et l'on eût dit que les largesses de son frère l'appauvrissaient d'autant. De tous les sentiments qui laissent sur le visage une trace indélébile, l'envie est un de ceux qui abaissent davantage le coin des lèvres et se trahit davantage dans le regard. Hector Dambrun est à la fois envieux et jaloux. Sa jeunesse a fait le désespoir de son père qui fut un ami du mien; et quand il retrouva une fortune en retrouvant son frère, il ne put dissimuler ni l'âpreté de ses désirs ni la rage sourde qu'il ressentit en se voyant toujours et sans fin l'obligé de celui dont il haïssait même les bienfaits.

Un moment après, Hector pénétrait dans la grande salle.

Les rideaux en étaient complètement tirés, et les trois magistrats tournant le dos aux fenêtres, devaient avoir Dambrun en pleine lumière, tandis que leurs visages demeuraient dans l'ombre.

Accoutumé depuis un jour et deux nuits aux ténèbres de la chambre mortuaire, Hector se trouva comme ébloui, et ses paupières battirent. Cette clarté soudaine l'aveuglait. Les oiseaux nocturnes attirés au soleil ont de ces battements de paupières qui deviennent presque une douleur. Puis, nous l'avons dit, durant cette veille de mort qu'il avait faite avec le sentiment d'un homme anéanti par un coup imprévu, Dambrun avait subitement changé d'expression de visage. A la clarté des bougies funéraires brûlant près du cadavre de Jean, il avait repassé sa vie, et il s'était senti frémir d'épouvante. Au dedans de lui une plaie saignait, plaie secrète et terrible qu'à cette heure il se fût vainement efforcé de dissimuler; il lui semblait parfois que de grands cris allaient lui échapper, comme à la bête percée de coups qui, avant de mourir, exhale un dernier gémissement.

Quand on le prévint qu'il était attendu au salon, il ne s'étonna ni ne s'alarma. N'était-il point le chef de la famille? Ne devenait-il pas le maître de Versel, depuis qu'Ostrog s'était si brusquement endormi du sommeil dont nul ne revient?

— Que désirez-vous, messieurs? demanda-t-il d'une voix faible.

Dans cette maison habitée par la mort, on avait pris l'habitude de parler bas.

M. Nolis, intervertissant les rôles d'une façon absolue, répondit à Hector :

— Veuillez prendre un siège, monsieur, nous avons longuement à causer.

Dambrun tomba dans un fauteuil.

Toute sa force fondait. Il lui semblait n'avoir plus ni sang ni nerfs. Que voulaient lui dire ces hommes, il ne s'en souciait guère. On lui parlerait argent, affaires, et à cette heure il dédaignait la fortune jadis si âprement enviée. Le coude placé sur le bras d'un fauteuil, et le menton appuyé sur la paume de la main, il laissait errer son regard dans le vague, quand la voix de M. Nolis, incisive et froide, lui demanda :

— Combien héritez-vous?

Hector sursauta. Un éclair de colère ranima sa prunelle éteinte; il fut sur le point de s'indigner, mais l'abattement reprit le dessus.

— Qu'importe! répliqua-t-il, je n'y songe guère à cette heure. C'est l'affaire de M° Aubry...

— Vous sembliez moins désintéressé dans cette question, il y a quelques mois, ajouta le juge de paix.

— Vous faites allusion, monsieur, au nouveau testament de mon frère?

— Précisément.

— En quoi cela vous concerne-t-il?

— Avant que vous entriez en jouissance de cette richesse, nous avons besoin de plus d'un détail... Veuillez nous répondre sans feinte, sans mensonge, et, sachez-le, nous avons le droit de vous interroger... Aucun des habitants de Versel n'a jugé naturelle la mort si rapide du comte Ostrog; lui connaissiez-vous des ennemis? Quelqu'un avait-il intérêt à ce trépas qui, en quarante-huit heures, a enlevé un homme robuste?...

— Quoi! fit Hector Dambrun, vous ne croyez pas naturelle la fin de mon frère!... Ne savez-vous pas qu'il est mort pour avoir pris un verre de limonade glacée?...

— Que vous lui aviez apporté vous-même.

— En effet, Joseph se trouvait occupé.

— Le comte se plaignit vivement du goût étrange de ce breuvage, vous l'enlevâtes avec précipitation, et vous trembliez de telle sorte qu'en montant le perron le plateau vous échappa des mains.

— Une maladresse... dit Dambrun.

— Tout le monde en peut faire. Ce qui semble moins naturel c'est que vous, d'ordinaire si indifférent, si froid pour le comte, vous vous soyez montré sans transition serviable et obligeant; et cela, non point seulement à propos de cette limonade, mais quand il s'est agi de servir à souper au malade.

— C'était mon frère, monsieur, vous semblez l'oublier.

— Je ne l'oublie pas, je constate seulement un changement complet dans vos habitudes.

— Soit! répliqua Dambrun; j'ai rempli ce jour-là des devoirs longtemps négligés.

— N'avez-vous rien à nous révéler relativement à la mort du comte?

— Rien, répondit Hector, sinon que, mesurant aujourd'hui ses bienfaits, j'éprouve un regret amer de l'en avoir trop peu récompensé.

— Comme vous le disiez, il est trop tard; celui qui n'est plus lit maintenant au fond des âmes, et c'est à nous qu'il a transmis le soin de le venger.

— Vous ne parlez que de crimes et de châtiment, messieurs, je ne comprends pas encore.

— Vous saisirez mieux tout à l'heure... N'est-ce pas que, s'il est monstrueux de tuer un homme quel qu'il soit, il est surtout misérable et lâche d'arracher la vie à un de ces hommes qui sont l'honneur d'un pays? Celui qui empoisonna le comte Ostrog n'a pas seulement tranché une vie puissante, il a privé d'un bienfaiteur et d'un ami tous les pauvres de Versel. Et si, au lieu d'être un meurtrier vulgaire poussé par la faim, cette mauvaise conseillère, le criminel a été comblé de dons, entouré de tendresse; si, loin d'être un étranger pour la victime, il lui tenait par les liens du sang... si c'était un frère, enfin...

— Un frère! répéta Dambrun d'une voix étranglée.

Cependant il avait beau prononcer ce mot, on eût dit qu'il ne saisissait pas encore.

— Et maintenant, Hector Dambrun, poursuivit M. Nolis en se levant avec la solennité d'un juge, vous êtes soupçonné d'avoir empoisonné le comte Ostrog pour jouir plus vite de la fortune qui devait vous revenir par son testament...

Cette fois Hector comprit.

Il fut debout, face à face avec M. Nolis, avant que celui-ci eût eu le temps de terminer son accusation. Ses mains maigres tremblaient, ses yeux laissaient échapper des rayonnements sinistres, et ces mots sortirent avec peine de sa gorge serrée, sifflant d'une façon pénible :

— Soupçonné! moi... Je suis soupçonné d'avoir tué mon frère...

Vous avez dit cela, vous, monsieur, un magistrat, et vous croyez remplir un devoir en me répétant ces mots froidement... Et vous confondez dans un langage, dont je n'ai pas d'abord saisi le sens, les questions d'argent et la suspicion du crime... Mais vous êtes un écho, monsieur... Le premier cri n'est pas sorti de vos lèvres... Vous résumez une opinion... Mettez-moi face à face avec mes accusateurs... Nommez-les tous ! tous, entendez-vous, et qu'ils viennent ici répéter cette parole maudite : Tu es un Caïn, tu es un maudit !

Quelle fièvre dans les yeux d'Hector, quelle anxiété dans la voix, avec quelle rapidité il paraissait retrouver ses forces pour rejeter loin de lui l'accusation qui le flétrissait avant de le perdre...

— C'est un habile comédien ! pensa M. Nolis. Il essaie de parler comme il joue, en tournant le roi !

— Qui vous accuse ? ajouta le juge de paix. Tout le monde : les amis du comte Ostrog et ses serviteurs, les médecins qui l'ont soigné et qui connaissent le poison qui le tua...

— Quel est ce poison ?

— La strychnine, répondit M. Nolis.

— Je n'en ai jamais eu en ma possession.

— Oh ! fit le commissaire de police, vous êtes trop adroit pour acheter au Havre ou à Rouen vos provisions de toxiques... Mais depuis que vous habitez chez votre frère, vous avez fait plus d'un rapide voyage à Paris.

— Quoi ! fit Dambrun, M. Duranduel, M. Favières ont osé dire... Ce sont des fous et des ignares ! Moi ! tuer Jean, quand il m'avait enrichi !...

— D'une pension dont vous aviez hâte de toucher le capital... Les médecins dont vous parlez d'une façon si dédaigneuse vous ont tout de suite suspecté.

— Mon frère ! mon frère ! répéta Hector d'une voix rauque.

— Souvenez-vous que la dernière parole qu'il vous a adressée est celle-ci : « Je te pardonne ! »

— Ah ! s'écria Hector, ne le faites pas le complice d'une accusation monstrueuse... Ce que j'entends depuis quelques minutes, le travail qui s'opère dans mon esprit et dans mon cœur, tout concourt à m'affirmer que je suis perdu. Jean est mort ! Jean seul aurait pu vous crier : « — Vous vous trompez ! mon frère a eu des faiblesses, il a commis des fautes, mais il n'est point cependant le scélérat que vous croyez... Je lui ai pardonné les années durant lesquelles il nous méconnut, et qui furent fatales à sa mère, à mon père, à Noélie, l'ange envolée ; mais entre le joueur, le libertin avide d'argent pour se procurer des jouissances honteuses, et un lâche empoisonneur, il est une distance qu'il n'a jamais franchie..... » —

Mais Jean ne parlera plus! Jean qui m'a tant aimé me tue avec sa dernière preuve de miséricorde.

Hector resta un moment silencieux; le bout de ses doigts grêles effleurait la table; son visage livide se creusait à vue d'œil, et un tremblement sénile agitait ses membres.

On eût dit que la mort le prenait.

Un dernier éclair de force lui resta pour demander :

— Ma femme, ma fille?

— Aucune d'elles n'a été interrogée.

— Celles-là me défendront! dit-il d'un accent convaincu.

— Ce sont deux anges, fit le magistrat, et, si vous m'en croyez, monsieur, nous leur épargnerons la torture.

— Oui, répliqua Hector Dambrun en inclinant la tête, elles n'ont déjà que trop souffert.

— Ainsi, demanda M. Nolis, vous niez avoir empoisonné le comte Ostrog?

— Je le nie devant les hommes, devant ma conscience, devant Dieu!

Il prononça ces mots avec une violence extrême en dressant les bras vers le ciel; puis, comme si ce dernier effort avait suffi à épuiser son énergie, il retomba sur son fauteuil.

— Ainsi vous nous accompagnerez sans difficulté au Havre?

— Oh! fit-il, je suis frappé! frappé!

— En ce cas, ajouta M. Nolis, ne perdons pas une heure, pas une minute. Quittons cette maison avant qu'elle ne s'emplisse du bruit de la mission que nous sommes venus y remplir... à moins que vous ne veuilliez attendre ici le résultat de l'autopsie.

— A quoi bon! fit Hector Dambrun. On a déjà trouvé de la strychnine, on en trouvera davantage encore... Une fatalité terrible me pousse, et je tombe, voilà tout... Si innocent que je sois, jamais je ne parviendrai à le prouver... Éloignons-nous donc, messieurs... Je ne vous demande pas même la permission de voir ma femme et ma fille... Si je lisais un soupçon dans leurs regards, je souffrirais trop... Tout à l'heure je me suis accusé devant vous des égarements de ma jeunesse, je les ai reconnus et déplorés; au moment de monter dans la voiture qui vous amena et de perdre ma liberté et mon honneur, pour devenir un prévenu en attendant d'être un accusé, je proteste solennellement contre les dépositions faites, les travaux préparés, et, si je n'oppose ni grands éclats ni résistance à ce qui doit fatalement se passer, c'est par un sentiment de dignité personnelle et d'égards pour celles qui m'ont aimé, en dépit de mes erreurs...

Pendant qu'il prononçait ces mots, Hector Dambrun était redevenu maître de lui-même, et son attitude mêlée de noblesse et de dignité ne laissa pas que d'impressionner M. Nolis, qui s'y connaissait en hommes.

Mais le juge de paix se pencha à son oreille et lui répéta ce que lui-même avait pensé tout à l'heure :

— Quel habile comédien !

Les magistrats se levèrent, quittèrent la salle et trouvèrent dans le vestibule Joseph et Dorothée.

— Vous aurez l'obligeance de me préparer une malle remplie de linge et de quelques effets, dit Hector au valet de chambre.

Celui-ci inclina la tête sans répondre, donna un ordre au cocher ; la voiture revint devant le perron, le valet de chambre en ouvrit la portière ; M. Nolis, ses compagnons et Hector Dambrun y entrèrent ; un bruit sec de portière se confondit avec les claquements du fouet, et l'équipage noir reprit la route du Havre.

Le bras de Dorothée s'étendit dans la direction qu'il devait suivre, et, d'une voix dans laquelle vibrait une sourde joie, elle répéta :

— En route pour la guillotine !

Ce mot féroce, deux créatures l'entendirent : Julie et sa fille. Sans se consulter, affolées, se prenant les mains, elles descendirent les escaliers et se précipitèrent dans le vestibule au moment où Dorothée y rentrait.

— Qu'avez-vous dit ? demanda la jeune fille d'une voix dans laquelle tremblait son âme. Qui est monté dans cette voiture noire ? Qui prend la route de l'échafaud ?

— M. Hector Dambrun, répondit l'insolente mégère. Ah ! vous avez cru toutes deux qu'il suffisait de jouer une comédie savante, d'entrer dans une maison dont le maître était bon jusqu'à la folie, de vous rendre indispensables et de faire signe à votre complice quand vous croiriez la poule bonne à plumer et l'homme mis à point, par sa confiance, pour le poison et pour la mort ! Mais Dieu venge les gens honnêtes molestés par vous, les serviteurs fidèles que vous accusiez de gaspillage... Entrées ici en mendiantes, vous en sortirez flétries... La faim vous fit trébucher d'inanition près de la grille du château de Versel, c'est la honte qui vous jettera maintenant en travers de son seuil.

Dorothée n'eut pas le temps d'en dire davantage, une main nerveuse s'abattit sur son poignet et le pressa avec une telle force que la misérable poussa un cri d'angoisse.

— Assez ! dit Gilbert Favières d'une voix tonnante, assez ! lâche fille qui ne crains pas de faire souffrir les deux plus nobles créatures qui soient au monde... Je te chasse de cette maison où tu n'as plus que faire ! Va chez M° Aubry toucher le montant d'une année de gages. Tu n'as droit qu'à cela. Ce que tu as volé au comte Ostrog suffit pour t'assurer une malhonnête aisance.

Dorothée essaya de résister et de répondre, mais Gilbert chargea Joseph de l'exécution de ses ordres, et, comme Mme Dorothée avait fatigué ses camarades de son orgueil et de ses exigences, le valet de chambre accepta l'occasion de revanche qui lui était offerte.

— Madame vous renvoie, dit-il, madame est dans son droit; elle gouverne ici en l'absence de son mari. Ne faites pas la méchante si vous ne voulez pas que je mande, pour m'aider, ceux que vous appeliez si dédaigneusement « les gens de l'office ».

Dorothée comprit qu'elle ne pouvait opposer de résistance ni à Gilbert ni à Joseph :

— Soit! dit-elle, je quitte cette maison, mais j'en sors la tête haute, ce que ne feront ni la femme ni la fille de l'empoisonneur!

— Et maintenant, madame, et vous, mademoiselle, ajouta Gilbert, rentrez dans votre appartement, ne laissez à personne le spectacle de votre douleur et de vos angoisses.

Elles le suivirent, ou plutôt elles se laissèrent entraîner par lui.

— Est-ce vrai? demanda Julie avec un regard fou, est-ce vrai, mon frère est-il mort par le poison?

— Ni moi ni Duranduel nous n'en doutons.

— Et vous en déposerez?

— Je le devrai.

— Ce n'est pas vrai, dit Julie en fixant ses grands yeux sur Gilbert, non, ce n'est pas vrai, mon mari n'est pas assez misérable pour avoir commis ce crime. Au contraire, depuis quelques mois, il se montrait excellent pour Jean...

Elle s'arrêta. Elle-même ne le condamnait-elle pas par ce mot « depuis quelques mois ». Sans doute depuis qu'un testament nouveau lui assurait la fortune de son frère. Cependant au dedans d'elle-même, en dépit d'un passé souillé, quelque chose protestait contre cette accusation.

— Nous devons partir, n'est-ce pas? demanda Julie à Gilbert; notre place est au Havre. Si nous l'abandonnons, qui donc lui restera?

— Vous devez le protéger ici par votre présence, au contraire, répondit le jeune médecin. Vous devez assister aux obsèques du comte, à l'ouverture de son testament. Le calme dont vous donnerez des preuves protégera le malheureux que vous voulez encore appuyer de votre honneur. Ici chacun vous respecte et vous aime. Ne redoutez rien de la domesticité qui vous est dévouée. Jusqu'à présent votre mari est seulement sous le coup d'une prévention. Attendez que la « Chambre des mises en accusation » se soit prononcée.

— Hélas! dit Noëlie avec un sanglot, vous êtes de ceux qui le croient coupable... Comment ai-je mérité cette douleur de compter au nombre de nos ennemis celui que mon oncle...

Elle n'acheva pas, et cacha sa tête pâle dans le sein de sa mère.

— Je vous le jure, dit Gilbert de cette voix franche qui trouvait si vite le chemin du cœur, plus que jamais je vous garde ma pitié et mon estime.

— Vous êtes bon! dit-elle, oui, vous êtes bon!

Gilbert quitta Mme Dambrun.

Rien n'empêchait désormais que le lendemain on procédât à l'inhumation du comte. Ses amis eussent souhaité, par égard pour les malheureuses femmes, que les obsèques de Jean Ostrog se célébrassent sans solennité. Mais les terribles événements qui avaient amené cette mort ne faisaient qu'augmenter la curiosité publique. De Rouen et du Havre on vint en foule. Les uns tenaient à cœur de rendre un suprême hommage à celui qui n'avait employé sa fortune qu'à la bienfaisance; les autres espéraient se renseigner, sur les lieux, sur les détails de l'empoisonnement et de la mort. Les invités des fêtes princières du comte Ostrog lui rendaient un devoir suprême, et, le jour où la bière enfermant le corps mutilé par le scalpel sortit du château, quitta la chambre ardente pour gagner le cimetière, une foule compacte emplissait le parc, encombrait les chemins, descendait des sentiers.

Cachés sous leurs voiles de deuil, s'appuyant l'une au bras de Cavaillan, l'autre au bras de maître Aubry, Mme Dambrun et sa fille sanglotaient en pressant sur leurs lèvres un mouchoir humide de larmes.

On ne prononça point de discours sur la tombe de Jean Ostrog. Mais les vétérans de la mer, restés les derniers, ne rougirent pas, eux des hommes, de verser de grosses larmes en laissant tomber leurs couronnes d'immortelles sur la tombe à jamais scellée.

La bonne Mme Aubry entraîna chez elle les deux femmes à demi évanouies; elle possédait un cœur assez tendre pour mettre un peu de baume sur les plaies saignantes de ces deux âmes.

Un nouvel acte de ce drame de mort venait de finir, comment le dernier s'achèverait-il?

UNE ERREUR FATALE

— Et toi, tu ne maudiras pas ma mémoire? (Voir page 151.)

CHAPITRE XIII

HECTOR DAMBRUN

L'affaire marcha vite; il sembla d'abord difficile, puis inutile à la justice de poursuivre des recherches dont l'unique résultat eût été d'éclairer les magistrats sur l'indignité de la conduite d'Hector Dambrun, partout où il avait passé.

Aux premières questions qui lui furent adressées par M. Nolis à ce sujet, il se contenta de répondre :

— Dans les divers pays que j'habitai après mon départ de Rouen, et dans les contrées que j'ai traversées pendant ma longue absence qui dura du jour où j'abandonnai ma femme jusqu'à l'heure de mon débarquement au Havre, j'ai vécu des bénéfices du jeu. J'ai joué en Australie, aux Indes. J'ai monté des combats de coqs en Chine, et fait battre même des grillons à Sumatra. Tout ce qui était hasard m'attirait. La banque de ceux qui ne possèdent rien s'appelle la bêtise humaine. Dans chaque pays je prenais un nom nouveau. Autant de voyages, autant d'incarnations. Il ne me convenait point de laisser de traces de mon passage. Je sais bien que vous conclurez de cet aveu que j'ai fait pires métiers que ceux que j'avoue. Au fond que m'importe ! L'homme accusé d'avoir empoisonné son frère, celui à qui on reproche les douleurs qui conduisirent sa famille au tombeau, ne se tourmente guère de fautes résultant seulement de l'entraînement des passions. Sur ce passé inconnu, un romancier échafauderait une série de drames ; l'avocat général y puisera un moyen oratoire. Je me sens perdu, faites de moi ce que vous voudrez !

On trouvait dans le ton de Dambrum certains éclats de vérité sauvage qui ne pouvaient manquer de troubler M. Nolis.

Très sagace comme magistrat, homme excellent, chéri de ses amis, respecté, adoré dans sa famille, il était de ceux qui voient dans le mandat de la magistrature le plus haut, le plus difficile des devoirs, et qui jamais ne passent à côté d'une difficulté sans essayer de la surmonter. Il croyait Hector coupable. La vie antérieure de celui qui tour à tour s'était montré mauvais fils, mauvais mari, mauvais père, et qui, dans la crainte de soulever contre lui d'autres accusations, refusait de révéler ce qu'il était devenu durant de nombreuses années, suffisait pour éclairer sur sa moralité. Il ne prétendait point se défendre de certains faits. Il avouait ses dettes, ses débauches, sa passion pour le jeu ; il se reconnaissait coupable envers Julie, envers Noëlie, même envers son frère ; mais quand on lui parlait de l'empoisonnement de celui-ci, il protestait avec l'accent de l'innocence révoltée.

— Vous me rappelez, dit-il un jour à M. Nolis, mon attitude au château pendant deux années. Tout le monde remarqua ma tristesse ; j'en étais venu à prendre en haine le luxe qui m'entourait. Songez-y, monsieur, rien ne m'appartenait au sein de cette fortune ; je demeurais à perpétuité un mendiant à qui il est permis de s'asseoir à une table qu'on ne dressa point pour lui. J'en vins à regretter de n'avoir pas accepté la proposition de mon frère : vivre dans une petite maison à moi, dépenser des rentes sur lesquelles j'aurais le droit de compter me semblait alors un bonheur enviable. — Il me prenait des tentations folles d'arracher ma femme et ma fille à cette Capoue humiliante et de les traîner à ma remorque dans quelque bouge de Paris. Je n'osais pas. D'ailleurs, l'aurais-je souhaité, mon frère ne me l'eût point permis. Je devais ronger ma chaîne, jusqu'au moment où, mes instincts mauvais l'emportant, je quitterais furtivement mon frère comme un ingrat et un larron... Jean devina mon angoisse. Il comprit à quelles extrémités pouvait me pousser le levain du mauvais orgueil, et un jour... Je vous raconterai plus tard cet épisode... Ce que vous savez, c'est qu'il refit son testament et m'assura, durant sa vie, une pension de cinquante mille francs... A partir de cette heure tout changea pour moi. Je m'épanouis dans cette fortune qu'il avait faite mienne, et je ne désirai plus rien. L'accusation répète que j'avais soif de tenir le million qui devait me revenir à la mort de Jean. Non, je n'y songeais plus. Si j'avais voulu courir les clubs ou les tripots, j'étais libre d'aller à Paris. Le bienfait de mon frère ne m'enchaînait pas à Versel. Loin de me pervertir davantage, cette fortune indépendante me sauva. En m'affranchissant elle me rendit meilleur. La bonté de Jean me força à regarder au dedans de moi-même, et j'eus des remords, plus que vous ne sauriez le croire. Je commençais à sentir que la main de Dieu était sur moi pour m'arracher à l'abîme, quand brusquement, fatalement, mon frère mourut, et cette mort terrible, incompréhensible, me précipite dans un abîme d'où je ne sortirai jamais... Comprenez-vous cela, monsieur, je serai traîné en cour d'assises pour un crime que je n'ai pas commis... On me criera : « — Caïn! » en me montrant le cadavre de Jean, et je demeurerai impuissant à répondre, ou, si j'essaie de me disculper, je verrai sourire d'incrédulité ceux que j'aurais voulu convaincre... Et cependant je ne l'ai pas tué! Je ne l'ai pas tué!

— Aucune des personnes qui vous accusent n'a contre vous de haine...

— Je le reconnais, monsieur.

— Les médecins qui ont soigné le comte Ostrog, MM. Duranduel et Favières, sont incapables d'une infamie.

— M. Duranduel jouit de l'estime générale ; j'aurais désiré M. Favières pour gendre.

— L'empoisonnement étant reconnu, il existe un coupable...

— Et pourquoi faut-il que ce soit moi! s'écria Hector les poings crispés, le visage enflammé. Les premières fautes de ma vie prouvent-elles suffisamment que je doive être un empoisonneur?

— Cherchez autour de vous, éclairez la justice. Nous vous laissons la liberté de vous défendre.

— Oh! fit Hector amèrement, et je ne trouve rien que des protestations stériles. Vous avez raison. Je serais juge, j'agirais et je parlerais comme vous... Mon frère est mort empoisonné, donc il y a un empoisonneur... On a prononcé le mot de strychnine, je ne connais pas même ce poison-là... Les joueurs ne sont pas savants, voyez-vous... Où l'aurais-je pris? On m'objecte qu'à plusieurs reprises je suis allé à Paris, cela est vrai, et presque toujours envoyé par mon frère... J'y restais peu de temps, redoutant les entraînements passés... La strychnine, d'ailleurs, ne se livre pas sans doute comme de la vanille ou de l'huile de rose... On doit exiger une ordonnance de médecin avant d'en fournir... Quand j'ai objecté cette raison, on m'a répondu que je devais connaître à Paris assez de gens perdus de vices pour m'être venus en aide... On a combiné un plan entre coquins; les uns fournissaient la drogue, moi je devais l'employer...

Tout à coup Hector se redressa, les doigts crispés sur les cuisses, la prunelle rouge, la voix sifflante :

— Et si Jean n'avait pas été empoisonné? S'il était mort suffoqué par cette boisson glacée que je lui portai?.. Souvenez-vous, monsieur, les journaux racontaient, il y a peu de temps, une histoire analogue... Il s'agissait d'une jeune femme qui, après avoir bu un verre de lait glacé au Pré Catelan, mourut en quelques heures, au milieu de tortures telles qu'on soupçonna d'abord un empoisonnement...

— Dont l'autopsie prouva la fausseté.

— Tout le monde se trompe! fit Hector avec âpreté... Je suis déjà trop puni, monsieur, des fautes dont ma vie est pleine ; toute faiblesse se paie, tout crime s'expie. Il vient des heures où je perds jusqu'à la tentation de me défendre, où s'éteint en moi la révolte contre l'accusation... Si derrière moi je ne laissais pas une femme et une fille, je vous jure que je ne répondrais même plus aux questions qui me sont adressées. Je suis brave ou, du moins, je ne crains pas la mort. Tous ceux qui, comme moi, ont mené une vie aventureuse se sont habitués à regarder le trépas en face et sous toutes ses formes. En Australie, chaque joueur garde un revolver à portée de sa main. Je me suis battu trois fois à l'américaine, dans des bois vierges, où l'on tire l'homme comme on ferait d'un fauve... J'ai cinq fois dû me sauver à la nage pour échapper à des sinistres maritimes, et, tandis que je nageais d'un bras, je tenais, de la main qui me restait libre, le couteau à l'aide duquel je me préparais à éventrer un requin... Le couperet de l'échafaud lui-même ne me fait pas peur... Mais ma femme, ma fille!...

Il s'arrêta et d'une voix suppliante :

— Vous m'aviez promis que je les pourrais voir.

— Et je tiendrai cette parole. Depuis longtemps vous auriez obtenu l'autorisation que vous souhaitez, si...

— Si j'avais avoué, n'est-ce pas, monsieur le juge?

— Oui, répondit le magistrat. Et quand je vous donnais conseil de tout dire, quelque terrible que fût cet aveu, soyez-en sûr, je parlais dans votre intérêt... Toute formule de regret excite à l'indulgence... Qui sait si l'on ne vous eût point fait grâce de la vie...

— Vous appelez cela faire grâce, monsieur! M'envoyer dans une de ces îles maudites où la terre sue du feu, où le soleil vous dévore. Non! non! Qu'on me tue, et qu'on en finisse à jamais avec une vie que j'ai manquée et que je suis impuissant à refaire... Je n'avouerai rien, parce que je n'ai rien à avouer... Je n'ajouterai point une suprême lâcheté à tant de faiblesse, dût la vie m'être laissée... Je léguerai à ma femme et à ma fille les bénéfices du doute qui trouble la conscience publique lorsqu'un accusé proteste de son innocence jusque sous le couteau...

M. Nolis se leva.

— Vous verrez demain votre femme et votre fille, dit-il.

— Entre des grilles, en présence de témoins?

— Elles entreront dans votre cellule et y resteront le temps que vous souhaiterez.

— Vous êtes bon! fit Hector Dambrun, et vous m'enverrez à l'échafaud...

— Moi, grand Dieu! Ma conscience est pure de tout entraînement; l'autopsie est là... La voix qui s'élève contre vous est celle de l'opinion publique... et les jurés de la session prochaine gardent le droit de vous absoudre!

— Vous avez raison, monsieur.

Il mit dans ces mots une sorte de dignité triste, dont M. Nolis demeura plus frappé que de ses protestations.

Quand le juge d'instruction le quitta, Hector comprit qu'il en avait fini avec cette espèce de torture qui s'appelle l'interrogatoire. Il reconnaissait cependant n'avoir nullement à se plaindre du magistrat. Celui-ci avait même mis dans la recherche de la vérité les égards compatibles avec son devoir; mais néanmoins chacune de ses visites ajoutait aux angoisses du malheureux. Il lui tardait d'en avoir fini avec des comparutions sans fin, des répétitions de serments inutiles, des recherches faites dans les lointains de sa mémoire, et qu'il savait devoir demeurer sans résultat. Il aurait voulu prendre possession de sa cellule, paisiblement pour le peu de jours qui lui restaient à vivre. Quand il se trouvait seul, il s'apaisait.

Le silence anticipé de la tombe se faisait sur lui. Dans l'examen de sa conscience il trouvait en quelque sorte la justification du malheur présent.

Le soir du jour où M. Nolis avait adjuré pour la dernière fois Hector Dambrun de lui avouer la vérité, une voiture attelée de chevaux de race s'arrêta devant la prison du Havre, et deux femmes voilées en descendirent. La plus jeune soutenant l'autre que la douleur courbait et brisait. Dès qu'elles eurent dit leur nom, le guichetier prit un trousseau de clefs et marcha devant elles.

Il gagna l'extrémité d'un long couloir, ouvrit presque doucement une porte garnie dans tous les sens d'épaisses barres de fer, puis s'effaça pour laisser entrer les deux femmes.

Dès que Julie Dambrun comprit que nul n'épierait son désespoir et ses larmes, elle s'avança vers son mari et lui prit les deux mains :

— Nous voilà, dit-elle, vous ne souffrirez plus seul...

Son voile était levé; à travers la fenêtre étroite laissant passer une faible lumière, Hector Dambrun put voir ce visage qui, deux mois auparavant, gardait encore une fleur de jeunesse, dévasté par la douleur et flétri par les larmes. Les cheveux de la malheureuse femme avaient blanchi le jour même où elle apprit l'accusation sinistre planant sur celui dont elle portait le nom. Rien ne restait plus de sa beauté délicate que la profondeur bleue du regard, où ne se lisaient ni reproches ni rancune.

— Vous! c'est bien vous! répéta Hector.

Il n'osait la prendre dans ses bras, la serrer sur son cœur, tant l'indignité du passé se confondait pour lui avec l'horreur du présent.

Elle tomba sur un siège, et sa fille s'assit à ses pieds.

— M. Nolis nous a envoyé un exprès, dit-elle; sans perdre une heure nous sommes venues, sachant bien, du reste, que nous ne nous verrions plus au Havre, puisque vous allez être transféré à Rouen...

— Je l'ignorais, dit-il avec calme.

— Nos dispositions sont prises; ma fille et moi nous vous suivrons.

— Non! non! fit Hector avec un mouvement de reconnaissance passionnée; ne le faites pas, je vous le défends... Il me suffit de vous voir aujourd'hui, pour la dernière fois, de vous léguer mon testament de mort...

— On peut vous acquitter! dit Julie.

— On me condamnera.

— Eh bien! c'est parce que cette crainte vous hante l'esprit que nous devons nous attacher à vous davantage. Personne n'ignore que durant de longues années nous avons vécu séparés; je veux qu'on voie combien peu je vous garde rancune des malheurs passés.

Ma présence vous défendra mieux qu'une plaidoirie. Moi et votre fille nous protesterons par nos pleurs contre l'accusation formulée contre vous!

— Vous êtes un ange! répondit Hector.

— Je suis simplement une épouse chrétienne, disposée à remplir son devoir.

— Ma mort vous rendra libre!

— Je n'aurais pas même demandé le divorce s'il existait.

— Vous ne me devez que des chagrins.

— Je vous dois aussi ma fille! ajouta-t-elle en rapprochant de sa poitrine le visage humide de Noëlie.

— Oh! s'écria Hector, ne vous bien connaître, ne vous apprécier d'une façon complète qu'à l'heure où je vous perds sans retour, qu'à l'heure où je vais expier une vie misérable!...

— Vous pouvez me prouver quel empire je gardais sur vous, dit Julie en serrant les mains du malheureux. Acceptez sans restrictions les consolations et les croyances de l'Église. Si une loi terrible nous sépare en ce monde, laissez-moi l'espoir de vous retrouver dans l'autre...

— Julie, demanda le malheureux, croyez-vous que j'aie empoisonné mon frère?

— Non, sur mon âme, répondit la pauvre femme en le regardant avec un sentiment de pitié incommensurable. Non! vous n'avez pas commis ce crime monstrueux. Vous n'avez pas payé par l'assassinat la bonté de celui qui nous avait sauvées... Ce que jadis vous me fîtes souffrir s'est perdu dans un entier pardon. Si, pour supporter mieux l'épreuve qui vous accable, vous avez besoin de mon témoignage, je vous le donne devant Dieu!

— Et toi, demanda Hector Dambrun à Noëlie, tu ne maudiras pas ma mémoire?

— Ma mère m'a appris à respecter votre autorité, je n'ai pas besoin de preuve de votre innocence.

— Mais je te déshonore et je te ruine! s'écria Dambrun.

— Votre malheur ne peut déshonorer deux femmes qui ne faillirent jamais... Quant à la ruine, nous travaillerons...

— Mon Dieu! mon Dieu! c'est à l'heure où je comprends toute la grandeur de ces âmes que vous nous séparez...

Cette fois il attira sa femme et sa fille dans ses bras. Il posa avec un saint respect ses lèvres sur le front pâle de Julie, et il effleura les cheveux noirs de la jeune fille.

Neuf heures du soir sonnèrent à l'horloge de la prison. Les deux femmes comprirent qu'elles devaient se retirer.

Un dernier encouragement tomba des lèvres de Julie; une larme roula dans les yeux de sa fille, puis la lourde porte de la prison retomba derrière elles.

Mme Dambrun demanda alors au valet de pied :

— Connaissez-vous un hôtel honnête et peu coûteux dans la ville du Havre?

— Madame ne rentre pas à Versel aujourd'hui?

— Ni aujourd'hui ni jamais.

— Mais, madame, répliqua le valet d'une voix étranglée, nous avons gardé autant de respect pour vous qu'avant vos malheurs, et, si peu que soit l'opinion de gens comme nous, je suis en parlant de la sorte l'interprète de tous mes camarades.

— Vous vous trompez, mon ami, répondit Julie, j'attache un grand prix à la fidélité de cœur de ceux près de qui j'ai vécu de longues années. Versel ne m'appartient pas. Je n'en emporte rien... Le paquet que renferme la voiture suffira pour nous deux ; entrée pauvre dans le château de mon beau-frère, j'en sors misérable et j'ajouterais désespérée si une chrétienne pouvait désespérer. Vous voyez donc bien que j'ai raison de vous prier de m'indiquer une modeste auberge, il me reste bien peu d'argent.

Une parole brûlante vint aux lèvres du valet de pied ; mais il n'osa formuler une offre que devina la malheureuse femme.

— Merci, dit-elle de sa voix douce et brisée, et portez à vos camarades avec mon dernier adieu la bénédiction d'une infortunée.

— Je le ferai, madame, répondit-il.

— Et maintenant, où allez-vous me conduire? poursuivit-elle.

— Un de mes cousins tient au Havre une modeste auberge dont les chambres sont propres et la clientèle honnête; puisque madame le veut...

— Allons, Baptiste, dit-elle, allons.

Le cocher rassembla les chevaux et, suivant les indications de Baptiste, conduisit la voiture à travers un dédale de petites rues. Quand elle s'arrêta, une femme d'environ cinquante ans, à la physionomie ouverte et riante, descendit les deux marches conduisant à son rez-de-chaussée.

Baptiste était déjà près d'elle.

— Tes meilleures chambres, cousine, et des égards, des égards surtout.

— C'est bon, Baptiste, c'est bon! répondit Justine-Marie ; tu me recommandes cela comme si jamais j'en avais manqué... Venez, madame, daignez me suivre, mademoiselle... Baptiste montera votre paquet...

La première pièce dans laquelle pénétrèrent les deux femmes se composait d'une vaste cuisine, dans la cheminée de laquelle achevait de s'éteindre un grand feu. Un escalier étroit, mais d'une extrême propreté, conduisait à deux chambres communiquant entre elles. A la clarté de la lampe de Justine-Marie, Mme Dambrun vit des rideaux blancs, un lit enveloppé de courtines de neige, des fleurs sur la cheminée, quelques livres sur une table, et un crucifix au-dessus d'un prie-Dieu.

— Je serai bien ici, dit-elle, remerciez pour moi Baptiste de m'avoir conduite dans votre maison.

— Ces dames n'ont besoin de rien? demanda Justine-Marie.

— De rien.

L'aubergiste se retira après avoir allumé les bougies.

Elle trouva Baptiste debout dans la salle à demi ténébreuse.

— Sais-tu qui je t'amène là, cousine?

— Non, répondit la brave femme.

— Les dames Dambrun, reprit Baptiste après un moment de silence.

— La femme et la fille de l'empoisonneur de ton ancien maître?

— Lui, il est ce qu'il est! Dieu le sait, et je ne m'en occupe guère; mais elles, ce sont des saintes comme on en prie dans les églises! et douces et bonnes! et qui nous ont fait la vie heureuse! Tu n'es qu'une pauvre aubergiste, et cependant tu peux beaucoup pour adoucir leur situation. Assez de gens les lapideront; montre-toi ce que Dieu t'a faite, compatissante et tendre... Elles sont fières... Leur paquet de linge fait pitié; je les soupçonne de rester presque sans argent... Traite-les en princesses voyageant incognito, je réponds de tout...

— Vas-tu m'offenser, à présent, Baptiste, et m'offrir de l'argent en échange d'un plaisir que je te fais et d'un service que je rends..? Tu les as amenées, je les garde, ne te tourmente pas du reste; et comme je soupçonne que tu ne seras pas fâché de les voir, rappelle-toi que la table est mise, mon garçon, et que, sans faire tort au chef de Versel, je mitonne certains plats dont tu me diras des nouvelles...

— Parlons-en de Versel, cousine! Sans M. Gilbert qui vient y régler certaines choses, nous ne saurions réellement que devenir. Toutes les affaires restent suspendues jusqu'à l'issue du procès.

— Et les vieux marins?

— Oh! les vétérans sont parés! Le testament de M. le comte est formel en ce qui les touche; mais si, une supposition, M. Hector Dambrun était condamné, le legs de son frère ne serait remis ni à lui ni aux siens, pour cause d'indignité, cette partie en reviendrait à M. Cavaillan, et le château avec, je crois; M. Gilbert hérite de cinq cent mille francs; d'un mot les jurés peuvent ruiner Mme et Mlle Dambrun.

— Espérons que, ce mot, ils ne le diront pas, quoique dans le pays on soit fortement prévenu contre celui qu'on nomme « l'empoisonneur ». Tu agis en brave garçon, Baptiste.

— Si cela tourne mal pour ces dames, prévenez-moi, Justine-Marie.

— Je n'y manquerai pas, cousin.

— En ce cas un dernier verre de vin, et au revoir.

Baptiste et Florent vidèrent leurs gobelets, et la voiture repartit à fond de train.

. . . .

. . . .

Une certaine inquiétude régnait dans la prison de Rouen. Le sinistre héros du « drame de Versel », un de ces misérables dont la presse s'occupe et qui gardent l'étrange et immoral privilège de surexciter la curiosité publique, venait d'y entrer.

Hector Dambrun allait passer aux assises.

Depuis le jour où cette affaire d'empoisonnement passionnait l'opinion, Hector refusait la visite des seuls hommes capables de le protéger et de le consoler : le prêtre et l'avocat.

Un jeune stagiaire, de ceux qui sont nés dans une famille parlementaire, héritier d'une longue tradition de talent, sinon de génie, accourut le jour même de l'incarcération de Dambrun. Son père, après avoir exercé à Rouen, se reposait d'une carrière bien remplie en préparant l'avenir de son fils : celui-ci, intelligent, plein d'ardeur, avide de se distinguer, pensa que le retentissement de cette cause pouvait grandement servir à son avancement au barreau, et se rendit au Havre afin d'offrir ses services au prévenu.

Celui-ci le fit remercier, en ajoutant que, quoique innocent du crime qu'on lui imputait, il espérait trop peu échapper au glaive de la loi pour compromettre, par la condamnation d'un client très en vue, la jeune renommée de M. Lescor.

Avec le prêtre il se montra plus bref :

— Ne me parlez pas de Dieu, fit-il; s'il était juste, je serais libre.

La patience de l'apôtre échoua contre cette obstination.

— L'heure n'est pas venue, murmura le prêtre.

En dépit de ses affirmations, Hector gardait cependant une lueur d'espérance. Il affirmait qu'on ne pourrait rien contre lui et que la Chambre des mises en accusation ne saurait le renvoyer devant un jury. Le jour où il lui fut donné lecture des pièces qui le citaient en cour d'assises, une sueur froide mouilla son front, il eut un tremblement de fièvre et se contenta de répondre :

— C'est bien.

Lorsque sa femme et sa fille revinrent, il leur dit d'une voix très calme :

— Vous devriez m'abandonner à ma destinée. Ne croyez pas que je vous méconnaisse, je vous admire et je vous plains. Chose étrange et fatale, je ne commençai à vous aimer comme vous le méritez qu'à l'heure de vous perdre sans retour. Vous mènerez à Rouen une vie de douleurs sans réussir à me sauver.

— Nous soutiendrons votre courage, répondit Julie.

— Nous vous rapprocherons de Dieu, ajouta sa fille.

— Dieu! Dieu! répéta Hector d'une voix sombre, comment pouvez-vous encore l'aimer et y croire? Qu'avez-vous été autre chose que des martyres? Qu'ai-je fait de vous deux? Des mendiantes et des bannies! Moi condamné : et je serai condamné! vous manquerez même de pain! car la loi ne permet pas que le crime profite à celui qui en est reconnu coupable. Ruinées, déshonorées, que ferez-vous? Jadis mes erreurs, mes mauvais traitements pouvaient attirer sur vous la pitié; demain vous cacherez votre nom comme une souillure. Vous avez été des anges de dévouement et de vertu, et cependant le démon triomphe des anges!

— Ne me chassez pas de votre cachot, dit Julie en joignant les mains.

— Ne me refusez pas votre dernière bénédiction, mon père.

Il n'osa plus leur défendre de le visiter, et chaque jour elles accoururent dans ce cabanon sombre lui prouver que le vice se lasse plus vite encore que la vertu.

Sans essayer de lui parler de ce Dieu dont le nom n'éveillait en lui que l'idée de la haine et du blasphème, Julie s'efforçait d'amollir ce cœur fermé! Elle lui rappelait les premiers souvenirs, elle évoquait cette autre Noëlie dont elle avait trouvé la tombe dans le cimetière. Avec un art infini, et cette délicatesse des femmes qui constitue peut-être sur l'homme leur unique supériorité, elle éveillait dans cette âme corrodée par les passions mauvaises les souvenirs de calme et de paix de son enfance. Durant ses premiers jours il chercha à détourner l'entretien de ces sujets poignants; peu à peu leur charme triste influa sur cette âme fermée; il fouilla à son tour dans les profondeurs du passé pour y trouver la trace des heures bénies, des tendresses sincères, des prières ferventes, ces prières oubliées dont il lui semblait que les mots eussent brûlé ses lèvres.

Avec plus de crainte et de précautions encore, Julie le questionna sur Jean. Il lui répondit cette fois avec un entraînement douloureux. Évidemment, l'homme qui parlait de son frère mort avec le sentiment de regrets poignants, mais auxquels ne se mêlait aucun remords, ne pouvait l'avoir empoisonné! Il semblait que Hector trouvait une certaine douceur à évoquer celui que sans doute il avait fait souffrir, mais qui du moins ne l'accusait pas.

— Si les morts avaient la puissance d'intervenir en faveur des vivants, disait-il, Jean prendrait ma défense, Jean apparaîtrait aux juges prêts à me frapper, pour leur répéter qu'ils vont commettre une erreur sanglante, mais les morts ne peuvent plus rien! rien!

Il demeurait en possession complète de lui-même, non par un sentiment de résignation chrétienne, mais sous l'impression d'une idée fataliste.

Il sourit en apprenant qu'il allait partir pour Rouen.

— Ce drame me lasse, dit-il, il est temps que la toile tombe.

Le trajet se fit rapidement, et, avant même que Hector fût installé dans sa seconde prison, Julie et sa fille le rejoignaient, munies d'une adresse que leur avait remise Justine-Marie. Baptiste, prévenu, s'installa également à Rouen, afin de se trouver prêt à rendre à celles que pendant longtemps il avait servies les derniers témoignages de dévouement dont elles pouvaient avoir besoin. Elles descendirent cette fois dans une auberge située en face de la prison. Elles ne voulaient perdre ni un jour ni une heure, et donner au malheureux les minutes qu'on les autoriserait à passer dans son cachot.

Elle lui cria avec un désespoir sans nom : Vous avez tué mon père.
(Voir page 168).

CHAPITRE XIV

UNE AME SOMBRE

Le cachot de Rouen était plus noir que la cellule du Havre, comme si, à mesure qu'avançait le « drame de Versel », Hector devait s'habituer davantage à des idées de mort.

Un autre prêtre le vint voir ; le même jeune avocat se présenta de nouveau ; il refusa l'un avec une froideur indifférente, l'autre avec une triste courtoisie.

— Monsieur, dit-il à Lucien Lescor, si je devais accepter un conseil, vous seriez le mien. A l'heure où va finir et se dérouler ce procès inique, puisque je suis innocent, j'en abandonne l'issue au hasard. Certains faits, par leur accumulation, constituent un faisceau de preuves écrasantes. Vous me voyez résigné.

— Mais si le tribunal me charge de vous défendre.

— Je ne pourrai vous empêcher de prendre la parole.

— Ne me viendrez-vous pas en aide?

— Non, monsieur, répondit Hector d'une voix ferme.

— Cependant vous affirmez votre innocence!

— Et je répéterai jusqu'au dernier moment que je n'ai point empoisonné mon frère... Mais croyez-le, je ne suis point fâché de mourir.

M. Lescor se retira découragé. Il traversait le couloir conduisant au greffe, lorsqu'il rencontra Julie et Noëlie.

Toutes deux sous leurs habits de deuil étaient si pâles, si défaites, la beauté de Noëlie paraissait si touchante sous ses larmes que le jeune homme s'écarta et les salua avec respect.

Mme Dambrun s'avança vers lui.

— Je bénis Dieu de ce qu'il me permet de vous rencontrer, dit-elle. Je sais avec quelle patience vous essayez de vaincre l'obstination de mon mari. Vous n'obtiendrez rien de lui, monsieur, et cependant je vous conjure de poursuivre votre tâche. Ce qu'il ne m'accorde pas ne vous sera point donné! Il en est venu, je crois, à souhaiter la mort, sans comprendre qu'elle nous réduira au désespoir...

— Rassurez-vous, madame, répliqua M. Lescor, je garderai cette cause, si désespérée qu'elle puisse paraître; ne m'accusez point si je la perds! Jadis dans la cité phocéenne, les tribunaux condamnaient à une pénalité sévère l'avocat qui n'avait pas su tirer parti de la cause qui lui était confiée; je ferai le possible, priez pour que j'obtienne un succès.

Il s'éloigna et les deux femmes entrèrent dans le cachot.

La jeune fille était si tremblante et si pâle que Hector se sentit remué.

— Pourquoi trembler si fort? demanda-t-il; regarde le dénouement en face, comme je fais moi-même.

— Et sais-tu donc ce que je vois quand je le regarde en face, comme tu me le conseilles..? L'échafaud qu'on dresse, et mon père qui y monte... Et puis, une autre torture s'unit à celle-là, une torture qu'il faut bien t'avouer, puisque tu ne sembles pas t'en douter, c'est que, si tu meurs, il me semble que tu seras frappé par un être qu'au fond de mon cœur je plaçais au-dessus de tous! C'est le rapport de M. Gilbert Favières qui t'accuse, comprends-tu cela! Gilbert! Gilbert à qui mon oncle m'avait presque fiancée; Gilbert en qui je mettais toute mon espérance. Oh! ne me dis point que la tendresse que je lui avais vouée ne m'était pas rendue... Je savais à n'en pouvoir douter qu'il me la rendrait un jour... Où aurait-il trouvé un cœur mieux rempli de sa pensée? Gilbert était tout pour moi..., Mon premier regard d'enfant sérieuse tomba sur lui, et jamais je n'oublierai le charme de ses yeux pensifs et doux. Gilbert est mon passé et mon avenir! Et si tu meurs, tu brises cette espérance d'avenir, comme la faux coupe les blés... Rien, plus rien! Je ne pourrai plus toucher sa main, il me semblera qu'elle est sanglante... Oh! si ce n'est pour toi que tu envies d'échapper à l'infamie et à la mort, que ce soit pour moi, mon père! pour moi que tu perdrais en même temps...

— Mon Dieu! mon Dieu! dit-il, que n'as-tu parlé plus tôt!...

— Je voulais que tu essayasses de te sauver pour toi-même... Si tu t'abandonnes, ne m'abandonne pas!

— Soit! répondit Hector Dambrun, je dirai à ce jeune homme de plaider mon innocence, j'essaierai de trouver au fond de ma conscience des cris capables de convaincre mes juges... Je t'ai fait assez de mal, il ne faut pas que je te tue.

Ce qu'il refusait de faire pour lui-même, Hector le tenta dans le faible espoir de laisser à sa fille une consolation suprême. Il manda M. Lescor le lendemain, chercha avec lui ce qu'il pourrait dire pour sa défense, puis il promit de combattre par son attitude et par ses réponses la terrible accusation portée contre lui.

Ce fut dans ces nouvelles dispositions que s'écoulèrent les jours qui le séparaient de sa comparution devant la cour d'assises.

La veille il demeura seul, absolument seul, rassemblant ses forces pour le grand combat.

Il dormit paisiblement, se leva de bonne heure et s'habilla avec un soin minutieux. Celui qui avait vécu en bohême essayait de finir en homme du monde.

Quand on l'introduisit dans la grande salle des assises, il tourna autour de lui un regard circulaire, et reconnut dans la foule pressée dans le prétoire la plupart de ceux que le comte Ostrog invitait à ses chasses et à ses fêtes.

Tous souhaitaient évidemment sa condamnation.

Près de son banc d'infamie, et paraissant le protéger par leur dignité et leur malheur, se tenaient Mme et Mlle Dambrun.

Le regard que Julie leva sur lui exprimait la compassion ; dans celui de Noëlie il lut une prière.

La jeune fille songeait à Gilbert.

Enfermé en ce moment dans la salle des témoins, le docteur n'avait point revu la jeune fille depuis le commencement de ce cruel procès. Tandis qu'il remplissait, croyait-il, un austère devoir, il se rappelait avec le sentiment d'une persistante douleur la tendresse innocente de Noëlie et les projets de Jean Ostrog. Il se jugeait coupable envers elle, et ne croyait cependant pas pouvoir agir autrement.

L'interrogatoire de Dambrun commença.

On s'attendait à des révélations dramatiques, mais Hector trompa complètement l'espérance des curieux. A la première question du président, il se contenta de répondre :

— Monsieur le président, vous connaissez mon nom, mon âge et le lieu de ma naissance, puisque les actes qui m'ont été signifiés en font mention. Quant à ma vie, elle se compose d'une série d'aventures dont un romancier tirerait parti, mais dont messieurs les jurés n'ont nul besoin. Innocent du crime pour lequel je suis traduit à cette barre, et plaidant « non coupable » selon l'expression anglaise, je restreindrai le plus possible le champ de la discussion. Une série de faits malheureux et de coïncidences fatales se groupent dans cette affaire. J'ai à me défendre d'une accusation d'ingratitude monstrueuse. Moins pour moi que pour ceux qui me doivent survivre, je le ferai brièvement quand les témoins auront déposé; jusque-là souffrez que je garde le silence.

Le murmure qui courut dans la salle prouva à l'accusé qu'il venait d'irriter davantage ceux qui venaient pour voir se dérouler un drame palpitant.

Il secoua la tête avec dédain et se rassit sur son banc.

Hector Dambrun étant né au Havre, et sa famille n'ayant cessé d'habiter le pays, on entendit un nombre considérable de témoins appelés à fournir des renseignements sur sa jeunesse. Tous furent unanimes pour affirmer que pas un souvenir ne plaidait en sa faveur. On ne trouvait rien dans sa vie, pas même une bonne action, pas même une année de travail. Ces témoignages écrasants le laissèrent froid. Il s'émut seulement quand on prononça le nom de son père.

La seconde série des témoins comprenait ceux qui devaient parler du comte Ostrog. A l'évocation de ce nom vénéré un profond intérêt se manifesta dans la salle. Il n'était pas un des témoins qu'il n'eût soulagé, secouru. Des représentants de toutes les misères se pressaient dans l'enceinte, depuis les pauvres du village jusqu'aux vétérans de mer qu'il avait fait riches.

Jamais oraison funèbre ne renferma de plus unanimes, de plus sincères éloges. Bien des voix s'étranglaient dans les sanglots, bien des yeux répandirent des larmes, et, sans qu'aucun des témoins se permît de demander hardiment la condamnation de l'homme assis à la barre, la salle tout entière vibrait d'indignation et chacun souhaitait dans son cœur que le glaive de la loi tombât sur une tête coupable.

Rien ne paraissait surprendre l'accusé. Il répondait d'un signe négatif à chaque question du président lui demandant s'il objectait quelque chose à la déposition des témoins. Ce fut seulement lorsque le dernier eut été entendu, et quand on put croire terminé le concert d'éloges qui s'élevait de toutes les bouches et de tous les cœurs, que Hector Dambrun se leva :

— Messieurs, dit-il, une voix manquait pour compléter l'éloge de mon frère. Nul autant que moi ne peut vous apprendre combien il fut bon et à quel point je lui ai dû de reconnaissance... Dans ce que vous avez entendu de défavorable sur mon passé, presque tout est vrai. Je dis presque tout, parce que Dieu seul sait ce qui se passe au fond de notre âme qu'un regret, une prière rafraîchissent et purifient parfois. Mon enfance fut oisive, ma jeunesse passionnée, mon âge mûr orageux. J'ai joué avec frénésie, je me suis plongé dans la débauche avec une impatience fiévreuse, j'essayai plus d'une fois de tuer en moi ma conscience. Acquérir un vice ne me semblait qu'un moyen nouveau de me procurer des jouissances. Mon père se montra sévère, ma mère indulgente, mon frère plaida ma cause près de chacun d'eux. Combien de fois n'écrivit-il pas les pensums de l'écolier paresseux ? Combien de fois sur ses économies ne paya-t-il pas mes livres déchirés, mes cahiers perdus ? Sans cesse placé entre moi et le châtiment, il obtenait ma grâce en récompense de son travail. L'un présageait devoir être la consolation de sa famille, et l'autre en devenir le fléau. J'ai cru longtemps qu'il n'y avait point de crime à semer la douleur dans le sein de sa mère, à désoler ceux à qui on devait le pain de la vie et le pain de la tendresse. Je ne sentais en moi qu'un esprit de révolte. Tout me semblait juste de ce qui satisfaisait mes appétits. J'étais un violent, un passionné. Sans règle et sans frein, je prenais en haine quiconque tentait de me ramener au bien. La religion et la morale me semblaient autant de jougs à secouer. Toute tentation me trouvait faible. Et cependant plus d'une fois je me suis traîné aux genoux de ma mère en lui demandant pardon. J'éprouvais contre moi-même des éclairs de haine. Je me trouvais parfois si misérable que j'aurais volontiers accepté un châtiment ; mais cette impression gardait la durée d'un éclair. Je me demandais pourquoi la punition aurait plus de durée que la faute ? Pauvre Jean ! Je me souviens qu'une nuit il entra dans ma chambre, s'assit sur mon lit et me parla avec une éloquence, une sensibilité qui m'arrachèrent les larmes. J'étais sincère en ce moment ; le lendemain je lui dérobais ses économies. La bonté, les vertus, les succès de Jean restèrent impuissants à consoler ma mère. Mon père ruiné pour avoir payé trop de fois mes dettes ne vivait plus que des dons de mon frère... Et j'étais loin de tous, en Allemagne, où j'allais d'un tripot à l'autre, quand ils moururent tous deux, l'une en appelant sur moi la miséricorde du ciel, l'autre en me flétrissant par le testament qui me déshéritait. J'allai à Calcutta où je jouai un jeu infernal, tantôt riche à jeter par poignées l'or ramassé sur un tapis vert, tantôt pauvre à mendier les services de mes amis. Je ne faisais en France que de rares et rapides excursions. Ce fut pendant l'une d'elles que j'épousai ma femme... Oh! tenez, messieurs, cela est épouvantable et fatal qu'un homme de ma sorte n'ait trouvé autour de lui que des anges; mère, sœur, femme, fille, toutes furent des modèles d'abnégation, de patience et de grâce, et sur ces fronts innocents j'ai accumulé toutes les douleurs. N'ai-je donc jamais été sincère? J'en jure par la solennité de cette scène qui se terminera sans doute par ma mort, quand Julie consentit à devenir ma femme, l'amour qu'elle m'inspirait me fit croire que je me purifierais près d'elle. Cette fille charmante, grandie entre l'église où la conduisait sa mère et l'atelier où peignait son père, eût été capable de convertir un démon. Elle me pacifia seulement durant quelques mois. J'étais indigne de cette existence honnête; la vertu de ma femme ne suffit pas à me retenir. Je balançai longtemps avant de les quitter; ce dernier crime me semblait plus révoltant que tous les autres... Je le consommai pourtant... Quand je revins en Europe, Julie était presque riche! Oh! tenez, cela est horrible! cet or m'attira plus que le repentir. Elle me le donna avec la confiance des cœurs simples, et depuis ce moment elle fut perdue... Son martyre, elle ne vous le dira jamais! Je l'avoue, je me condamne, je me maudis... Mais Julie ne sait que me pardonner et me plaindre... Quand il n'y eut plus de bijoux dans les écrins, plus d'argent dans les meubles, quand Paris eut dévoré ce que je dérobais à cette jeune mère et à mon enfant, je quittai l'hôtel borgne où je les avais entraînées et je partis pour l'Angleterre. De là je me rendis à New-York où je subis des chances de fortune diverses. Je revins en France pour m'enquérir de la succession paternelle. J'avais la certitude que mon frère ayant amassé une grande fortune s'était montré plus que généreux avec mes parents. Ceux-ci, au moment de leur mort, devaient posséder une somme dont la moitié me reviendrait. Il s'agissait de risquer une grosse partie, d'arracher des mains de la fortune une dernière épave. Je me trouvai déçu dans mon espoir. Dans sa loyauté scrupuleuse mon frère avait payé toutes mes dettes; mais le calcul établi de ses règlements successifs dépassait de beaucoup la moitié de tout ce qu'avait possédé mon père. Il ne me revenait rien! rien!

Je me trompe : il me restait mon frère !

Hector prononça ces derniers mots avec une expression de voix telle qu'un frisson parcourut la salle tout entière.

Noëlie et Julie cachèrent en pleurant leurs visages dans leur mouchoir.

Hector Dambrun reprit d'une voix plus âpre :

— Mon frère ! le Benjamin de la famille ; celui qui en avait été la gloire, comme j'en étais devenu la honte ! Oh ! j'étais décidé à tout au moment où je franchis la grille de son parc. Je ne me disais point que, si nos situations étaient différentes, c'est que j'avais préféré la paresse au travail, la débauche à une vie honorable, et que je récoltais la tempête pour avoir semé à tous les vents des passions.

J'entrais chez lui le cœur rempli de haine ; décidé à jeter du scandale sur la tombe de mon père, à intenter un procès inique si mon frère ne me faisait pas une part de sa fortune. J'en avais assez des nuits d'orgie dans les tripots, des ivresses ignobles, des dés que pipaient mes partenaires, des cartes bizautées avec lesquelles ils gagnaient le produit de ma chance, des rires effrontés des femmes, de la chasse des huissiers, des sourdes menaces de la police. Je voulais une sorte de repos, un moyen de vie avouable. Un homme dont j'avais fait la rencontre à bord d'un paquebot offrait de mettre sa dangereuse pratique judiciaire à mon service, et ce fut en sa compagnie que j'entrai à Versel. Dieu m'y poussait pour mon châtiment !

Hector passa les deux mains sur son front blême ; sa voix s'étranglait dans sa gorge, il avalait avec peine sa salive, et, sans paraître comprendre avec quelle attention prodigieuse l'écoutait la foule massée dans la salle de la cour d'assises, il demeura immobile, l'œil fixé sur une lointaine vision.

— Je trouvai Jean, reprit-il, j'essayai d'élever la voix ; il dédaigna mes menaces, et, sans même vouloir discuter avec moi les conditions auxquelles j'offrais la paix, il me proposa comme une aumône un toit et du pain... Que ne suis-je parti, acceptant ce coin de terre, cette vie oubliée ! Peut-être au fond d'une solitude le repentir serait-il venu... Mais en ce moment, savez-vous quelle apparition frappa mon regard ? Ma femme ! ma fille ! Il avait relevé l'une affamée et sanglante, élevé et chéri l'autre... Encore une fois il prenait ma place et remplissait mon devoir... De même qu'il avait recueilli la bénédiction paternelle, il conquérait ces deux âmes tendres et brisées par mon ingratitude. Je le trouvai le maître de ces deux existences et de ces deux âmes. J'avais enfin le moyen de torturer ce cœur rigide qui comptait faire peser sur moi une lourde expiation. **Je découvrais son côté vulnérable.** Dieu m'envoyait la possibilité d'en tordre les fibres, j'allais enfin me venger! Me venger! Comprenez-vous cela, messieurs? Je voulais me venger sur Jean de ce qu'il avait donné du pain à ma femme et à ma fille... Plus infâme que jamais, je conclus un marché au moyen duquel je rentrerais dans une sorte de grâce. On me souffrirait dans cette maison honnête; je m'assiérais à cette table abondante et recherchée dont des pauvres trouvaient si largement leur part. J'ai promis de dire la vérité, vous la savez toute... Je ne me réjouis point sincèrement de retrouver ma femme et ma fille; l'une pleurait au souvenir de son amour méconnu, l'autre s'effrayait en songeant aux scènes passées. Toutes deux ne comptaient que sur l'appui et la tendresse de Jean. Mon frère les avait conquises par le cœur avant qu'elles apprissent quels titres sacrés les liaient les uns aux autres. Et je me sentis jaloux de cela encore! Et j'en voulais à Jean de ce que j'appelais détourner de moi ma compagne et mon enfant. Mon orgueil souffrait, sinon mon cœur. Mon cœur, savais-je si j'en avais encore?... Je restai, pris par ce luxe auquel j'avais aspiré, que j'avais possédé par intermittences pour retomber ensuite plus bas. Je me plongeais avec des soifs de sybarite dans cette vie nouvelle. La bête voulait être satisfaite et repue. Je ne faisais point de scènes, je semblais content de mon sort; mais quand un regard froid de mon frère tombait sur moi, je sentais se réveiller ma vieille haine mal endormie. Après avoir dévoré les gâteaux de miel, Cerbère aboyait encore.. On me tolérait, nul ne m'adressait de reproches; ma femme tentait d'amollir une âme de granit; ma fille se rapprochait de moi; je devinais qu'au fond de ces consciences s'épanouissait le pardon chrétien. Je le repoussais; il me faisait rougir. Femme, fille, frère m'écrasaient de leur supériorité morale. Et la pensée que ce supplice ne finirait pas, que sans cesse je me verrais opposer Jean et préférer celui qui me faisait une charité quotidienne, me devenait si horrible que l'idée me vint de me suicider.

Encore une fois Hector s'arrêta.

La foule demeurait suspendue à ses lèvres. Jamais réquisitoire ou plaidoirie ne captiva de la sorte la foule remplissant un prétoire.

Emporté par le sentiment irrésistible qui le poussait à achever cette confidence, Hector reprit :

— Oui, je songeai à mourir! Je n'avais point de croyance religieuse pour me le défendre. Le but que j'avais atteint me paraissait tellement misérable que le supplice de chaque jour me trouvait lâche. Un soir je quittai ma chambre après que maîtres et valets furent rentrés et je me dirigeai vers la rivière située à l'extrémité du parc. Je marchais vite, avec hâte d'en finir. La soirée était superbe, le ciel plein d'étoiles et l'air très doux. La douleur physique ne m'effrayait pas, et je me réjouissais à la pensée que dans une minute tout serait fini, tout! — Je vous ai dit que j'avais rayé Dieu de mon âme! — Arrivé à la rivière, j'escaladai deux roches, et au moment où j'atteignis le sommet de la plus haute, fermant les yeux, je me précipitai... Il me sembla, au milieu du bourdonnement dont s'emplirent mes oreilles, distinguer un cri d'épouvante... Une sensation d'oppression terrible me contracta la poitrine; la souffrance ne m'empêcha pas cependant de persister dans ma résolution et, sans même tenter de reprendre pied et de me cramponner aux aspérités des pierres, je me laissai aller à la dérive... Au moment où le courant m'emportait avec le plus de rapidité, le même cri que j'avais entendu m'arriva de nouveau plus lointain, plus faible... Ma tête toucha contre une pierre; je me sentis rouler dans une succession d'abîmes, et ce fut tout... C'était la mort... Et cependant quelques instants après j'ouvrais les yeux, et j'aperçus penché au-dessus du mien le visage de mon frère... Averti par un pressentiment, entraîné par cette sollicitude qui ne l'abandonnait jamais, il m'avait suivi de loin... Accouru trop tard pour m'empêcher d'exécuter mon dessein, il s'était jeté dans la rivière, et, nageant avec rapidité, guidé par les tourbillons de l'eau, il m'avait saisi par les cheveux au moment où ma tête heurtait aux roches du fond. Sans prendre le temps de me questionner, dès qu'il eut retrouvé son souffle et ses forces, il me saisit dans ses bras et m'emporta. Je ne résistais plus, je me sentais vaincu. J'avais assez de fois lutté contre le sentiment de mon ingratitude, je me donnai à lui au moment où il donnait sa vie pour la mienne...

Un quart d'heure plus tard je pleurais dans ses bras. J'avouai tout : ma haine, ma jalousie, l'envie féroce qui me piquait le cœur, mes lâchetés et mes bassesses. Je me confessai à lui durant cette longue nuit d'été où pour la première fois nos cœurs battirent l'un près de l'autre... Oh! vous ne savez pas, jamais vous ne devinerez la transformation qui s'opéra en moi. Il me sembla que tout changeait de face. J'allais aimer. J'allais vivre sans souffrir de cet horrible secret, la haine. Je pouvais pleurer comme les autres hommes. Il m'écoutait avec une tendre indulgence!

— Que ne parlais-tu! me dit-il, est-il un trésor qui vaille le cœur d'un frère? Partageons, partageons tout! Ne m'as-tu point payé par avance en me laissant la chère compagnie de ta femme et celle de Noélie... C'est moi qui te suis redevable... Et depuis longtemps Dieu sait combien je t'aurais remercié de me permettre de m'acquitter...

Quelle nuit, messieurs, quelle nuit! Mon cœur éclate quand j'y songe... Jean me serrait dans ses bras comme le père de l'enfant prodigue dut presser son fils. Je pleurais, moi! le sceptique, le railleur, le joueur misérable, le débauché! Je pleurais et jamais sensation ne m'avait paru plus douce... Je ne me souvenais d'avoir haï mon frère que pour le mieux adorer...

Quand il eut pansé la blessure que je m'étais faite avec un de ces remèdes rapportés des Indes dont il gardait le secret, et guéri à jamais la plaie de mon âme, le matin se levait. Il fut convenu que nous couvririons d'un silence impénétrable ce qui venait de se passer. Je pouvais dissimuler la plaie qui me faisait souffrir, et le lendemain, sauf un attendrissement dont lui seul savait le mot, rien ne parut changé entre nous.

Ce fut deux jours après cette nuit de réconciliation dans la mort, que Jean refit son testament. J'acceptai ses bienfaits sans rougir... Je lui devais bien la vie !

On attribua seulement au changement de ma fortune le changement de mon caractère. J'avais promis de me taire, même à l'égard de ma femme; je tins cette parole.

Sans savoir d'où venait ma conversion, Julie s'en réjouit, et cette âme angélique crut que, après m'avoir gagné à la famille, elle m'attirerait à Dieu...

La vie me semblait douce; je me prenais à aimer les hommes. Je retrouvais la vie; la bonté eût refleuri en moi... Les mois passaient comme un rêve: vie heureuse! Je chérissais Jean avec une force doublée par la violence de mes remords, et ce fut au milieu de cette phase de paix prête à se changer en bonheur que fondit sur mon frère l'indisposition qui le devait emporter. Quoi qu'on dise, quoi que puissent objecter les médecins, je demeure convaincu que le verre de limonade glacée bu par mon frère fut la première cause de son mal. Cette carafe ne pouvait être empoisonnée. Elle se trouvait à la portée de tous avec un plateau. Quant à ce qui est survenu le lendemain, aux symptômes graves qui se déclarèrent après le souper de Jean, je ne puis rien expliquer. L'unique chose que je puis affirmer, c'est que la vie que vous voulez me reprendre je la donnerais mille fois avec joie pour ressusciter celui qui n'est plus ! Ah! messieurs, qu'ils doivent souffrir là-haut ceux qui, voyant accuser un être cher, demeurent impuissants à le défendre!

J'ai dit la vérité, rien que la vérité. Je laisse la parole à l'accusation. Je devais à ma femme et à ma fille d'apprendre à tous pourquoi la pensée de tuer mon frère ne pouvait pas même m'être venue... Je n'ajouterai rien, Dieu fera le reste!

Hector se rassit, tandis que la foule restait en proie à une émotion violente.

Cette étrange façon de raconter sa vie, cet homme qui s'accusait si haut, et qui montrait avec tant de franchise comment ses mauvais instincts avaient cédé devant la persistance du dévouement et de la tendresse de son frère, n'étaient certes point banals à cette heure. Tout dans son attitude et dans le son de sa voix indiquait qu'il prenait bien moins la parole pour se défendre que pour rendre témoignage à la justice. Il paraissait avoir rempli une tâche dont il n'espérait pas même le succès.

Noëlie et sa mère tournèrent vers lui leur visage baigné de larmes, puis elles s'absorbèrent dans leurs pensées.

La parole était au ministère public.

Le procureur général se leva, et dans un langage mesuré, logique, presque froid, il raconta « le drame de Versel » depuis la conception du crime jusqu'à son achèvement. Il traita de mensonge le récit de la tentative de suicide d'Hector et son sauvetage par Jean Ostrog. Il railla cette confession romanesque, dans laquelle l'accusé n'avait poussé si loin la crudité réaliste de certains détails que pour faire une opposition plus grande avec l'invention grâce à laquelle il espérait surprendre la crédulité de ses juges.

Les phrases du procureur général tombaient toutes incisives et froides, effaçant jusqu'au dernier vestige de l'attendrissement causé par les aveux de l'accusé.

Quand le procureur général eut terminé son discours et s'assit, les mots « d'éloquence magistrale » circulèrent dans la salle.

Le magistrat parut jouir paisiblement de son triomphe, et il s'absorba tellement dans le sentiment de son succès qu'il n'entendit pas un mot de ce que répliqua l'avocat.

Ce que venait de raconter Hector dérangeait complètement l'économie de sa plaidoirie ; loin d'y perdre, elle y gagna.

Plus rien de préparé ; d'arrêté, ce jeune homme parla suivant son cœur et sa conscience. S'il n'arriva pas au sublime, il demeura touchant. Au nom des regrets d'Hector, au nom de sa femme et de sa fille dont l'éloge se trouvait dans toutes les bouches, il supplia les jurés de renvoyer absous celui dont toutes les fautes de jeunesse se trouvaient suffisamment expiées par l'accusation terrible qui l'avait amené sur ce banc...

Hector l'écoutait avec une satisfaction amère. Évidemment M. Lescor ne pouvait rien dire de plus, ni s'expliquer mieux, et cependant Dambrun sentait que sa plaidoirie sonnait dans le vide.

Quand elle fut terminée, l'accusé serra les mains de M. Lescor.

— Merci pour elles ! dit-il.

— Espérez, fit l'avocat d'une voix faible. Vous gardez une chance, depuis votre incarcération une loi sage a supprimé le résumé du président. Je l'ai souvent plus redouté que le réquisitoire.

Le jury se retira, et en même temps l'accusé, sa femme et sa fille entrèrent dans une petite pièce où on les laissa seuls.

Hector attira sa femme dans ses bras :

— Aviez-vous mérité cela! fit-il avec désespoir.

Elle tenta de réveiller en lui la confiance; mais bientôt elle cessa de se contraindre, et se mit à sangloter.

Elle pleurait encore au moment où l'audience fut reprise :

— Restez là! restez là! Je vous en conjure, dit Hector en leur serrant les mains; n'entrez plus dans cette salle funèbre... Ne savez-vous pas que ma tête est livrée au bourreau...

— Cela ne se peut pas! cela ne se peut pas! dit Noëlie.

— Pauvre enfant! cela est! fit Hector.

La petite porte s'ouvrit, on venait le chercher.

Il se passa une de ces minutes pendant laquelle les plus forts sentent leurs cheveux mouillés d'une sueur froide.

La mère et la fille se tenaient enlacées, à demi mortes d'épouvante, et, quand cette parole terrible tomba des lèvres du chef du jury : « Oui, à l'unanimité, l'accusé est coupable, » toutes deux s'affaissèrent sans vie contre le banc de la défense.

Lucien Lescor s'empressa de relever Julie Dambrun, tandis que Noëlie était emportée par Gilbert Favières.

Quand celle-ci le reconnut, elle s'arracha de ses bras, lui criant avec un désespoir sans nom :

— Vous avez tué mon père.

Un second évanouissement l'enleva au sentiment de sa douleur. Pendant ce temps, après une délibération de quelques minutes, l'application de la loi était faite :

Hector Dambrun monterait sur l'échafaud.

— Je te le jure, cette maxime sera celle de toute ma vie.
(Voir page 176.)

CHAPITRE XV

DERNIÈRE BÉNÉDICTION

A peine le verdict de la cour d'assises fut-il rendu que Gilbert Favières se dirigea vers la gare. La soirée s'avançait; il avait hâte de retrouver son père dont l'état devenait de plus en plus grave. Cette vie épuisée par le travail déclinait rapidement, et depuis deux jours Gilbert constatait un tel accroissement de faiblesse qu'il redoutait un malheur subit.

Sans chercher à voir Julie Dambrun et Noëlie, qu'il fût resté impuissant à consoler et près de qui sa situation devenait plus que difficile, il retourna à Versel par le premier train.

Durant toute la journée le paralytique avait paru ne se soutenir que par un miracle. L'abbé Germain ne le quitta pas, et le vieillard, dont l'existence s'était passée dans la pratique de tous les devoirs, s'éteignait consolé par le prêtre, en attendant que, pour la dernière fois, il posât sa main tremblante sur le front de son fils.

Celui-ci accourut hors d'haleine, le front moite de sueur, l'âme brisée d'angoisse.

Le regard qu'il jeta sur Véronique, la vieille servante, en dit plus à celle-ci que toutes les paroles.

— Monsieur l'abbé Germain est là... dit-elle.

— Dieu soit loué! fit Gilbert qui pénétra rapidement dans la chambre du malade.

Après le baiser du retour, bonjour muet, empreint d'une excessive tendresse, le vieux Favières demanda péniblement :

— Comment s'est terminée l'affaire Dambrun?

— Par une condamnation capitale, répondit Gilbert avec un frisson.

— Pauvres femmes! murmura le prêtre.

— Ce verdict me semble juste.

— A moi aussi, répliqua Gilbert, Dieu sait combien j'aurais béni le ciel de m'épargner une mission accusatrice. Il me semble que Noëlie me regarde comme le meurtrier de son père.

L'abbé Germain se leva.

— Mon enfant, dit-il, la loi vous ordonnait de parler suivant votre conscience, vous avez obéi à la loi. Je vous laisse avec votre père; vous l'aimez aussi tendrement qu'il vous aime, et peut-être veut-il vous adresser ses dernier conseils... A demain, docteur, fit le curé, à demain. Soyez en paix!

Gilbert prit auprès du lit du paralytique la place que tout à l'heure occupait l'abbé Germain.

Le pâle visage du malade reflétait une sérénité admirable, les derniers troubles de la conscience s'étaient dissipés à la voix du prêtre. Il avait accompli ce grand, ce terrible acte de renoncement aux choses et aux affections du monde, pendant l'absence de Gilbert, et maintenant il allait pour la dernière fois s'entretenir avec celui qu'il avait tant aimé...

— Gilbert, dit-il, approche-toi plus près encore; ma voix est si faible, je n'ai plus qu'un souffle, et il faut que ce souffle pénètre jusqu'à ton âme... Tu le sais, comme fils, et comme homme de science, je n'ai plus à rester en ce monde qu'un nombre d'heures limitées. Avant de te quitter, je veux te dire tout ce que mon âme renferme pour toi... Et d'abord, tu m'as chéri et honoré comme un fils respectueux et tendre. Je t'ai dû toutes les joies de la paternité. Jamais tu ne préféras rien à cet ami qui s'en va, et qui ne regrette que toi sur la terre... Sois béni pour la vieillesse que tu m'as faite, mon enfant! et puisses-tu avoir des enfants qui te ressemblent!

— Mon père! mon père! dit Gilbert avec un sanglot.

— Ne t'attendris point, je t'en supplie; restons hommes, soyons forts, mon bien-aimé. Quand je ne serai plus, je veux que tu te souviennes de mes dernières paroles; reçois-les comme un testament.

— Père, j'écoute et j'obéirai.

— J'ai vécu humblement ici, en pauvre médecin campagnard, non par vocation, mais faute d'être assez riche pour risquer à Paris la grande bataille du succès. A ton âge je rêvais autre chose, mais j'eus le bonheur d'épouser ta mère, tu me fus donné, et je ne regrettai rien... Seulement chaque fois que des ouvrages, des journaux, des revues de Paris m'arrivaient, quelque chose traversait mon esprit en y laissant une ombre. Je me sentais tellement ignorant en me comparant aux praticiens fameux que durant quelques jours il me restait une tristesse. Des velléités de travail me reprenaient, puis je refermais mes livres, et je retournais visiter mes malades. Les paysans qui mènent une vie dure et frugale sont préservés de bien des souffrances et mis à l'abri d'un grand nombre de maladies. Il ne faut pas grand art pour soigner ces hommes de la terre qui tombent d'épuisement à la fin du long jour de la vie... Des douleurs gagnées durant les hivers, des fièvres attrapées pendant la saison humide, et ce mal de la vieillesse qui les use fibre à fibre et contre lequel ils ne tentent pas de lutter, voilà tout. Avec cela s'occuper des jeunes mères et des petits enfants, donner gratuitement les remèdes que le paysan n'achèterait pas, il n'en faut pas davantage. J'ai fait le bien dans une sphère étroite, j'espère que Dieu m'en tiendra compte...

Le mourant serra la main de son fils.

— Pour toi, je veux autre chose. Rien de ce qui m'entravait ne peut te nuire. Ne passe point ta vie à Versel, où, moi parti, rien ne te retiendra. Le comte Ostrog t'y aurait gardé, et s'il vivait encore, je t'approuverais de lui faire ce sacrifice, car Ostrog était un de ces hommes rares qui valent toute l'affection d'un noble cœur. J'ai mieux compris ton caractère et ton cœur que tu ne l'as cru. Ton instinct, ton ambition t'emportent vers la science; tu t'es efforcé de me dissimuler tes tendances par dévouement. Tu savais qu'au premier vœu exprimé par toi, je t'aurais répondu : « Pars! » et tu voulais me fermer les yeux. J'ai accepté ce dévouement simplement comme tu le faisais. Je jugeais qu'il était bon qu'un jour tu pusses te rendre ce témoignage d'avoir été pour ton père le meilleur des fils. La force d'un chef de famille est souvent dans un souvenir comme celui-là. Mais quand tu m'auras conduit au vieux cimetière, quand rien ne t'attachera plus au sol, laisse dans la vieille maison notre pauvre servante Véronique, et pars pour Paris. Tu as la facilité qui s'assimile, la mémoire qui retient, l'instinct médical révélant la nature du danger. Tu peux devenir célèbre, et quiconque est célèbre est utile. L'ambition sied bien à la jeunesse. Il me semble d'ailleurs que c'est rendre un hommage à la mémoire de ton bienfaiteur, que de t'efforcer de te servir de la fortune qu'il te lègue pour devenir un homme considéré, juste, généreux. Oh! nul plus que le médecin, et le médecin des grandes villes, ne voit de pénibles intérieurs et ne découvre de sinistres misères... L'or que te laissa Ostrog servira à te faire bénir, et les pleurs de reconnaissance qui couleront des yeux de ceux que tu auras soulagés seront encore une louange pour sa mémoire.

Oui, pars pour Paris, maintenant que tu as âge d'homme et que mes leçons et mes conseils t'ont fortifié contre les entraînements de la première jeunesse. Assigne-toi un but dans la vie. Fais-le aussi haut que possible afin de t'encourager par les difficultés même que tu auras à l'atteindre. Quiconque manque d'ambition ne parvient à rien. Je ne veux pas que tu arrives isolé à Paris, je t'y ménage une amitié; du père elle ira au fils. Je t'ai souvent raconté que je fis à Rouen mes études avec Pierre Ferral, devenu un des princes de la science. Jamais notre correspondance n'a cessé d'une façon complète. Je le suivais de loin du regard; j'applaudissais à ses succès, comme à l'époque où nous nous asseyions sur les mêmes bancs. Il tenta il y a longtemps de m'attirer près de lui, me promettant de me ménager une place à ses côtés; mais déjà je songeais à épouser ta mère, et je ne voulais plus quitter ce coin de terre où elle avait grandi, où la moisson mûrissait dans les champs qui formaient sa dot. J'acceptais le bonheur, franchement; je ne songeais plus à la gloire ni à la fortune. Mais quand tu résolus à ton tour d'apprendre la médecine, quand tu comptas vingt ans, je réclamai de Pierre l'exécution de sa promesse. Je lui écrivis qu'un jour je lui léguerais mon fils, et ce legs, il l'accepta.

— Cher et bon père! s'écria Gilbert en portant la main du paralytique à ses lèvres.

— Tiens, dit le vieillard en prenant une large lettre sous son oreiller, quand tout sera fini pour moi, tu partiras pour Paris, et tu remettras cette lettre à Ferral. Il te recevra paternellement. Accepte sa direction, demande-lui à suivre ses cours. Non seulement il dirige un des grands hospices de Paris, mais encore c'est à lui que l'on s'adresse dans les cas où doit intervenir la médecine légale. En profitant de ses leçons, tu deviendras un maître à ton tour.

— Je vous obéirai, mon père.

Le vieillard ajouta avec un soupir :

— Ostrog et moi nous avions fait le rêve de te marier à Noëlie... Hélas ! pauvre enfant ! trouvera-t-elle maintenant un homme qui daigne lui faire l'aumône d'un nom honorable ! Si belle, si jeune, si à plaindre ! Quand je t'en parlai jadis, tu me répondis : — « Je ne l'aime pas suivant l'idée que je me suis faite du mot aimer... » — L'amour serait venu, car Noëlie est une des plus parfaites créatures que j'aie connues ; désormais tout est fini pour elle ; le sceau d'un ineffaçable malheur l'a marquée, et, si complètement bonne et pure qu'elle soit, je ne saurais plus te conseiller de réparer à son égard l'injustice dont elle est victime. Tu chercheras à Paris, dans un de ces foyers honnêtes comme il s'en trouve encore plus qu'on ne semble le croire. Cher enfant ! aime ta femme comme j'ai chéri la mienne, et sois récompensé dans tes fils...

Une faiblesse rejeta le mourant sur son oreiller.

Gilbert se précipita sur le corps du paralytique, et lui souleva le buste doucement.

— Tu ne sais pas, dit le mourant, je demande encore à Dieu quelque chose...

— Quoi donc, mon père ?

— Je voudrais voir lever le soleil !

— Tu le verras, père ! et d'autres soleils encore... s'il plaît à Dieu ! à Dieu qui t'aime parce que tu fus chrétien, devant lui et devant les hommes ; parce que ta vie fut un exemple pour tous, et que, de même qu'il passait en faisant le bien, tu as été son imitateur en visitant ses malades et en soulageant ses pauvres...

— Ne te fais pas illusion, Gilbert, ce sera la dernière fois que je verrai le jour ; mais le matin est une belle heure pour mourir... Songe donc, s'en aller vers Dieu dans la splendeur de son aurore, exhaler sa dernière prière quand s'élève la première brise... Et puis, tu seras là, tu seras là...

Le vieillard demeura silencieux prenant entre ses mains la main tremblante de son fils. De temps à autre ses lèvres remuaient ; mais il avait achevé ce qu'il voulait dire aux hommes, il ne parlait plus qu'à Dieu.

A travers la fente des volets une lueur blanche passait : présage de l'aube... Lentement elle devint plus claire, et le paralytique dit à Gilbert :

— Il est temps !

Le jeune homme ouvrit la fenêtre toute grande, roula le corps épuisé de Favières dans une couverture, et le porta sur le grand fauteuil dans lequel il avait passé tant d'heures laborieuses, travaillant à la petite table; quelques livres s'y trouvaient encore : vieux compagnons auxquels il avait dû sa science modeste et la sérénité de sa vie.

L'horizon lumineux devenait rose, puis la teinte s'accentua et une pourpre vive l'envahit. Avec une lenteur solennelle, après avoir jeté de longs rayonnements, le soleil apparut superbe, remplissant de sa magnificence le ciel d'un bleu sans nuage.

Au même instant, dans la sérénité du matin, s'éleva la voix mélancolique de l'*Angelus*. La face du vieillard s'illumina, une de ses mains se leva avec un geste de prière, sa bouche murmura doucement :

— Les cloches ! les cloches !

Puis la main qu'il n'avait pas eu la force d'élever jusqu'à son front retomba sur la tête de Gilbert prosterné.

L'âme s'était envolée au premier rayon du jour, accompagnée par l'harmonie qui tombe de l'airain pour répéter aux hommes :

— La plus belle heure du jour appartient à Dieu.

Et ce fut une belle mort que celle de ce juste, mort sans secousse et sans terreur.

Lorsque Véronique eut averti l'abbé Germain, celui-ci accourut, et, recevant le jeune homme dans ses bras :

— Gilbert, dit-il, les trépas semblables à celui de votre père sont précieux devant les anges. Montrez-vous fort contre le coup qui vous frappe; vous le saviez inévitable, vous le supporterez, je ne dis pas en homme, mais en chrétien. Il est en paix! dans la grande paix de Dieu! La seule qui soit éternelle, la seule à laquelle nous devons aspirer...

Gilbert ne répondit point; il n'en avait pas la force. Il se sentait soulagé par les paroles du digne vieillard, mais en dedans de lui-même il étouffait des sanglots.

Tout fut simple, pieux et digne, dans ses funérailles. Les paysans que tant de fois il secourut demandèrent à porter son cercueil. Les enfants cueillirent dans les champs les fleurs et les branchages dont fut jonché le chemin allant de la maison à l'église, et de l'église au cimetière.

En substituant une pompe banale et mercenaire au touchant concours des pauvres, Gilbert aurait cru offenser la mémoire paternelle. Il abandonna donc aux indigents, dont le cœur se souvenait des bienfaits du vieux docteur, le soin de ses touchantes funérailles. Dans ce grand concours de cœurs humbles et reconnaissants, il trouva l'unique consolation capable d'adoucir ses regrets.

Le cortège qui accompagna le père de Gilbert à sa dernière demeure se composait de tous les indigents du pays; les travailleurs avaient abandonné les champs pour rendre un dernier hommage à celui qui les avait aimés, et, sur le passage du convoi, des femmes courbées, des hommes se soutenant à peine se levaient et, appuyés sur des bâtons ou des béquilles, ils prenaient la file lentement, songeant que bientôt ce serait leur tour de s'en aller à travers les haies d'aubépines, jusqu'à ce champ de fleurs au milieu duquel des croix s'élèvent et qu'on a nommé le champ du repos!

Il n'y eut point de discours prononcé sur cette tombe, la foule se retira quand la dernière pelletée de terre eut disparu sous un monceau de bouquets et de couronnes.

Épuisé par la violence qu'il s'était faite pour surmonter son chagrin, Gilbert s'enferma chez lui après la cérémonie funèbre. Il avait besoin de recueillement et de solitude. Le cœur comprimé éclatait. La pauvre vieille Véronique le servait sans bruit, s'essuyant les yeux avant de paraître devant son jeune maître.

Durant trois jours ils passèrent pour ainsi dire l'un près de l'autre sans se voir. Au bout de ce temps Gilbert trouva le courage de mettre en ordre les papiers laissés par son père.

Il y trouva un grand nombre de notes, d'études, de recherches, sur la botanique des champs. Des pages charmantes sur la nature, et des paysages décrits avec une vérité pleine de poésie. Puis à côté de cela, des récits touchants de choses qu'il avait vues, de dévouements qui l'avaient frappé, de scènes terribles et cruelles dont il avait été témoin. Tout un code de vie rurale se trouvait renfermé dans ces pages intimes.

Gilbert serra pieusement ces cahiers. Le dernier qu'il trouva formait un gros volume. C'était en quelque sorte le journal du médecin de campagne. Il y avait inscrit non seulement les événements de sa vie, mais encore il avait analysé avec un soin scrupuleux tout ce qui passait dans son âme d'heureux et de triste. Jamais miroir ne refléta plus fidèlement l'image d'une âme.

Sur la dernière page écrite quelques jours avant sa première attaque de paralysie, Favières avait écrit :

« Arrivé au terme de ma carrière, je demeure de plus en plus convaincu que la loi du sacrifice est la première règle du bonheur. Quand je ne serai plus, quand mon fils lira ces pages, qu'il se souvienne de suivre ce qui fut la loi de toute ma vie : abandonner ses passions à ses devoirs; ne relever que de Dieu et de sa conscience! »

Les lèvres de Gilbert se collèrent avec respect sur cette dernière page

— Je te le jure, dit-il, cette maxime sera celle de toute ma vie, quand j'en devrais souffrir, quand devrait s'ensuivre la mort de mon cœur...

Les papiers de Favières furent renfermés dans une lourde cassette, dont la clef ne quitta plus le jeune homme.

Il se rendit ensuite chez M⁰ Aubry.

La maison du notaire était plongée dans un double deuil.

Après le comte Ostrog, Favières s'en était allé ; ce n'est pas sans un brisement intérieur qu'on se sépare d'amis de trente ans. Mme Aubry pleura en revoyant Gilbert qu'elle avait vu naître. Lorsque le jeune homme annonça aux deux époux sa résolution de quitter Versel et d'obéir à la direction que son père lui-même avait donné à sa vie, tous deux l'approuvèrent.

— Partez ! oui, partez, mon pauvre enfant... Que feriez-vous dans ce pays où il ne reste que des vieillards. L'avenir s'ouvre devant vous ; tâchez de le rendre aussi brillant que le promettent vos facultés. Plus d'une fois j'ai dit à ma femme combien je vous admirais de vivre à Versel ; la tendresse vous tenait lieu de tout. Mais après le bienfaiteur, le père est parti...

— Oui, répondit Gilbert d'une voix navrée, et ce n'est pas seulement leur mort qui me poigne le cœur, mais les circonstances au milieu desquelles cette mort est survenue. Je me suis vu trop tôt mêlé à des drames terribles, et j'en garderai longtemps, bien longtemps l'impression lugubre... Je crois que jamais je ne pourrais respirer et vivre à Versel, près du château dont j'étais l'hôte familier, où tout me parlerait de Jean Ostrog, où je croirais voir sans cesse Mme Dambrun et Noëlie... Avez-vous appris des nouvelles de Rouen? demanda Gilbert d'une voix craintive.

— Oui, répondit M⁰ Aubry. M. de Villiers m'a écrit.

— Que vous dit-il ? demanda Gilbert.

— Donne sa lettre, ma femme, reprit le notaire.

Mme Aubry ouvrit une cassette et y prit une lourde enveloppe dont Gilbert tira trois feuilles de papier à lettre couvertes d'une écriture serrée, régulière, véritable écriture de magistrat.

Gilbert connaissait la condamnation de Dambrun ; elle avait retenti comme un glas à ses oreilles, et une épouvante sans nom lui serra le cœur à l'heure où il vit Hector, pâle comme un spectre, presser sur sa poitrine sa femme et sa fille défaillantes.

Depuis, il avait vécu dans la pensée de son père, et, si le souvenir du condamné se présentait à son esprit, il s'efforçait de l'en chasser en se répétant que si dur qu'eût été le verdict, si criminel qu'il crût cet homme, celui-ci cependant pouvait ne pas mourir... La peine capitale, appliquée rarement, n'est pas sans appel. Outre le pourvoi du malheureux qui cherche dans une erreur ou une négligence de procédure un cas de nullité, la volonté du chef de l'État suffit pour empêcher le couteau de la loi de tomber. Par des motifs de fausse sensibilité et de flagrante injustice bon nombre d'hommes persistent à répéter que celui qui a tué ne doit point mourir... On doit, affirment-ils, assez respecter la vie humaine pour la laisser à l'homme qui l'arracha violemment à son semblable.

La nature même du crime d'Hector Dambrun, l'empoisonnement, le plus lâche de tous les crimes, faisait vaguement espérer à Gilbert qu'il épuiserait tous les moyens possibles pour sauver sa tête.

La lettre de M. de Villiers le détrompa.

Convaincu d'un crime abominable, après avoir roulé de faute en faute, se voyant condamné comme empoisonneur, ce joueur qui avait risqué tant de fois son argent et sa vie n'essaya pas même de disputer sa tête au bourreau. Il aimait mieux en finir d'un seul coup que de mourir jour par jour, heure par heure, dans une île lointaine. Sa femme et sa fille déshonorées par sa condamnation n'avaient rien à attendre d'une commutation de peine. Il s'appliqua seulement à les tromper sur sa résolution.

Après avoir eu avec son avocat un long entretien pendant lequel celui-ci tenta vainement de le décider à en appeler du jugement prononcé contre lui, il apprit au jeune homme sa résolution immuable :

— Je sais, lui dit-il, ce que vous allez m'objecter : je suis innocent du crime pour lequel on me condamne ; en disputant ma vie, j'ai des chances pour la garder ; pendant que j'expierais là-bas avec des bandes de misérables, ma femme, mes amis, vous, monsieur, que j'ai réussi à convaincre, vous tenterez de découvrir la vérité... Je céderais à vos instances, et j'accepterais de laisser poursuivre par d'autres une lutte que je suis impuissant à continuer si quelque indice, si faible qu'il soit, me laissait l'espoir de réussir ; si mes soupçons se portaient sur un être assez habile pour avoir échappé aux investigations de la justice... Mais je ne soupçonne personne ; plus j'étudie cette cause, et plus je demeure convaincu que le seul homme qu'on devait accuser, c'était moi ! Je ne récrimine ni contre le juge d'instruction ni contre le procureur général, ni contre les jurés. Chacun d'eux a rempli son devoir. Appelé à donner mon avis, j'aurais parlé et prononcé comme eux. Je me connaissais une seule ennemie au château de Versel, Dorothée, qui, avec sa mine doucereuse et son apparente bonhomie, m'a chargé d'une façon persistante et cruelle, mais elle se vengeait simplement de la perte de ses espérances. La mort imprévue du comte Ostrog la prive des avantages sur lesquels elle comptait. Dorothée n'avait aucun intérêt à voir disparaître mon frère, au contraire...

Il serra nerveusement les doigts de l'avocat, puis il ajouta :
— Si Gilbert Favieres m'avait haï... lui seul, entendez-vous, lui seul...

Julien Lescor l'interrompit.
— Gilbert, l'honneur même !
— Je le sais, d'ailleurs, il resterait Duranduel...
— Aussi intègre que Favières.
— Je n'en rappellerai donc pas. Mais je persuaderai à ma femme et à ma fille que, cédant à leurs instances, je m'y résignerai pour l'amour d'elles... Ce sera une charité de m'aider à prolonger leur erreur... Je vous demande ce dernier service à vous que je remercie beaucoup moins de m'avoir défendu, ce qu'aurait pu faire tout stagiaire échappé des bancs de l'école, que de m'avoir répété que vous croyiez à ce que je n'avais pas intérêt à proclamer : mon innocence !
— Je vous aiderai, répondit l'avocat. Et cependant, chacune des raisons que vous me donnez m'affermit davantage dans ma conviction, je regrette davantage aussi que vous vous abandonniez vous-même...

M. Lescor se retira sans rien obtenir. Dans la soirée il se rendit chez M. de Villiers et lui raconta son entretien avec le condamné. Ce furent ces confidences que l'ancien magistrat transmit à Aubry dans la longue lettre qu'il lui adressa et que Gilbert tenait entre ses mains.

Il la relut trois fois avec plus de lenteur, et une sensation de regret plus intime ; et lorsqu'il la rendit à Mme Aubry, sa pâleur effraya la femme du notaire.

— Je vous en supplie, madame, dit-il à l'excellente créature, écrivez à l'aumônier de la prison, en le chargeant de faire tenir votre lettre à Mme Dambrun ; dites-lui, en votre nom, car elle n'accepterait rien de moi, que vous lui fournirez les moyens de vivre avec sa fille en quelque lieu qu'elle choisisse. Je suis assez riche pour me charger d'elles ; n'est-ce pas en quelque sorte un legs du généreux Ostrog ? Je vous ferai passer tout ce que vous croyez nécessaire. Aidez-moi à chasser un remords, car ce serait un remords pour moi de les savoir errantes et sans pain !

— Digne cœur ! répondit Mme Aubry, je le ferai, je vous le promets...

Ce fut sur cette parole qu'il prit congé de la famille Aubry ; il devait partir le lendemain pour Paris.

Il ne lui restait plus qu'à assurer l'existence de Véronique.

Quand il rentra il la fit venir dans la chambre où était mort son maître.

— Tu m'as élevé, Véronique, lui dit-il, et je sais ton dévouement à toute épreuve. Je vais t'en demander la confirmation. Jamais je ne vendrai la maison où mon père est mort... J'y reviendrai de temps en temps, quand je serai las de la vie de Paris, et que j'aurai besoin de me retremper dans mes souvenirs. Je t'en fais la gardienne. Soigne-la comme si chaque jour tu devais m'y voir entrer. Fais cultiver le jardin, et entretiens pieusement la tombe sur laquelle je reviendrai m'agenouiller... Je ne t'offre pas de t'enrichir, tu me refuserais... Je charge M° Aubry de te compter tous les mois une somme de cent francs, et je suis certain que tu trouveras encore le moyen de faire des aumônes sur cette modeste rente. Les servantes comme toi sont une bénédiction pour les familles! Te laisser ici n'est pas le moindre de mes regrets! Mais que ferais-tu à Paris, toi qui n'as jamais quitté Versel? Attachée à ce village, à ses murailles, tu y vivras de tes souvenirs; de temps en temps j'écrirai à M° Aubry et à l'abbé Germain, et ils te donneront de mes nouvelles.

Le jeune homme serra les mains de la vieille femme qui pleurait, puis il resta seul dans la chambre paternelle, jusqu'à ce que l'heure fût venue de prendre le chemin du Havre.

. . . .

Quand un homme vient d'être condamné à mort, si criminel qu'il soit, il se produit en sa faveur un revirement de pitié. L'amour de la vie est si puissant, la terreur du trépas si grande, qu'à l'idée que ce criminel mourra à jour fixe, un frisson de terreur saisit les plus forts.

Et pourtant, que sommes-nous? Des condamnés à mort à qui un sursis plus ou moins long est accordé; des malheureux sur la tête de qui Dieu tient suspendu le glaive de sa volonté. Et ce qui devrait ajouter à la frayeur de cette situation sur laquelle s'arrête si souvent notre pensée, c'est qu'à ce misérable à qui l'on vient de dire avec une solennité terrible : — La société te retranche de son sein! — il reste quelques jours pour regarder bien en face l'instrument du supplice, pour se figurer à la fois et l'épouvante qui s'emparera de son âme et la souffrance physique qui tordra ses nerfs. Il peut demander pardon à ceux qu'il offensa et grâce au Juge devant qui il va paraître. Plus de surprise. La condamnation est un fait sans appel, et l'arrêt sera exécuté à bref délai, s'il n'a recours ni au pourvoi en cassation ni à l'appel en grâce. Mais l'homme qui marche, vit, pense; qui sort le matin pour aller où l'appellent son négoce, son devoir ou ses plaisirs, sait-il s'il rentrera? Peut-il affirmer que la mort ne le guette pas au coin de la première rue? Ce n'est peut-être pas un ennemi qui le frappera, mais un fou. Un cheval emporté lui brisera le crâne, une poutre coupera en deux sa voiture, il glissera stupidement sur le pavé, pris d'un étourdissement. Peut-être même le trépas le prendra-t-il chez lui, dans son lit, l'étouffant sans qu'il pousse un soupir. Et pas de prêtre à qui crier : — J'ai péché! — Pas d'autel où s'agenouiller! Pas de tabernacle qui s'ouvre en laissant rayonner l'hostie !

La certitude de la mort est si effrayante qu'elle explique à elle seule et les thébaïdes peuplées de solitaires et les cloîtres dont les moines se saluent de cette phrase solennelle et terrible : — Frère, il faut mourir! — Et le dédain de la vie, et le mépris de la gloire. Pourquoi acquérir, puisqu'il faut rendre? A quoi bon approcher de ses lèvres une coupe qui tombera à demi pleine de nos mains ? Nous oublions cette loi de la mort, et nous rions, et nous parlons d'avenir et d'espérance : Dieu l'a permis!

UNE ERREUR FATALE

Tous deux traversèrent les rues désertes. (Voir page 133.)

CHAPITRE XVI

DANS UN CACHOT

Hector Dambrun n'attendait plus rien de la vie, et il avait hâte d'en finir avec ce drame épouvantable et cette comédie sinistre. Si charmante que fût sa fille, si sainte qu'il crût sa femme, il avait trop longtemps vécu loin d'elles pour que la pensée de leur épargner un accroissement de désespoir pût changer quelque chose à ses résolutions. Il croyait fermement d'ailleurs que sa mort deviendrait pour elles une délivrance.

Il repoussa les consolations du prêtre qui voulut lui parler de Dieu.

Durant la nuit qui suivit sa condamnation, il dormit d'un sommeil paisible, et le lendemain il demanda qu'on lui permît d'écrire. On ne refuse rien à celui qui va mourir. Quand le malheureux eut à sa disposition un grand cahier de papier, il commença un assez long mémoire, le recopia avec soin, écrivit sur l'un deux l'adresse de Gilbert Favières, et sur l'autre le nom de sa femme.

Ces deux paquets scellés, il sembla qu'il n'avait plus rien à faire.

Lorsque sa femme et sa fille vinrent dans la journée, Hector remit à Julie ce qu'il avait écrit pour elle, la suppliant de léguer ce testament à Noëlie si elle venait à mourir.

— Je jure là que je suis innocent, dit-il, on croit aux voix qui sortent des tombes.

Avec un sang-froid complet il abusa sa femme et sa fille, leur répétant que son pourvoi en cassation était déjà signé et que son avocat lui donnait les plus grandes espérances.

— Si vous m'aimez, dit-il aux deux femmes, allez en pèlerinage et faites pour moi une neuvaine à Notre-Dame de la Délivrande.

Elles le promirent en pleurant et décidèrent qu'elles partiraient le lendemain.

Le soir même, le condamné écrivit au procureur général que, son intention formelle étant de ne se pourvoir ni en cassation ni en grâce, il le suppliait d'avoir assez d'humanité pour lui épargner l'angoisse de longs retards.

On exauça cette sinistre prière.

Un soir, l'aumônier de la prison, désespéré de son impuissance, se rendit chez le cardinal et laissa parler devant lui toute sa douleur de prêtre. Le vieillard l'écouta sans l'interrompre.

Il faisait nuit, on n'avait point encore apporté de flambeaux dans la grande salle, et les deux apôtres, également blanchis sous le joug sacré du sacerdoce, l'un parvenu aux plus hautes dignités de l'église, l'autre demeuré dans la sphère modeste de l'apostolat des âmes ignorantes et des cœurs gangrenés, oubliaient toutes les choses de ce monde pour se souvenir seulement du misérable qui devait mourir le lendemain.

Quand l'aumônier eut fini, le cardinal se leva :

— Mon cher abbé, lui dit-il, je vous remercie de votre confiance. Attendez-moi ici, dans une minute je vous rejoindrai.

Il sortit et rentra peu après, enveloppé dans un manteau couvrant sa soutane rouge et portant un crucifix.

— Je suis bien vieux et très faible, reprit-il, offrez-moi votre bras, mon cher abbé!
— Où veut aller Votre Eminence?
— A la prison.
— Vous-même, à cette heure...
— Eh! que suis-je, sinon un pécheur, mon pauvre abbé! Le serviteur n'est pas plus grand que le maître. Mon devoir est de tendre l'épaule pour essayer d'y placer la brebis perdue...

Tous deux traversèrent les rues désertes de la ville.

Les portes de la prison s'ouvrirent devant l'aumônier, et le guichetier s'inclina sous la bénédiction du prélat.

Un moment après celui-ci entrait dans le cachot d'Hector Dambrun.

Une lampe brillait près de lui. A cette clarté, et au moment où tomba le lourd manteau du vieillard, il reconnut le cardinal qui d'un geste congédia l'aumônier.

Un reste de respect et de sentiment des convenances fit que Hector Dambrun se leva et désigna un siège au visiteur.

— Monsieur, lui dit le cardinal, je voudrais pouvoir dire : « Mon fils, » et je le ferai avec joie si vous m'appelez : « Mon Père. » J'ai beaucoup connu le comte Ostrog. Souvent j'ai pris place à sa table, et j'ai eu l'honneur de le recevoir à la mienne. Jamais en vain je ne me suis adressé à sa générosité. Tous les pauvres de mon diocèse avaient droit à sa munificence ; j'ai béni la première pierre de l'hospice des vieux marins, et sa mort m'a porté un coup cruel.

— C'est m'apprendre suffisamment quels sentiments vous animent à l'égard de celui qui l'empoisonna...

— Vous n'avez pas empoisonné votre frère! répondit tranquillement le cardinal.

— Monsieur le procureur général l'a affirmé.
— Qu'importe!
— Les jurés l'ont cru.
— Hélas!
— Demain, le bourreau à son tour, instrument de la loi, me prouvera que lui aussi me considère comme un assassin.

— Vous ne l'avez pas tué! répéta le cardinal. Je me suis dit que peut-être il vous serait doux et consolant d'entendre tomber cette affirmation de la bouche d'un vieillard qui fut l'ami du comte Ostrog. D'ailleurs, si la solitude est pénible durant la vie, de quel poids elle doit être pendant les heures terribles qui nous séparent de l'Éternité.

— Monsieur le cardinal, demanda Hector Dambrun, vous n'avez

pas eu la crainte que je refuse de vous recevoir, comme j'ai repoussé l'aumônier?

— Non, répondit le prélat.

— Pourquoi?

— D'abord parce que je me présente à titre d'ami de votre frère. Ensuite, il peut arriver que le prisonnier considère la démarche d'un aumônier comme faisant partie d'une série de devoirs et qu'on le croie tenu d'assister un condamné à l'heure de la mort, comme tout fonctionnaire s'acquittant de son emploi. Mais moi, si vieux, si cassé, moi à demi aveugle, moi qui ai pris un aide pour venir jusqu'à vous, je savais bien que vous ne me repousseriez pas... D'ailleurs, je ne viens pas vous répéter : — « Confessez-vous ! » — Votre libre arbitre vous reste tout entier. Homme, je viens dire à un homme qui souffre : « Donne-moi la moitié de ton fardeau. » Ami d'un être qui fut bon entre tous, j'accours serrer les mains de son frère et murmurer à son oreille : — Non, si faible que vous ayez été, si facile que vous vous soyez montré à l'entraînement des passions, vous n'avez pas assassiné lâchement Jean Ostrog... Peut-être jadis, dans des moments de fureur et de rage, dans l'impuissance de votre pauvreté, sous l'impression d'un irascible sentiment d'envie, croyez-vous que, s'il eût suffi d'un mot pour vous débarrasser d'un censeur austère, vous eussiez prononcé ce mot fatal... Oui, vous l'avez cru... Et pourtant, je vous le jure, vous ne l'auriez pas dit... Au moment suprême votre langue se fût glacée sur vos lèvres comme s'arrête le bras du criminel prêt à frapper... L'ange de Dieu passe... Tout est dit; le poignard tombe, le malheureux détourne la tête... N'est-il pas vrai que vous avez éprouvé cela?

— Oui, monsieur, oui, répliqua Hector en frissonnant.

— J'ai quatre-vingt-dix ans, la grande limite de l'âge de l'homme. Durant un demi-siècle j'ai vécu de la vie active de l'apostolat en France, charge plus difficile et plus dure que celle de l'évangélisation des sauvages... J'ai recueilli bien des aveux et consolé un grand nombre d'âmes... On finit de la sorte, voyez-vous, par lire aisément au fond des consciences plus troublées souvent que coupables...

— Oh! fit Hector, n'allez pas trop loin; la mienne est plus que troublée. Innocent du crime qui me conduit à l'échafaud, combien en ai-je commis d'autres... J'ai cinquante-cinq ans! et je ne me souviens guère d'avoir accompli une bonne action dans ma vie. J'ai lâché la bride à mes passions, et mes passions m'ont conduit à l'abîme. Je n'ai pas tué... Non! pas à coup de couteau, c'est vrai! Mais au Mexique, un malheureux, à la suite d'une partie pendant laquelle j'avais triché au jeu, se fit sauter la cervelle. Je venais de le ruiner, il se suicida pour échapper à la faillite... Celui-là, je le revois depuis ma condamnation à mort...

Lentement, d'une voix sourde, et prononçant avec peine les mots qui paraissaient lui brûler les lèvres, Hector remonta le cours de ses années.

Assis sur sa mince couchette de prisonnier, les bras tombant entre ses genoux, la tête basse, il paraissait éprouver un soulagement étrange à ce récit des temps de courses aventureuses, de jeu fou, de duels sanglants. Parfois il s'arrêtait, fouillant plus avant dans sa mémoire, et, quand il avait retrouvé la suite de ces voyages, dont chaque étape se marquait d'une faute, il continuait cette épopée du vice longtemps triomphant, jamais repu.

Il ne faisait point de ce récit un prétexte à forfanterie. Non, il racontait simplement, parce que l'homme a besoin d'un confident. Quand il en vint à parler de sa femme, il s'attendrit :

— C'est un ange! dit-il, un ange! Tandis que je passe ici ma dernière veillée, elle et ma fille prient à la chapelle miraculeuse de Notre-Dame de la Délivrande.

Le cardinal leva au ciel son regard reconnaissant.

— Et c'est vous qui les y avez envoyées?

— Oui, monsieur.

— Dans quel but?

— Je ne voulais pas qu'elles fussent à Rouen le jour de mon exécution. Elles m'auraient conjuré de vivre, et je veux mourir. Il fallait leur cacher mon échafaud... Quand elles reviendront, s'imaginant que leurs prières me sauveront la vie, mon cadavre sera déjà dans le cimetière des réprouvés.

— Que je vous plains, mon Dieu!

— Quoi! je vous ai raconté ma vie, et vous ne reculez pas d'horreur?

Le pontife secoua la tête.

— Vous êtes bien malheureux! répéta-t-il d'une voix plus pénétrante.

Un grand silence suivit cette parole, puis les doigts tremblants du prélat serrèrent la main du condamné.

— Encore, reprit-il, si dans vos faiblesses, dans vos erreurs, dans vos fautes les plus graves, vous aviez trouvé la satisfaction de vos désirs, si violents qu'ils fussent... Si le jeu vous avait fait millionnaire! Si la débauche vous avait donné le dernier mot des jouissances humaines; si dans vos voyages votre curiosité dévorante avait trouvé une satisfaction complète!... Mais à travers quels sentiers épineux et quels chemins perdus avez-vous traîné une vie misérable?... Vous n'aviez pas besoin de me raconter votre vie... J'en lis les excès sur les rides de votre front, dans chaque trait dévasté de votre visage... Dieu fit de la face humaine un miroir reflétant soit la paix de l'âme soit l'enfer caché dans le cœur... Croyez-vous être né pire que tous les autres hommes? Non! nous portons tous en nous l'aspiration vers le bonheur. Les uns le demandent aux grands sentiments, aux travaux utiles, aux affections nobles, et tout en cheminant en ce monde, regardent au ciel cette étoile des Mages qui jamais ne se cache aux yeux du chrétien... Les autres, cédant aux accès de leur fièvre, se livrent aux entraînements du sensualisme, tentant d'escalader les plus hauts degrés de l'orgueil et de dépasser les bornes de la science humaine... Ainsi font les voyageurs altérés : on en voit essayer d'apaiser leur soif en buvant une eau bourbeuse, tandis que les autres attendent pour se désaltérer la rencontre d'une fontaine pure. A chaque homme que j'ai trouvé j'ai demandé : — Êtes-vous heureux? — Et je puis donner ma parole de vieillard et de prêtre : ceux-là seulement qui cherchent et trouvent Dieu m'ont répondu : « Oui. » Allez! je comprends le drame de votre vie et de votre âme depuis la première scène jusqu'à celle-ci. Vous vouliez être heureux par les jouissances, et ce sont les privations qui font notre force! Quelles nuits sans sommeil vous avez passées! De quelles craintes se sont remplis vos jours! Vous ne redoutiez pas seulement les ennemis que vous vous faisiez parmi les hommes, vous vous demandiez encore avec une crainte terrible si la justice ne chercherait pas à soulever le voile de votre vie. Chaque complice devenait un ennemi. Vous avez mené l'existence du bandit qui se cache, et du Juif-Errant que chasse le souffle d'une malédiction divine. Ni repos, ni joie. L'ivresse suffisait à peine à noyer vos craintes. Et chaque jour il fallait reprendre cette chaîne de prétendus plaisirs; jouer, boire, rouler de débauche en débauche, pour tenter d'oublier, et vous n'oubliiez pas...

Un profond soupir s'échappa des lèvres du condamné.

— Quand vous eûtes lié une femme à votre vie, ce fut une accalmie dans cette tempête; Dieu vous envoyait ce moyen de salut. Il ne vous suffit pas! La femme fut abandonnée... Mais si jamais vous ne l'avez avoué à personne, surtout à elle, souvent, bien souvent, vous avez vu apparaître le doux fantôme de l'abandonnée.

— Pauvre Julie! fit Hector Dambrun.

— Voyez-vous, mon fils, quiconque fait marché de bonheur avec Satan ne recueille que des larmes... Vous avez subi le sort de tant d'autres. Arrivé à votre dernier jour, vous reconnaissez que vous vous êtes trompé, et au prix de mille tortures vous voudriez recommencer la vie, cette vie manquée, gaspillée et perdue...

— Oui, dit Hector ; redevenir enfant, se refaire écolier, courant ses livres à la main vers le maître ; apprendre ! voir pleurer sa mère de joie en vous remettant une couronne ; puis monter vers l'adolescence, sentir germer en soi des tendresses honnêtes, des tendances élevées ; chercher d'accord avec le père quelle ligne il faut suivre, quelle carrière on embrassera ; puis, le front couvert d'une première rougeur, demander à sa mère si elle aimerait pour fille la jeune vierge qui passe recueillie, se rendant à l'église... Devenir homme entre des berceaux ; veiller au milieu d'une famille, et se dire que, pour garder son agonie, on aura des visages chéris et des cœurs aimants...

Puis, s'interrompant, il éclata d'un rire farouche :

— Et je suis dans le cachot des condamnés à mort ! tête à tête avec un vieil évêque qui me montre du doigt la place où se dresse l'échafaud.

— Non ! fit le vieillard qui se leva avec une solennité superbe, je cache l'échafaud pour ne vous montrer que le calvaire de mon Dieu. Vous ne m'avez pas permis de finir ; à cette vie gâtée, brisée, je puis faire un avenir avant...

— Avant le jour ? demanda Hector.

— Avant une heure.

— Si je le croyais...

— Dites-moi, ne serait-ce pas une grande consolation pour vous de laisser dans l'esprit des hommes la pensée de votre innocence ?

— Oui, monsieur, oui !

— Que risquez-vous à cette heure d'écouter et de croire un vieillard ? Qui mérite le plus de créance ou de ceux qui vous ont jeté dans une voie où vous vous êtes perdu, ou de moi qui, arrivé à l'extrême limite de la vieillesse, vous dis : Sous la garde des anges, la vie m'a été une longue bénédiction. Ai-je intérêt à vous tromper ? Est-ce pour venir mentir à un malheureux que j'ai durant la nuit quitté mon palais épiscopal, afin de vous nommer mon frère et vous donner la dernière preuve d'affection que vous puissiez attendre d'un homme ? Vous parliez de l'échafaud tout à l'heure, oui, peut-être en assemble-t-on déjà les planches, mais il dépend de vous d'y aller le désespoir au cœur, accablé des malédictions de la foule, ou d'y marcher le front haut. Comprenez-vous l'impression produite sur tout un peuple qui vous verrait apparaître appuyé sur mon bras, le crucifix à la main. Imaginez-vous quelle émotion serrerait les cœurs de ceux qui vous entendraient répéter en face de l'instrument du supplice : « Je meurs innocent ! » — Et ce n'est pas tout... Rappelez-vous votre femme, votre fille, parties pour un sanctuaire béni, afin de demander votre grâce à Dieu ! Elles apprendront au retour votre mort, c'est vrai, mais vous leur léguerez l'unique consolation qui puisse diminuer leur angoisse, si elles apprennent que vous vous êtes réconcilié avec mon divin Maître... Que craignez-vous maintenant? De rompre avec le passé qui vous a amené ici?... Car, vous le savez, sans ce passé maudit nul n'aurait osé vous soupçonner... De vous humilier devant un homme? Si vous le voulez, je vous écouterai à genoux... De dévoiler le tableau d'une existence épouvantable? C'est fait! et je vous attire dans mes bras... D'accepter des croyances que vous repoussez? Mais ces croyances sont votre seul espoir! Tout s'écroule autour de vous, la croix vous reste, et vous hésitez à vous y cramponner!.. Oui, je le devine, vous vous demandez si moi-même je ne suis pas dupe, si mon esprit ne se trompa point en adoptant la foi catholique. Le temps vous reste-t-il pour douter? Dieu vous laisse une minute pour le repentir, le bourreau vous attend, et vous hésiteriez! Ah! quand vous aurez à cette même place frappé votre poitrine, quand vous aurez crié miséricorde à Dieu, vous goûterez l'unique minute de sérénité qui vous ait été donnée dans votre vie...

Hector ne répondit que par un sanglot.

Il tomba sur les genoux, les mains tendues vers le vieil archevêque...

Une demi-heure après, la porte de la prison s'ouvrait.

Le condamné se leva, entendit la sinistre nouvelle, et porta le crucifix à ses lèvres. D'une voix ferme, en termes simples il remercia le directeur de la prison, affima son innocence, puis il jeta un regard suppliant sur le prélat.

— Prenez mon bras, mon fils, dit celui-ci.

Quand la foule aperçut la robe rouge du cardinal, cette foule qui était venue pour maudire tomba sur les genoux, le front courbé sous la bénédiction de l'archevêque.

Et ce fut entre cette haie de peuple priant et admirant la charité de son pasteur qu'Hector Dambrun monta les degrés de l'échafaud.

Au moment même où tombait le couperet sinistre, deux femmes épuisées de fatigue rentraient dans la ville de Rouen.

A l'extrémité d'un faubourg la masse populaire qui leur barra le passage les surprit; plus tard elle les épouvanta.

Sous l'empire d'une crainte sinistre, la plus jeune des voyageuses demanda :

— Que se passe-t-il donc à Rouen, aujourd'hui?

— Vous venez de loin! répondit une vieille femme, sans cela vous sauriez où va tout ce monde affolé de cruauté, car c'est se montrer cruel que d'aller regarder de quelle façon un homme marche à la mort...

La voyageuse devint encore plus pâle.

— A la mort... Qui donc conduit-on à l'échafaud?

— Qui? L'empoisonneur de Versel, donc!

— Hector! cria la malheureuse créature dans un sanglot.

Elle saisit le bras de sa fille et l'entraîna.

— Je veux le voir! répétait-elle; je veux lui dire que je lui pardonne, le supplier de revenir à Dieu... C'est mon devoir... Je dois gravir la dernière marche de mon calvaire.

Mais en vain les deux femmes tentèrent de se frayer un chemin la foule garnissait les places, les rues; nul ne voyait le drame qu, se passait plus loin, et cependant chacun restait là, haletant, dressé sur les pieds, tant est grande cette férocité sanguinaire qui pousse le peuple vers les spectacles de ce genre.

Mais à peine le couperet eut-il tranché le cou du condamné, à peine sa tête pâle eut-elle roulé dans le panier sanglant où vint la rejoindre le corps mutilé, que la foule s'écoula comme un torrent s'entretenant avec admiration de la conduite de l'archevêque. Le dévouement du pontife occupait maintenant les esprits plus que ne l'avait fait l'accusé.

— Tout de même, disait un homme du peuple, il a protesté de son innocence jusque sous la machine!

— Et il venait de recevoir la dernière absolution.

— Toute sa vie il avait été un méchant homme, c'est vrai; mais entre les écarts d'une jeunesse folle et l'empoisonnement de son frère il y a loin...

— S'il va au ciel, il le doit bien à l'archevêque.

— Enfin! ajouta une jeune fille, ce sera une consolation pour sa veuve.

Des lambeaux de discours dans ce sens arrivèrent aux oreilles des deux femmes. Toutes deux se traînaient le long des maisons, avançant avec lenteur vers la place sinistre, dont la guillotine occupait le centre.

En ce moment les charpentiers de la mort démontaient les bois de justice.

Une voiture de forme sinistre venait de recevoir son chargement, et dans cette voiture était monté un prêtre. L'aumônier de la prison, qui s'était effacé devant le pontife, reprenait sa tâche douloureuse.

Les deux femmes virent s'éloigner le sinistre véhicule, et, ne sachant de quel côté il se dirigeait, Julie s'adressa au plus jeune des charpentiers.

Celui-ci lui indiqua la route à suivre.

Alors la plus jeune se suspendit au bras de sa compagne, et les infortunées, pleurant sous leurs voiles, arrivèrent au cimetière infamant pendant que le prêtre récitait les prières des morts sur ce misérable cadavre.

— Mon Père! mon Père! cria Julie dans un sanglot.

L'aumônier la reconnut.

— Il m'a trompée! fit la veuve, il m'a trompée. Je croyais son pourvoi signé!

— Les hommes l'ont condamné, ma fille, mais Dieu lui aura fait grâce. Si vous pouvez trouver une consolation dans ses dernières paroles, elles ont affirmé qu'innocent il mourait en chrétien, satisfait d'expier les erreurs de sa jeunesse.

— Innocent! innocent! répéta Noëlie, ô mon Dieu! comme il a dû souffrir.

— Moins que vous ne croyez.

Alors sur cette tombe toute fraîche, le vieillard raconta les derniers moments d'Hector Dambrun.

— Vous avez raison, monsieur! dit la jeune femme; si quelque chose pouvait me consoler de sa mort, c'est la croyance qu'il ne fût pas coupable de la mort de son frère... Jamais sans doute nous ne pénétrerons ce mystère de douleur, mais Dieu nous tiendra compte de ce que nous avons à souffrir et de ce qu'il endura. Portez à Monseigneur l'archevêque mes humbles remerciements. Nous prierons ici, jusqu'à ce que la nuit nous en chasse...

— Courage, mes filles! Dieu est toujours là!

Abîmées dans leur douleur, prosternées sur cette tombe déshonorée, qu'elles ne pouvaient même pas couvrir d'une croix, les deux femmes demeurèrent dans le cimetière sinistre jusqu'à la fin du jour. Elles ne voulaient point traverser Rouen pendant qu'on y voyait encore, tant elles redoutaient, sinon l'insulte, du moins une curiosité cruelle. Lorsque les ombres furent assez épaisses, elles quittèrent le champ des décapités, et à travers un lacis de chemins, puis de rues, elles gagnèrent les bords de la Seine.

La soirée était fraîche, le vent soufflait doucement; quand elles se trouvèrent hors de la ville, il leur sembla qu'une partie de leur fardeau était enlevé de leurs épaules. Elles continuaient à marcher, oubliant la faim, la fatigue.

Misérables vagabondes chassées, non pas seulement par la misère, mais par la honte, elles allaient vers l'inconnu, en aveugles, poussées par le malheur qui s'attachait à elles.

Quand leur fatigue fut si grande qu'elles ne purent faire un pas de plus, elles tombèrent sur l'herbe dans les bras l'une de l'autre et s'endormirent sous l'ombrage flottant de deux saules penchés sur la rive.

Un bruit de battoirs les réveilla.

Des lavandières jeunes et rieuses commençaient à laver leur linge. Chignons défaits, chansons aux lèvres, bras nus sous l'eau savonneuse, elles représentaient le travail sous une de ses formes les plus charmantes.

Si Julie et sa fille eussent été des femmes du peuple, elles se seraient approchées de ce groupe rieur et auraient sans honte demandé leur part de besogne et de salaire ; mais avec leurs robes noires poussiéreuses, leurs voiles déchirés, leur pâleur sinistre, elles n'osaient rien réclamer, ni pain, ni travail. Et se levant elles quittèrent la tente verte formée par les fines branches de saule et se reprirent à marcher le long de la Seine.

A une petite distance de là s'élevait une mauvaise auberge, elles y achetèrent un peu de pain avec leurs derniers sous.

Avaient-elles en ce moment un plan arrêté ? Non ! Elles savaient qu'en suivant ce chemin, si long qu'il fût, elles arriveraient à Paris, et d'instinct elles prenaient cette route, sachant bien qu'à Paris seulement elles parviendraient à cacher leur nom et leurs infortunes.

Ce jour-là elles avancèrent bien lentement. La chaleur était étouffante. Épuisées par les privations et par les larmes, elles éprouvaient une joie amère à se sentir presque mourantes. Une vague espérance leur restait, qu'elles ne survivraient pas à tant de douleurs.

Elles n'avaient plus de pain, et une soif ardente brûlait leurs entrailles.

En cet endroit, quoique la berge de la Seine fût un peu haute, il n'était pas tout à fait impossible d'y descendre. Julie se hasarda le long d'une sorte d'escalier rustique, taillé en plein gazon, et Noëlie la suivit hésitante, lui répétant de prendre garde. Sans doute ce sentier n'était pas difficile ; mais l'herbe rare et brûlée par le soleil la rendait glissante, puis la faiblesse de Mme Dambrun était extrême. Elle le savait, mais la vue de cette eau pure l'attirait, la fascinait pour ainsi dire, et, sourde aux prières de sa fille, elle continuait de descendre.

A quelque distance un grand chaland remontait le fleuve.

Debout à l'avant, sa longue gaffe à la main, un robuste garçon dirigeait l'énorme barque, tandis qu'un enfant surveillait une marmite placée sur un fourneau et qu'un vieillard aux cheveux tout blancs réparait un filet de pêche.

— Père ! dit-il, une femme vient de tomber à l'eau...

Au moment où Julie se penchait sur le bord du fleuve, afin de boire dans le creux de sa main, son pied glissa sur les herbes brûlées, et Noëlie avec un cri de désespoir se précipita pour la retenir.

Il était trop tard, et l'enfant entraînée par son élan roula à l'endroit même où Julie venait de disparaître.

Elles ne se débattirent point contre la mort. Pour elles le trépas était une délivrance suprême. Leur dernière pensée monta vers Dieu, et l'eau les couvrit, puis les roula dans ses replis bleus.

Le docteur Ferral commença le tour des salles. (Voir page 199.)

CHAPITRE XVII

INSTALLATION

Ce fut le soir que Gilbert entra dans Paris, Il n'y arrivait pas avec l'impatience un peu fiévreuse d'un jeune homme qui vient lui demander quelques jours de plaisirs rapides, mais avec la gravité triste d'un homme qui veut y prendre sa place et tenter d'y échafauder un avenir. Brisé moralement et physiquement il s'endormit, rêva de

Versel, et s'éveilla avec le sentiment que sa vieille Véronique ouvrait les volets de la fenêtre donnant sur le jardin.

Il avait résolu de quitter au plus vite l'hôtel dans lequel il était descendu et de s'installer dans un appartement confortable ; mais avant de prendre une décision à ce sujet, il voulut remettre la lettre d'introduction que son père avait écrite d'une main mourante au docteur Ferral.

Connaissant les habitudes du savant praticien, Gilbert sonnait le lendemain à sa porte à huit heures du matin. Après avoir remis sa carte au domestique qui vint lui ouvrir, il attendit que le maître donnât ordre de l'introduire.

Gilbert se trouvait dans un cabinet de travail tendu de velours de Gènes d'un vert sombre, quand des voix rieuses se firent entendre derrière une cloison, et, au même instant, trois jeunes filles, qui ne l'apercevaient point dans l'ombre des tentures, firent irruption dans la petite pièce. Il n'eut point le temps de détailler le caractère de leur beauté ; il sentit seulement passer sur lui le souffle frais de ces adolescences en fleur et garda dans les prunelles une vision rapide de nattes blondes flottant sur de jeunes épaules. En dépit de sa tristesse Gilbert ressentit une impression heureuse. Ces belles enfants devaient être les filles du docteur. Quand il viendrait dans cette maison qu'il considérait comme le sanctuaire de la science, il y trouverait ces créatures charmantes dont l'apparition lui produisait l'effet d'un rayon d'aurore.

Il n'eut pas le temps de songer davantage aux jeunes filles ; le domestique revint, et le pria de le suivre dans le cabinet de travail de son maître.

Au moment où Gilbert y pénétrait, un homme, dont les cheveux blancs semblaient rendre plus jeune la physionomie régulière et douce, s'avança rapidement vers le fils du médecin de campagne.

— Soyez le bienvenu, lui dit-il, au nom de ma première, de ma plus chère amitié. Comment va Favières ?

Les lèvres du jeune homme eurent peine à articuler une réponse, il pâlit d'une façon si subite que M. Ferral lui saisit la main.

— Il est arrivé un malheur ! fit-il.

— Vous n'avez plus d'ami, monsieur, et je suis orphelin.

— Pauvre ! pauvre enfant ! fit le docteur. Je comprends maintenant pourquoi vous êtes à Paris...

— Je remplis en venant vers vous, monsieur, la dernière volonté de mon père ; durant la nuit qui précéda sa mort, il me remit cette lettre qui vous est destinée.

Le docteur Ferral la décacheta avec une visible émotion.

Après l'avoir lue, il regarda attentivement Gilbert.

— Vous lui ressemblez tellement, dit-il, qu'il me semble le voir quand nous nous sommes quittés. Il vous donne à moi, me suppliant de vous guider dans votre carrière et de vous couvrir d'une tendresse affectueuse ; j'accepte le legs de mon ami, et de ce jour ma maison vous est ouverte. Je ferai plus. Depuis longtemps, accablé par le travail, j'avais l'intention de chercher un jeune homme intelligent, capable et dévoué, afin de lui faire partager une partie des travaux dont un jour il recueillerait le prix, soyez celui-là.

— Ah ! monsieur ! fit Gilbert, je ne saurais dire jusqu'à quel point m'attendrit un semblable accueil.

— Mon enfant, répondit M. Ferral, au temps où votre père et moi nous nous connûmes, je crois que la solidarité de l'amitié était plus grande. A mesure que nous avançons vers la fin de ce siècle, l'égoïsme voit redoubler ses progrès, je devrais dire ses ravages. Votre père et moi nous confondions nos bourses, et nous vivions sur le même fonds d'espérances. Nous étions presque pauvres, et nous nous trouvions heureux... Tout a changé de face, à Paris surtout. Maintenant tout jeune homme aspire à une vie d'aisance, presque de luxe, avant d'avoir travaillé pour la gagner. J'eus plus d'ambition que Favières, et, tandis qu'il restait à Versel, je partis pour Paris. Souvent il m'écrivit qu'il avait trouvé le bonheur dans ce petit coin de terre.

— Ma mère était un ange ! monsieur.

— Et vous un bon fils, n'est-ce pas ?

— J'ai fait ce que j'ai pu pour prouver ma reconnaissance à mon père.

— Oui, chacun de nous a suivi sa voie. Il a vécu paisible dans son village, exempt d'ambition et de soucis, tandis que moi, je luttais sur la brèche parisienne, conquérant degré par degré ma notoriété, soignant les malades durant le jour, la nuit multipliant les expériences, avide de faire faire à la science des progrès nouveaux et d'attacher mon nom à une découverte utile. Dieu m'a assez béni assez aimé, pour ajouter les joies de la famille aux satisfactions du travail... Ce matin je vous présenterai à ma femme et à mes filles.

— Tandis que j'attendais, monsieur, l'honneur de vous voir, j'ai vu passer trois jeunes filles, trois sœurs, qu'il me serait impossible de reconnaître, mais qui m'ont semblé charmantes.

— Franchement je crois qu'elles le sont ! et d'une façon si diverse : Claudie, l'aînée, a des cheveux noirs superbes, de grands yeux bleus, une taille de jeune déesse au bois. Sa fierté naïve n'altère aucunement sa bonté. Fort instruite, elle cache avec soin sa science comme un vice, mais j'éprouve un grand plaisir à voir se développer cette âme d'ange et cet esprit vraiment viril. Alexine, presque aussi grande que sa sœur, est mince, blonde, avec des délicatesses de fleurs sur les joues et des allures de saule au vent. On lui cherche des ailes aux épaules, sa voix possède un charme pénétrant, et elle chante avec une perfection inquiétante. Quant à la dernière, Nicette, on croirait voir un pastel du temps de Louis XV, et on regrette de ne point la voir vêtue d'une jupe de satin, coiffée d'un chapeau de paille, et armée d'une houlette garnie d'argent et de rubans bleus. Elle regrette presque sa poupée, raille Alexine sur sa mélancolie, Claudie sur son savoir, et nous désarme par son rire quand nous lui reprochons ses folies. Ah! l'adorable fillette! Comme je suis père, n'est-ce pas?

— Mon père m'aimait ainsi, monsieur, et je vous jure que rien ne m'est plus doux et plus consolant que de me retrouver au sein d'une famille dont les sentiments ressemblent si fort à ceux dans lesquelles j'ai été élevé.

Gilbert se leva.

— Je ne veux point abuser de vos moments, monsieur, et je me retire, en vous demandant la permission de revenir bien vite.

— Eh bien! du tout, le fils de Pierre Favières ne me quittera point sitôt. Mon ancien camarade m'a fait un legs, je l'accepte; il m'envoie un grand enfant, je l'adopte. Vous êtes venu, vous restez! Oh! je sais ce que vous allez me répondre : Mes affaires, mes cours. Soyez tranquille, je ne les manquerai pas... Dans une vie comme la mienne, s'il n'existe pas d'instants perdus, il est néanmoins beaucoup d'heures durant lesquelles, obligé de me rendre d'une extrémité de Paris à l'autre, je ne puis m'occuper qu'en lisant et en préparant mes cours. Aujourd'hui je causerai. Vous m'accompagnerez. Tout sera bénéfice. J'apprendrai de vous ce que je veux savoir, et je commencerai la mission dont m'a investi Pierre, en vous dirigeant dans ce Paris que vous ne connaissez pas...

— Combien vous êtes bon, monsieur!

— Loyal, tout simplement. Après avoir accepté un mandat, je le remplis. Du reste, quelque chose me dit que je ne le regretterai jamais.

— Non, jamais! répéta Gilbert en prenant la main du docteur Ferral avec un respect attendri.

— Voyez-vous, j'aime peu de gens, parce qu'il en est peu que je crois dignes d'estime et capables de reconnaissance ; mais dès qu'une affection est entrée en moi, c'est pour jamais. J'entends piaffer mes chevaux, le cocher est sur son siège, venez, je me rends à l'hospice où les malades m'attendent. Vous suivrez ma clinique tous les jours si vous le souhaitez.

Une expression de satisfaction grave passa sur le visage du jeune homme.

Au moment où le docteur Ferral et son protégé traversaient l'antichambre, ce ne fut point un éclat de rire qu'entendit cette fois Gilbert, mais une voix d'une douceur infinie, chantant un air inconnu, et dont le rythme lui parut venir de Bohême.

C'est Alexine... dit le médecin; j'ai beau le lui défendre, elle ne m'aime point assez, paraît-il, pour m'obéir.

— Quel timbre d'or! s'écria Gilbert.

— Eh! je le sais bien! Seulement, voyez-vous, je ne suis pas seulement père, je suis médecin aussi, et je n'ai jamais entendu une de ces voix-là sans trembler. Elles viennent du ciel, et Dieu, quand il nous prête ses anges, semble toujours les regretter.

Tous deux montèrent en voiture, et le cocher donna à ses chevaux l'allure rapide qu'exigent les hommes qui n'ont point de temps à perdre.

A peine le docteur fut-il installé dans le coupé qu'il reprit l'entretien commencé dans son bureau.

— Mon pauvre Pierre n'avait guère plus de fortune que moi quand il commença ses études, dit-il; sa femme, votre sainte mère, lui apporta un peu de bien, et pourtant votre héritage doit être mince; la maison de Versel que vous avez sans doute gardée par respect pour votre père, et quelques champs de blé, voilà tout, n'est-ce pas? Vous devez vous contenter d'un revenu modeste.

— Mais, monsieur, répondit Gilbert, si vos souvenirs sont exacts en ce qui concerne la situation de mon père et le peu de fortune qu'il me laisse, vous vous trompez sur ma position actuelle. Je suis riche! très riche! si je considère que je veux avant tout travailler, et que, par conséquent, je ne me servirai guère de mes revenus que pour me procurer les outils de la science et laisser dans les mansardes où j'entrerai un peu de l'or que Dieu m'a donné!...

— Riche! vous, Gilbert? Mais qui vous a fait riche?

— Un malheur, monsieur, et un crime...

— Voyons, voyons, contez-moi cela.

— Les journaux vous ont entretenu du drame de Versel. Eh bien! le comte Ostrog, mort d'une façon si inattendue, avait, peu de temps avant sa mort, fait un testament par lequel il me léguait un demi-million. Il était depuis quinze ans le meilleur ami de mon père, j'avais grandi moitié dans la maison paternelle et moitié au château. Il savait combien la fortune contribue au bonheur, et il me voulait indépendant. Je crois qu'il comprenait que, entraîné vers Paris par ma curiosité et mon désir d'apprendre, je viendrais m'y fixer quelque jour... Et il aplanissait à l'avance la route que je devais parcourir...

— En effet, cette affaire a fait grand bruit.

— Peut-être, reprit Gilbert, une pensée plus tendre encore poussa-t-elle le comte à m'enrichir. Il adorait la fille de son frère et eût souhaité me la voir prendre pour femme... Jamais pourtant, il ne s'est avec moi expliqué à ce sujet.

— Cette jeune fille ne vous plaisait donc pas ?

— Je la trouvais charmante ; je la savais bonne, affectueuse, je dirai même presque parfaite. Mon amitié pour elle n'avait point de bornes, mais je me disais néanmoins que l'amour devait être un sentiment plus complet, plus absorbant, dans lequel il entrait moins de camaraderie et plus d'aspirations vers l'idéal que nous nous faisons du bonheur... Dieu me protégeait en ne mettant pas en moi la tendresse que mon père et le comte Ostrog eurent souhaité me voir ressentir... Que serais-je devenu après le drame de Versel ?... Aurais-je pu briser le cœur d'une créature innocente, après y avoir fait naître un sentiment tyrannique? Et d'un autre côté, eussé-je été forcé, par respect pour la parole donnée, de devenir l'époux de la fille d'un empoisonneur... J'ai un devoir à remplir envers la veuve et l'orpheline, cependant, et croyez que je n'y manquerai pas.

— S'il s'agit de devoir, je suis sûr de vous.

— Hector Dambrun, frère du comte Ostrog, ne peut hériter du frère qu'il assassina. Je me chargerai de faire servir une pension suffisante à ces deux femmes, par l'entremise de maître Onorius Pointel.

— Cette jeune fille vous aimait-elle ?

Gilbert se troubla un peu.

— Je ne vous crois point vaniteux, vous pouvez me répondre franchement.

— Eh bien! oui, fit Gilbert. Malgré sa réserve si chaste, en dépit d'une pudeur d'enfant qui était une de ses grâces, je crois qu'elle eût été heureuse de m'avoir pour mari... et qu'à la douleur de voir son père accusé d'un crime abominable se joignait le désespoir de voir en moi son accusateur et presque son bourreau...

— Ah! fit le docteur Ferral d'un air pensif.

Il reprit plus lentement :

— Les feuilles départementales ont donné le procès *in extenso*, mais les journaux parisiens ont abrégé bien des détails ; c'est ainsi que, voyant le nom de Favières, en qualité de médecin légiste, ayant eu mission d'opérer l'autopsie du cadavre, j'ai cru qu'il s'agissait de votre père...

— Il venait d'être frappé d'une attaque d'apoplexie.

— Oui, pour votre âge, c'était une lourde mission ; l'avez-vous remplie seul ?

— J'avais avec moi le docteur Duranduel.

— Je l'ai connu aussi celui-là. Il n'a jamais pu devenir habile; le feu sacré lui manquait... Vous ne m'avez pas dit à l'aide de quel toxique avait été empoisonné le comte Ostrog.

— Le misérable s'est servi de strychnine.

— Ah! de strychnine! répéta le docteur Ferral tout pensif. C'est un poison terrible... Avez-vous fait des études spéciales sur les toxiques?

— Non, monsieur, je l'avoue; mais je connais les œuvres du docteur Tardieu sur la médecine légale, et généralement tout ce qui a été écrit sur ce sujet.

— Les livres! les livres! répéta le docteur, c'est quelque chose, sans doute, mais ce n'est pas assez! Le livre est toujours en retard, mon ami. Utile et juste hier, il sera faux et dangereux demain. La jeunesse s'habitue trop à y trouver la raison absolue, déterminante de toutes choses. Ah! que le livre a besoin du contrôle des expériences. Je ne sais pas si quelqu'un a expérimenté la strychnine autant que moi, et cependant, je ne suis pas encore sûr... Vous serez là, quand je ferai mes prochaines expériences, Gilbert... Justement, depuis plusieurs mois je cherche la solution d'un problème...

Le docteur se trouvait en face du portail de l'hospice; il descendit du coupé et gagna la grande salle où l'attendaient respectueusement les internes et les élèves.

Ceux-ci jetèrent un regard curieux sur Gilbert.

Sa jeunesse, sa bonne mine, la façon amicale avec laquelle lui parlait l'éminent praticien apprirent tout de suite à ces jeunes gens que ce nouveau venu était quelqu'un, sinon dans la science, du moins dans l'amitié du docteur.

Ferral commença le tour des salles, s'arrêtant devant chaque lit, s'adressant aux malades avec une douceur mêlée de fermeté, les encourageant quand il s'agissait de montrer une virile énergie, les raillant doucement jusqu'à provoquer leur sourire quand la maladie n'était pas grave.

Avec les femmes et les enfants il se montrait d'une bonté exquise.

Il traitait les hommes en camarades et en troupiers.

Son habileté rassurait les uns, sa bonté conquérait les autres.

Les malades, suivant d'un regard avide les progrès de la visite, attendaient son passage avec impatience.

Il écoutait les plaintes, les réclamations, accordait souvent des suppléments et des douceurs, recommandait les opérés aux soins des gardiennes et recueillait les prières des malades.

La visite s'acheva lentement.

Gilbert, à mesure qu'il entendait le docteur, se sentait pénétré pour lui d'une admiration plus grande, et il bénissait son père de lui avoir ménagé cette protection éminente et cette noble amitié.

Une demi-heure plus tard, le docteur et Gilbert étaient de retour à l'hôtel qu'occupait le médecin.

Presque aussitôt on vint prévenir celui-ci qu'il était servi.

— Ne tremblez pas trop, dit le praticien au jeune homme. Tout le monde est simple et bon, ici.

Mme Ferral et ses filles se trouvaient déjà dans la salle à manger.

— Mon amie, dit le docteur à sa femme, je t'ai parlé plus d'une fois de Favières, mon condisciple et mon ami ; voici Gilbert son fils, qu'il m'a recommandé par une lettre tracée d'une main mourante. Gilbert Favières est médecin ; je le prends sous mon égide, mais elle serait insuffisante sans ta protection et ton amitié.

— C'est promis, répondit Mme Ferral avec un bon sourire en s'avançant vers le jeune homme.

— Gilbert, ajouta le docteur, voici mes filles : Claudie, la plus grave, Alexine que vous avez entendu chanter, Nicette qui riait si follement ce matin quand vous m'attendiez dans le petit salon.

Claudie posa son beau regard sur le front de Gilbert ; Alexine rougit en songeant qu'on l'avait écoutée, et Nicette prit le bras de sa mère avec câlinerie pour s'excuser d'avoir montré une gaieté si folle.

— Vous l'aimerez comme un frère aîné, reprit le docteur ; il est orphelin ; vous le verrez souvent triste ; je n'ai pas besoin de vous en dire plus.

— Je serai votre sœur, dit Claudie, d'une voix grave.

— Je chanterai si cela peut vous distraire, ajouta Alexine.

— Je ne rirai plus puisque vous souffrez, dit Nicette.

— Et maintenant à table! dit le docteur.

Ce fut Mme Ferral qui servit avec une bonne grâce charmante.

— Mais, reprit le docteur, parlons de l'installation de Gilbert. Tel que vous le voyez, il a déjà vingt mille livres de rentes dans son bonnet de lauréat. Joli chiffre qui rend à Paris la vie noble et facile. Vous lui aiderez à s'installer, à choisir ses meubles, vous le dirigerez dans l'achat de ses tentures ; ne l'abandonnez point aux mains de tapissiers sans goût et de marchands sans conscience. Gilbert devra se plaire chez lui, afin d'y rester souvent et d'y travailler beaucoup. Voilà pour quatre femmes une occupation charmante : courir les magasins, choisir, créer un petit monde intime pour un jeune homme qui fera son chemin sous mes ordres. Car, dès ce jour, j'en fais mon élève, mon aide, mon interne ; je n'avais point de fils à qui léguer mes relations, ma clientèle, Dieu m'en envoie un ! Il a congé pendant une semaine. Cette semaine doit suffire à une installation convenable. Passé ce temps, je l'accapare, et je ne vous le rends plus.

Les larmes montaient aux yeux de Gilbert, tandis qu'il prêtait l'oreille à ces paroles tendres, à ces propos charmants. Sur la plaie vive de son cœur, il lui semblait qu'on étendait un baume. Il ne croyait pas avoir tout à fait perdu son père, puisque son nom réveillait tant de sympathie et de tendresse. Ses regards attendris allaient du calme et beau visage de Claudie à l'angélique figure d'Alexine, pour se reporter sur la physionomie mutine de Nicette qui, en dépit de la bonté de son cœur, souriait encore, même quand au bout de ses cils frisés elle retenait une larme avec peine.

Lorsque le docteur eut terminé le déjeuner de famille, il serra la main de Gilbert :

— Mettez-vous en quête d'un appartement, lui dit-il; ne le prenez pas éloigné de l'hôtel, car je compte réclamer souvent votre aide.

Gilbert suivit immédiatement ce conseil et fut mieux servi par hasard qu'il ne l'espérait.

A quelques pas de l'hôtel du docteur, il avisa un écriteau et prit immédiatement ses renseignements. On lui demanda 2.000 francs d'un appartement au second étage, clair et gai; il remit cinquante francs de denier à Dieu, et le soir même il annonça cette bonne nouvelle à Mme Ferral.

Dès le lendemain celle-ci, l'accompagna maternellement. L'empressement que mirent les marchands à satisfaire le client du célèbre praticien prouva en quelle estime on tenait le docteur. Le goût, les conseils d'une femme intelligente, l'instinct de Gilbert qui, ayant grandi près du comte Ostrog, avait pris chez lui un véritable sentiment artistique, tout concourut à faire rapidement de l'appartement de Gilbert un coin aussi bon pour la rêverie que propice au travail.

A peine s'y trouva-t-il installé qu'il écrivit à Me Aubry.

« Cher vieil ami, j'ai hâte de vous charger d'une mission que vous remplirez avec autant de bonté que d'exactitude. J'ai quitté Le Havre et Versel avec une rapidité expliquée par les événements qui venaient de s'y passer. Il me tardait d'échapper à ces souvenirs d'empoisonnement et de cour d'assises, de fuir surtout les deux infortunées qui semblaient me reprocher leur malheur. O mon ami ! ni Mme Dambrun ni Noëlie ne sauront ce que j'ai souffert en remplissant mon implacable devoir de médecin légiste. Maintenant que cette mortelle tâche est accomplie, il m'est permis. sinon d'essayer de les consoler, Dieu seul le peut désormais, mais d'adoucir une situation dont elles n'ont pas encore eu le temps d'épurer l'amertume. Sans doute l'accusation, le procès les ont jetées dans une douleur désespérée, mais l'énergie les soutient encore ; le sentiment du devoir aplanit bien des choses ; plus tard, il n'en sera point ainsi, et elles se trouveront en face de nécessités implacables. La misère, dont elles ont tant souffert déjà, les menacera d'une façon plus cruelle ; je ne veux pas qu'elles manquent de pain, entendez-vous, je ne le veux pas. Quoi ! la sœur et la nièce d'Ostrog auraient faim et froid quand je serais riche des bienfaits de mon ami ! Chargez-vous de leur faire passer régulièrement une rente de cinq mille francs que vous retiendrez sur mes revenus. Sans cela je serais poursuivi par un remords terrible. Elles sont à Rouen pour longtemps encore, sans doute ; Hector Dambrun, après avoir refusé de signer son pourvoi en cassation, demandera sa grâce, et peut-être aura-t-il des chances de l'obtenir, quelque épouvantable que soit son forfait. Je sais que plus d'un juré était très frappé de cette circonstance que l'accusation restait impuissante à découvrir où il avait acheté la strychnine. A une époque où la peine de mort compte tant d'adversaires, on est souvent heureux en haut lieu de profiter d'une faible raison pour démonter un échafaud. Dambrun verra commuer sa peine ; il partira pour Cayenne, et dans dix ans, si sa conduite a été régulière, il reviendra en France. Qu'il souffre, peu importe ! il l'a mérité pour toute une abominable vie, mais elles ! ces femmes, ces anges, ces victimes !

« Vous mentirez s'il le faut, maître Aubry, sur la provenance de cette rente ; les femmes ne s'y connaissent point en affaires, elles sont faciles à tromper. Imaginez ce que vous voudrez, un codicille de testament, un fidéicommis ; pourvu qu'elles soient mises par moi à l'abri de la misère, tout moyen me semblera bon et juste. Elles seront obligées de demeurer à Rouen assez longtemps pour qu'il vous soit aisé de remplir votre mandat. Au besoin, priez Mme Aubry qui les aimait tant de vous venir en aide. Enfin, cher vieil ami, rappelez-vous que je me considérerais comme indigne des bienfaits du comte Ostrog si les deux créatures qu'il a le plus aimées au monde ne se trouvaient à l'abri du besoin.

« Quand retournerai-je dans ce pays de Versel où j'ai laissé tous les souvenirs de mon enfance et où dorment maintenant l'un près de l'autre mes morts bien-aimés ? Peut-être le courage d'abandonner Versel m'eût-il manqué si mon père ne m'avait ordonné de partir pour Paris, d'y vivre et de m'y faire une place. Ah ! le bien-aimé père ! Son nom a été ici pour moi la première des protections. Son ancien camarade, le docteur Ferral, m'a témoigné une bonté presque égale à la vôtre. Il m'a fait place à sa table et à son foyer, entre une femme qui me rappelle la vôtre par ses qualités angéliques et trois filles dont les beautés différentes forment l'ensemble le plus harmonieux. Ce ne sont point les Grâces païennes, mais des Grâces chrétiennes et pures : l'une presque austère, l'autre maladive et d'une faiblesse qui la rend plus chère, la dernière rieuse et vive comme un follet. On voudrait avoir l'une pour conseillère, la dernière pour sœur; l'autre, ah! tenez, mon ami, l'autre serait l'idéal de tout jeune homme qui rêve la beauté virginale, pure comme l'aube, embaumée comme les lis. Quand Alexine chante, de cette voix merveilleuse dont le timbre et l'expression me ravissent, je ferme les yeux, et je me figure entendre de loin tomber quelques accords perdus des sistres des anges. Vous voyez bien que je rêve plus encore à Paris qu'à Versel. Jadis, le comte Ostrog et mon père caressaient le projet de me voir épouser Noëlie; je savais bien, moi, que je ne l'aimais pas, que je ne l'aimerais jamais. C'était une camarade avec qui je courais dans le parc, en lui jetant des roses effeuillées à la tête. Quand j'étais loin d'elle, je n'y songeais plus. Jamais je n'éprouvais le besoin d'en parler. Elle vivait en dehors de moi, et je me trouvais heureux dans ce cercle où elle passait, mais elle ne demeurait point au dedans de moi-même. Noëlie grande, forte, brune, douée d'une volonté capable de résister à toutes les épreuves, n'aurait jamais eu besoin de moi; Alexine, au contraire, ne saurait vivre sans protection, sans tendresse. Faute d'appui, elle mourrait. Son père lui défend de chanter dans la crainte que son cœur se brise, tandis qu'elle fait passer son âme dans sa voix. Moi, au contraire, je voudrais l'entendre sans trêve. Quand elle chante, des idées plus grandes et plus pures naissent en moi; il me semble qu'un séraphin m'emporte sur ses ailes... Peut-être ai-je besoin désormais de l'entendre toujours pour avoir du bonheur à vivre.

« Je vous vois sourire, maître, et votre femme secoue la tête. Vous ne comprenez pas que mon regard et mon cœur se soient pris si vite, en quelques jours... Si je comptais bien, je crois qu'il a suffi d'une heure!

« Dieu seul le sait, Dieu et vous!

« Soyez tranquille, Alexine ne le devinera même pas.

« Répondez-moi bien vite, et rassurez-moi sur le compte de celles que je ne pourrai point oublier.

« Je pense que la vieille Véronique va souvent sonner à votre porte, et qu'elle vous demande si vous avez des nouvelles de son maître. Dites-lui que mon valet de chambre de Paris, si accoutumé qu'il soit à mon service, ne me fera jamais oublier ses soins affectueux.

« Je mets un baiser sur la main de madame Aubry, et je vous prie de me garder, mon cher et vieil ami, votre paternelle affection.

« Gilbert Favières. »

Le lendemain le facteur remit cette lettre au vieux notaire, tandis qu'il échenillait ses rosiers.

Il abandonna ses fleurs, chercha sa femme, et tous deux, sous l'abri d'une tonnelle de clématite, lurent cette lettre qui rendait si bien les diverses impressions du jeune homme.

— Voilà qui est tout à fait digne de lui, Nathalie, je le reconnais là, le cher enfant. Il peut être tranquille, sa commission sera faite comme il dit, il est facile de tromper deux femmes et d'assouplir le code au gré des intentions de Gilbert. Seulement, tandis que je parlerai de la loi, tu emploieras un autre langage pour les consoler.

— Nous irons demain, répondit Nathalie avec cette douceur qui était un de ses charmes.

En effet, le lendemain matin, Cocotte fut attelée à une voiture légère et conduisit maître Aubry et sa femme au Havre, où ils prirent le chemin de fer pour Rouen.

Le notaire connaissait Lucien Lescor, l'avocat d'Hector Dambrun. Il se rendit chez lui.

A peine eut-il expliqué le but de son voyage que le jeune homme répondit avec une émotion douloureuse :

— Monsieur, Hector Dambrun a payé hier sa dette à la justice des hommes... Sa femme et sa fille, parties pour un pieux pèlerinage, sont revenues presque à l'heure de l'exécution... Le bourreau les a vues au cimetière des suppliciés ; une pauvresse affirme avoir vu les deux infortunées s'enfuir, comme prises de folie, dans la direction de la Seine... Ce qui est certain, c'est qu'elles ont quitté Rouen... Qui sait si, sous l'empire d'un désespoir dont Dieu sera le juge, elles n'ont pas cherché un refuge dans la mort...

Le même soir M° Aubry annonçait à Gilbert la disparition des deux femmes, en ajoutant qu'il avait donné des instructions et qu'elles seraient activement et affectueusement recherchées. Mais les semaines et les mois passèrent, et nul n'entendit parler de Julie Dambrun ni de sa fille.

UNE ERREUR FATALE

Mais Nicette y voit clair, et Nicette sera demoiselle d'honneur. (Voir page 215.)

CHAPITRE XVIII

NID DE JEUNES FILLES

La vie de Gilbert devint, à partir de l'heure où le docteur Ferral lui ouvrit sa maison, la réalisation de tout ce qu'il avait rêvé. Le goût très vif dont il était possédé pour la science se développait à l'aise sous la direction de son maître ; il reconnaissait que, jusqu'à cette heure, une tutelle habile et suivie lui avait manqué. Sans doute son père était loin d'être un ignorant; mais quelque goût qu'il eût pour l'étude, la monotonie de son existence à Versel, le cercle étroit dans lequel il vivait, la réapparition des mêmes maladies soignées à l'aide de curatifs identiques, tout concourait à paralyser en lui les curiosités persistantes du savant. Il subit lentement l'engourdissement du bonheur. Versel l'absorba. A Paris il fût devenu célèbre ; dans son coin de terre il demeura véritablement médecin de campagne. La destinée de son fils aurait suivi le même cours, si Gilbert, resté seul au monde, ne fût parti pour Paris. Certes, il eut l'éblouissement de la grande ville. Durant plusieurs mois, il la visita, la fouilla avec l'obstination d'un chercheur et d'un artiste. Après avoir rudement travaillé, il se reposait le soir à un théâtre, s'initiant à la langue de la musique, subissant le charme de cet art qu'il soupçonnait à peine. Loin d'essayer de refréner les curiosités de Gilbert, le docteur Ferral les encourageait dans une certaine mesure. Il comprenait que le fils de son ami était relativement un ignorant. Il fallait aider cette chrysalide à briser son cocon, le jeune homme de vingt ans à devenir un homme. Seulement, et sans même que Gilbert s'en doutât, il dirigeait ses goûts de façon à les rendre artistiques et délicats.

Du reste, cette effervescence dura peu. Le charme que Gilbert trouvait dans la famille du médecin lui ôta lentement le désir de passer ses soirées ailleurs que dans cet intérieur grave sans austérité, animé par la présence de trois jeunes filles.

Le soir, le docteur rendait compte à celles-ci de ses visites chez les malades pauvres : il leur signalait les infortunes intéressantes.

Claudie prenait des notes, et, le lendemain, les trois jeunes filles, sous la conduite d'une vieille femme de chambre qui les avait élevées, se rendaient dans les quartiers tristes, gravissaient les étages de maisons noires et lézardées, pénétraient dans des chambres sombres et malsaines, et, avant de surveiller l'exécution des ordonnances de leur père, elles prescrivaient ce qu'ordonnait leur cœur, aidant au besoin à remettre en ordre un misérable ménage, chauffant la tisane d'un malade, berçant un enfant, écoutant, charité plus grande encore peut-être, les confidences douloureuses de pauvres êtres dont toute l'histoire se résumait dans les larmes versées.

Si le nom du docteur Ferral était célèbre à l'Académie, si ses collègues le plaçaient au premier rang, ses filles jouissaient au moins d'une popularité aussi grande.

Ah! les ravissantes créatures! si diverses de taille et de visages, si semblables de cœur et d'esprit!

Avec quelle reconnaissance les mourants voyaient se pencher sur leur couche la belle figure pâle de Claudie ; comme les enfants tendaient vite les bras à Alexine, qui les berçait sur ses genoux en leur chantant à mi-voix des airs qu'ils croyaient appris au Paradis. Le sourire de Nicette ramenait la gaieté dans les bouges : on eût dit un rayon de soleil entrant dans une pièce sans air et sans clarté.

Elles distribuaient leurs aumônes avec une grâce fraternelle, évitant de blesser les cœurs fiers, remettant des secours aux mères pour les enfants, aux enfants pour les vieillards. Elles ne vidaient pas seulement leur bourse, dont elles auraient pu voir le fond, mais leur cœur dont la bonté demeurait inépuisable. Elles cachaient l'argent sous l'attention délicate, le présent aimable. Que de fois, pénétrant dans la mansarde d'une pauvre fille poitrinaire, elles y laissèrent des roses!

Aussi, quand le docteur confiait un souffrant ou un pauvre à une de ses filles, était-il tranquille sur son compte. Il gardait l'espoir de le guérir, il avait la certitude de le voir soulagé.

Le soir, après le dîner, quand le docteur, las de sa journée, éprouvait le désir de se reposer le corps et l'âme, les jeunes filles lui rendaient compte de l'emploi de leur temps. Elles ouvraient des registres, car leur charité tenait des comptes, signalaient à leur père les grandes infortunes, notaient les besoins des pauvres gens, et finissaient d'une façon invariable par tendre les deux mains :

— Pour nos pauvres! disaient-elles.

Gilbert entra un jour au moment où les trois sœurs, penchées vers leur père, sollicitaient ainsi sa générosité.

— Oui, oui, venez, Gilbert, aidez-moi à refréner ce qui devient une véritable folie. Je gagne énormément d'argent, n'est-ce pas? Et vous croyez peut-être que je réalise de grandes économies. Détrompez-vous. Chacune de ces petites filles est à la tête d'un tonneau des Danaïdes dans lequel s'engouffre le meilleur de mes revenus. Ceux qui s'imagineront, en me les demandant en mariage, recevoir de grosses dots, des dots d'héritières, seront grandement déçus, je vous jure. J'ai tenté de les refuser, de résister; j'ai fermé mes oreilles, mon cœur et ma caisse... peine perdue! Le lendemain je trouvais sur mon bureau des reconnaissances du Mont-de-Piété... Ces demoiselles avaient mis leurs bijoux en gage pour secourir les pauvres... J'aurais dû les laisser vendre; l'amour-propre m'a retenu...

— L'amour-propre seulement, docteur? demanda Gilbert avec un sourire.

— Certainement. On ne doit pas être ridicule. Ces trois folles ont besoin de savoir l'heure, et il faut des bracelets pour retenir leurs gants. Mais je ne recommencerai plus, jamais, jamais! Elles reçoivent chacune deux mille francs de pension pour leur toilette, cela doit leur suffire.

— Nous ne les dépensons pas, dit Alexine.

— Alors que faites-vous de votre argent?
— Et les mères sans pain? dit Claudie.
— Et les petits enfants sans habits? ajouta Alexine.
— Et les vieillards qui ont besoin de bon vin? dit Nicette d'un air de reproche.
— Tenez, monsieur Favières, reprit Alexine, nous allons vous prendre pour juge.
— Aurai-je le droit de prononcer?
— En dernier ressort.
— Je vous écoute, mademoiselle.
— Mon père a trouvé hier, dans son courrier, la lettre d'un homme qu'il soigna jadis, à l'hôpital, d'une dangereuse blessure à la jambe. Mathieu Landry exerce un rude état. Toute l'année il monte ou redescend la Seine sur un chaland, portant des marchandises de Rouen à Paris. C'est une vie solitaire, ne manquant pas de charme, paraît-il. J'ai vu son bateau. Grand, bien ponté, ayant ce que les anciens appelaient un château de poupe, c'est-à-dire une cabine garnie de deux lits, d'un fourneau, d'une petite table. Deux fenêtres, toutes petites, ont des rideaux blancs, et sont ornées de vases de fleurs que Mathieu Landry soigne avec amour. Il vit sur son chaland avec deux hommes qui l'aident dans sa tâche et un orphelin ramassé après une tempête. Silencieux, presque taciturne, il ne prononce pas vingt mots par jour, en dehors des ordres de manœuvre. Vous le savez, l'eau, les bois et les montagnes rendent mélancolique, et ceux qui demeurent sur les sommets, campent dans les forêts où ils font métier de bûcherons, ou se laissent glisser au fil de l'eau, ne perdent guère leurs paroles. Vous comprenez que nous voyons rarement Mathieu Landry. Cependant, pour prouver à mon père sa reconnaissance et lui montrer qu'il ne l'oublie pas, de temps en temps, il lui adresse un malade, un marinier, un ouvrier éclopé, une femme sans travail, pour cela il écrit une belle lettre signifiant à peu près ceci : — « Monsieur le docteur, j'ai trouvé une fameuse occasion de vous remercier de vos bons soins, et je vous ménage un service à rendre et une aumône à placer. Je croirais manquer à ce que je vous dois si je m'adressais à un autre, attendu que je ne connais point de médecin plus savant ni d'homme plus charitable. » — Mon père accueille les protégés du marinier de la Seine, les soigne, les secourt, les sauve, et parfois nous les confie ensuite.

— Ce Mathieu Landry est un homme bien intelligent.
— Ah! vous lui rendez justice, monsieur Gilbert! s'écria Nicette.
— Je demande sa clientèle si votre père l'abandonne.

— Tu mériterais, méchant père, que M. Favières fût pris au mot, ajouta Nicette.

— Ne nous pressons pas, dit le docteur, et attendons la fin.

— Je reprends, fit Alexine.

— Tu en étais à la lettre de Mathieu Landry.

— Mon père la reçut, il y a trois jours, et nous dit : — Le marinier de la Seine est à Paris, il s'agit de deux femmes malades; je les soignerai d'abord, et je vous les abandonnerai ensuite.

— J'ai bien cru, reprit le docteur, que toutes deux étaient perdues sans retour. Durant une de ses courses, Mathieu Landry, debout sur son chaland, vit deux femmes affolées courant sur les berges de la Seine; soit maladresse, soit, hélas! volonté d'en finir avec une existence devenue désespérée, l'une d'elles tomba dans le fleuve, tandis que sa compagne, essayant vainement de la retenir, roulait avec elle sous l'eau. Mathieu appuie sur sa gaffe, se rapproche de l'endroit où elles ont disparu, plonge, les ramène l'une après l'autre à bord, et porte les deux noyées dans la petite chambre du maître. Ses soins les raniment; dès que Mathieu comprend qu'elles vont retrouver le sentiment de leur misère, il s'éloigne, mais il envoie le mousse les supplier de se coucher et de se considérer comme les propriétaires de la cabine.

Un peu plus tard l'enfant leur portait une écuellée de soupe et la moitié d'un poisson grillé. Il enleva en même temps leurs vêtements humides qu'il fit soigneusement sécher au soleil. Le lendemain matin les deux femmes, appuyées sur les montants de la porte, apparurent à celui qui les avait sauvées.

Il obéit au signe amical que lui adressait la plus âgée.

— Je vous dois la vie, lui dit-elle; si amère que Dieu me l'ait faite je n'ai pas le droit de quitter ce monde avant mon heure. Je vous remercie, brave cœur, à qui je ne puis offrir que ma reconnaissance.

— Bah! dit Mathieu Landry, je ne mérite point tant. Pêcher quelqu'un qui tombe à la Seine, c'est faire métier de marinier, pas vrai? Ce que je regrette, en vous voyant si malade et si pâle, c'est de ne pouvoir faire davantage pour vous... Je suis un pauvre homme, vivant de la Seine, comme un fermier de son champ. Le jour, je guide le bateau; la nuit, s'il fait clair d'étoiles, je m'endors sur le pont, balancé par le remous comme un enfant dans les bras de sa mère. Quand j'ai faim, je jette ma ligne, le poisson mord, et le mousse confectionne la friture : il devient même d'une jolie force sur la matelotte. Au bout de l'an, je n'ai pas mis deux écus de côté, mais j'ai vécu tranquille sur mon chaland, voyant passer et repasser les rives de la Seine, dont je pourrais nommer tous les villages, désigner les criques et signaler les dangers. Où que vous souhaitiez aborder, je vous conduirai, et tant que vous resterez ici, croyez que vous me ferez honneur et plaisir. Sans vous commander, où alliez-vous, courant toutes deux sur les berges? car longtemps avant votre chute je vous voyais passer, et je m'adressais la même question.

— Nous allions devant nous, répondit la plus âgée des deux femmes.

— Alors cela vous est égal d'aborder à Paris ?

— Parfaitement égal.

- Je ne vais pas vite, vous le voyez.

— Nous ne sommes pas pressées! ajouta la femme en deuil.

Entre les roseaux penchés, les saules moussus, les gais villages, les moutons babillards, le chaland glissa, glissa nuit par nuit, heure par heure.

Tantôt les femmes sauvées par Mathieu Landry demeuraient enfermées dans la cabine ; tantôt assises près du bord, le visage penché sur le fleuve, elles restaient silencieuses. Parfois un tremblement les agitait, et Mathieu s'imagina même plus d'une fois que de grosses larmes roulaient sur leurs visages. Dans ces moments il les fuyait plus que jamais. Plus qu'aucun autre il comprenait les douleurs muettes et les pleurs versés dans l'ombre.

Cependant il savait qu'elles ressentaient pour lui une gratitude profonde. Ils s'entendaient sans se parler.

Un matin la jeune fille s'approcha de Landry, occupé à réparer ses lignes, et lui dit d'une voix tremblante :

— Ma mère est bien malade; depuis hier, elle tremble, ses dents claquent, et par moments il me semble qu'elle a le délire. Que ferons-nous, Landry, si le danger s'aggrave? Ici point de médecin, nul moyen de se procurer de remèdes.

— C'est vrai, répondit Mathieu, mais prenez courage. La fièvre fait souffrir, mais elle ne tue pas; dans deux jours nous serons arrivés, et votre mère, soignée, je vous l'atteste, et par un crâne médecin, encore, le meilleur de Paris.

— Hélas! Mathieu, les grands docteurs font payer cher leurs consultations.

— Pas celui-là, mademoiselle. Je le prierai de sauver votre mère, et il la sauvera. Pourrait-il me refuser quelque chose, après m'avoir rendu la vie, la santé et le courage; c'est entre nous à la vie et à la mort, voyez-vous...

— Deux jours ! répéta la jeune fille.

— Moins si je le puis.

En effet, la passagère du chaland de Landry, épuisée par le chagrin et par la fièvre, se trouvait dans un danger réel. Quelques tasses

Dans le silence de cette nuit claire, une voix mélodieuse s'éleva... (Voir page 213.)

de tisane, seul adoucissement qui se trouvât à la disposition de sa fille, ne pouvaient calmer ses souffrances. La face enflammée, les yeux troublés, l'esprit hanté par des fantômes, elle épouvantait d'autant plus sa fille que celle-ci redoutait à chaque instant les indiscrétions du délire.

Enfin, un soir, Mathieu vit se dessiner deux lignes enflammées sur les bords de la Seine.

C'était Paris, apparaissant dans son enceinte lumineuse. Les bateliers, debout sur le chaland, regardaient le fleuve multipliant ses clartés dans ses ondes, et, lorsque Mathieu Landry arriva près du quai d'Orsay, il frappa doucement à la porte de la cabine où se trouvait la malade.

La jeune fille vint ouvrir.

— Nous sommes au port, mademoiselle, dit-il. Je vous ai promis de prévenir un fameux médecin, et je n'y manquerai pas. Dans un instant il sera ici

Le docteur Ferral interrompit sa fille :

— Le fameux médecin, supplié par son ami le batelier de se rendre à bord du chaland, y trouva une femme malade, une jeune fille en larmes, et un homme bien embarrassé! Il ordonna des remèdes, et... il envoya ses filles...

— Nous y voilà! répliqua Nicette, il envoya ses filles... Naturellement nous n'avions pas la moitié de ce qu'il fallait pour soulager une semblable infortune. Vous comprenez bien, monsieur Favières, que, après le déchargement et le rechargement de son bateau, Landry ne pouvait faire redescendre la Seine à celles qui venaient de la remonter. Il devenait indispensable de loger ces deux femmes. Nous y avons pourvu. En entendant notre nom, une concierge a tout de suite pris confiance. Le marchand de meubles a livré l'indispensable à crédit, et les protégées de mon père ont un appartement très modeste : une chambre dans laquelle sont leurs lits jumeaux, et un cabinet. Nous avons installé une femme qui les soignera pendant la maladie de la mère, et nous espérons la guérir. Nous verrons ensuite à lui procurer de l'ouvrage.

— Seulement nos finances sont complètement épuisées, ajouta Alexine, d'un air tout navré, et nous demandons un crédit supplémentaire.

— Qui d'ailleurs nous a été refusé, dit Claudine avec un sourire.

Gilbert tira son portefeuille :

— Mademoiselle Alexine, dit-il d'une voix un peu émue, voulez-vous me permettre d'entrer pour ma part dans cette bonne action? Je ne saurais pas si bien que vous découvrir et consoler les pauvres, mais je suis assez riche pour les secourir. Vous me rendriez bien heureux en acceptant mon offrande...

Un instant Alexine hésita.

Puis elle tendit la main, et, tout heureuse, prit le portefeuille en rougissant.

Elle l'ouvrit, et poussa un petit cri de joie en voyant qu'une des poches était bourrée de billets de banque :

— A combien se monte le crédit que vous m'ouvrez? demanda-t-elle.

— Il s'agit d'un crédit illimité, mademoiselle.

Alexine se rapprocha de ses sœurs, s'entretint un moment tout bas avec elles, puis elle compta quelques billets bleus !

Et rendant le portefeuille au jeune homme :

— J'accepte cinq cents francs, monsieur Favières, dit-elle, et, du fond de mon cœur, je vous remercie.

— Vous êtes fou, Gilbert! s'écria le docteur; allez-vous laisser prendre à ces petites filles une détestable habitude ?

— Et pourquoi non, monsieur? Je vis d'une façon si tranquille et si peu coûteuse qu'il me reste des louis dans le fond d'un tiroir. Jusqu'à ce que je me sois fait une clientèle de pauvres gens, je serai incapable de dépenser mes revenus. Les quêteuses peuvent donc puiser dans ma bourse de jeune homme.

— Pour une fois ! dit le docteur à ses filles avec un petit geste de menace, mais qu'elles ne recommencent plus.

Le docteur se leva et ajouta :

— Laissons les enfants régler l'emploi de vos cinq cents francs, Gilbert, et venez avec moi fumer un cigare sur la terrasse.

Tous deux sortirent. M. Ferral ne parlait point tout en arpentant la terrasse débordant de fleurs, et cependant Gilbert comprenait qu'il était à la fois ému et satisfait. Le jeune homme, le cœur gonflé, incapable de prononcer une seule parole, marchait à côté de son vénéré maître.

Tout à coup, dans le silence de cette belle nuit claire, une voix mélodieuse s'éleva. Elle chantait dans cette douce langue italienne qui est elle seule une harmonie. Jamais elle ne vibra plus sonore et plus pure; jamais elle ne jeta plus haut une bénédiction vers le ciel, et ne raconta mieux la joie d'un jeune cœur, le bonheur, le ravissement d'une âme pure.

Appuyés sur la balustrade, M. Ferral et Gilbert écoutaient en silence, avec une émotion intime, cette mélodie qui les charmait par sa grâce, et les effrayait par l'intensité d'émotion de la chanteuse. Enfin, Gilbert n'y tint plus et, posant la main sur le bras du docteur :

— Monsieur, dit-il, monsieur, ne voyez-vous pas qu'elle se tue...

— Je comprends qu'elle vous remercie, répliqua doucement Ferral.

Cependant, au bout d'une minute, comprenant l'imprudence de la jeune fille, il dit à Gilbert :

— Rentrons maintenant.

Alexine se trouvait encore assise sur le tabouret du piano. Ses belles mains pâles reposaient sur le clavier. Elle paraissait à la fois brisée et heureuse.

— Ma fille, dit le docteur avec émotion, tu veux donc sans cesse m'inquiéter.

— Non, dit-elle ; je ne chanterai pas de longtemps, je te le jure... Puis après un instant de réflexion :

— Mais ce soir, il me semble que j'avais quelque chose à dire à Dieu, et ce quelque chose, je l'ai chanté.

— Viens, dit Claudie qui la prit maternellement dans ses bras.

A partir de ce jour un nouveau degré d'intimité régna entre Gilbert et les filles du docteur. Elles lui racontèrent leurs courses dans les maisons indigentes. Il visita quelques-uns de leurs pauvres, Il y eut des conciliabules charmants entre ces quatre jeunes êtres attirés l'un vers l'autre par une franche sympathie. Ils se faisaient désormais un plaisir de cacher leurs secrets au docteur. Celui-ci souriait, sans rien leur enlever de cette liberté aimable qui créait autour d'eux un bonheur de plus.

Environ un mois plus tard, Nicette, tout heureuse de la nouvelle, dit à son père :

— Nous avons trouvé le moyen d'employer les talents des protégées de Mathieu Landry. Pas tous, car on dirait que ces deux femmes furent à leur naissance douées par des fées ; mais enfin, nous leur serons utiles, et elles nous rendront service. Ma mère souhaite avoir pour l'hiver son ameublement de salon. Jamais nous ne l'aurions fini seules ; mais la jeune fille, Nélie, consent à venir travailler à la maison. Nous lui donnerons trois francs par jour. Pendant ce temps, sa mère perlera des dentelles, elles trouveront le moyen de vivre. Elle nous aime comme des sœurs, et nous le lui rendons bien ! Tout est arrangé avec ma mère ; le grand métier sera installé dans la petite bibliothèque où tu n'entres pas deux fois l'an. Ce qui ne te gênera pas

— Bon, dit le docteur, très bien. La mère est tout à fait guérie maintenant ?

— De la fièvre, oui.

— De quoi souffre-t-elle encore ?

— Elle ne nous l'a point dit. Mais jamais elle ne sourit ; ses cheveux sont tout blancs bien qu'elle soit encore jeune. Certainement elle est née dans une situation bien différente de celle qu'elle occupe. Je l'ai entendue un jour adresser à sa fille la parole en italien, et Nélie lui répondit dans le toscan le plus pur. Je me suis prise pour ces deux femmes d'une amitié d'autant plus profonde qu'elles ont dans leur vie un secret douloureux.

— Cher bon petit cœur! dit le docteur; tes sœurs partagent-elles ton enthousiasme pour ces infortunées?

— Oui, Alexine surtout.

— Quand installes-tu la brodeuse?

— Demain, si tu le permets.

— Si tu le permets est joli! Enfin j'accorde toutes les autorisations pour cette raison que, si je les refusais, vous deviendriez tristes toutes les trois, et que la maison serait un enfer.

— Un enfer, avec trois anges comme nous?

— Des anges! des anges! Je demanderai sur cette question l'avis de quelqu'un.

— Du docteur Favières?

— Pourquoi pas!

— Je le récuse.

— Toi! pour quelles raisons?

— Il deviendra partial à l'égard d'Alexine.

— Tais-toi, petit démon.

— Me taire... Y a-t-il du mal à voir que le docteur nous préfère Alexine? Claudie lui semble un peu grave, moi trop folle, tandis qu'Alexine... Oh! celle-là fut douée par le ciel de toutes les perfections.

— Alors prends modèle sur ta sœur.

— Je m'en garderai bien.

— Tu veux rester ce que tu es, un diable rose.

— Je crois bien, sans cela tu me marierais.

— Personne n'a demandé à t'épouser que je sache

— Ce sera bien assez d'une noce dans l'année.

— Encore!

— A moins que tu veuilles désespérer Gilbert.

— Assez, Nicette, assez.

— Certainement, c'est facile à dire : « Assez, Nicette! » Mais Nicette y voit clair, et Nicette sera demoiselle d'honneur d'Alexine, et avant peu.

— Silence! fit presque sévèrement le docteur, voici ta sœur. Je ne veux pas qu'elle t'entende.

La jeune fille se suspendit au cou de son père, et lui dit avec sa grâce naïve :

— Sois tranquille, je suis sûre qu'elle l'aime! Si tu savais comme elle chante bien depuis que M. Gilbert vient chez nous et s'occupe de nos pauvres.

Nicette embrassa son père sur les deux joues.

En effet Alexine entrait, rayonnante, sous sa pâleur, ses grands yeux bleus remplis d'un éclat de jeunesse. Elle tenait à la main un gros paquet de roses et fredonnait à mi-voix. Tout en elle respirait la joie, le bonheur.

Le docteur l'attira tendrement vers lui.

— Es-tu heureuse? demanda-t-il.

Un pas élastique et jeune se fit entendre dans l'antichambre. Sans doute Alexine l'avait reconnu; car, au lieu de répondre au docteur Ferral, elle cacha son front sur son épaule.

Elle ne vit point entrer Gilbert Favières, que Nicette accapara pour lui parler de l'installation de la brodeuse.

Ah, tenez! vous ne savez pas le mal que vous venez de me faire. (Voir page 221.)

CHAPITRE XIX

LE CAS DE VERMILLON

Un matin Gilbert arriva plus vite que d'habitude chez le docteur; celui-ci lui avait recommandé l'exactitude, sans lui apprendre pour quelle raison il tenait à le voir de bonne heure.

Au lieu d'être dans son cabinet de travail, Ferral restait ce jour-là dans son laboratoire, pièce spacieuse ménagée au-dessus des appartements et communiquant au cabinet de consultations par un escalier en spirale.

Sur l'indication du valet de chambre, Gilbert rejoignit le docte professeur.

Celui-ci paraissait fort préoccupé, et, tout en continuant des préparations dont Gilbert ne devinait pas le but, il dit au jeune homme :

— Je savais que mon labeur vous intéresserait Je ne fais point une expérience personnelle ; c'est en qualité de médecin légiste appelé à donner mon opinion dans un cas extrêmement grave que je dois tenter d'apporter la lumière dans une cause fort obscure. Car il s'agit d'un procès. Un homme, appelé Vermillon, est traduit en cour d'assises, sous l'inculpation d'empoisonnement. Vermillon est le pire des êtres ; condamné diverses fois pour vol, ayant à maintes reprises proféré des menaces contre sa femme, les voisins s'attendaient à la trouver un matin assassinée à coups de serpe ou de merlin. Elle mourut il y a trois mois après de courtes mais violentes souffrances, et la vindicte publique accusa si formellement Vermillon qu'une enquête fut ordonnée. L'étonnement de ce misérable en apprenant qu'on le soupçonnait d'avoir empoisonné Jeanne fut si profond que le juge d'instruction eut des doutes sur la culpabilité de Vermillon. On lui rappela les propos qu'il avait tenus, sa haine contre sa femme, cette parole que, si jamais il devenait veuf, il épouserait une jolie meunière des environs. Il convint de tout, ne nia ni les menaces proférées, ni les injures dites, ni les coups donnés ; mais il ajoutait à ces aveux « — Possible que je l'eusse tuée, un jour, quand je serais rentré pris de vin et qu'elle m'aurait accablé de reproches. Si je suis mauvais, elle n'était pas tendre. J'avais autant de motifs de la redouter qu'elle en gardait de me craindre. Je suis violent, mais elle était sournoise. Tout le monde sait ma vie dans le pays. J'ai eu des affaires avec la justice, et c'est une raison pour me soupçonner... Empoisonner ma femme? et avec quoi ? Vous me direz que les champs produisent de mauvaises herbes, et que la jusquiame, la belladone, la ciguë sont à qui les veut cueillir. Mais encore faut-il savoir faire cette satanée cuisine. Le grand berger Touin la connaît peut-être, mais je vous jure que je l'ignore. Admettez qu'il suffise de les écraser ou de les faire bouillir : un enfant s'en tirerait. Mais vous prononcez au sujet de cet empoisonnement des noms que je n'ai jamais entendus, vous parlez de drogues qui se vendent dans les pharmacies. Je ne vais jamais dans ces maisons-là, pas même quand je suis malade. Ma femme était malheureuse, je ne vais pas à l'encontre, mais je ne l'ai point aidée à sortir de ce monde. » Jamais on n'en put tirer autre chose que des dénégations formelles. On lui opposa l'avis des médecins, il répondit qu'ils se trompaient ; les résultats d'une autopsie, il entra dans une fureur terrible, et jura qu'il ne comprenait pas un mot à ce qu'on lui répétait sous toutes les formes, qu'il n'avait point empoisonné sa femme, et que ni Dieu ni le diable ne pourraient le lui prouver.

— Mais, demanda Gilbert, de quel poison l'accusait-on de s'être servi ?.

— Les symptômes du mal auquel avait succombé sa femme indiquaient la strychnine.

— Ah ! fit Gilbert, le même dont est mort le comte Ostrog.

Le docteur Ferral reprit :

— J'ai voulu vous faire assister à mes expériences. Quelque indigne de pitié que soit un misérable de l'espèce de Vermillon, il a, coupable de beaucoup de fautes, le droit d'être innocent d'un crime... Nous allons ensemble analyser les restes renfermés dans ces sinistres bocaux, et nous comparerons le résultat obtenu avec celui qui nous sera donné par des matières d'un genre tout différent.

Une flamme ardente venait de monter au visage de Gilbert Favières.

Ferral déboucha un des flacons, et reprit :

— On nous affirme que la femme de Vermillon a été tuée par un alcaloïde ; je ne le nie pas, mais j'en doute. Comment un homme du peuple comme Vermillon pourrait-il se procurer de la strychnine, de la vératrine ou de l'aconitine, toxiques que les pharmaciens ne remettent jamais sans une ordonnance? Ces poisons-là sont à la disposition des citadins, et encore des citadins lettrés, bons chimistes qui fabriquent eux-mêmes leur toxique et l'emploient tranquillement, comptant sur l'impunité, en raison de l'ignorance d'un grand nombre de médecins.

La découverte que je viens de faire, et dont les résultats vont sans doute amener l'acquittement de Vermillon, lequel, entre parenthèse, me paraît fort peu intéressant, consiste à prouver que la décomposition des matières animales, et spécialement la putréfaction cadavérique, peut être accompagnée de la formation de substances alcaloïdes analogues aux alcaloïdes végétaux.

Gilbert Favières écoutait le docteur avec une attention croissante.

— Mais, dit-il, ce que vous croyez avoir découvert serait un bouleversement absolu dans ce qui a été cru jusqu'à cette heure.

— Je le sais bien, Gilbert ; et, ce qui est horrible quand il s'agit de découvertes de cette nature, c'est qu'elles arrivent toujours trop tard, à la suite de malheurs multipliés, d'événements tragiques ; et quand une vérité de cette sorte éclate aux yeux, on comprend combien elle a fait de victimes.

— Et, demanda Gilbert dont la voix devenait plus tremblante, qui vous a poussé dans cette voie?

— Le hasard, qui entre toujours pour beaucoup dans nos découvertes et nous empêche d'en devenir orgueilleux. J'ai dans ma clientèle une famille d'honnêtes bourgeois qui, l'an dernier, à Noël, servit en guise de plat de résistance à son réveillon une oie farcie. On se récria sur la beauté, la blancheur du palmipède, on l'arrosa de vin de Bourgogne, ce qui provoqua les bons mots et les chansons du dessert; mais voilà que durant la nuit la maîtresse de la maison fut prise d'horribles douleurs ressemblant à tous les symptômes d'un empoisonnement. Au matin arrivèrent chez elle des nouvelles sinistres. Tous les invités de la veille se trouvaient en danger, et les divers médecins qui les soignaient concluaient à un toxique énergique. Le mot strychnine fut prononcé. Il était impossible de suspecter les braves gens d'avoir voulu attenter à la vie de leurs amis. Ils n'avaient pour cela aucune raison, pas même un prétexte. On devait conclure à un accident. Mais d'où provenait-il? Une oie rôtie n'offre pas même la présomption qu'un vase de cuivre mal étamé peut être cause d'un accident. Ma cliente à demi morte et désespérée, voyant déjà commencer une enquête, me supplia de lui sauver plus que la vie en lui gardant l'honneur, et d'employer toute ma science afin de découvrir la cause de ce malheur.

Je commençai par l'analyse de l'oie farcie, cause de tout le mal, et je signalai dans les restes une formation de ptomaïnes.

— Qu'appelez-vous ptomaïnes? demanda Gilbert.

— Les alcaloïdes cadavériques.

— Et jamais encore il n'en avait été parlé?

— Si, le docteur Gautier les avait entrevus; un savant italien, M. Solani, les avait étudiés, mais d'une façon superficielle. Ce qu'il fallait trouver, c'était le moyen chimique de constater leur présence. Et c'est à cela, je crois, que j'ai réussi.

— Voyons, voyons, dit Gilbert.

— Les ptomaïnes possèdent un pouvoir réducteur tel que le cyanoferride de potassium se trouve à leur contact subitement transformé en cyanoferrure et devient capable de former du bleu de Prusse avec des sels de fer.

— Et vous croyez que les alcaloïdes végétaux ne jouissent pas de cette propriété?

— Non, j'en excepte cependant la morphine.

Le docteur déboucha un des bocaux et reprit:

— La malheureuse femme qui avait donné le réveillon mourut. Plus faible de santé que ses invités, déjà atteinte d'une maladie organique, elle succomba. Son autopsie me fit découvrir les mêmes ptomaïnes que dans l'oie farcie, et dès lors ma conviction fut faite. Personne n'était coupable. Mais dans le corps de l'oie s'étaient développés des ptomaïnes, aussi dangereux comme toxiques que les plus redoutables alcaloïdes. Chez certains êtres ce principe dangereux se manifeste presque immédiatement après la mort. Ainsi un grand nombre de poisons des tropiques sont toxiques quand on ne les consomme pas immédiatement. Il faut alors attribuer le danger qu'ils présentent à une formation rapide de ptomaïnes.

Gilbert se taisait; mais, d'une main fébrile, il essuyait son front couvert d'une sueur froide.

— Voyez, Gilbert, la preuve de ce que j'avance; il existe dans ces viscères des ptomaïnes, pour moi cela est incontestable, je les mets en contact avec du cyanoferride de potassium, et vous comprenez...

— Je comprends?... oui, je comprends, fit Gilbert d'une voix étranglée.

— Vermillon a volé, Vermillon mérite peut-être la corde, mais à coup sûr il ne mérite pas l'échafaud, et il n'y montera pas. C'est une belle et grande conquête, qu'une conquête scientifique quand elle peut sauver une vie humaine. Je fais peu de cas de la gloire, mais j'attache un prix excessif à ce don que le ciel ne nous fera pas deux fois : l'existence. Plus d'une erreur judiciaire a été commise faute de connaître les ptomaïnes, et j'en puis attester une en Italie... Mais combien d'autres sont demeurées inaperçues!...

— Oui, oui! dit Gilbert, dont une des mains se cramponna à la table sur laquelle le docteur Ferral continuait sa démonstration, combien d'autres!... Ah! tenez! fit-il en éclatant, vous ne savez pas le mal que vous venez de me faire avec cette révélation de votre science... Savez-vous bien maintenant, docteur, que je n'aurai plus une heure, je ne dis pas de joie, mais de repos?...

— Vous, mon cher ami! et pourquoi?

— Pourquoi? Avez-vous donc oublié la terrible affaire dans laquelle j'ai été nommé médecin légiste? Ne vous souvenez-vous plus que j'ai affirmé que le comte Ostrog avait succombé à une intoxication de strychnine? Maintenant, je comprends que je me trompais... Il s'agissait de ptomaïnes et non pas de strychnine... Mon Dieu! mon Dieu!

Le docteur Ferral écoutait Gilbert avec une attention douloureuse.

— Il jurait qu'il était innocent, poursuivit Gilbert; il l'a répété aux juges, à sa femme, à sa fille; en montant sur l'échafaud il le criait encore... Il est mort! Et je suis son assassin! Sans doute, bien d'autres indices que mon affirmation l'accusaient. Comme celui dont vous parlez il avait des vices, il haïssait son frère; il éprouvait un immense besoin de fortune et de jouissances. Les magistrats se trompaient en l'accusant, mais c'est moi qui l'ai fait condamner... Ah! tenez, docteur, je verrai toujours Noëlie en larmes, Noëlie à mes genoux me répétant : — Il n'est pas coupable, vous ne l'accuserez pas, vous ne l'accuserez pas, vous! — Et je l'ai fait! Et sur moi j'ai le sang d'un homme!

— Mais, Gilbert, dit le docteur, êtes-vous bien certain que cet Hector Dambrun ne fût pas réellement coupable?

— Maintenant, oui, j'en suis sûr. Il protestait de son innocence avec une énergie sans égale. Il nous défiait tous de prouver comment il s'était procuré du poison. On chercha, on ne trouva rien. Il est vrai que la maladie de son frère se compliqua tout de suite d'une façon imprévue. Un verre de boisson glacée lui causa d'abord de subites douleurs. Dans la soirée il se fit servir une volaille, et c'est après en avoir mangé qu'il fut saisi de souffrances horribles, présentant tous les symptômes de l'empoisonnement par la strychnine. Je le comprends aujourd'hui, il s'agit de ptomaïnes, et je ne savais pas! Je ne savais pas!

Il eut un geste désespéré, puis serrant dans les siennes les mains du docteur :

— Ne le comprenez-vous pas? Ma vie est brisée. J'ai un crime sur la conscience. Il faut que je l'avoue, que je le crie. Rien n'allégera le poids que je sens sur mon cœur, sinon un aveu; j'irai trouver un magistrat, et je lui dirai tout, tout! Dans le drame de Versel, il n'y eut qu'un assassin, et c'est moi!

Le docteur attira le jeune homme sur le petit divan du laboratoire.

— Calmez-vous, je vous en supplie, mon cher enfant! Quelle fâcheuse idée ai-je eu de vous appeler ici afin de prendre part à mes expériences. Je voulais vous permettre d'étudier un cas doublement intéressant pour vous. C'est un malheur! un grand malheur! Un malheur irréparable. Celui qu'a frappé la justice humaine a cessé de souffrir. Il est mort consolé par la religion, et Dieu, prenant en pitié les fautes de sa vie, les pardonnera en faveur d'un trépas horrible. Mais rien d'ailleurs ne vous prouve d'une façon absolue que vous vous êtes trompé. Cet homme avait des vices, vices terribles qui pouvaient le rendre capable d'un crime...

— En avouant les autres, il a nié celui-là.

— De quoi lui aurait servi un aveu?

— J'admets encore que devant les juges il ait refusé de se reconnaître coupable de l'empoisonnement de son frère ; mais après, il ne risquait plus rien.

— Ne m'avez-vous pas dit qu'il lui restait une femme, une fille...

— Deux anges.

— Il aura continué pour elles peut-être à nier le crime qu'on lui imputait.

— Il eût répété à toutes deux peut-être qu'il mourait innocent, il n'aurait pas menti devant la mort. Quand j'appris par les journaux les détails de son exécution, je ne pus m'empêcher de frémir. S'il était innocent, je suis coupable. J'ai affirmé que le comte Ostrog était mort empoisonné, et il n'y a pas eu de preuves!

— Vous n'avez pas affirmé cela seul.

— Duranduel a partagé mon avis, qu'est-ce que cela prouve, ô mon ami! Quand on songe que la vie de tant d'accusés se trouve entre les mains de demi-savants, de fraters de village, qui jamais n'ont soigné que des fièvres et à qui l'on confie la tête d'un homme! Est-ce que les médecins légistes de province suffisent à leur mission? Duranduel possède une réputation! Et tous deux nous avons fait preuve de la même ineptie.

— Vous rachèterez cette erreur en travaillant davantage, Gilbert. Écoutez-moi, et croyez-moi, mon ami. Je vous parle comme le ferait votre père lui-même. A ce qui est arrivé, vous ne pouvez plus rien! J'admets que par votre faute une vie soit perdue, expiez cette erreur, car il n'y a crime que quand existe la volonté; à force de travail, de dévouement, vous soignerez, vous sauverez tant de pauvres gens que Dieu sera indulgent pour votre ignorance. O mon ami, pour une erreur qu'il est possible de signaler, combien demeurent dans l'ombre! Vos regrets ne suffisent-ils point pour laver votre faute.

— Peut-être, si Hector Dambrun n'eût pas laissé de famille. Mais sa femme, sa fille! que sont-elles devenues?

— N'avez-vous rien appris à leur sujet?

— Rien, répondit le jeune homme. Sans avoir la certitude que vous venez de me donner, j'évitais d'y penser, car leur souvenir me laissait un vague remords. D'ailleurs, je demeurais impuissant, et il me semblait parfois avoir suffisamment rempli mon devoir en chargeant M⁰ Aubry de leur payer une pension de cinq mille francs. Mais personne n'a revu les infortunées dans Versel. A Rouen, leurs traces sont également perdues. Et cependant il faut que je les trouve, il faut que je leur remette une fortune qui me souillerait les mains. Toute cette horrible affaire se complique d'une façon étrange, docteur. Hector Dambrun devait, d'après le testament de son frère Jean Ostrog, toucher à la mort du comte un million et garder la jouissance du château de Versel. Mais en raison de cet axiome qu'on n'hérite pas des gens qu'on tue, Hector a perdu ses droits à la succession de son frère. Lui mort, les deux femmes se sont enfuies, aussi pauvres qu'à l'heure où elles s'évanouissaient de faim à la grille du château. La succession s'est trouvée partagée entre divers héritiers : le million d'Hector est allé à monsieur Alex Cavailhan, et j'ai gardé les cinq cent mille francs du comte Jean ! Comprenez-vous cela, je suis riche, moi. Moi riche !

— Mais, dit le docteur, de quelque façon que ce fût, vous deviez toujours posséder cette somme.

— C'est vrai.

— Le seul héritier qui devrait rendre tout ou partie de son legs, ce serait monsieur Cavailhan. Est-il honnête homme ?

— Probe et dévoué.

— Oseriez-vous lui confier la vérité ?

— Pas avant d'avoir sacrifié ma propre fortune. De ce que m'a donné Ostrog, je ne garderai rien ! rien ! C'est le bien de la veuve et de l'orpheline.

— Vous avez raison, répondit le docteur avec un soupir.

— Mon devoir est tracé désormais.

— Qu'allez-vous faire ?

— Partir pour Versel, fouiller le pays, interroger tout le monde. Aucune peine ne me rebutera, et j'espère bien réussir.

— Je vous approuve, mon enfant. Vous ferez le possible et l'impossible... Mais si vous échouez, si vous ne découvrez nulles traces des infortunées qu'il est de votre devoir de consoler et de secourir, jurez-moi de ne point vous laisser abattre par vos regrets et de reprendre avec courage les études que vous interrompez.

— Je ne puis rien promettre, rien dire à cette heure, répondit le jeune homme. Ma douleur ne me permet de songer qu'à Mme Dambrun et à sa fille. Oh ! pauvre Noëlie ! Dieu seul peut savoir ce que fut son martyre... Elle m'aimait... Son père, le comte Ostrog, sa mère voulaient me la donner pour femme...

— Vous l'avez refusée ?

— Oui, un instinct secret m'avertissait de ne pas lier ma vie à la sienne. Je la chérissais comme un frère, je devinais que plus tard j'aimerais avec plus d'emportement et d'ardeur, qu'au nom d'une jeune fille toute mon âme vibrerait de joie, qu'un regard de deux yeux bleus changerait ma vie, et que le son d'une voix d'or me captiverait pour jamais...

— Gilbert ! dit le docteur.

— Qu'importe mon secret, maintenant ! Il m'échappe avec mon désespoir, avec le sang de mon cœur qui coule par une plaie inguérissable... Oui, j'aime Alexine, ma vie est à elle, une vie brisée, sans avenir, dévouée à la douleur et au remords. Je vous cachais cette attraction qui fut irrésistible et qui date du jour où je l'ai vue pour la première fois, j'attendais de m'être fait une situation, presque un nom, sous vos auspices, pour vous demander cette ange et en faire ma femme... Comprenez-vous bien ma douleur maintenant? Je dois renoncer à Alexine; morte ou vivante, je me dois à Noëlie, à Noëlie que je n'ai jamais aimée, mais qui trouvera en moi un défenseur, un protecteur fidèle. Ce sera mon expiation. Mon Dieu! mon Dieu! peut-on souffrir autant sans mourir?...

Il se leva et prit la main du docteur :

— Demain, je serai parti, dit-il.

— Soit, mon pauvre enfant. Je juge comme vous-même, vous remplirez un devoir, mais je ne veux point que vous me quittiez sous l'empire d'une semblable douleur. Non! non! je ne le veux pas. Je tiens de mon ancien compagnon de jeunesse des droits sacrés que vous avez dû me rendre chers. Laissez-moi les remplir. Restez avec moi le reste de cette journée, dînez en famille... En famille! Tenez, après l'aveu que vous venez de me faire, je puis bien vous dire la vérité; je devinais en partie votre secret, et je me réjouissais à l'idée qu'un jour je vous appellerais mon fils. Dieu ne le veut pas! Nous ne devons ni murmurer ni nous plaindre. Le dernier souvenir que vous emporterez de Paris sera celui de la voix d'Alexine, il vous portera bonheur...

— Merci, oh! merci! répondit le jeune homme.

Il ne fut plus question d'expériences; mais dans la crainte que Gilbert Favières retombât dans ses angoisses, le docteur l'emmena avec lui dans toutes les visites qu'il fit à ses malades. Il s'efforçait de le distraire d'une préoccupation absorbante.

— Croyez-vous donc, pauvre enfant, lui dit-il, que ce cas soit unique? Non, hélas! notre science à tous est bornée, et plus d'un malheur du genre de celui que vous déplorez est arrivé. Oui, votre devoir est de chercher les deux infortunées que vous avez concouru à faire veuve et orpheline. Vous y emploierez six mois, un an, s'il le faut. Quand vous les aurez retrouvées, vous leur offrirez l'unique chose dont vous pouvez disposer : une fortune. Mais il se peut que jamais vous n'entendiez parler d'elles. Rappelez-vous ce que vous m'avez confié de la faible constitution de la mère, du désespoir de sa fille. Qui sait si elles ne sont point mortes dans quelque village obscur, ne laissant pas même un nom à graver sur leur fosse? Quand vous aurez épuisé tous les moyens, demandez à Dieu et aux hommes le moyen de réparer votre faute, il faudra bien vous résigner à vivre, reprendre vos études à Paris et nous revenir. Pour expier cette faute involontaire vous vous dévouerez aux souffrants et aux pauvres; mais ne brisez pas votre carrière. Devenu prématurément grave, vous porterez peut-être sans fin le poids de ce malheur.

Mais si la faute n'existe que dans l'intention, vous ne fûtes pas coupable.

Le jeune homme, en écoutant cette voix ferme et consolante, comprenait que son vieil ami avait raison. Résolu à remplir son devoir, il promit en même temps de ne point exagérer le sentiment de ses remords.

Quand tous deux rentrèrent au salon, les trois jeunes filles s'y trouvaient.

Elles rendirent compte de l'emploi de leur journée, étalèrent devant le docteur des colonnes de chiffres alarmants et le comblèrent ensuite de caresses.

Cependant la tristesse de Gilbert les frappa.

Nicette s'en railla; le regard calme de Claudie parut l'interroger. Quant à Alexine, elle sourit si doucement que, s'il avait pu ressentir quelque allégement à sa douleur, Gilbert se fût trouvé consolé.

Après le dîner qui fut court, le docteur dit à sa seconde fille :

— On doit laisser à ceux qui nous quittent, même pour un peu de temps, un souvenir ému; chante, Alexine, chante ce soir, Gilbert part demain.

Alexine se leva toute droite :

— Il part! répéta-t-elle. Où va-t-il?

— Sur un rude chemin, ma fille; ce chemin s'appelle le devoir.

La jeune fille se mit au piano, laissa courir ses doigts sur le clavier, comme si elle se demandait ce qu'elle pourrait chanter à cet exilé qui paraissait si triste; puis une mélodie se trouva sous sa main tremblante, et, d'une voix dont rien ne saurait rendre le charme incomparable et la déchirante tristesse, elle commença l'*Adieu* de Schubert.

La tête dans ses mains, Gilbert pleurait.

Quand Gilbert arriva le lendemain soir à Versel, il paraissait si changé que la vieille servante poussa en le voyant une exclamation de surprise. Il entendit à peine les paroles de bienvenue de Véronique, et monta l'escalier. Il avait besoin de se retremper dans les souvenirs vivants de la famille pour garder la force de continuer son œuvre de réparation. Au premier moment le côté généreux du rôle qu'il devait remplir l'avait entraîné, il en sentait désormais les difficultés et les tristesses. Il ne reculait pas, loin de là. Plus décidé que jamais à poursuivre sa voie, il se trempait pour une lutte où il laisserait une part de son cœur. Enfermé dans le bureau où son père travailla pendant quarante années, il évoqua son souvenir, il supplia celui qui était mort en le bénissant de lui aider à surmonter des difficultés sans nombre; puis, avide de commencer ses recherches, il rappela la vieille servante qui, retirée dans sa cuisine, se demandait comment elle pouvait mériter si froid accueil de son jeune maître.

Celui-ci lui adressa la parole avec une grande douceur :

— Assieds-toi, lui dit-il, j'ai été brusque tout à l'heure, n'est-ce pas? N'y fais point attention, ma bonne fille. Je suis sous le coup d'une émotion profonde en rentrant ici; d'autres chagrins se mêlent à cette impression; mais, crois-le, toi qui m'as vu grandir et qui m'as aimé, choyé, comme aiment les nourrices, il faut me plaindre, sans m'en vouloir.

— De la rancune contre vous, monsieur Gilbert! qui donc en aurait? Seigneur! en vous voyant si pâle, je me suis seulement dit que l'air de Paris ne vous valait rien et que vous auriez mieux fait de rester à Versel au milieu de vos vieux amis et d'une clientèle qui vous payait mal, mais qui priait beaucoup pour vous. Je sais que, à Paris, un homme de votre talent doit se trouver plus heureux. Il faut bien que cela soit, puisque tous les jeunes gens intelligents y courent; mais enfin, cela ne vous profite pas à vous...

— Tu as raison, Véronique, j'aurais dû demeurer à Versel, je n'aurais pas appris...

— Quoi donc, monsieur?... demanda la servante en joignant les mains.

— Que j'étais un ignorant, répondit-il avec un rire amer.

Elle secoua la tête.

— Un ignorant, vous, monsieur! qui avez rendu tant de petits enfants à leurs mères et tant de maris à leurs femmes! Ce n'est point parmi nous qu'il faut répéter cela, voyez-vous. Si vous vous laissez éblouir par les gens de Paris, vous avez tort, monsieur Gilbert; ils emploieront de plus grands mots, ils feront de plus longues phrases mais ils ne guériront point autant de malades. Et de vrai, mon jeune maître, si vous ne deviez aller à Paris que pour en rapporter de semblables idées et une si triste mine, ce n'était guère la peine de nous abandonner... Vous auriez été heureux, ici, voyez-vous. Le renom de votre père était un précieux héritage. Croiriez-vous que chaque semaine il vient ici une foule de pauvres gens accoutumés à la maison, ceux que votre père appelait ses clients? Tous savent que l'aumône sera remise, parce que je crois de mon devoir de garder ce logis bien achalandé de malheureux. Ce sont nos amis et nos avocats, ceux-là, monsieur Gilbert; ils nous recommandent au bon Dieu sans crainte de n'être pas compris. Eh bien! vous seriez content de les entendre quand ils parlent de vous et de votre père.

— Oui, Véronique, tu dis vrai, je n'aurais jamais dû quitter Versel.. Depuis que j'en suis parti le malheur est sur moi.

— Le malheur, mon pauvre maître! Que vous est-il donc arrivé?

— Tu le sauras peut-être plus tard. Réponds-moi seulement, ma bonne fille, et tâche de ne pas trop t'inquiéter de mes paroles.. Crois-tu que dans le pays on ait revu, depuis la mort du comte Ostrog, Mme Dambrun et sa fille?

— Jamais, monsieur, et ce n'est pas faute qu'on en ait parlé ici. Tout le monde les regrette et prend part à leur infortune. Les fautes et les crimes des uns ne doivent pas retomber sur les autres. Les malheurs vont par séries comme les corneilles volent par troupes; M. Alex Cavailhan est à la mort... Son neveu est là, un étranger que nul ne connaît et qui devient héritier de toute la fortune laissée à son ami par le comte Ostrog. Quant à l'hospice des Vétérans de la Mer, nul n'a le droit d'y toucher.

Le lendemain Gilbert se rendit chez le curé. Sans lui révéler quel poids chargeait son cœur, il lui avoua qu'une grande douleur jetait sur sa jeunesse un deuil qui, peut-être, s'étendrait sur toute sa vie. Puis il répéta la même question qu'il avait adressée à la servante au sujet de Mme Dambrun.

Le curé ne savait rien.

— J'irai à Rouen, dit Gilbert.

— Je serai battu si je le dis. (Voir page 236.)

CHAPITRE XX

DISPARUES

Le lendemain, après une rapide visite à M° Aubry, Gilbert allait à Rouen. Ce fut chez Lucien Lescor qu'il se rendit d'abord.

A la première question de Gilbert, l'avocat répondit d'une voix triste :

— Ces malheureuses ne sont pas même venues me voir. Ne croyez point que je comptais sur leurs remerciements. Non ; je lis souvent plus de gratitude dans un regard que je n'en trouve dans une longue phrase. Mais vous savez quel intérêt profond elles m'inspiraient. J'aurais voulu après la catastrophe leur être de quelque utilité ; je me disais que, impuissant à sauver le mari et le père, je voudrais du moins soulager l'infortune de la mère et de la fille. Mais l'obstination de Dambrun ruina mes projets. Il mentit aux deux créatures qui l'aimaient et le défendaient et qui, comme moi, croyaient à son innocence. Je n'ai point fait en plaidant pour lui métier d'avocat répétant au jury que son client n'est pas coupable, simplement parce qu'en agissant ainsi il remplit un devoir de sa charge. Non, non ! si misérable qu'eût été cet homme, si déplorable qu'eût été l'emploi des années dont il refusa de nous raconter l'histoire, il n'empoisonna pas son frère. Je ne dis point qu'il ne l'ait haï, qu'il n'ait pas souvent envié sa fortune, et que, si une pensée mauvaise eût suffi pour le rendre héritier de ses biens, il n'eût pas eu cette pensée. Mais les hommes qui, comme Dambrun, ont usé et abusé de toutes les passions, ceux qui se sont fait un jeu de risquer leur vie et de compromettre celle d'autrui dans des duels nombreux et des folies de toutes sortes, ceux-là tuent avec le couteau ou le fusil, ils n'empoisonnent pas !

— Vous avez raison, répondit Gilbert d'une voix sourde, ils n'empoisonnent pas...

Il ajouta un moment après :

— Quand avez-vous vu pour la dernière fois Mme Dambrun et sa fille ?

— Le matin du jour où le condamné leur persuada qu'elles devaient se rendre au sanctuaire de Notre-Dame-de-la-Délivrande.

— Paraissaient-elles sous l'empire d'une exaltation violente ?

— Non, elles étaient résignées et remplies d'espoir sur les suites de leur pèlerinage.

— Je vous remercie, monsieur, répondit Gilbert en se levant. Je chercherai ailleurs, car il faut que je trouve...

— A qui vous adresserez-vous ?

— A tout le monde, s'il le faut, j'irai jusque chez le bourreau. Il a dû se passer une chose que nous ignorons vous et moi. Ces deux femmes, parties pour une chapelle miraculeuse, en sont revenues. Un malheur inattendu s'est placé entre elles et nous. Il faut une enquête, je la ferai.

— Puis-je vous aider ? demanda l'avocat de cette voix chaude et sympathique qui prend si vite le cœur et établit tout de suite un lien d'amitié entre des hommes de l'âge de Lucien et de Gilbert.

— En rien aujourd'hui, je vous remercie, et je vous dis au revoir...

M. Favières, en quittant l'avocat, se rendit dans une des rues les plus sombres de ce vieux Rouen, où l'on trouve encore des maisons datant du moyen âge. Les indications qu'il avait reçues étaient précises. Il n'hésita point dans ce quartier où tout parlait d'une époque disparue, et il souleva le heurtoir d'une porte en bois couverte de curieuses ferrures. Une jeune fille, d'une physionomie douce et triste, vint lui ouvrir.

En voyant devant elle ce beau jeune homme pâle, dont l'expression de douleur la frappa, elle qui ne voyait dans sa maison que des figures mélancoliques et graves, elle parut pourtant surprise. Sans doute, peu d'étrangers se hasardaient dans cette rue noire, et surtout dans cette maison.

— Mademoiselle, lui demanda Gilbert, votre père est-il chez lui ?

La jeune fille désigna le jardin placé derrière la maison.

— Entrez, monsieur, dit-elle, il écussonne des rosiers.

En effet, un homme de haute taille, excessivement maigre, au crâne dénudé, aux yeux caves, semblait en ce moment absorbé dans une délicate besogne. Les reins ceints d'un tablier de jardinier, un écheveau de laine passé dans la ceinture, un greffoir à la main, il gardait entre les lèvres un écusson de rosier, tandis qu'avec une grande habileté il incisait l'écorce de l'églantier, afin d'y introduire l'œil fraîchement enlevé de sa branche de roses.

Quand il eut réussi à son gré, il tira deux brins de laine, les enroula autour de la nouvelle greffe, les noua et releva la tête avec une expression de soulagement.

Alors seulement il aperçut Gilbert.

— Je vous demande pardon, monsieur, dit-il, je ne vous ai point entendu venir. Qu'y a-t-il pour votre service ?

— J'ai besoin de faire appel à votre mémoire.

— Asseyez-vous sous ce berceau de clématites, monsieur, et causons ; j'ai vu beaucoup de choses, car je suis très vieux, et j'ai surtout été témoin de scènes lugubres. Ce n'est point un gai métier d'être fossoyeur, surtout dans certaines occasions.

— Je le sais. Vous me rendrez un véritable service si vous pouvez me fournir les renseignements dont j'ai besoin. En qualité de fossoyeur, c'est vous qui êtes chargé d'inhumer dans leur cimetière spécial les condamnés à mort ?

— Oui, monsieur.

— Une exécution a eu lieu il y a peu de temps ?

— Celle de Dambrun.

— Voulez-vous me raconter tout ce que vous savez ; soyez certain que chacune de vos paroles sera payée au poids de l'or.

— Je n'en demande pas tant, monsieur. Il me suffira de croire que je puis vous obliger en quelque chose. Oui, cette exécution a été sinistre, bien sinistre. Pas du côté du condamné. Il ne se débattait pas ; il consentait à mourir, il voulait mourir. La chose terrible n'a pour ainsi dire été vue de personne que du bourreau et des aides. Nous en avons causé pendant qu'on clouait ici le cercueil de sapin du supplicié. Au moment même où s'abattait le couperet de la guillotine, deux femmes habillées de noir ont fendu la foule, haletantes, désespérées. Elles ignoraient que l'exécution dût avoir lieu sitôt. La commotion qu'elles reçurent au cœur les jeta demi mortes sur le pavé, et elles tombèrent en poussant un cri qui bouleversa tous ceux qui l'entendirent. Les aides qui pourtant n'ont pas le cœur tendre, et les charpentiers qui avaient aidé à monter la machine, en frémirent jusque dans les moelles... Un grand mouvement se fit dans la foule, et j'entendis dire qu'une personne charitable venait de les faire entrer dans une maison voisine...

— Savez-vous dans quelle maison?

— Non, mais il importe peu, car elles n'y restèrent pas longtemps. Vous le savez, à peine la tête est-elle séparée du tronc, qu'on jette ces restes misérables dans le panier du bourreau. Une voiture lugubre attend ce chargement, et le bourreau et le prêtre prennent le chemin du cimetière. Celui-là ne ressemble guère au champ du repos où les parents portent et cultivent des fleurs. Personne ne vient sur les tombes des guillotinés. L'herbe y pousse drue, haute et sombre, ni croix, ni nom, ni date! Ceux qui restent semblent avoir hâte d'oublier ceux qui sont partis. J'attendais dans ce cimetière ; le trou dans lequel devait être jeté le cadavre était creusé d'avance. On m'avait envoyé le prix d'une châsse en bois de chêne qui, toute béante, restait à côté de la tranchée. L'aumônier de la prison parut le premier. Des aides du bourreau descendirent le panier ; on en tira le cadavre, on cloua la bière ; et, au moment où j'allais le mettre dans la fosse, on entendit un bruit de sanglots. Les femmes en deuil étaient revenues. Agenouillées sur le sol, elles essayaient de répondre aux paroles du prêtre ; mais nous ne distinguions que des larmes à faire pitié. L'aumônier voulut les arracher du cimetière ; elles refusèrent d'en partir, et, comme il rentre dans mes attributions de fermer l'enclos, j'attendis dans un petit bâtiment servant à serrer les outils que les deux malheureuses femmes eussent achevé leurs prières. Quelquefois elles restaient si complètement immobiles que je me demandais si elles n'étaient point évanouies. Mais un moment plus tard le bruit de leurs pleurs reprenait, et je les voyais enlacées, brisées, demi mortes. La nuit venait, il me fallut les prévenir qu'elles devaient quitter le cimetière. Sans répliquer, sans rien demander, elles se levèrent. La plus âgée fit le signe de chercher dans sa poche, comme pour rémunérer ma patience. Je compris qu'elle ne trouvait rien ! et je regrettai de ne point oser leur offrir la moitié de ma bourse. La plus jeune s'approcha de moi et me regarda avec des yeux tristes d'une certaine douceur :

— Par pitié! me dit-elle, un signe sur cette tombe.

Je lui promis de la marquer, et nous sortîmes ensemble du cimetière.

— Et après?

— Après, j'eus la curiosité de voir de quel côté elles se dirigeaient. Quand je dis curiosité, ce n'est point le véritable mot. J'aurais voulu connaître leur logement à Rouen et envoyer ma fille chez elles... Moi, je n'osais pas, je ne savais pas leur parler... Elles prirent le chemin de la Seine et montèrent très vite sur les quais, puis sur les berges, je les perdis alors de vue.

— Les bords de la Seine! répéta Gilbert, deux femmes au désespoir...

— J'y ai souvent pensé, monsieur, et j'ai regretté ma timidité. Je ne sais rien de plus ! rien !

— Je vous remercie, dit Gilbert.

Il quitta le jardin, et, quand il ferma la porte d'entrée, il put voir le vieux fossoyeur tirant un nouveau brin de laine et s'apprêtant à greffer un autre églantier.

Il ne lui parut plus nécessaire de se rendre chez l'aumônier. Mais il entra chez le geôlier de la prison et lui demanda où logeait Mme Dambrun pendant les derniers jours du procès. On lui indiqua la maison d'une pauvre veuve située en face même de la prison.

En entendant prononcer le nom de Mme Dambrun, des larmes vinrent aux yeux de la brave femme :

— Ah! monsieur, dit-elle, si vous vous intéressiez à elles, c'est plus tôt qu'il fallait venir! Il était peut-être possible de les sauver du désespoir, avant l'exécution de l'empoisonneur de Versel; mais depuis ce moment, je ne les ai plus revues... Tenez, le peu d'effets qu'elles possédaient est resté ici... un petit paquet de linge, un livre de messe...

— Elles n'ont point écrit pour les réclamer?

— Non, monsieur. Je suis certaine qu'elles ne rentrèrent point à Rouen après l'exécution. Sans cela, croyez-le bien, c'est ici qu'elles seraient venues. Je les avais en grande pitié, et toutes deux le comprenaient bien.

— Peut-être vous écrirai-je un jour, pour vous redemander ces objets, madame; je cherche leurs traces, mais je commence à désespérer de les trouver...

Le jeune médecin rentra à l'hôtel.

Désormais il ne pouvait rien découvrir dans la ville sur le sort des malheureuses femmes.

C'était le long de la Seine qu'il devait aller...

La nuit fut sans sommeil. Une seconde catastrophe, plus douloureuse peut-être que la première, venait augmenter ses remords. Au lieu d'une victime, peut-être la fatale erreur commise par lui en frappait-elle trois. Il ne désespérait pas d'apprendre ce que les deux femmes étaient devenues, mais il gardait au fond de son âme la certitude que le malheur les avait réduites à une condition pire qu'il ne la soupçonnait d'abord. Au matin, las de penser, de souffrir, de retourner dans sa tête le sinistre problème dont il restait impuissant à trouver le mot, il s'endormit.

Dès le lendemain il était sur les berges de la Seine.

Cette fois il comptait questionner tout le monde, entrer dans chaque chaumière. Il lui paraissait impossible qu'on n'ait point remarqué deux femmes belles, vêtues de deuil, au visage couvert de larmes, allant devant elles comme si l'implacable main du malheur les poussait.

Combien de temps prendrait cette recherche, peu lui importait. Désormais il savait que dans la vie il ne poursuivait pas d'autre but que le soulagement et la consolation du désespoir de ces deux créatures. Son erreur le rivait à leur vie. Il ne gardait plus le droit de se retirer de leur ombre. Où elles iraient, il irait. Et tandis qu'il se répétait que le devoir le lui commandait d'une façon impérieuse et fatale, la force du souvenir l'entraînait vers Alexine. Combien davantage il l'aimait, cette enfant pâle, dont la faiblesse aurait pris sur lui une si grande puissance. Ah! son rêve avait été beau; il put croire qu'un jour le docteur Ferral lui amènerait, vêtue de blanc, cette ravissante fille dont la voix l'entraînait dans un monde inconnu. Puis, brusquement, il se trouvait rejeté dans un abîme, cherchant la trace de deux créatures sans toit, sans pain, réduites à cacher leur nom. Et tout cela était son œuvre. Il s'était fait le bourreau de cette famille. En retour de l'amour de Noëlie, il lui avait légué la honte et la pauvreté.

Elle aussi possédait la beauté, la grâce, le charme. Tout ce qui l'attirait dans Alexine, tout ce qu'il avait méconnu jadis dans la fille d'Hector Dambrun, lui apparaissait dans une lumière vraie. Elle n'était pas seulement gracieuse et jolie, compatissante comme un ange, dévouée et tendre, elle l'aimait de toute la force de sa jeune âme. Elle l'aimait!

A l'aube, Gilbert se leva et gagna les bords de la Seine.

L'eau coulait bleue entre ses rives. A cette heure matinale les maisons s'ouvraient, et les enfants couraient sur la berge. Les lavandières, un lourd paquet sur la tête, un autre sur la hanche, se rendaient à l'endroit le plus commode pour laver. Gilbert les suivit.

Toutes les nouvelles ne vont-elles point à la rivière, suivant le proverbe.

Il questionna lentement ces femmes étonnées de voir avec quelle persistance ce beau jeune homme s'enquérait des deux femmes en deuil.

D'abord aucune d'elles ne gardait le souvenir de les avoir vues. Mais la plus jeune, une brune à l'œil éveillé, se tourna vers le jeune homme et lui demanda :

— Ne seriez-vous point avocat, monsieur?

— Non, mon enfant, je suis médecin. Pourquoi vous informez-vous de ma profession?

— Je vais vous le dire, monsieur; un jour je reportais du linge au geôlier de la prison de Rouen, quand deux femmes en noir, semblables à celles que vous dépeignez, passèrent dans la cour en baissant la tête : — Tiens, Marion, me dit le geôlier, voici la fille et la femme du fameux empoisonneur. — Je les regardai, je trouvai qu'elles avaient l'air doux et bon... Je crois me souvenir que, le jour même de l'exécution d'Hector Dambrun, j'ai vu passer tout près d'ici ces deux mêmes femmes. Elles marchaient rapidement et s'essuyaient de temps en temps les yeux. J'aurais voulu leur parler, leur demander à quoi je pouvais leur être utile, mais j'eus peur qu'elles prissent ma démarche pour de la curiosité. En voyant que vous vous en souveniez, je me suis dit que vous deviez être l'avocat qui a tenté de sauver l'empoisonneur.

— Non, répondit Gilbert, je suis le médecin qui l'a perdu.

— Dieu vous garde, monsieur! dit la jeune fille avec un mouvement d'effroi.

Troublée, elle s'éloigna de ce beau jeune homme qui, tout à l'heure, lui inspirait de l'intérêt. L'âme humaine est ainsi faite : nous préférons celui qui protège à celui qui condamne.

Gilbert quitta les laveuses et reprit sa marche. Vers midi, il s'arrêta devant une maison proprette, à volets bruns, à panache de gui, ombragée par des noyers immenses, et derrière laquelle s'étendait un admirable clos de pommiers.

Dans la grande salle, point de buveurs. Au fond de l'embrasure d'une fenêtre, une jeune fille cousait avec application.

En entendant le bruit que fit la porte en roulant ses gonds, elle tourna la tête, se leva vivement en reculant avec un geste paisible une jolie petite fille, puis elle demanda à Gilbert ce qu'il fallait lui servir.

Il demanda une tasse de lait.

La jeune fille se dirigea vers le clos où se trouvaient six belles vaches, se mit à traire la plus haute, une grande brune, haut encornée à tête fine, puis elle rapporta le vase rempli de lait chaud à son client.

— Passe-t-il beaucoup de monde ici? demanda Gilbert.

— Oh! non, monsieur, et nous ne gagnons guère dans notre commerce. Je crois que mon père le continue seulement afin de revoir d'anciens amis qui nous restent fidèles. Les bateliers qui tirent des chalands sur le chemin de la marine, des voyageurs faisant un petit commerce, quelques marchands de fromages et des maquignons, voilà tout ce que nous voyons dans ce coin perdu.

— De telle sorte que, si un étranger, ayant en lui quelque chose de bizarre ou de remarquable, entrait chez vous, certes, vous vous en souviendriez.

— Je le crois, monsieur.

— Il y a un an environ, presque à cette même époque, deux femmes ne se sont-elles point arrêtées chez vous? Leur tenue était modeste, mais on voyait qu'elles avaient été riches. Vous avez dû être frappée de leur tristesse et de leur pâleur.

— Deux femmes... oui, je me souviens. L'une d'elles était une jeune fille de mon âge... très belle! oh! très belle! J'étais assise sur la porte à travailler. Elles s'avancèrent timidement, me demandant une tasse de lait et un morceau de pain. Elles refusèrent d'entrer malgré leur fatigue et mangèrent sur l'herbe; le repas fini, la plus âgée chercha au fond de sa poche, en tira trois sous et me les tendit. Je compris qu'elle n'avait que cela. J'eus la pensée de refuser, mais je craignis de froisser ces deux infortunées et j'acceptai leur argent à regret.

— Quel chemin prirent-elles en vous quittant?

— Elles continuèrent à suivre la Seine.

— Merci, mon enfant, dit Gilbert.

— Il posa un louis sur la table.

— Oh! mon Dieu! monsieur! s'écria la jeune fille, je n'ai pas de monnaie!

— Ne me rendez rien, vous êtes une brave enfant! Si vous trouvez que je paie trop cher ce que vous venez de m'offrir, faites comme vous avez fait à l'égard de ces deux voyageuses, donnez aux mendiantes un peu de pain et de lait.

Sans fin, longeant la Seine, Favières poursuivait cette enquête. Le plus souvent il n'apprenait rien. Parfois on le regardait d'un air défiant, et on évitait de lui répondre. Évidemment ces deux pauvres créatures s'en étaient allées devant elles, trouvant plus facile encore de suivre le cours de l'eau que de traverser des villages. On lui apprit dans une petite ferme que deux femmes, répondant au signalement qu'il donnait, avaient travaillé pendant trois jours en qualité d'ouvrières. On les avait nourries, et on avait ajouté quelques sous à leurs maigres repas.

Gilbert, en raison même du genre de recherches qu'il faisait, était obligé de loger dans de pauvres auberges. Il ne semblait songer ni à la table trop frugale, ni au gros cidre, ni à la compagnie à laquelle il se trouvait mêlé. De chacun il essayait de tirer un mot, un indice. Il avançait peu dans ce chemin. Quatre ou cinq lieues par jour, et c'était tout.

Un soir, il demanda l'hospitalité dans une maison d'assez chétive apparence. L'homme et la femme se querellaient au moment où il entra; et les enfants, giflés d'importance sans trop savoir pourquoi, allèrent recommencer sous la table leurs injures et leur échange de horions.

Il ne se trouvait dans ce cabaret qu'un peu de poisson d'eau douce et du fromage; Gilbert s'en contenta.

Il achevait ce souper plus que modeste quand, presque sous ses pieds, commença une bataille furieuse. Le frère et la sœur s'étaient pris aux cheveux et, les poings fermés, se disputaient en hurlant. Avec autant d'énergie que d'impartialité, le père tira l'un des enfants par le bras, l'autre par la jambe, et, les amenant devant lui sanglants et hérissés :

— Qu'est-ce qu'il y a encore? demanda-t-il.
— C'est à cause du mouchoir, dit la petite fille.
— Je veux m'en faire une cravate... ajouta le garçon
— .. et moi une marmotte, ajouta la petite fille.
— Tous les hommes portent des cravates. papa en a une.
— Maman et ma sœur ont leurs cheveux couverts d'une marmotte. Je veux une marmotte.
— J'ai bien envie de faire une chose, reprit le père, c'est de déchirer le mouchoir en deux, puis de vous administrer à chacun une volée de cotrets.
— D'abord j'y ai plus de droits qu'elle, reprit Guillaume.
— C'est pas vrai.
- J'ai vu le mouchoir le premier.
— Oui, mais, moi, j'ai mis le pied dessus.
— Quel mouchoir, demanda Merlet en tirant chacun des enfants par l'oreille.

La petite fille répondit d'un air sournois :
— Celui que nous avons trouvé sur la berge de la Seine, après que les deux femmes noires se sont noyées.

— Deux femmes noyées! répéta le père. Quand? comment? Et en voilà la première nouvelle?

— Dame! fit le petit garçon, nous n'avions rien dit à cause du mouchoir... Je voulais le garder, et tu l'aurais porté chez monsieur le maire.

Gilbert Favières s'avança :

— Mon ami, dit-il, veuillez me montrer ce mouchoir. Si par hasard il avait rapport à l'affaire qui m'amène ici, je vous le paierais le prix que vous me demanderiez.

— Le voilà, monsieur, répondit Merlet.

Gilbert le saisit avidement.

C'était un foulard de soie blanche de véritable fabrication chinoise, et gardant encore les vagues parfums dont les races exotiques trouvent moyen d'embaumer ce qu'elles touchent, mélange très doux d'ambre et d'essence de rose.

A l'un des angles de ce foulard, Gilbert vit brodé avec un grand soin un chiffre enlacé : N. D.

— Noëlie Dambrun... fit-il, oui, vaguement il me semble maintenant me souvenir que le comte Ostrog se plaisait à lui faire venir de Chine et des Indes des mouchoirs semblables... N... D... Combien de noms peuvent commencer ainsi, cependant!

Tirant alors une pièce de vingt francs de sa poche :

— Voilà, dit-il, de quoi vous acheter les plus beaux foulards de Paris. Il s'agit seulement de rappeler vos souvenirs et de me raconter tout ce qui se rapporte aux deux femmes noires...

— Puisque je vous dis qu'elles se sont noyées...

— Où étais-tu, quand ce malheur arriva?

Le petit garçon regarda son père en dessous et se gratta l'oreille sans répondre.

— Eh bien? reprit Gilbert.

— C'est que je serai battu si je le dis?

— Non, je donnerai vingt francs à ton père pour qu'il ne te corrige pas.

Merlet prit le louis et ajouta :

— C'est réglé; je ne dirai rien. Raconte seulement la chose à monsieur.

— Voilà, ce jour-là, ma sœur et moi, au lieu d'aller à l'école, nous voulions pêcher des écrevisses sous les grosses pierres... Pour lors nous nous étions cachés dans les oseraies, et nous retournions les grosses pierres pour en trouver, quand tout à coup nous vîmes arriver de ce côté, en bas, deux femmes; l'une avait des cheveux blancs, l'autre des cheveux noirs tout frisés sur le front. Elles semblaient lasses, bien lasses... La plus âgée dit qu'elle avait soif, et, malgré tout ce que put dire l'autre, elle descendit le talus de la Seine... L'herbe était glissante, rapport à la sécheresse ; elle glissa et roula dans l'eau, en poussant un cri, et la jeune, la plus belle, se précipita après elle ; puis l'eau roula, roula, et ce fut tout...

— Et vous n'avez pas appelé, crié à l'aide !

— Non, fit le petit garçon, car papa aurait vu que je n'étais pas allé à l'école.

— Mon Dieu ! mon Dieu !

— Seulement comme nous avions peur, nous nous sommes encourus bien plus loin, du côté de la maison de la Janille. Le soir nous sommes revenus au même endroit, et c'est alors que nous avons trouvé le mouchoir... Ma sœur le cacha, après m'en avoir promis la moitié, et maintenant elle renie sa parole ; mais ça m'est bien égal, si le monsieur me permet d'acheter un foulard avec mes dix francs.

Gilbert essaya d'avoir d'autres éclaircissements encore, mais il ne put rien obtenir.

— Voyez-vous, monsieur, dit Merlet, tout cela a bien pu arriver comme le disent ces vauriens. Les bords de la Seine sont souvent déserts. Hors le côté où lavent les femmes et les trous préférés de quelques pêcheurs, tout est calme ici. Quant aux corps, ne soyez point surpris qu'on ne les ait pas retrouvés : la Seine les aura emportés à la mer.

C'était probable, c'était sûr. Gilbert avait désormais une conviction faite. Il récompensa de nouveau Merlet, coucha dans la petite auberge et reprit sa route ; mais au lieu d'aller tout de suite à Paris, il rentra à Versel. Il avait besoin de s'assurer que ce foulard en soie de Chine appartenait bien à Noëlie Dambrun. Aussi, à peine fut-il arrivé au village qu'il courut chez Mme Aubry. Celle-ci poussa un cri de joie en le revoyant :

— Mon cher enfant ! dit-elle, nous reviendriez-vous tout à fait ?

Il secoua la tête, tira le foulard de sa poche, le plaça dans les mains de la femme du notaire, et lui demanda :

— Avez-vous jamais vu cet objet dans les mains d'une personne de votre connaissance.

Elle aussi regarda le chiffre.

— Je suis certaine, dit-elle, qu'il appartenait à Noëlie. C'est dans un journal de modes que je reçois qu'elle prit le dessin du chiffre brodé.

Gilbert baissa la tête :

— Ma vieille amie, dit-il, je suis bien malheureux. Parti pour chercher les traces de la femme et de la fille d'Hector Dambrun, je n'ai recueilli d'elles que ce vestige, et la certitude qu'elles ont trouvé dans la Seine une mort involontaire. Pauvres créatures innocentes !

Je m'étais juré de les rejoindre et de réaliser, même aux dépens du mien, sinon leur bonheur, du moins tout ce qui pouvait leur en tenir lieu... Dieu ne le veut pas... Si je croyais que ma vie pût être plus utile ici qu'à Paris, je demeurerais à Versel; mais Paris est un tel centre de passions, de douleurs et d'infortunes, que je vais m'y dévouer avec l'énergie de regrets approchant du désespoir.

— Oh! mon Dieu! s'écria Mme Aubry, vous aimiez peut-être Noëlie sans oser l'avouer, et une pensée généreuse vous la faisait chercher pour en faire votre femme, alors qu'elle descendait au dernier degré de la misère.

Gilbert ne répondit pas, mais deux larmes brûlantes s'échappèrent de ses yeux.

Il passa le reste du jour chez le vieux notaire.

— Que ferai-je maintenant des cinq mille francs de rente que vous me laissiez pour ces malheureuses femmes? demanda-t-il.

— Vous les distribuerez aux pauvres de ce pays, en vous aidant des conseils de l'abbé Germain.

Le lendemain Gilbert Favières quittait le village après avoir fait une longue visite aux vétérans de la mer. Hélas! s'ils jouissaient toujours d'une vie simple et tranquille, grâce aux bienfaits de l'ancien marin, ils ne retrouvaient plus jamais le gai sourire qui venait illuminer leurs faces bronzées, quand le comte s'approchait d'eux et commençait une longue conversation dans laquelle revenaient leurs souvenirs de guerres navales et de dangers quotidiens.

UNE ERREUR FATALE

Chaque jour elle eut pour cette enfant des attentions nouvelles. (Voir page 249.)

CHAPITRE XXI

LA FIANCÉE

Gilbert était de retour à Paris. Pendant une semaine il n'osa point se présenter chez le docteur Ferral. Non qu'il ne fût certain du bon accueil qu'il en recevrait, mais il éprouvait le besoin de s'interroger et de rassembler ses forces avant de se retrouver en présence d'Alexine. La conscience du jeune homme n'était point apaisée. Deux fantômes le hantaient sans relâche. D'abord il avait cru que le souvenir seul du supplicié troublerait sa vie ; mais les images de Julie et de Noélie restaient pour lui bien redoutables. Il les revoyait sans cesse, pâles dans leurs robes noires collant au corps comme un suaire, et s'en allant enlacées à la dérive du fleuve, qui les roulait jusqu'à la mer : dernières épaves du drame de Versel.

Que pouvait-il désormais? Faire prier pour ces pauvres âmes? Il n'y manqua pas. Le soir même de son arrivée à Paris, il alla trouver un prêtre, aussi vieux que l'abbé Germain, sage et bon comme lui. Sans vouloir donner en ce moment à la confidence qu'il avait à lui faire la solennité d'une confession, Gilbert raconta tout : l'erreur scientifique qui avait envoyé un homme à l'échafaud et les suites de ce premier malheur.

— Parlez-moi, consolez-moi ! dit-il au prêtre avec l'accent d'une détresse véritable, suis-je donc un homicide et un assassin?

— Non, répondit le vieillard ; calmez-vous, mon fils. Vous n'avez point désiré la mort du malheureux qui expia si cruellement les fautes de sa vie. Je suis certain qu'en montant sur l'échafaud, le crucifix aux lèvres, il vous pardonna votre erreur. Hélas! mon pauvre enfant! quelle terrible nomenclature de malheurs semblables nous aurions à dresser si nous remontions le cours des siècles. Chacun d'eux a vu s'évanouir des croyances erronées et a redressé une erreur ; mais combien ces erreurs et ces croyances avaient fait de victimes juridiques! Cela est horrible à penser! Répétez-vous, afin de soulager votre conscience, que le savoir humain n'a pas dit son dernier mot. Le docteur Ferral, par une découverte récente, vous prouve que jusqu'à cette heure on s'est trompé ; demain un autre chercheur éclaircira un point nouveau. Non, vous ne fûtes point criminel puisqu'au fond de votre âme vous cherchiez la justice ; considérez comme une manifestation de l'équité divine, sous une forme rigoureuse, la condamnation de cet homme pour un crime dont il était innocent. Le récit que lui-même fit de sa vie devant le tribunal prouva combien peu le surprenait un châtiment mérité pour tant d'autres fautes non punies. Faites intercéder pour cette âme que n'a peut-être point assez purifié son supplice, et pour les deux infortunées que Dieu rappela à lui dans des vues de miséricorde, puis chassez les remords qui vous obsèdent. Non seulement ils sont stériles, mais ils deviendraient dangereux en pesant sur toute votre vie. Ils paralyseraient vos travaux et vous empêcheraient de réaliser le bien que vous rêvez d'accomplir. Que ce souvenir reste en vous comme un avertissement. Songez que vous êtes homme à rendre des services d'autant plus grands à la science que vous avez commis une plus déplorable erreur.

— Mais ma fortune, monsieur! cette fortune que m'a laissée le comte Ostrog?

— Jouissez-en sans remords, après avoir fait la part des prières et de l'aumône. Si j'ai bien compris votre récit, les cinq cent mille francs que vous avez hérités vous étaient vraiment destinés. Un seul homme, le neveu d'Alex Cavaillan, serait, devant Dieu, obligé de restituer le million que lui laissa le comte, parce que ce million devait appartenir à Hector Dambrun ; innocent, celui-ci y gardait des droits. Si le malheureux n'avait pas expiré sur l'échafaud, et que vous fussiez allé lui faire la révélation que je viens d'entendre, devant Dieu, sinon devant les hommes, il eût été obligé de rendre des biens qu'il n'obtint que par l'effet d'une substitution. Moi confesseur, si la veuve et la fille du condamné avaient vécu, je l'eusse également obligé à restituer ce million. Aujourd'hui l'ombre et le silence se sont faits sur ces infortunés ; la guillotine a pris l'un, le fleuve recouvre les autres. Il ne reste pas un héritier de cette malheureuse famille. Pour les morts vous multiplierez les aumônes et les prières, et, je vous l'atteste, au nom de mon divin Maître, vous pourrez garder votre conscience en paix.

Gilbert passa la main sur son front.

— Je ressemble en ce moment, dit-il, à ces pénitents qui, bourrelés de remords, ne croient jamais faire suffisamment l'examen de leur conscience. Avec une bonté toute paternelle vous vous efforcez de me rassurer et je ne me sens que trop le désir, le besoin de vous croire. Vous possédez assez l'expérience des hommes pour savoir que leur cœur n'est pas formé d'un seul bloc. Combien de mystères s'y cachent! que de replis secrets où ils tentent souvent de ne point porter la lumière! Et cependant j'ai besoin de parler, de tout dire. Il ne doit pas rester un coin de voile sur mon cœur; sans cela, il ne me servirait de rien d'avoir commencé cet aveu et de vous avoir demandé ces conseils. Vous ne savez pas tout. Je voudrais moi-même ignorer ce que je démêle au fond de ma conscience. Je vous ai appris que j'étais parti pour Versel, puis pour Rouen, afin d'y découvrir les traces de Mme Dambrun et de sa fille. Je considérais comme un impérieux devoir de leur rendre la fortune léguée par le comte Ostrog ; mais je n'accomplissais point ce devoir sans déchirement. Il m'en coûtait moins, en agissant comme je le faisais, de sacrifier cinq cent mille francs que de renoncer à mes espérances de bonheur. J'aime de toute mon âme une jeune fille douée des vertus les plus rares et je sais que son père me l'eût accordée pour femme, quand je possédais vingt-cinq mille francs de rente. Si j'avais retrouvé Noëlie, il me fallait renoncer à ce mariage, et peut-être pousser le dévouement jusqu'à devenir le protecteur, le mari de celle à qui j'avais enlevé son père et qui portait un nom déshonoré! Eh bien! à la pensée que le trépas de ces deux femmes me rendait ma liberté, et que j'allais pouvoir donner suite à mon rêve, j'ai senti au fond de mon âme une joie égoïste qui m'a fait frémir d'épouvante. Oui, quand je suis allé à leur recherche, avant de quitter Paris dans ce but, j'ai révélé ma situation au docteur Ferral. Je lui ai appris à la fois et ma tendresse pour Alexine et la loi que m'inspirait un devoir inflexible. Placé en face de Mme Dambrun et de Noëlie, je me serais cru lié à elles par une chaîne indestructible; mais à mesure que j'avançais dans des démarches stériles, j'en ressentais une sorte de joie. Et quand un enfant me révéla la fin tragique de ces infortunées, en dépit de moi-même, et me parjurant pour ainsi dire, je me suis presque réjoui de l'inutilité de mes efforts. Si vous saviez combien il m'en eût coûté de renoncer à Alexine! Jamais je ne me serais consolé, jamais! J'aurais eu beau me répéter que Noelie possédait des droits à une réparation éclatante, que jamais je n'acquitterais ma dette envers elle, je me serais sans fin considéré comme sa victime. Oui c'est moi! moi qui l'eusse accusée de mon malheur! Et qui sait si je serais parvenu à lui rendre paisible la vie que j'aurais liée à la mienne.

— Mon ami, répondit le prêtre, il suffit à Dieu et à votre conscience que vous ayez été résolu à marcher dans la voie du devoir. Le Seigneur, qui connaissait vos forces, vous dispense d'aller jusqu'au bout dans ce chemin douloureux. Bénissez-le de sa miséricorde et de son indulgence.

— Croyez-vous donc que je puisse reprendre mes projets d'alliance avec la famille Ferral?

— Oui, si vous vous croyez certain de la mort de ces deux femmes.

— Si elles n'étaient pas mortes, serais-je sans nouvelles? Songez donc, je ne dis pas à l'accumulation de preuves, mais de probabilités. M. Lucien Lescor, leur avocat, qui s'est montré pour elles d'une bonté angélique ne les a plus revues. La femme qui les logeait à Rouen conserve encore chez elle les minces débris de leur garde-robe... Enfin la déposition naïve des enfants... le mouchoir trouvé sur les berges de la Seine, et reconnu pour leur appartenir, tout ne concourt-il pas à fournir la preuve dont vous parlez? Oui, devant Dieu! je crois que dans sa clémence le ciel a mis fin à leur supplice et qu'un dernier malheur les a frappées. Trop chrétiennes pour recourir au suicide, elles ont dû accepter le trépas comme une délivrance.

— Alors, mon fils, vous êtes libre. Vivantes, vous étiez vraiment tenu d'aller dire à cette femme dont vous avez tué le mari : « Appuyez-vous sur mon bras »; à cette enfant devenue orpheline : « Votre nom est devenu le synonyme de crime et de honte, je vous couvre de l'honorabilité du mien ». Revenez sans crainte à votre première inclination. Priez et faites prier pour les victimes de votre erreur, mais que cette erreur ne brise pas à jamais votre avenir..

— Merci! merci! mon Père, dit le jeune homme avec vivacité, il me semble que vous me rendez la vie. En me faisant les raisonnements qui viennent de passer vos lèvres, je craignais de céder à un entraînement involontaire. Me voilà tranquille maintenant! J'oserai rentrer chez le docteur et revoir Alexine...

Il tira son portefeuille et le posa sur la table :

— Veuillez prier pour les deux trépassées, mon Père, et répandre chez vos pauvres des aumônes en leur nom.

Il se leva et regagna son logis.

Le soir était venu. Il ne voulut point se présenter si tard chez le docteur. D'ailleurs, il éprouvait le besoin de rester encore un peu seul en face de lui-même. Il voulait reprendre possession de son cœur, de son âme, de sa vie. Tant d'événements douloureux s'étaient multipliés, tant d'appréhensions lugubres l'avaient assailli, que sa pensée manquait encore d'équilibre. Il voulait, seul avec lui-même, passer quelques heures dans un repos absolu. Cependant il eut peine à trouver le sommeil. Et quand la fatigue engourdit sa pensée, il vit en songe de funèbres images. Tantôt, il se figurait courir sur la Seine à la poursuite de deux ombres diaphanes comme les brouillards qui le matin s'élèvent des rives d'un fleuve; tantôt, assis près d'Alexine, il entendait sa voix merveilleuse le bercer par des chants qui lui pénétraient jusqu'à l'âme. A la paix que versait en lui cette harmonie, succédait brusquement une épouvante dont il ne pouvait se rendre compte. A l'heure où Alexine, vêtue de blanc, couronnée de fleurs d'oranger, plaçait sa main dans la sienne, une autre jeune fille s'avançait vers lui, froide et blême; son bras arrachait le voile d'Alexine, elle foulait aux pieds la couronne, et, lorsqu'il s'efforçait de défendre sa fiancée, il entendait répéter au milieu d'un sauvage éclat de rire :

— Je suis la fille du condamné! Je te retrouve, je te reprends!

Gilbert s'éveilla à l'aube. Lassé par cette nuit entremêlée de cauchemars et d'insomnie, il se leva et courut rejoindre le docteur à son hospice. Favières avait eu le temps de se remettre. L'espoir de retrouver l'ami de son père, disposé comme avant son départ à lui donner la main d'Alexine, mettait dans ses yeux un rayon de joie. Du moment qu'il ne pouvait rien pour le salut de Noëlie, il était résolu à prendre largement sa part du bonheur qui lui était réservé !

En apercevant le jeune homme, le docteur se troubla légèrement, et une grande pâleur envahit son visage.

Si fort qu'il fût, quelque habitude qu'il eût prise de commander à ses impressions, il ne put entièrement les dissimuler.

Le retour de Gilbert ne lui ramenait pas seulement un aide laborieux, un intelligent disciple ; depuis le départ du jeune homme, départ dont il avait dû taire les motifs, mais qu'il avait laissé comprendre devoir être long, et dont le résultat changerait sans doute toute sa vie, Alexine était devenue si faible et si triste que ni les sages conseils de Claudie ni les rires de Nicette n'étaient parvenus à la consoler. Elle ne se plaignait point, n'assignait de nom ni à sa souffrance ni à sa rêverie, mais elle se laissait envahir par une douleur sourde. Durant des heures entières, abattue, les yeux clos, elle demeurait immobile dans le grand salon, laissant passer les heures sans les compter. Tout bruit lui devenait une souffrance. Elle paraissait ne trouver de joie que dans la solitude, et plus d'une fois elle éloigna presque durement Nicette qui s'obstinait à tenter de la distraire.

Ou bien, quand elle s'efforçait de secouer sa tristesse, elle s'asseyait devant son piano et chantait quelques-uns des airs qu'elle répétait quand Gilbert l'écoutait.

Jamais elle ne poussa une plainte, jamais elle ne fit de confidence. Lorsque Claudie lui demandait où elle souffrait, Alexine portait la main à sa poitrine en baissant la tête.

Désespérée de voir sa sœur en proie à un tel abattement, Claudie entra une nuit dans sa chambre, prit place près de son lit et, entourant son cou d'un bras caressant, l'embrassa avec tendresse.

Sous ses lèvres elle trouva des larmes.

— Oh ! parle ! parle ! dit-elle à sa sœur. Tu pourras peut-être persuader à mon père, si habile médecin qu'il soit, que la souffrance physique produit en toi de tels ravages ; moi je ne le crois pas, je ne le croirai jamais. Pourquoi tenterais-tu de me tromper ? L'autorité me manque pour te gronder. Je ne puis te soulager que par ma tendresse. Aie confiance ! aie confiance ! dis-moi tout ! Hélas ! tais-toi et pleure... Laisse ma bouche sur ta joue humide, je dirai si bas le nom qui te fait pleurer que tu n'en pourras rougir.

— Tais-toi ! tais-toi ! fit Alexine.

— On fait saigner les plaies pour soulager les blessés, reprit Claudie. Crois-tu que je n'aie rien vu, rien compris ? Gilbert Favières est le premier homme dont le regard t'ait troublée. Comment ne l'aurais-tu pas aimé ? Notre père le traitait comme s'il était de la famille...

Il s'est passé quelque chose d'étrange; quoi? Nul ne nous le dira. Gilbert t'aime, et Gilbert est parti...

— Gilbert est parti, et je meurs...

— Mais, fit Claudie, il peut revenir.

— Peut-être, mais ce ne sera point pour faire de moi sa femme.

Claudie s'efforça de la consoler, mais elle n'y put parvenir. Alexine se laissait couvrir de caresses, elle paraissait prêter l'oreille aux consolations de sa sœur, mais à peine se trouvait-elle seule qu'elle retombait dans de dévorantes rêveries.

Mme Ferral s'alarmait, sans oser questionner sa fille; le père ne pouvait rien, et la science du docteur demeurait impuissante. Ni l'un ni l'autre n'osaient demander à cette enfant le secret de son âme. Tous deux auraient redouté d'aggraver la plaie en y portant une main si légère qu'elle fût. Ce grand praticien qui opérait sans trembler ses malades n'osait adresser un mot à cette jeune fille que consumait un souvenir. Leur angoisse grandissait d'autant plus qu'ils restaient sans nouvelles de Gilbert. Brisé par l'obligation de ce départ, lié désormais à un devoir qu'il accomplissait avec une sorte de résolution désespérée, Favières n'écrivait pas. Qu'aurait-il pu dire? Que ses démarches demeuraient vaines; qu'il ne retrouvait aucune trace des deux infortunées dont son erreur avait grandi la misère jusqu'à les entraîner à la mort? Non, mieux valait se taire. Toute lettre adressée, tout souvenir envoyé l'eût rapproché d'Alexine, et il eût souhaité chasser de ses yeux et de son cœur cette image charmante. Sans doute le docteur avait, le jour même de l'adieu de Gilbert, appris à sa famille réunie que le jeune homme avait un grave motif pour s'absenter, qu'un rigoureux devoir l'obligeait à quitter Paris. Mais les termes même de cette confidence marquée de vague et de mystère devaient davantage troubler l'âme d'Alexine. Dans ce pauvre cœur inquiet, où la tendresse était entrée subitement, l'indécision laissée à dessein sur le but du voyage de Favières doubla l'angoisse de cette créature qui semblait toujours près de dire adieu à la terre. Elle rêva, dans sa candeur douloureuse, un sacrifice fait par Gilbert, mais à ce sacrifice elle rattacha quelque ancien amour surgi brusquement quand on le croyait oublié, et se plaçant entre elle et lui pour les empêcher d'être heureux. Car elle ne doutait point d'être aimée. Même dans sa détresse elle ne fit point à Gilbert cette injure de suspecter sa sincérité. Il n'avait pu réaliser son vœu, et il était parti. Que pouvait-elle objecter? De qui se plaindre? Jamais il ne lui avait révélé le secret qu'elle avait cru surprendre. Souvent même elle se disait qu'elle s'était trompée, que jamais il ne songea à elle; dupe de son propre entraînement, elle avait cru à un décevant mirage; mais tandis qu'elle tentait de se le persuader, une voix intime lui répétait : — Il t'aimait! Il est parti, obéissant à une volonté plus forte que son inclination. Le devoir a primé la tendresse.

Elle priait alors, cherchant dans la résignation chrétienne la force de supporter cette épreuve. Mais, quoi qu'elle fît, elle devenait plus pâle, son cœur battait avec une violence inquiétante, ou bien elle demandait à la musique des consolations qui pouvaient devenir mortelles.

Entraînée par Claudie et par Nicette, il lui arrivait cependant quelquefois de se laisser aller comme jadis à l'activité de la charité. Elle rassemblait ses forces, montait les escaliers des pauvres gens, s'asseyait au chevet des malades, parlait d'espoir à ceux qui n'attendaient rien de l'avenir, et trouvait dans ses douleurs secrètes une éloquence touchant jusqu'aux larmes ceux qui l'entendaient.

Elle revenait de ses courses si lasse, si mourante parfois, que le docteur Ferral les interdisait pour quelques jours. Elle se soumettait et retournait à la musique. Ou bien, attirée vers une enfant qui lui semblait aussi malheureuse qu'elle-même, elle rejoignait la jeune brodeuse installée dans la petite bibliothèque et travaillait près d'elle à des appliques de satin sur peluche. Toutes deux causaient peu. La brodeuse ne semblait nullement disposée à livrer son secret; mais près d'Alexine elle éprouvait un sentiment de repos. Toutes deux s'entendaient sans se parler. L'expérience de son propre cœur révélait à Mlle Ferral que la jeune fille en deuil, qui passait chaque jour dix heures penchée sur son métier, gardait au fond de son âme une poignante souffrance.

Un peintre eût trouvé un merveilleux sujet de tableau dans ces deux enfants : l'une grande, à la taille riche et souple, au teint d'une pâleur chaude, aux cheveux d'un noir sombre à reflets métalliques, ondés sur les tempes et frisottants sur la nuque; l'autre mince, frêle, avec des allures d'ange souffrant, un teint de porcelaine transparente à peine marqué de rose, des yeux bleus trop grands d'où jaillissait un rayon humide. La première vêtue de deuil, deuil absolu et qu'on eût dit être éternel; l'autre vêtue de blanc, enveloppée de tulle nuageux qui lui donnait un aspect idéal.

Leurs mains couraient ensemble sur le métier; quand elles relevaient la tête, si leurs yeux se rencontraient, elles se souriaient avec une douceur infinie.

Un jour qu'elle surprit des larmes silencieuses sous les paupières de la brodeuse, Alexine se leva rapidement, courut à elle et lui dit avec l'empressement tendre d'une amie :

— Ne m'est-il pas possible de vous consoler?

— Personne ne me consolera jamais! répondit la jeune fille.

Elle essuya ses larmes et se pencha davantage sur son métier.

Malgré la réponse de la brodeuse, et sans insister plus longtemps, Alexine s'attacha de plus en plus à elle. Chaque jour elle eut pour cette enfant dévorée par une secrète douleur des attentions nouvelles. Elle lui prêta des livres, elle plaça des fleurs à côté de son métier. Elle fit plus; comprenant combien cette déshéritée aimait la musique, elle fit porter dans la bibliothèque un piano qui ne servait plus depuis que le docteur en avait acheté un meilleur. Tandis que la brodeuse travaillait, Alexine chantait à mi-voix, si doucement que son chant paraissait une caresse.

Un jour son cahier de musique tomba, la brodeuse le releva, remit les feuillets en place et le posa sur le pupitre.

— Voulez-vous me tourner les pages? demanda Alexine.

La brodeuse inclina la tête, suivit la musicienne et tourna les feuillets, sans deviner quel piège innocent lui était tendu.

Alexine acheva son morceau, puis, se tournant vers son humble amie :

— A votre tour, dit-elle.

— Quoi! mademoiselle, vous croiriez..

— Je sais que vous adorez la musique ; jouez un peu pour moi, voulez-vous?...

— Non, dit la brodeuse en secouant la tête. Je ne suis ici qu'une ouvrière à qui vous daignez accorder du travail ; je ne me reconnais pas le droit de prendre sur mes heures le temps de jouer même un morceau... Vous m'avez surprise... Je devrais presque vous en vouloir.

— Si je laisse ce piano ici, vous ne vous en servirez jamais?

— Jamais, mademoiselle.

— Vous êtes orgueilleuse, Nélie.

— Je suis pauvre.

— Mais si je vous demandais comme une grâce de ne point me refuser?

— Vous me causeriez une grande peine, et cependant je ne céderais pas. Je dois rester ici une fille trop heureuse de trouver du travail et bien reconnaissante d'être traitée avec une si grande bonté. Mon unique moyen de vous prouver mon respect et ma gratitude est d'éviter tout ce qui pourrait nous rapprocher et mettre entre nous comme un lien d'amitié ou des rapports d'égalité impossible...

— Impossible! fit Alexine; vous êtes pauvre, soit! La fortune est un hasard, et souvent le hasard ne suffit pas à nous rendre heureux... N'ai-je pas vu dès le premier jour que votre éducation vous rendait mon égale? D'un regard je vous ai jugée. Il y a plus que de l'orgueil à me repousser quand je viens à vous, c'est une cruauté...

— Une cruauté, de moi à vous!
— Suis-je donc heureuse! s'écria Alexine.
— Ne soyez pas ingrate envers Dieu, mademoiselle, votre mère vous adore...
— La vôtre est une sainte.
— Une martyre aussi...
— Et votre père?
— Je porte son deuil, mademoiselle, un deuil éternel! Mais vous qui gardez votre père, qui entendez sans fin son éloge, qui l'admirez en le chérissant, dont toutes les joies filiales se doublent d'un légitime orgueil, oh! Dieu vous a fait belle votre part en ce monde...
— N'avez-vous donc jamais vu que je n'ose pleurer devant vous!
— Pleurer, souffrir! Vous, Alexine!
La brodeuse entoura la fille du docteur de ses bras caressants.
— Vous voyez bien, Nélie, dit celle-ci d'une voix tremblante, vous voyez bien que vous m'aimez.
— Je ne m'en défends pas. C'est une consolation pour moi de me sentir protégée par vous et de vous rendre votre pitié en dévouement. Je pourrais sacrifier sans regret ma vie pour sauver la vôtre. Je vous dois le pain et le repos de ma mère; mais jamais, jamais, je ne ferai rien pour effacer la distance qui nous sépare. C'est mon devoir, un devoir rigoureux. Je n'en suis plus à les compter, pas plus que mes désespoirs... Si vous éprouvez vraiment pour moi cette sympathie dont je suis fière, prouvez-le-moi en ne me soumettant jamais à l'épreuve que je viens de subir. Rappelez-vous qu'à l'heure où je me sentirais faiblir dans cette voie, où il me deviendrait impossible de ne pas céder à votre attraction, je me croirais obligée de ne plus revenir...
— C'est bien! dit Alexine.
— Vous m'en voulez?
— Je n'en veux à personne.
Alexine quitta la bibliothèque.
Le soir, quand elle se retrouva avec son père, la jeune fille demanda l'autorisation d'envoyer le vieux piano chez la brodeuse.
— Il t'appartient, répondit M. Ferral. Mais, es-tu certaine qu'il sera utile?
— Je suis sûre qu'il consolera cette pauvre fille, répondit-elle.
Le lendemain elle évita de se rendre dans la petite bibliothèque. Ce fut la brodeuse qui la fit demander.
— Je vous remercie, dit-elle d'une voix dans laquelle vibraient des larmes.
Ce fut tout. Nélie s'enferma dans le même silence, et Alexine

continua d'aller chaque jour travailler près d'elle, pendant une heure ou deux, à l'ameublement que Mme Ferral souhaitait si fort voir achevé.

Alexine venait de quitter Nélie et se rendait dans la salle à manger, quand le son d'une voix bien connue la fit tressaillir. Elle s'arrêta brusquement, s'appuya contre le chambranle de la porte, et, la tête cachée par les plis de la draperie, elle resta les yeux clos, écoutant avec une poignante émotion l'accent qui la troublait jusqu'au fond de l'âme.

Elle ne se trompait pas, car Nicette, la folle et rieuse Nicette, accourait à la recherche de sa sœur, en répétant :

— Alexine, c'est M. Gilbert! M. Favières est revenu!

Elle se dégagea et s'avança en essayant de retrouver un peu de calme.

En passant devant une glace, elle se regarda et vit ses joues, si pâles d'habitude, devenues toutes roses.

Appuyée sur le bras de sa sœur, elle entra dans la salle à manger.

Gilbert s'avança vers elle, et lui prit la main.

Elle leva sur lui ses grands yeux bleus et demanda :

— Revenez-vous pour toujours?

— Pour toujours, répondit-il.

Ce mot renfermait un serment.

Claudie, le docteur et Nicette essayèrent d'égayer le repas ; Alexine, Gilbert et Mme Ferral restaient sous le poids d'émotions diverses. Le jeune homme levait de temps à autre un regard ardent sur Alexine, comme s'il eût voulu forcer à revivre celle qui se sentait si près de mourir. Alexine, tremblante de joie, devinant que son avenir allait se décider, n'osait lever ses longues paupières sur Gilbert Favières. Ferral ne savait rien encore des motifs qui ramenaient le jeune homme à Paris. Il devinait seulement à l'expression de son visage que la liberté lui était rendue; sans cela il n'eût point osé reprendre la place qui lui avait été faite si affectueuse et si grande dans cette maison hospitalière.

Après le déjeuner, Gilbert suivit le docteur dans son cabinet.

Il recommença le récit fait au prêtre; mais, cette fois, Favières ne gardait plus d'inquiétude ; sa conscience et Dieu lui rendaient à la fois la liberté. Il soumettait sa conduite à la sanction d'un dernier juge, voilà tout.

— Mon ami, dit le docteur, vous avez rempli votre devoir; vous êtes libre.

— Libre! répéta Gilbert avec une sorte d'ivresse. Mettez-vous bien dans ce mot tout le sens que j'y cherche?... Libre! Si je vous demandais la main d'Alexine, la mettriez-vous dans la mienne?

Le docteur ne répondit pas.

Il se dirigea vers la porte du cabinet et pénétra dans le salon, où Claudie et Nicette prodiguaient à leur sœur à demi évanouie des soins et des caresses. La vue de cette scène changea sans doute la première intention du docteur Ferral, car il revint sur ses pas et dit à Gilbert :

— Venez.

Celui-ci le suivit docilement.

— Ma fille, dit le docteur en prenant la main transparente d'Alexine, Gilbert revient à Paris pour me demander si je consens à lui donner cette main qui tremble dans la mienne?

La jeune fille se souleva, mais l'émotion était trop forte, elle retomba sur les coussins.

— Sa femme! murmura-t-elle; moi, sa femme!

Gilbert s'agenouilla devant elle.

— Vous avez été, vous serez, dit-il, l'unique tendresse de ma vie.

Claudie prit dans une jardinière une branche de jasmin blanc qu'elle enlaça dans la chevelure de sa sœur.

— Te voilà fiancée, dit-elle, à quand le mariage?

— Oh! répliqua Nicette, le trousseau demandera du temps. Heureusement nous avons ici notre brodeuse, et Nélie, qui chérit Alexine, travaillera comme une petite fée.

On veilla tard ce soir-là. Le bonheur débordait du cœur de tous. Le docteur Ferral se réjouissait de trouver un fils dans Gilbert, et Alexine murmurait à l'oreille de Claudie :

— Je crois que je serais morte s'il n'était jamais revenu.

UNE ERREUR FATALE

M. Favières s'efforçait de la rappeler à la vie. (Voir page 262.)

CHAPITRE XXII

LA BRODEUSE

On ne reconnaissait plus la maison du docteur. Depuis trois semaines il y régnait un mouvement inusité : Nicette courait d'une pièce à l'autre, rangeant, dérangeant, mettant dans leur jour les merveilles du trousseau et les luxueuses fantaisies des écrins. On ne voyait que robes, manteaux et cachemires, étalés ou drapés.

Ces trois jeunes filles semblaient si complètement heureuses que les larmes en venaient aux yeux de Mme Ferral. Quand elle se trouvait seule avec Gilbert, elle lui prenait les mains avec une expression de tendresse maternelle et lui répétait :

— Je vous devrai la vie de ma fille !

Il baisait les mains de Mme Ferral, et répondait :

— Croyez-vous donc que j'aurais survécu à la douleur de la perdre ?

Quelques jours seulement devaient encore s'écouler avant la célébration du mariage. Si le contrat n'était point signé encore, les articles en étaient dressés. Le docteur Ferral donnait cinq cent mille francs de dot à sa fille ; Gilbert en apportait autant. Vraiment ces deux êtres allaient doucement marcher sur la route de la vie.

A mesure qu'approchait la date de leur union, ils devenaient plus graves. Le sentiment des devoirs à remplir s'imposait. Ils s'interrogeaient avec une sérénité confiante sur une foule de points qu'oublient trop de discuter ceux qui se préparent à fondre leurs existences. Rien n'était plus touchant que l'expression élevée de leur tendresse, à laquelle se mêlait toujours un sentiment de foi. Au-dessus de leur amour tous deux mettaient également le devoir.

— Nous serons heureux ! répétait Gilbert en serrant dans ses mains les mains de sa fiancée ; nous serons heureux parce que nous ferons dépendre nos joies des plus hautes satisfactions de l'âme humaine. Vous n'êtes pas seulement la femme dont la beauté me charme, dont la grâce me captive, vous êtes avant tout la créature choisie dont ma conscience avait l'aspiration et le désir. Nous réaliserons l'idéal du mariage avec ses joies pures et ses obligations saintes. Si vous saviez combien je vous chéris, Alexine !

— Et moi, répondait-elle, il me semble que je vous ai toujours aimé. Quand pour la première fois vous entrâtes ici, je crus vous reconnaître. Il est des êtres qu'on pressent ou dont l'image nous frappe en songe. Tenez, je puis bien vous le dire, maintenant que je me sens sauvée... j'ai grandi avec la croyance que Dieu ne m'avait pas faite pour vivre. Mon père croyait parler bien bas quand il s'entretenait avec ma mère de ses craintes sur ma santé, mais j'entendais et je comprenais... Chaque fois qu'ils échangeaient un regard douloureux, je me disais que j'étais plus mal et qu'il fallait me hâter d'aimer ceux qui me chérissaient et de soulager les souffrants, afin de leur laisser à tous un souvenir mêlé de douceur. Quand je vous vis, vous ! quand votre regard rencontra le mien, je pensai que je me rattacherais à la terre si vous étiez mon frère ou mon ami. Je ne voyais rien au delà de ces deux titres. Ils résumaient pour moi toutes les joies. Vous voir tous les jours, chanter jour vous, écouter vos entretiens avec mon père et ma mère, me rappeler les souvenirs que vous aviez évoqués, cela me suffisait alors...

— Et plus tard?... demanda Gilbert.

— Plus tard un nouveau sentiment pénétra en moi, doucement, lentement; plus je le sentais grandir, plus je me trouvais heureuse. Quand il devint assez puissant, assez despotique, pour que je sentisse que lui seul me faisait aimer la vie, c'est alors que je crus vous perdre à jamais... Que j'ai souffert! et combien j'ai pleuré! Vous ne saurez jamais, jamais, mon bien-aimé Gilbert, avec quelle tristesse désespérée je demandai à Dieu de ne point survivre à l'illusion perdue... car je vous croyais à jamais séparé de moi.

Elle leva sur lui ses beaux yeux, et lui demanda :

— Pouvez-vous m'apprendre maintenant ce que vous alliez faire quand vous nous quittâtes si brusquement?

— Si vous m'aimez, répondit le jeune homme, ne me questionnez jamais à ce sujet. Qu'il vous suffise de savoir que je sacrifiais ma félicité en ce monde au plus impérieux, au plus douloureux des devoirs.

— Vous gardez un secret pour moi? demanda Alexine avec une sorte de tristesse.

— Celui-là seulement.

— Et jamais vous ne me l'apprendrez?

— Votre père lui-même approuva mon départ.

— Mais cette raison qui vous entraîna loin de nous ne peut-elle se représenter?

— Taisez-vous! taisez-vous! Je vous en supplie, Alexine, n'évoquez pas les fantômes.

— Gilbert s'était levé, très pâle, et, le regard fixé dans le vide, il semblait suivre une apparition effrayante.

Il lui fallut un peu de temps pour que cette impression s'effaçât; quand il eut retrouvé sa sérénité, il revint à la place qu'il occupait près de sa fiancée, et, lui prenant les mains avec une tendresse mêlée de respect :

— Je vous affectionne plus que tout au monde, lui dit-il, et cet amour ne sortirait de mon cœur qu'avec ma dernière goutte de sang. Si j'ai beaucoup souffert, votre cœur vous portera à m'aimer davantage; s'il est une faute dans mon passé, vous m'aiderez à l'expier. Mais si vous tenez au calme, à la félicité de notre vie, ne faites jamais allusion au voyage que je fus forcé d'entreprendre il y a quelques mois... Si je demande avec instance quelque chose à Dieu, c est qu'il ne vous permette jamais d'approfondir ce mystère...

Pauvre, délicate et curieuse fille d'Ève, ne cherchez pas, n'interrogez pas... Je ne puis vous répondre, et le jour où vous sauriez comme moi vous auriez peur... Je vous donne les clefs de mon cœur et de ma vie, ne cherchez point s'il en est une qui ouvre quelque cabinet secret... J'ai toujours jugé que Barbe-Bleue était un mythe qui ne servait point assez de leçon aux femmes... Oh! tenez, Alexine, nous avons déjà trop parlé de cela, Dieu veuille que rien ne vienne nous troubler!

— Vous devenez superstitieux, Gilbert.

— On craint toujours quand on est heureux.

— Moi, dit Alexine avec un sourire radieux, je ne redoute rien, et je jouis pleinement de ma félicité.

— C'est que vous la méritez... dit-il avec un soupir profond.

— Oh! chère conscience, trop délicate sans doute, et trop aisément troublée, je vous calmerai bien, moi! et vous apprendrez que chacun de nous a droit à une part de bonheur.

Elle lui dit ensuite des choses si pénétrantes et si douces, elle chanta avec tant d'âme pour effacer jusqu'au dernier vestige de ses tristes impressions, qu'il oublia le passé dont le souvenir lui rapportait le même poids douloureux et les mêmes terreurs superstitieuses.

Mais Alexine le trompait, en lui affirmant qu'elle ne songerait pas à ce mystère qu'il lui était interdit de pénétrer. La pensée qu'elle ne saurait jamais le mot du chagrin qui bouleversait encore Gilbert l'effrayait malgré elle.

Après l'avoir consolé, elle se sentait à son tour envahie par la crainte.

Les invitations pour le mariage du docteur étaient prêtes. Les trois jeunes filles, ayant devant elles un volumineux cahier d'adresses, traçaient les noms amis d'une élégante écriture. Elles interrompaient souvent ce travail pour faire une observation malicieuse. Claudie, la plus grave, s'efforçait de calmer la verve de Nicette. Mais on aurait plus vite empêché de chanter une fauvette à tête noire que forcé à un travail paisible ce feu follet de Nicette. Lorsque les observations de Claudie lui semblaient trop dures, elle courait embrasser Alexine, et s'écriait d'une voix dépitée :

— Moi aussi je me marierai pour échapper à la férule de ma grande sœur.

— Oh! répondit Claudie, les épouseurs ne se pressent pas, ma mignonne! Allez donc demander en mariage une fillette qui se coiffe d'une seule natte dans le dos, qui saute encore à la corde, et qui, en cachette, joue à la poupée.

— Bon! bon! Je sais ce que je dis. Alexine épouse un médecin; je serai la femme d'un avocat. Si je saute à la corde, c'est afin de grandir et d'arriver à la majesté de ta taille ; et ma mère m'obligerait à reprendre ma poupée si je l'abandonnais... Elle affirme que cela donne du goût de travailler pour elle. D'ailleurs je n'ai point la prétention d'être un phénix de sagesse, moi, une lady Sensée, une miss Perfection. Non ! non ! je serai une bonne petite maîtresse de maison, sachant égayer son mari, commander un dîner, mettre de jolies toilettes. Toi, vois-tu, Claudie, tu ne te marieras jamais. Les hommes s'effraieront de voir une créature sans défaut. Je ne connais pas un homme digne de toi...

Claudie baissa la tête et rougit, puis elle reprit son travail, en disant à Nicette d'une voix douce :

— Quelle petite folle tu fais !

— Une folle, soit ! une folle qui t'aime, qui t'admire, et qui serait à la fois très fière et très malheureuse de te ressembler.

La soirée de contrat devait être brillante.

Les nombreux amis du docteur Ferral avaient envoyé à Alexine ces cadeaux qui sont des souvenirs et demeurent les témoignages de l'affection.

La fiancée, dans l'impossibilité où elle se trouvait de passer désormais une partie de ses journées chez les pauvres, avait légué ses pleins pouvoirs à ses sœurs. Elle se réservait seulement la joie de surprendre celles des infortunées qu'elle chérissait davantage.

— Gilbert, dit-elle à son mari, celui qui est heureux, complètement heureux, doit à Dieu la dîme de ce bonheur. Il faut que notre mariage soit pour quelqu'un une cause de grande joie. Jadis, quand les rois passaient dans une ville, leur présence seule graciait un condamné... Il est des êtres plus misérables que ceux à qui la loi retire la vie ; ce sont ceux que le malheur opprime, malheur immérité, supporté courageusement, sans faiblesse. J'en connais un de ceux-là. Distribuer un grand nombre de secours ne soulage parfois personne ; mais prendre corps à corps la misère d'une famille, lutter contre elle, la remplacer par la sécurité et par le bien-être, cela est vraiment grand et utile. Nous voilà riches ! presque trop riches, mon Gilbert. Depuis six mois je suis si touchée de l'infortune de Nélie, ma jolie brodeuse, que je voudrais y mettre un terme. Si elle était seule, je me contenterais de lui fournir du travail ; mais elle a une mère, souffrant d'une maladie de cœur, et cette mère ne doit plus connaître le dénûment.

— Que voulez-vous faire, chère Alexine ?

— Constituer une rente de douze cents francs sur la tête de cette pauvre femme.

— De grand cœur, ma chérie.

— Et le jour même où devra être signé notre contrat, nous irons ensemble la remettre à Nélie.

— Je m'arrangerai avec mon notaire.

— Oh! que Dieu est bon de m'envoyer un mari semblable!

— Je dois seul le remercier, Alexine.

— Quittez-moi vite, et courez chez le notaire.

— Vous songerez à moi pendant ce temps-là?

— Je ne penserai qu'à vous.

Gilbert quitta sa fiancée et fit préparer un acte en blanc. Dans sa hâte d'obéir aux charitables volontés d'Alexine, il avait oublié de demander le nom de ses protégées.

Le soir tout était prêt.

— Voici, dit Gilbert Favières en tirant le papier timbré de sa poche. Me Dusser y a mis de l'empressement.

— Nélie est partie, dit Alexine avec un sourire, ce sera pour demain.

La soirée fut paisible, presque grave. Une sorte d'oppression heureuse pesait sur tous les cœurs. Alexine chanta, et il semblait à tous que ce chant aérien, pur, sympathique, résumait les plus pures pensées et les plus saintes prières.

L'acte constituant une rente pour la mère de la brodeuse venait d'être enfermé par Alexine dans un grand coffret d'ivoire.

Elle attendit avec impatience l'arrivée de la jeune fille.

Dès qu'elle l'entendit s'installer dans la petite bibliothèque où se trouvait dressé son métier, elle courut la rejoindre ; puis, lui prenant les deux mains avec un entraînement fraternel :

— Je vous ai toujours nommée Nélie, lui dit-elle ; aujourd'hui il me faut en savoir davantage, comment s'appelle votre mère?

La jeune fille devint très pâle et s'appuya, chancelante, sur son métier.

— Pourquoi cette question, mademoiselle ? demanda-t-elle d'une voix faible.

Je suis Nélie la brodeuse, rien de plus... Je sais bien que dans votre cœur il ne peut germer que de généreuses pensées ; mais, je vous le jure, votre bonté se changerait en cruauté si vous vous obstiniez à me questionner davantage... Admettez que nous ayons été riches et que nous souhaitons dérober à tous une infortune imméritée... Supposez tout ce que vous voudrez, pourvu que vous ne nous accusiez ni moi ni ma mère d'une action indélicate, mais ne nous demandez pas un secret qu'a respecté Jacques Landry.

Une vive rougeur envahit le front et les joues de Mlle Ferral.

— Je vous en conjure, dit-elle, agissez avec plus de franchise. Je ne suis ni curieuse ni cruelle ; il s'agit du bonheur de votre mère.

— Ma mère ne peut plus être heureuse.
— De son repos...
— Jamais elle n'en connaîtra.
— Nélie! Nélie! vous ne comprenez donc pas que je veux vous rétablir dans une situation moins indigne de vous... Les notaires ne sont point des hommes de sentiment, tant s'en faut... Ils restent positifs comme des chiffres... Le mien a bien voulu hier laisser en blanc les nom et prénoms que je vous demande, mais il les exigera pour régulariser l'acte qui vous constitue propriétaire d'une rente destinée à adoucir les malheurs de votre mère...
— Vous avez songé à cela, mademoiselle? demanda Nélie en joignant les mains.
— Il est si naturel de songer à ceux qu'on aime...
— Oui, dit Nélie avec entraînement, et moi aussi, je vous aime, de tout mon cœur, de toute mon âme, et cependant...
— Cependant vous me refusez...?
— Je ne puis pas! fit la brodeuse avec accablement. Quand je devrais perdre sans retour votre protection et votre amitié, quand je devrais remonter sur le sinistre bateau de Jacques Landry...
— Eh! qu'importe qu'il y ait des larmes au fond de votre secret! dit Alexine. Que m'importerait même qu'il y existât une honte; je sais bien que le front sur lequel je pose mes lèvres n'eut jamais à rougir d'une faute commise... Vous êtes un pauvre ange souffrant, et c'est pour cela que je vous aime. Oh! je vous en supplie, ne me refusez pas cette joie d'assurer le repos de votre mère un jour où je suis si heureuse! Ah! Nélie, ne me faites pas pleurer aujourd'hui, cela porterait malheur à mon mariage...

La brodeuse et Mlle Ferral se trouvaient alors sur un petit divan, rapprochées l'une de l'autre. Les cheveux blonds et fins d'Alexine se mêlaient à la chevelure noire et crêpelée de Nélie. Sur ces deux fronts de vingt ans, même beauté, même pureté; seulement sur le visage de l'une se lisaient des angoisses amères, tandis que le visage de l'autre rayonnait de joie. L'une gardait en elle et autour d'elle tous les éléments d'une fierté heureuse; l'autre courbait la tête sous le poids d'une infortune si lourde qu'elle n'osait la partager.

— Regardez-moi, dit la brodeuse, de cette voix dont la suavité tendre prenait le cœur, regardez-moi bien! Vous avez raison de le dire, je ne me souviens d'avoir commis aucune faute; mais n'expions-nous que les nôtres? Cette amitié que vous m'offrez, je puis vous bénir de songer à me la donner. Je puis, seule avec vous, vous remercier de ne point me méconnaître, mais n'essayez pas, je vous en conjure, de trop rapprocher nos vies. Qu'importe ce que je suis et ce que je fus? Je reste pour vous la malheureuse fille que Jacques

Landry sauva de la mort, au moment où ma mère et moi nous roulions sous les flots de la Seine ; la brodeuse chargée de terminer le meuble de votre mère ; une ouvrière à gages, et non point une amie.

— Ah ! fit Alexine, il ne sera pas dit que dans cette lutte je demeurerai vaincue. J'échoue parce que je suis seule ; je demanderai des alliés. Ma mère, mes sœurs, mon fiancé, celui qui demain sera mon mari...

Alexine prononça ces derniers mots avec une telle expression de tendresse que la brodeuse lui dit avec un sourire pâle :

— Comme vous l'aimez !

— Si je l'aime ! Je serais morte s'il ne fût pas revenu ici.

— Il vous a donc quittée ?

— Durant plusieurs mois... Je l'aimais déjà, sans le lui dire, sans le laisser même deviner... De son côté il ne pensait qu'à moi, il me l'a dit depuis... Mais il n'osait point encore me demander en mariage à mon père... Il s'effrayait des prétentions que pouvait avoir le docteur Ferral et du chiffre de ma dot... Cependant il prenait tant de plaisir à m'entendre chanter ! Il paraissait si heureux quand il se trouvait dans l'intérieur de la famille que je me croyais bien préférée par lui aux autres jeunes filles... Un moment il me sembla que Claudie l'aimait... Et je connus la jalousie ! La jalousie contre ma sœur... Ce fut même cette jalousie qui me révéla la puissance de mon amour... Plus tard j'ai compris que je me trompais... Quand il nous quitta, ma sœur resta ce qu'elle est toujours, grave et douce... Moi, je crus que ma vie s'en allait... Comprenez-vous cela ?

— Oui, oui, répondit la brodeuse avec un accent étrange.

— Ah ! vous avez aimé aussi, Nélie ?

— Aimé, oui, mademoiselle, aimé jusqu'au martyre.

— Et celui que vous avez choisi...

— Celui-là me regarda toujours comme une sœur, jusqu'à ce qu'il fît tomber sur ma mère et sur moi le malheur dont le poids nous écrase.

— Quoi ! vous lui devez vos misères ?

— Toutes nos misères.

— Et sans doute vous êtes guérie de votre amour ?

— Eh bien ! non ! répondit la brodeuse en levant un regard brûlant sur Mlle Ferral. Non, je n'ai pas cessé de l'aimer... Est-ce qu'on arrache de son cœur une image comme la sienne ? Son visage demeure toujours penché sur le mien, et le son de sa voix reste inoubliable... L'oublier ! Je le pourrais que je ne le voudrais pas... Je lui ai dû tant d'heures heureuses ! Qu'importe, à nous autres femmes, que notre amour soit foulé sous les pieds, que notre cœur saigne de la blessure faite par l'être choisi ! Il reste quand même notre élu et notre maître. Il a brisé ma vie, je lui pardonne! Il m'a méconnue, je lui pardonne...

— Et si vous le revoyiez...?

— Si je le revoyais, mademoiselle, je tomberais morte à ses pieds.

— Ah! pauvre chère enfant! dit Alexine en prenant la brodeuse dans ses bras, comme vous avez bien fait de m'avouer le secret de votre âme... Je vous chéris deux fois plus maintenant... Oui, je suis votre sœur, et l'amitié que je vous jure, je vous la prouverai... J'ai presque regret de mon bonheur en comprenant ce que vous souffrez...

En ce moment Nicette fit irruption dans la petite bibliothèque.

— Alexine! dit-elle, viens vite, on apporte des dentelles...

— Encore?

— Voilà un mot que je remplacerai par : toujours!

— Tu es folle, Nicette.

— Heureusement! Claudie et toi, vous avez pris toute la raison... Quand je suis venue au monde, il n'en restait plus...

— Je te suis, Nicette. A tout à l'heure, Nélie.

Les deux jeunes filles sortirent, et la brodeuse se pencha de nouveau sur son métier.

De grosses larmes roulèrent sur sa joue. Le spectacle de la joie d'Alexine, les souvenirs qu'elle venait de rappeler l'étouffaient. Elle ne jalousait personne, la belle et douce créature, mais elle ne pouvait s'empêcher de comparer le passé au présent, et l'avenir d'Alexine avec celui qui l'attendait.

Pendant ce temps, la famille du docteur Ferral se trouvait groupée dans la salle à manger, autour d'une table élégamment servie.

— Eh bien! demanda Gilbert à sa fiancée, avez-vous maintenant le nom exact de votre protégée?

La jeune fille secoua la tête.

— Non, dit-elle.

— Voilà qui est bizarre !

— Je crois, reprit Alexine, qu'elle ne comprend pas bien l'importance de ce que nous lui demandons. Cependant, je lui ai répété que pour un acte notarié on a besoin de bien des détails. Tantôt vous m'aiderez à vaincre ses répugnances. Je veux que vous la connaissiez, d'ailleurs ; je l'aime beaucoup, et vous devez désormais partager mes amitiés.

— Oh! je sais qu'un cœur comme le vôtre ne connaît point les rancunes !

— Des rancunes! fit Alexine. Autour de moi chacun s'est efforcé de me rendre heureuse.

— Et je sais quelqu'un qui y travaillera plus que personne.

Quand le déjeuner fut achevé, Alexine dit à son fiancé

— Je vais annoncer votre visite à ma protégée, il faut la convaincre avant ce soir. Le notaire emportera l'acte signé.

— Que votre volonté se fasse, et jamais la mienne, Alexine !

La jeune fille rentra dans la bibliothèque.

— Assez travaillé pour aujourd'hui, dit-elle ; rangez ce métier, Nélie... Songez-y, ce soir on signe le contrat... Nos meilleures amies, rivalisant de jalousies, entreront ici pour admirer mon trousseau et ce que Nicette appelle les « splendeurs de ma corbeille ». Vous pouvez bien prendre un congé... D'ailleurs, je veux vous présenter quelqu'un...

— A moi ?

— Sans doute, à vous qui serez mon amie, en dépit des obstacles que vous soulevez... Je suis si heureuse du mariage préparé pour moi qu'il faudra que vous aimiez mon mari...

— Je l'aimerai, dit doucement la brodeuse.

Elle quitta docilement son métier et se mit à ranger ses laines.

Au même instant, M. Favières parut à l'entrée de la pièce.

— Nélie ! dit gaiement Mlle Ferral, Nélie.

Celle-ci tourna la tête. Mais à peine eut-elle entrevu le beau jeune homme qui s'avançait dans la bibliothèque que, le visage bouleversé, les yeux agrandis par l'épouvante, les mains jetées en avant et les doigts écartés, elle dit d'une voix égarée :

— Gilbert ! Gilbert !

Puis, chancelant sous le coup de l'impression foudroyante qu'elle venait de ressentir, elle tomba sur le parquet.

M. Favières se précipita vers elle, la souleva dans ses bras, la posa sur le divan, puis, s'agenouillant devant ce pauvre corps rigide, il prit les mains de la jeune fille avec un sentiment de douloureuse angoisse :

— Noëlie ! répéta-t-il, Noëlie !

Alexine était restée debout par une sorte de miracle de sa volonté. Frappée au cœur par le double cri de Gilbert et de la brodeuse, elle avait subitement senti le sang affluer à son cœur, et sa pâleur était aussi grande que celle de la jeune fille évanouie.

— De l'eau ! des sels ! dit Gilbert qui ne semblait plus s'apercevoir de la présence de sa fiancée.

Alexine fit un effort pour aller chercher ce que lui demandait Gilbert, elle défaillit au moment où entrait Claudie.

— Emmène-moi ! dit Alexine à l'oreille de sa sœur.

Claudie l'entraîna, sans rien demander.

Ce fut Nicette qui porta les cordiaux.

Elle recula de surprise, en voyant agenouillé devant la jeune fille M. Favières qui s'efforçait de la rappeler à la vie.

Pendant un quart d'heure tous les soins furent inutiles. Enfin un souffle léger passa ses lèvres, ses paupières battirent, et sa bouche murmura :

— Gilbert! oh! Gilbert!

Elle ne comprenait pas qu'elle se trouvait chez le docteur Ferral, que ce Gilbert était le fiancé d'une autre. Les maux soufferts, les hontes subies disparaissaient dans la joie de cette rencontre.

Lui, sous l'impression d'une émotion terrible, la soignait, la regardait et, sans perdre une seule minute le sentiment du bouleversement qui se faisait dans sa vie et ses projets, s'efforçait de la calmer et de la rendre à la réalité.

Dans la chambre d'Alexine, où Claudie était restée, se passait une scène déchirante :

— C'est fini! fini! disait Alexine au milieu de ses sanglots, ils se connaissaient... Ils se sont aimés... Elle l'a nommé Gilbert, il a répondu Noélie... Voilà donc pourquoi elle était toujours triste. . Et c'est moi qui les ai rapprochés, moi! Il faut envoyer chez le notaire, vois-tu, ma sœur... Oh! mon Dieu! et cette fête... C'est bien simple, on dira que je suis malade... Est-ce que je ne suis pas condamnée à en mourir?.. Mon Dieu! mon Dieu! c'est trop de souffrances... Être jalouse! jalouse!

— Oui, dit Claudie de sa voix grave, cela fait bien mal...

Mlle Ferral se souleva :

— Mon père est encore ici, n'est-ce pas?

— Oui, chérie.

— Amène-le-moi.

— Ne précipite rien. Que veux-tu faire?

— Prendre des nouvelles de ma brodeuse et régler ses gages.

— Ah! fit Claudie, c'en est fait de notre bonheur à tous.

Elle courut chercher le docteur Ferral.

Celui-ci arriva souriant dans la chambre de sa fille.

— Ici, dit-il, pourquoi? Mais tu es pâle, tu souffres...

— Ce ne sera rien! répliqua Alexine d'une voix entrecoupée, en humectant ses tempes d'eau glacée... Votre bras, mon père... Vous avez raison, je suis plus faible que je ne croyais... Cela passera... Tout passe en ce monde.

— Mais tu as la fièvre?

— Croyez-vous? Allons toujours jusqu'à la bibliothèque seulement...

Elle lui prit le bras et marcha toute chancelante.

Noélie, en ce moment assise sur le divan, regardait M. Favières avec une expression impossible à rendre.

Elle n'entendit point venir Alexine.

Celle-ci s'avança, jeta une lourde bourse sur les genoux de la brodeuse, et lui dit d'une voix âpre :

— Mademoiselle, je n'ai plus besoin de vos services.

Puis, relevant le front, et foudroyant Gilbert de l'éclair de ses yeux bleus :

— Je pense, monsieur, que vous reconduirez mademoiselle...

— Alexine ! dit Gilbert en s'élançant vers la fille du docteur, chère Alexine !

— Il n'existe plus d'Alexine pour qui vient de retrouver Noélie.

— Si vous saviez ! dit le jeune homme avec l'accent de la prière.

— Grâce ! murmura Noélie, je ne savais pas... Nous ne sommes pas coupables... Je ne prétends pas à sa tendresse...

— Il est libre de vous la donner, mademoiselle.

— Mais que se passe-t-il ici ? demanda le docteur ; Gilbert troublé, cet enfant évanouie, ma fille rompant ses fiançailles...

— Ayez pitié de moi, dit Favières en s'approchant du docteur Ferral, et en lui parlant si bas que nul que lui ne put l'entendre. Cette brodeuse... cette jeune fille... se nomme Noélie Dambrun.

Le docteur Ferral recula ; ses yeux allèrent tour à tour de sa fille à Gilbert, avec une expression de regret poignant ; puis, attirant avec une sorte d'emportement de tendresse Alexine sur son cœur, il murmura :

— Ne maudis personne ! personne ! mon pauvre ange !

Gilbert restait debout, pâle comme un mort. On eût dit qu'il ne se soutenait que par un effort suprême d'énergie.

Quant à Noélie, nouant heureusement les brides de son chapeau et serrant sur ses épaules un petit mantelet noir, elle quitta la chambre en s'appuyant aux murs.

Gilbert la regarda partir d'un œil morne, puis, tout à coup, quand elle eut disparu, il s'inclina devant Alexine :

— Grâce et pardon ! dit-il d'une voix brisée.

Elle ne répondit que par un sanglot, et Gilbert s'élança sur les pas de Noélie.

— Assassin! dit-elle, assassin! (Voir page 275.)

CHAPITRE XXIII

NOELIE

C'était un logement bien modeste que la chambre occupée par Julie Dambrun. Deux lits jumeaux, drapés de blanc, sans rideaux interceptant le jour et l'air, ayant entre eux un crucifix de bois et un bénitier soutenu par deux anges; un vaste fauteuil pour la mère, deux métiers à tapisserie, une commode pour leur linge et les habits, une table, une natte de jonc sur le carreau frotté de rouge, c'était tout.

Des fleurs sur la croisée mettaient une note gaie dans cet intérieur, et le piano envoyé par Alexine trahissait seul le secret d'une vie opulente et d'une éducation au-dessus de la situation présente.

Mme Dambrun, penchée sur un métier, achevait d'échantillonner une bande de broderie. De temps à autre elle s'arrêtait, passant la main sur ses paupières, afin d'écarter le voile qui s'étendait sur sa vue. On ne verse pas impunément trop de larmes. Celles de Julie retombaient sur ses yeux et sur son cœur. Souvent elle s'arrêtait au milieu de sa tâche, incapable de compter les fils du canevas. Ou bien, renversée sur le dossier de son fauteuil, comprimant à deux mains sa poitrine, elle tentait d'arrêter des battements dont la violence lui faisait redouter que ce cœur martelé de tant de coups se brisât brusquement.

Ce jour-là, Mme Dambrun souffrait plus que la veille ; son cœur gonflé semblait prêt d'éclater ; devant son regard voltigeaient des nuées de points noirs ; elle venait d'abandonner son aiguille, et, renversée, les paupières closes, prenant sa poitrine à deux mains, elle s'écoutait souffrir, appelant de tous ses vœux le retour de sa fille. Quand elle sentait cette oppression et cette souffrance, elle éprouvait toujours l'horrible crainte de mourir sans l'avoir revue...

Cependant, à travers son impatience et son angoisse, passait et repassait, comme dans le vague d'un songe, une idée consolante. Noëlie n'avait point manqué de raconter jour par jour, heure par heure, les progrès de l'amitié d'Alexine. La pauvre mère espérait que cette heureuse enfant, si près de devenir une heureuse femme, n'abandonnerait pas son orpheline. Avant de mourir, si, comme elle le croyait, Dieu la rappelait prochainement à lui, elle la lui léguerait dans une longue lettre où elle mettrait les derniers battements de ce pauvre cœur qui éclatait de désespoir dans sa poitrine.

Quand elle se trouva un peu moins souffrante, elle quitta son métier, prit du papier et commença à écrire. Il lui restait l'après-midi entière pour écrire à Mlle Ferral. Elle lui recommandait sa fille dans des termes tels que jamais, avec cette protection, Noëlie ne resterait sans appui et sans pain.

Elle ne cherchait point les mots, elle ne s'arrêtait point pour savoir ce qu'elle avait à dire de pressant et de pathétique ; quelque débile que fût la main de la malade, si épais que devînt parfois le voile étendu sur ses prunelles, elle laissait courir sa plume. Souvent de grosses larmes chaudes couraient sur le papier, le maculant, effaçant à demi les mots. Elle n'y songeait pas. Alexine saurait bien lire ce que le cœur dictait.

Soudain un pas lourd se fit entendre dans l'escalier, on frappa la porte, et Mme Dambrun essaya de se lever pour aller ouvrir.

La personne qui heurtait était sans doute impatiente, pressée ou inquiète, car, n'entendant aucun bruit, elle tourna le bouton de la porte, et la haute taille de Jacques Landry apparut sur le seuil.

Une expression de joie passa sur les lèvres de la malade.

— Ah! c'est vous, Jacques! fit-elle en essayant de se lever.

— Moi-même, madame Julie. Je décharge un bateau arrivé hier, et, ma foi, je me suis dit : Allons savoir des nouvelles de mes passagères. Vous êtes quasiment ma famille à Paris, voyez-vous... Et si ce n'était que vous devez vous trouver mieux ici que dans ma cabine de quelques pieds carrés, je vous dirais : — Si ça vous tente de faire un voyage d'agrément sur le fleuve, remontez sur le chaland et redescendons la Seine. Je vous regrette toutes deux... Ça me rajeunit de voir le visage d'ange de mademoiselle Nélie... Tenez, voilà une botte de fleurs.. Je sais bien qu'il en existe de plus belles à Paris, de celles qu'on vend à prix d'or, et qu'on monte sur des fils de fer, dans la crainte d'en couper les branches... Moi j'apporte des roseaux, des fleurs d'eau qu'elle aimait... Vous rappelez-vous, madame, quand elle me disait de sa voix si douce : — Jacques, mon bon Jacques, attirez pour moi ces flambes de marais, ou bien, donnez-moi ces quenouilles de fleurs lilas! Et le bateau allait de ce côté-là... Ça me faisait tant de joie de la voir sourire!... Dame, si vous vouliez, je vous emmènerais, les soirées sont belles et fraîches. On reste sur le pont à regarder les étoiles... L'air de Paris ne vaut rien, voyez-vous... On y brûle trop de charbon, et puis on manque d'eau... Je vous trouve si pâle, si pâle!...

— Jacques, dit Mme Dambrun d'une voix faible, je crois bien que je vais mourir...

— Mourir! vous, madame... Quand je vous ai donné un médecin comme le docteur Ferral!

— Je suis inguérissable, mon pauvre Jacques, le mal est au cœur...

— Il faut vous soigner, vous calmer, songer à votre fille.

— J'y pense. C'est à son sujet que je viens d'écrire.

— Une manière de testament?

— Oui, c'est cela

— C'est triste, mais ça ne tue pas...

— Et ce testament, je voudrais qu'il fût remis aujourd'hui même.

— A qui?

— A Mlle Alexine.

— Il s'agit d'aller chez le docteur Ferral?

— Oui, mon bon Jacques.

— Sans le motif pour lequel vous m'envoyez, ce me serait une grande joie.

— Jacques, prends ma lettre, cours et reviens vite.

— Faut-il ramener le docteur?

— Il ne peut rien! J'ai son ordonnance et ses remèdes... Je m'entretiendrai avec Dieu pendant ton absence.

— Et Mlle Alexine doit-elle venir?

— On signe aujourd'hui son contrat de mariage... Elle ne le pourra pas... Quand elle sera libre, heureuse... La joie rend compatissant... Elle est aussi bonne que belle.

Jacques Landry prit la lettre et descendit en courant l'escalier.

Mme Dambrun continuait à rester immobile et les yeux fermés. Il lui fut impossible d'apprécier la marche du temps écoulé, tant ses pensées l'entraînaient loin; mais la porte s'ouvrit, et brusquement elle se sentit enveloppée par les bras de sa fille qui venait de tomber à genoux devant elle.

— Noëlie! Noëlie! ma bien-aimée, dit-elle, ne t'effraie pas... Je m'exagère peut-être le mal... Ne me montre pas tant de désespoir, ne verse pas des larmes si amères, j'essaierai de vivre pour toi! pour toi!

— Oh! mourons ensemble, plutôt! dit Noëlie d'une voix brisée.

— Tu as rencontré Jacques Landry?

— Non! fit Noëlie, ce n'est pas Jacques Landry que j'ai trouvé.

— Qui donc? Si tu n'as pas vu notre humble ami, pourquoi rentres-tu à cette heure? Pourquoi ce tremblement fiévreux de tout à l'heure? Pourquoi tes paupières brûlent-elles sous les larmes? Que signifient ces étreintes désolées, ces cris étouffés?

— J'ai vu, oh! mon Dieu! j'ai vu, chez le docteur Ferral...

— Qui? mais qui donc? demanda Mme Dambrun en serrant les mains de sa fille.

— Gilbert Favières... répondit Noëlie en cachant sa tête dans le sein de sa mère.

— Lui! mon Dieu! lui... par quel hasard étrange...

— Oh! c'est plus terrible encore que tu ne pourrais le penser... Gilbert se trouvait chez le docteur Ferral parce que ce soir se signe son contrat de mariage avec sa fille!

— C'est lui qu'Alexine épouse!

— Oui, lui... Comprends-tu cela? Cet homme qui t'a faite veuve, qui m'a rendue orpheline, à qui nous devons la honte et la ruine...

— Hélas! tu lui dois un autre malheur encore, ma pauvre bien-aimée, car tu n'as jamais pu cesser de l'aimer.

— Ah! fit Noëlie, ce n'est pas ma faute, va! J'ai essayé de broyer mon lâche cœur dans ma poitrine. J'ai demandé à Dieu comme le plus grand don qu'il me pût octroyer d'effacer ce fantôme obsédant de mes années heureuses. Mais le fantôme est demeuré debout sur toutes les ruines, et l'image s'est incrustée plus avant en moi! Je devrais le haïr! Tout mon être devrait se soulever d'indignation à son seul souvenir... Et je ne peux pas! Je ne peux pas! Comprends-tu cela, apprendre tout d'un coup, brusquement, que ce fiancé si cher, celui qui allait devenir l'enfant de la famille Ferral, m'avait privée, moi, du chef de notre famille .. qu'un mot de lui avait fait rouler la tête de mon père sur un échafaud...

— Et qu'a-t-il dit en te reconnaissant?

— Je ne sais pas! Je ne sais pas! Si... je crois me rappeler... Vois-tu, la tête me fait un mal atroce... il a prononcé mon nom... mon nom véritable, celui que nous cachions comme un malheur et que je n'aurais pas même gravé sur ta tombe... Alors, la tête m'a tourné, et je me suis enfuie... J'ignore comment j'ai pu venir jusqu'ici... Mes jambes se dérobaient sous moi, mon front brûlait; il me semblait entendre sans fin retentir à mes oreilles, avec un bruit de tonnerre, ce nom odieux et fatal : Noëlie Dambrun! Noëlie Dambrun!

— Mon ange, mon pauvre ange! dit la mère enveloppant sa fille dans ses bras.

La porte roula sans bruit sur ses gonds et Gilbert parut sur le seuil.

Les deux femmes ne pouvaient le voir, perdues qu'elles étaien dans le sentiment de la douleur.

Gilbert eut le loisir de contempler ce groupe navré, et, comme s'il retrempait ses forces dans cette vue, il s'approcha davantage, jusqu'à effleurer la jupe traînante de la jeune fille.

— Noëlie, dit-il d'une voix douce et triste, c'est moi!

L'enfant se retourna, et Mme Dambrun ouvrit les yeux.

En un instant Noëlie fut debout, le regardant bien en face, de ses beaux yeux d'ange désolés.

— Que voulez-vous? demanda-t-elle d'un accent qu'elle s'efforça d'assurer.

— Vous parler suivant mon cœur et ma conscience. Daignerez-vous m'entendre?

— C'est à ma mère que vous devez adresser cette question.

Mme Dambrun lui désigna un siège sans parler.

Gilbert le repoussa du geste.

Noëlie passa derrière le fauteuil de Julie, et, la tête baissée, elle écouta.

— Madame, dit-il, et vous, Noëlie, savez-vous comment j'ai passé les premiers mois de cette année? Peut-être vous imaginez-vous que c'est à vivre d'une existence où tout semble me sourire? Detrompez-vous. Dures ont été mes étapes, et bien amer mon désespoir... Je vous ai cherchées toutes deux de Versel au Havre, du Havre à Rouen, et de Rouen jusqu'à un petit village caché le long de la Seine... Quel pèlerinage à la suite de deux infortunées !... Nul ne me renseignait : ni M° Aubry, chargé par moi de vos intérêts, ni l'abbé Germain qui vous conservait une affection paternelle, ni l'avocat qui plaida la cause de votre père... ni le prélat qui l'aida à mourir...

On eût dit que les mots prononcés par Gilbert lui causaient une impression d'étranglement; il s'arrêta une seconde, puis il reprit :

— Je voulais vous retrouver au prix de ma fortune et de ma vie. Il le fallait pour mon repos et pour mon honneur, et j'allais, j'allais... Interrogeant tout le monde, couchant dans les auberges, suivant les traces vagues de deux femmes en noir, quittant le champ des morts pour m'en aller le long de la Seine... Un jour, deux enfants me révélèrent tout un drame... Les deux femmes en noir que je suivais étaient tombées dans le fleuve, et il ne restait d'elles qu'un mouchoir de soie... Le mouchoir, je le reconnus, je l'achetai, je le garde comme une triste relique... Je fis prier alors pour celles que je croyais à jamais perdues... Et moi-même, je vous le jure, il ne se passa pas de jour sans que je demandasse à Dieu pour vous le calme dont vous aviez si peu joui en ce monde...

Un double sanglot interrompit Gilbert.

— Puis, pardonnez-le-moi, Noëlie, je formai des projets d'avenir, que la certitude de votre mort pouvait seule réaliser.

— Quoi! demanda Noëlie en attachant ses mains frémissantes au fauteuil de sa mère, vous me cherchiez...?

— Pour vous demander de devenir ma femme, acheva Gilbert avec effort.

— Moi! moi!

— Oui, vous, à qui le comte Ostrog voulait me donner pour compagnon.

— Mais vous aviez refusé...

— Jamais il n'y eut rien de discuté directement entre le comte et moi, Noëlie; mon père se trouvait d'accord avec le comte... Ils souhaitaient, je crois, voir ma situation mieux assise...

— Vous ne m'aimiez pas! Vous ne m'aimiez pas! ajouta Noëlie.

— Vous vous trompez... Je vous jugeais ce que vous êtes, une créature digne de tous les respects et de toutes les tendresses...

— Alors, pourquoi jamais ne m'avoir laissé deviner?...

— Je ne croyais pas que ce me fût permis...

— Je vous vois, je vous écoute, dit Noëlie, je vous crois homme d'honneur, il me semble que jamais un mensonge n a ôû souiller votre âme... Et pourtant j'ai le sentiment que vous me trompez à cette heure... Pourquoi? dans quel but? Je suis si bien tombée à terre qu'il ne faut qu'un mouvement pour m'écraser... Je ne suis guère en état de raisonner, voyez-vous... Ma tête est faible... Vous m'apprenez des choses qui me bouleversent... Elles m'effraient plus qu'elles ne me réjouissent... Je vous vois avec terreur franchir le seuil de cette maison... Oh! ce n'est point de la sorte que nous nous trouvions à Versel... Vous souvenez-vous de notre mutuelle jeunesse, pendant laquelle vous tentez de me faire croire aujourd'hui que vous avez pensé à faire de moi la compagne de votre vie?... Quelle heureuse existence avant le coup de foudre qui nous sépara!.. J'allais à vous si confiante! Oh! si alors vous m'aviez laissé croire... Je me sentais déjà digne de vous ; alors, je pouvais marcher la tête haute, tandis qu'aujourd'hui...

— Devenez ma femme, je vous couvrirai de ma protection.

Un violent combat se livrait dans l'âme de la jeune fille.

Elle pressentait un mystère ; elle s'effrayait de cette demande en mariage qui jadis eût ouvert devant elle le paradis de sa vie... Mais en même temps une tendresse refoulée lui remontait au cœur ; elle éprouvait un indicible élan de joie, et, si elle ne tendait pas les deux mains à ce fiancé dont le front restait chargé de tant de douleurs, c'est qu'elle voulait tenter de faire la lumière au milieu de ces ténèbres...

— Soit! dit-elle, vous nous avez cherchées; vous vouliez renouer les projets de mon oncle par une délicatesse bien rare, bien héroïque; vous le pouviez alors, vous étiez libre...

— Je le suis redevenu.

— Alexine?

— Le docteur Ferral me rend ma parole

— Alexine vous aime!

— Ne m'aimez-vous pas aussi?

— Oh! moi! s'écria la jeune fille, moi!

Elle s'arrêta frémissante, puis elle reprit :

— Si vous aviez gardé mon souvenir comme vous le dites, auriez-vous songé à épouser une autre femme!

— Écoutez, lui dit-il en se rapprochant, jamais heure ne fut plus solennelle dans nos deux vies... Ne cherchez pas, ne demandez rien... Je viens à vous avec le désir, le besoin de réparer tout ce que le sort eut pour vous de contraire. Prenez mon existence, mon sang et ma vie... Il le faut pour sauver votre mère, pour vous arracher à la douleur qui pèse sur vous... Il le faut pour que je puisse dormir encore, pour que j'ose prier et regarder le ciel... Soyez ma femme, Noëlie, et j'espèrerai tout de la bonté du ciel.

— Gilbert, répondit Noélie d'une voix brisée, si vous m'aviez parlé de la sorte à Versel, je n'aurais pas eu assez d'actions de grâces à envoyer à Dieu... Je puis bien vous l'avouer à cette heure qui, comme vous l'affirmez, est solennelle, je vous aimais de toute la puissance d'un jeune cœur que rien n'a troublé ni brisé. Ma mère le sait ! ma mère qui recueillit mes confidences et mes larmes... J'étais digne de vous alors, riche, heureuse, protégée... Aujourd'hui je suis une mendiante et une pauvre fille dont le nom seul est un outrage. C'est, voyez-vous, parce que mon affection pour vous est sans mesure que je refuse aujourd'hui ce qui jadis m'aurait comblée de joie...

— Et si je veux enrichir votre pauvreté, Noélie, si j'éprouve l'impérieux désir de changer un nom flétri par mon nom à moi qui reste sans tache...; si j'ai l'ambition de remplacer ce que vous avez perdu, en devenant votre mari et le fils de votre mère, ne me refusez pas, ne me refusez pas, je vous en conjure!.. Devenez ma femme; oublions ce qui nous sépara... fuyons, si vous le voulez, au bout du monde, mais tendez-moi la main, et faites-moi le serment de m'appartenir...

— C'est étrange, fit Noélie d'un accent rêveur dans lequel perçait l'inquiétude... Vous me parlez d'avenir, de tendresse, de dévouement avec une sorte d'emportement et de délire. Il y a du désespoir dans votre accent; les regards que vous fixez sur moi ont quelque chose d'égaré... Vous voulez que je croie au bonheur, et quelque chose me dit au fond de mon âme que, si j'acceptais de devenir votre femme, je ruinerais votre suprême espérance... J'écoute mon cœur à moi, plus que je n'en crois vos paroles... Je ne comprends pas... Non, je ne comprends pas !... Pourquoi ne m'aimiez-vous point quand je vous chérissais si profondément? Pourquoi m'avez-vous cherchée quand je devais fuir tous ceux qui m'avaient connue... Epris d'Alexine qui ne se cachait point de son bonheur et se parait de votre tendresse, vous brisez des fiançailles sacrées dès que je surgis devant vous semblable à un fantôme... Je vous entends, mais le sens intime de vos paroles m'échappe... Je tremble et j'ai peur... Pourquoi revenez-vous? Que me voulez-vous? Qui me donnera le mot de cette énigme au fond de laquelle je trouve tant de larmes?...

— Je vous l'ai dit déjà, ne cherchez pas, ne demandez rien... nous devions être l'un à l'autre... Votre oncle le souhaitait... Vous me préfériez à tous... Admettez que j'aie été aveugle, coupable de ne point comprendre tout de suite où devait être mon devoir et mon bonheur... Je reviens, je supplie... ne voyez que cela... Si ma froideur a pu affaiblir votre tendresse, qu'elle se ranime sous le plus ardent souffle de mon âme... Vous ne pouvez plus avoir d'autre compagnon que moi pour votre vie, et je suis marqué pour être votre époux.

Noëlie le regardait, l'écoutait, mais elle ne se rendait pas. Plus Gilbert mettait d'obstination dans cette demande, plus elle entrait en défiance. Comme elle le disait, son cœur s'éclairait à demi. Incapable de pressentir toute la vérité, elle en savait assez cependant pour s'épouvanter au lieu de se réjouir. La pâleur de Favières, son accent saccadé, brisé, le mouvement fébrile de ses lèvres, le fiévreux éclat de ses prunelles, tout se réunissait pour la convaincre qu'il la trompait ou que, du moins, il ne lui révélait pas la vérité tout entière. Gilbert comprenait la lutte qui se livrait dans cette âme passionnée mais fière, il s'en irritait. Fort des souvenirs du passé, il s'était imaginé que la jeune fille accueillerait sa demande avec une joie mêlée de gratitude. Au lieu de cela, elle discutait, elle fouillait dans son esprit troublé, dans son âme saignante. Il se prenait à redouter qu'elle fût plus forte que lui. La sueur mouillait son front, son cœur battait à l'étouffer. Il se sentait incapable de poursuivre longtemps cette bataille étrange, sans être vaincu par une enfant.

Mme Dambrun se taisait; ses yeux, à demi couverts du voile de la cécité, voyaient à travers un brouillard ces deux visages pâles, dans lesquels les regards seuls paraissaient vivants. Renversée sur son fauteuil, prise d'un spasme étouffant rendu plus violent et plus mortel par les émotions que lui causait cette scène inattendue, les mains crispées sur sa poitrine, elle demandait à Dieu de vivre jusqu'à ce que des lèvres de Noëlie fût tombé l'arrêt de sa destinée. Mais elle voulait lui laisser une liberté absolue et ne croyait pas qu'il lui fût permis, par un mot, par un soupir, par une larme, de peser sur sa détermination. Elle aussi, d'ailleurs, comprenait, avec sa délicatesse de femme, qu'une cause inavouée entraînait Gilbert à cette demande. Il paraissait si cruellement souffrir, en parlant d'avenir et de bonheur!

Noëlie demeura silencieuse pendant quelques minutes. Droite, la taille presque rigide, ses prunelles ardentes fixées sur les traits bouleversés de Favières, elle interrogeait le sphinx qui s'efforçait de dérober son secret. Plus Gilbert sentait sur lui ce regard d'une singulière puissance, plus il tremblait. Ne voulant pas révéler la vérité, répugnant au mensonge, il attendait, semblable à un accusé dont le juge va prononcer la sentence. Cependant, peu à peu l'expression des yeux noirs de Noëlie s'adoucit, les larmes perlèrent au bord de ses cils recourbés. Douter de celui qui avait été l'objet de ses premières rêveries lui paraissait si mortellement cruel qu'elle en revenait à souhaiter subir les charmes de ce beau jeune homme qui lui offrait son nom, sa fortune et sa vie... Elle cessa de chercher plus loin. . Pourquoi, d'ailleurs? Sa résolution à elle était prise. Décidée à le refuser, elle se laissa aller à la joie douloureuse de revenir à ces impressions premières de jeunesse, alors que Gilbert était le fiancé mystérieux de sa jeune âme. Instinctivement le docteur Favières comprit ce qui se passait en elle, et sa main s'étendit vers Noëlie.

— Ne redoutez rien, fit-il. Je vous aimerai pour tout ce que vous avez souffert... Je serai un compagnon dévoué, un mari fidèle... Nous sommes jeunes, bien jeunes, Noëlie! A notre âge, il n'est point de douleur impossible à guérir.., Ne vous défiez ni de moi ni de l'avenir... Dieu sera là, d'ailleurs, Dieu qui sonde les cœurs et juge les consciences... Devenez mon ange gardien, Noëlie, jamais je ne vous en ferai repentir.

— C'est impossible! fit-elle, impossible, Gilbert! Tout semble vous sourire et vous promettre de belles destinées; vous deviendrez célèbre; vous prendrez une belle place au milieu des hommes utiles de notre époque... Moi je serais l'obstacle dans votre vie... Quel que soit le motif qui vous presse aujourd'hui à demander ma main, il est généreux, et je vous en remercie... Voilà, certes, au milieu de mes douleurs, un adoucissement que je n'attendais pas! Je dois vous refuser, et je vous refuse... Toutes les portes se fermeraient devant vous quand on apprendrait que le docteur Favières est devenu le mari de Noëlie Dambrun.

— Je cacherai votre nom, j'envelopperai notre mariage de mystère.

— Vous voyez bien que vous en rougiriez.

— Non! non! Je réponds à une objection seulement : d'ailleurs, vous le savez, nous ne vivons plus dans des temps d'ignorance et de barbarie où les enfants héritaient...

Il s'arrêta brusquement.

— De la honte paternelle, acheva Noëlie.

— Ce fut un malheur! un malheur horrible!

— Mon père fut condamné comme empoisonneur.

— Hélas!

— Et guillotiné comme fratricide.

— Taisez-vous! taisez-vous!

— Qui sait si vous ne devriez pas craindre que le sang qui coule dans mes veines soit criminel et voué au malheur! Et nos enfants! Si Dieu nous donnait des enfants! Voudriez-vous qu'on les montrât au doigt en disant : « Voilà les petits-fils d'un assassin! »

— Mais votre père était innocent! s'écria Gilbert.

— Innocent! vous avez dit innocent! dit Noëlie qui d'un bond rejoignit Gilbert. C'est vous! vous qui croyez maintenant que Hector Dambrun n'empoisonna pas le comte Ostrog?... Songez-vous bien à ce que vous dites là, Gilbert? Pensez-vous que vous parlez devant la veuve et la fille du condamné : Hector Dambrun n'était pas coupable, quand vous avez affirmé devant les jurés et les magistrats que mon oncle était mort empoisonné? Mais parlez, répondez! Il le faut, cette fois, entendez-vous... Je vous interroge et je veux savoir. Innocent! mais s'il fut innocent, qui donc est le coupable?... Vous pâlissez, vous vous troublez, Gilbert! La vérité, toute la vérité, il me la faut!

Favières jeta sur la jeune fille un regard éperdu.

En ce moment Mme Dambrun se leva par un suprême effort de sa volonté, et, la main étendue vers Gilbert, elle répéta :

— La vérité! la vérité!

Gilbert plia les genoux devant elles.

— Soit! dit-il, maintenant j'en ai trop dit pour me taire. Aussi bien ce secret m'étouffe. Après l'avoir avoué au prêtre, j'ai besoin de vous le crier dans un sanglot... Dambrun était innocent... Je me suis trompé... entendez-vous, trompé... Ce ne fut pas le poison qui tua le comte Ostrog.

— Ce ne fut pas le poison! répéta Noelie, mais alors...

Elle avança ses deux mains vers le jeune homme avec un geste d'horreur.

— Assassin! dit-elle, assassin!

— Tout ce que vous pouvez me jeter de malédictions, je suis prêt à les entendre.. C'est l'expiation... La faute fut grande, si elle fut involontaire, j'accepte le châtiment de votre main... Je me repens, et je voudrais réparer au prix de ma vie... Il n'y eut pas de ma faute, je vous le jure!... La science qui fait chaque jour des progrès n'avait point alors révélé ce que m'apprit depuis le docteur Ferral... De cette minute je compris la responsabilité terrible que j'avais assumée... et je me jurai de réparer le mal commis...

— C'est alors, demanda Noëlie, que vous quittâtes Paris pour vous mettre à notre recherche?

— Je voulais vous trouver, vous consoler, vous enrichir! Je voulais vous faire oublier de quel malheur j'étais cause... Depuis que j'ai ce remords, je ne goûte plus de repos. Ma fortune est à vous, mon nom, ma vie! Je ne puis rien de plus pour expier, rien! Mais je veux réparer, je veux tenter de payer ma dette... Noelie, vous m'avez aimé... celui qui aime connaît le pardon! Devenez ma femme et oublions!

— Oublier! murmura-t-elle, oublier! Croyez-vous donc que ce

soit possible? Vous imaginez-vous quel étrange phénomène se passe en ce moment dans mon cœur? Ce père qui ne s'était montré ni dévoué ni tendre devient maintenant un être regretté, un martyr... Je ne le verrai plus qu'entouré d'un lugubre cortège, soutenu par un prélat vêtu de la pourpre romaine, et baisant le crucifix en montant à l'échafaud... Je ne trouverai plus le bourreau dans l'homme chargé par la loi de faire tomber le couteau sur une tête condamnée... C'est en vous que je trouverai l'exécuteur d'une épouvantable sentence... Sans fin, quand vous m'adresserez une affectueuse parole, retentira à mon oreille la déposition qui décida de la condamnation de mon père... Dans cette cause terrible, il n'y eut qu'un assassin, et cet assassin, c'est vous!

— Pardon! pardon! cria Gilbert en joignant les mains. Pardon à la veuve...

— Hector! Hector! appela Julie en éclatant en sanglots.

— Pardon à l'orpheline!

— Mon père! mon père! répéta Noëlie.

— Ah! fit Gilbert en se levant, je suis maudit!

Il se dirigea vers la porte en faisant un geste fou.

Noëlie comprit que l'infortuné, poussé par son désespoir, allait peut-être commettre un nouveau malheur :

— Laissez-nous, dit-elle d'une voix moins âpre, laissez-nous réfléchir, prier et pleurer...

— Me permettez-vous de revenir?

— Je vous le ferai savoir.

Elle détourna la tête, et tomba aux genoux de sa mère qui venait de glisser inanimée sur son fauteuil.

— Mais votre mère se meurt! fit Gilbert.

— Ma mère! ma mère! Oh! non, pas cette douleur, mon Dieu, pas celle-là...

— Noëlie, dit Favières, oubliez-moi, oublions-nous pour elle, et Dieu fasse que je la sauve!

Il prit Mme Dambrun dans ses bras et l'emporta sur son lit.

Lorsque le prêtre quitta la malade, il dit à la jeune fille... (Voir page 285.)

CHAPITRE XXIV

L'ORPHELINE

Favières était trop expérimenté pour ne pas comprendre la gravité du danger que courait la malheureuse femme. Plus d'une fois à Versel il avait constaté chez Mme Dambrun les symptômes d'une maladie de cœur, que des épreuves successives devaient amener à son dernier période. Tant que dura le procès d'Hector, elle subit tant de coups douloureux qu'elle crut plus d'une fois que c'en était fait d'elle. Un persistant miracle de l'amour maternel la faisait revivre. Pouvait-elle, si amer qu'eût été le passé, s'en aller seule, en laissant Noëlie orpheline deux fois. Elle se cramponnait alors à l'existence, consentait à se laisser soigner et demandait à Dieu de prolonger le temps qu'elle devait passer en ce monde, puisque durant ce temps elle aimerait et protégerait sa fille.

Mais jamais, depuis le jour où elle vit pour ainsi dire tomber la tête de son mari sur l'échafaud, elle ne reçut une commotion si soudaine et si terrible.

Peut-être même ce dernier coup fut-il plus épouvantable.

Le premier secoua tous ses nerfs, celui-ci tordit toutes les fibres de son âme. Quoi! ce malheureux à qui elle s'était sacrifiée, lui pardonnant sans trêve des fautes successives; cet homme qui, après avoir été impitoyable pour elle, allait redevenir ce qu'elle avait rêvé, on l'avait livré aux juges pour être ensuite jeté au bourreau!

Et il était innocent! Innocent!

L'erreur scientifique d'un homme avait envoyé Hector à la guillotine.

Il ne s'agissait point cette fois d'une erreur judiciaire comme les annales de la justice en enregistrent à de rares intervalles, en dépit des précautions prises et des moyens de défense dont reste entouré le prévenu. Elles trouvent leur explication comme leur excuse dans le faisceau de preuves groupées autour de celui qui s'assied sur le banc des assises. Mais c'était Gilbert Favières qui, cette fois, était seul coupable. Le premier il avait conçu un soupçon; le premier il avait accusé Hector Dambrun, et son imprudence appuyée sur de fausses données scientifiques avait amené le dénouement épouvantable de ce drame. Julie avait devant elle l'auteur du véritable crime, celui sur qui devait retomber le sang versé! Et cet homme, elle s'en souvenait avec une stupeur sans nom, cet homme avait été aimé par Noëlie avec tout l'entraînement de la jeunesse, la sincérité d'un cœur enthousiaste et ingénu.

Quel conflit de sentiments dans cette jeune âme! Qu'allait-elle dire? Que pouvait-elle faire? Durant l'espace d'une seconde, Mme Dambrun embrassa les conséquences terribles du drame commencé à Versel et qui s'achevait dans une mansarde de Paris, et puis, incapable de supporter ces émotions, elle tomba foudroyée.

Ce pouvait être la mort.

Mais si violemment émue que fût Noëlie, elle comprit la solennité de l'adjuration de Gilbert, et tombant sur les genoux, ne pouvant plus rien que prier pour la pauvre martyre, elle permit au jeune médecin de s'employer pour la rappeler à la vie.

La syncope de Mme Dambrun dura plus d'une heure.

Pendant ce temps Gilbert, penché vers elle, suppliait le ciel de ne pas charger sa conscience d'un poids nouveau et sa vie d'un dernier malheur.

Entraîné par la situation, il se jurait d'employer sa volonté à vaincre la résistance de Noëlie, afin de la décider à devenir sa femme. Pendant ces instants d'angoisse il lui semblait même que son sacrifice serait moins grand qu'il ne l'avait redouté. Devant cette ravissante créature en pleurs, le souvenir d'Alexine pâlit un moment. Ne se savait-il pas aimé depuis de longues années?

Les yeux que Noëlie fixait sur lui, empreints d'alarmes et de prières, le bouleversaient jusqu'au fond de l'âme.

Enfin il put constater chez Mme Dambrun un faible retour à la vie, et, d'une voix dans laquelle tremblaient des larmes, il dit à Noëlie :

— Dieu a pitié de nous! J'ai senti un battement de ce cœur que je croyais brisé!

Un moment après, cette espérance devenait une certitude.

La malade ouvrit les yeux et sourit faiblement. En sortant pour ainsi dire de la mort, elle perdait le souvenir de ce qui venait de se passer. Il lui sembla qu'elle se trouvait encore à Versel et que le jeune docteur la soignait avec ces attentions filiales auxquelles il l'avait accoutumée.

Cependant un brouillard restait sur ses yeux, et un poids sur son cœur. Elle se souleva pour interroger Noëlie. Au lieu de la voir heureuse et souriante à la pensée que le mal se trouvait conjuré, elle l'aperçut au pied du lit, froide et pâle. Après un premier regard jeté sur sa fille, la malade parvint avec effort à ressaisir des impressions confuses. Elle pressa son front à deux mains, puis soudain, les écartant, elle répéta à Gilbert :

— Sortez! sortez!

Le jeune homme, au lieu d'obéir, se rapprocha du lit de la malade.

— Il sera toujours temps, dit-il d'une voix douloureuse, d'obéir à l'ordre que vous me donnez. Laissez-moi seulement le discuter avec vous. Si je dois subir le bannissement dont vous me menacez, il faut avant que, devant Dieu comme devant ma conscience, j'épuise les moyens de vaincre vos répugnances et vos scrupules. Croyez-vous jamais m'accuser plus haut que ne l'a fait mon propre cœur? Non! non! Depuis la révélation fatale qui me fit voir clair dans le passé, j'ai senti qu'une sorte de malédiction était sur ma tête et qu'elle y resterait jusqu'à ce que j'aie payé ma dette. Madame, et vous, Noëlie, si coupable que je sois, ne me jugez point avec une sévérité trop grande. Non seulement je vous supplie de prendre mes remords en pitié, mais de faire moins terribles mes responsabilités. Étais-je seul appelé à donner mon avis? Mon collègue, plus vieux, plus instruit que moi, ne s'est-il point prononcé dans le même sens? Pouvions-nous alors agir d'une manière différente? Ce que nous appliquions était le résultat d'une science apprise... Nos professeurs, nos livres ne nous avaient rien dit de plus. C'est à une découverte récente du docteur Ferral, découverte qui vient de bouleverser l'Académie de médecine, que je dois la clarté funeste qui me brûle aujourd'hui les yeux. Pouvais-je savoir ce qui n'était pas trouvé? Si je n'avais eu la franchise de vous crier mon secret, vous ne me repousseriez pas... Noëlie, si vous ne voulez pas me désespérer à jamais, laissez-moi réparer une faute involontaire. Toute ma vie y est consacrée, et jamais je ne croirai avoir assez fait... Madame! madame! Dieu sait seul ce qu'il veut vous garder de vie, songez avec quelle angoisse vous quitteriez ce monde si vous deviez y laisser Noëlie sans appui.

— Il lui restera Dieu! répondit la mourante.

— Et lui seul console de semblables douleurs, ajouta Noëlie.

— Mais vous ne me condamnerez pas à rester riche quand je vous saurai dans la misère.

— Puis-je donc accepter le prix du sang d'Hector?

— Vous savez qu'il me serait impossible de vous rendre la totalité de la succession à laquelle il avait droit. Innocent, M. Dambrun héritait d'un million. J'ai pu être imprudent, ignorant, et, fidèle à mon attachement pour le comte Ostrog, me montrer injuste et cruel pour son frère, mais je ne profiterai jamais, jamais! d'une fortune achetée à un tel prix.

— N'insistez pas! fit la mourante, ma résolution est immuable.

— Comme la mienne, ajouta Noëlie.

— Ainsi la porte de cette maison m'est interdite?

— Vous n'avez plus rien à dire à la veuve d'Hector Dambrun.

— Mon Dieu! mon Dieu!

— Quittez-nous maintenant, ajouta Noëlie, cette discussion pourrait augmenter le danger de ma mère.

— Noëlie, au nom de cette mère que vous aimez, ne me chassez pas!

— Sa dignité me le commande.

— Au nom de l'amour que vous avez eu pour moi.

Elle trembla comme un saule que le vent agite, et murmura :

— Je ne vous aime plus.

Gilbert jeta autour de lui un regard empreint d'une sorte de folie.

— Rien! rien! je ne trouve plus rien à leur dire, rien à opposer à leur haine, à leur dédain... Je suis maudit! maudit!

Il s'élança vers la porte et disparut.

Dès qu'elle se fut refermée, Noëlie tomba en sanglotant près du lit de sa mère.

— Noëlie! Noëlie! dit celle-ci, tu viens de mentir...
— Moi...
— Oui, toi.
— Quand? comment?
— En disant à Gilbert que tu ne l'aimes plus.

Noëlie tordit ses bras sans répondre.

Mme Dambrun l'attira tout près d'elle.

Étendue sur une couche très basse, vêtue d'un peignoir de deuil, ses longs cheveux noirs tombant en désordre sur l'oreiller, Julie Dambrun avait la pâleur mortelle répandue sur son visage; ses grands yeux bleus, remplis de l'approche de l'infini qui allait la saisir, semblaient une vivante image de la douleur. Ses mains amaigries serraient la tête brûlante de sa fille dont le visage se cachait dans les draps froissés. On eût dit qu'elle tentait de dérober à sa mère la vue de son visage. Sa taille ployait, brisée. Sur sa nuque, où frisaient des cheveux noirs fins et doux, passaient des frissons légers. Un souffle pressé sortait de sa poitrine. Étouffée de sanglots, elle demeurait immobile.

Mme Dambrun fit un effort pour relever le visage de la jeune fille, mais elle n'y put parvenir.

— Noëlie, dit-elle, mon ange, depuis quand le regard de ta mère est-il capable de te troubler?... Jamais jusqu'à cette heure tu n'as baissé les yeux devant moi... Je te sais pure de toute faute, incapable d'avoir même une mauvaise pensée... Oh! ma chérie, laisse-moi lire comme jadis dans ces prunelles où je trouvais ton âme... Songe bien qu'il me reste peu de temps pour contempler ces traits qui ont éclairé ma vie... Noëlie, mon enfant, ma bien-aimée, je suis perdue, je le sens... Comprends-tu, je vais te quitter sans retour, te quitter pour aller à Dieu, mais enfin te laisser seule...

— Non! non! fit Noëlie en l'étreignant plus fort, tu ne m'abandonneras pas! Sans toi que veux-tu que je devienne...

— C'est la volonté de Dieu, reprit la mourante, cette volonté contre laquelle je ne me suis jamais rebellée... Vois-tu, ma Noëlie, si je dois partir, et cela est dans l'ordre de la nature, je veux auparavant verser dans ton âme mes derniers secrets et faire le testament de ma tendresse... Je n'aurai point la force de l'écrire, ma chérie, et, quand je ne serai plus, tu te rappelleras les suprêmes avis de ta mère... Je me sens assez de force pour te confier ce qui m'oppresse... Après, ma bien-aimée, tu prieras un prêtre de venir purifier mon âme de ses dernières fautes... Dieu compte notre martyre terrestre, il me recevra avec indulgence dans son sein... Pauvre ange, je te laisse seule, bien seule! Si ce n'était un crime d'en avoir même la pensée, je désirerais t'emmener avec moi... Sans doute, tu dois remplir d'autres devoirs... Hélas! si en te quittant je pouvais espérer du moins que tu trouveras plus tard le bonheur dont tu fus privée... Mais qu'attendre? qu'espérer? Tu as été forte durant nos épreuves. Si je ne t'avais eue près de moi, je sais trop que je n'aurais pu gravir un tel calvaire... Sois bénie en ce monde, et bénie dans l'autre, cette patrie des éprouvés où nous nous retrouverons... Chose étrange, à l'heure de te quitter je retrouve avec une lucidité incroyable les souvenirs les plus lointains de ton enfance, cette enfance qui éclaira ma vie... Je n'étais déjà plus heureuse, quand tu me fus donnée; il me parut que Dieu m'envoyait du ciel une compensation divine. Oh! que tu étais bien l'enfant d'une mère triste, pauvre, abandonnée. Ta tendresse avait des élans qui me ranimaient à l'heure où je me sentais écrasée davantage... Pour me consoler, tu trouvais des mots d'une naïveté charmante. On eût dit que la pauvreté glissait sur toi sans t'atteindre, tant tu mettais de grâce à n'en point paraître souffrir... Et puis, tu me chérissais, pour deux, pour l'époux ingrat qui m'avait fuie, et pour toi! O ma fille! ma fille! qu'il m'est doux de te rendre aujourd'hui ce témoignage, que jamais, jamais! tu ne faillis à un seul de tes devoirs... Ne pleure pas, la maladie qui me tue est en germe en moi depuis de longues années. . Elle devait finir par m'emporter... Dieu, qui protège les passereaux, garde aussi les jeunes filles. J'aurais pu te tromper, te laisser croire que je me sentais ranimée et que ton amour suffirait à me faire vivre, mais c'eût été me défier de ton courage. Il ne faut pas seulement que tu te prépares à me dire adieu, il faut encore que tu m'aides à franchir les derniers pas qui me séparent de l'Éternité, et la mort m'épouvante, si dure qu'ait été la vie... Noëlie! Noëlie, es-tu prête à unir ton sacrifice au mien?

— Non! répondit la jeune fille d'une voix presque farouche. Non! ce serait vraiment trop, si Dieu exigeait qu'en un seul jour je brisasse deux fois mon cœur.

— Deux fois, murmura Julie Dambrun, deux fois...

Sa pâleur s'accentua davantage, l'expression d'une angoisse infinie passa sur son visage. Tout en laissant une de ses mains posée sur le front de sa fille, elle attira de l'autre un crucifix de cuivre, et le pressa silencieusement sur ses lèvres. Un quart d'heure se passa de la sorte. La jeune fille demeurait perdue dans son désespoir, et la mère demandait la force dont elle avait besoin pour accomplir un dernier sacrifice.

Enfin un gémissement profond sortit de sa poitrine, elle pressa le crucifix sur son cœur, et reprit d'une voix plus faible :

— Je me suis trompée, fit-elle, j'ai eu tort, et j'ai tenté Dieu... Il lui plaît de me montrer l'abîme dans lequel j'allais t'entraîner, et je l'en remercie... Je ne me reconnais pas le droit de m'opposer aux voies de sa Providence... Béni soit-il de m'envoyer sa divine lumière avant mon agonie!... Peut-être, plus tard, aurais-tu gardé un douloureux souvenir de celle qui, pouvant te sauver, t'aurait à jamais sacrifiée.

— Que veux-tu dire? demanda la jeune fille.
— Je croyais bien t'aimer, cependant, et je t'aimais mal...
— Non! non! et je te rends justice.
— Écoute-moi, et jure de m'obéir.
— Si je le puis devant ma conscience.
— Je te parle en face de la mort.
— Et j'écoute votre voix comme si elle venait du ciel.
— Nous avons bien souffert toutes deux, et par le même homme...
— C'était mon père! fit Noëlie.
— C'était mon mari, et aucun fiel ne reste dans mon âme, quand je répète son nom... Dieu l'a rappelé... Hector expira en chrétien... Il pardonna sa mort à tous : comprends-tu ce mot? à tous! aux juges qui l'accusaient, aux jurés qu'entraînèrent des preuves amoncelées ; à ceux qui lui criaient : « — Vous êtes un empoisonneur! » — et qui citaient le nom du poison au moyen duquel il avait dû commettre un fratricide... A mesure qu'on se rapproche de l'heure suprême, on juge autrement les choses en ce monde ; je suis sûre que si, à cette heure, ton père pouvait nous faire connaître sa volonté, elle serait autre que celle que nous avons manifestée tout à l'heure... Ne mens pas! ne mens pas, Noëlie, ne cherche point à abuser une mère mourante. Laisse parler tes yeux, tes lèvres et ton cœur... Tu ne refuses point d'être la femme de Gilbert parce que tu as cessé de l'aimer, mais seulement parce qu'il fut l'un des accusateurs de ton père...

— Cela ne suffit-il pas?
— Dieu châtia durement Hector pour ses fautes ; ce qui arriva ne fut que l'effet de sa volonté. Au nom de ton père, je te délie de la parole dite au docteur. Me sentant prête à mourir, je te laisse libre, entends-tu, complètement libre de l'épouser... Il disait vrai tout à l'heure, son ignorance était alors partagée par tous ses collègues ; et la lumière qui brille aujourd'hui n'existait pas hier! Il ne fut coupable ni de mauvaise intention ni de légèreté. Ce qui arriva fut un malheur sans devenir un crime. Laisse-le réparer sa faute... Tu ne pourrais exister avec le désespoir de cet abandon au cœur. Mon premier mouvement a été de le repousser, et, s'il était là, je mettrais sa main dans la tienne. Vous êtes liés par un malheur... N'essaie

point de briser cette chaîne, il me semble que Dieu l'a rivée...

— O mère! mère! à cette heure suprême parles-tu suivant ta pensée; si Dieu te gardait à moi, permettrais-tu vraiment une union semblable?

— Oui, répondit Mme Dambrun.

— Je l'ai chassé, reprit Noëlie, chassé par respect pour la mémoire de celui qui n'est plus, et pourtant...

— Tu l'aimes encore, n'est-ce pas?

— Si je l'aime! comme là-bas à Versel; comme ici dans la solitude et le malheur; en dépit de tout, du procès qu'il décida, pour ainsi dire, par sa déposition. Je m'accusais de lâcheté! Je me condamnais dans le fond de mon âme, mais je demeurais impuissante... Et puis, quand il est revenu, oh! je peux bien te l'avouer, c'est moins la pensée d'un devoir qui m'a dirigée que la crainte de subir une humiliation. Est-ce que Gilbert a demandé ma main à Versel, quand mon oncle la lui proposait, quand vous souhaitiez tous que je devinsse sa femme. Non! Il me traitait en camarade, en amie, voilà tout. Je le savais, et je pleurais en silence. A Rouen, est-il venu nous offrir comme il le fait aujourd'hui sa fortune et son nom?

— Il ne se savait pas coupable, alors!

— C'est justement cette pensée qui m'effraie. Avant tout, Gilbert est un honnête homme. M'ayant tout ravi, par suite d'une fatale erreur, il croit de son devoir de tout me rendre.

— Oublies-tu qu'il t'a cherchée.

— Il a dû se réjouir de ne me point trouver...

— Pourquoi le croire?

— Hélas! ses fiançailles en sont la preuve.

— Hésite-t-il à les rompre?

— Tarderait-il à les regretter?

— Pauvre enfant jalouse!

— J'ai plus de dignité que de jalousie!

— Ne serais-tu pas certaine de l'attacher à toi?

Noëlie secoua la tête.

— Ma fille! ma fille! je mourrais tranquille, si comme moi tu en venais à comprendre que ton père de là-haut doit songer à ton bonheur et jamais à la haine.

— Vous m'avez laissée libre, fit Noëlie, je me souviendrai que, si ma confiance renaît, vous me permettrez de devenir sa femme, et vous ne m'imputerez point à faute de céder à une impulsion dont je ne reste pas maîtresse. Peut-être serais-je morte de cet effort, mais je l'aurais accompli si vous l'aviez voulu... Hélas! peut-être ne reviendra-t-il jamais, et, en dépit de sa probité, se réjouit-il à cette heure de nos refus... Je ferai ce que m'inspirera mon devoir plus que souhaite mon inclination.

— Bien, ma fille... Maintenant, va me chercher le prêtre. Je n'ai plus à m'occuper que de Dieu.

Noëlie courut demander un vicaire à Saint-Étienne-du-Mont. En l'attendant, elle se mit à genoux près du lit de sa mère et commença d'une voix entrecoupée par les larmes à lui lire les admirables prières de la recommandation de l'âme. Souvent elle s'arrêtait, étouffée par les larmes, puis elle reprenait son livre, et la malade répétait tout bas les mots sacrés. L'apaisement se faisait dans cette pauvre âme brisée, et, quand le prêtre entra, il eut devant les yeux le tableau de cette mourante un crucifix dans les mains, et de cette fille éplorée suppliant les saints et les anges de faire cortège à celle qui avait été une martyre.

Lorsque le prêtre quitta la malade, il dit à la jeune fille :

— J'apporterai demain le viatique.

Quelle nuit passa Noëlie, seule avec cette mère dont la vie allait s'affaiblissant, et dont les yeux jetaient sur elle leurs derniers rayonnements de tendresse. Noëlie eût souhaité du fond de l'âme suivre sa mère dans la tombe, elle ne gardait point la pensée de devenir la femme de Gilbert, et, quoi qu'elle sentît en elle de tendresse persistante, elle se disait que l'obstacle qui les avait séparés se dresserait éternellement entre eux.

Dès l'aube elle prépara la chambre, aidée par une voisine charitable. Sur la commode arrangée en autel, elle plaça des flambeaux et des fleurs. Une branche de buis trempa dans le bénitier rempli d'eau lustrale.

Cette pauvre chambre prit un aspect de reposoir.

Une heure plus tard Mme Dambrun recevait les derniers sacrements, et, comme si elle n'attendait que cette parole : « Partez, âme chrétienne! » elle étendit les bras vers sa fille, puis elle retomba sur son lit.

Elle était morte.

Noëlie s'affaissa sur le cadavre.

Elle entendit à peine les consolantes paroles que lui adressa le prêtre. En ce moment elle ne voyait, ne songeait qu'à celle qui n'était plus.

La porte se referma sans bruit.

Noëlie se trouvait seule avec la morte.

Elle s'occupa avec un amour auquel ne se mêlait ni crainte ni répugnance de cette mère adorée qui n'avait pas eu la force de souffrir davantage. Elle peigna sa belle chevelure blanche, la roula en lourde natte sur son front, passa à la morte un peignoir blanc, croisa ses mains sur son cœur, abaissa ses paupières et attendit.

Pendant ce temps, la voisine faisait les courses nécessaires pour l'inhumation. Une journée terrible s'écoula pendant laquelle Noëlie espéra qu'elle s'étendrait à côté de sa mère pour ne plus se relever.

Noëlie se trouvait complètement au dépourvu. Jacques Landry avait repris sa course vers la mer. Pour rien au monde, la jeune fille ne se fût adressée au docteur Ferral. Gardant conscience du mal que sans le vouloir elle avait fait à Alexine, elle sentait que cette maison lui devait demeurer fermée.

Elle ignorait encore la démarche faite par sa mère.

C'était donc le convoi des pauvres qu'elle attendait. Et son cœur se serrait à la pensée de ce surcroît de misère.

Cependant elle avait trouvé assez de menue monnaie pour qu'il fût possible d'acheter une bière de sapin.

Des hommes à moitié gris vinrent chercher le corps. Ils sortaient du cabaret et tenaient d'ignobles propos. Noëlie, chancelante, descendit l'escalier à la suite de l'humble bière. Le char funèbre se mit en marche. Elle était seule, toute seule. La voisine avait dû rester à soigner ses enfants.

Il y avait à peine dix minutes que Noëlie venait de quitter la maison, quand un élégant coupé s'arrêta devant la demeure de la jeune fille.

Le docteur Ferral en descendit.

— Madame Dambrun? demanda-t-il à la concierge.

— Elle vient de partir.

— Pour où?

— Pour Cayenne.

— Cayenne! répéta le docteur sans comprendre.

— Mais oui, le cimetière Saint-Ouen, si vous aimez mieux.

— Morte! elle est morte!

— Depuis deux jours.

— Sa fille...

— Forme le convoi à elle seule.

Le docteur remonta dans son coupé.

— Route de Saint-Ouen, dit-il au cocher.

Au bout d'une demi-heure, car il n'avait pu rejoindre le char funèbre au milieu du lacis des rues, il aperçut le corbillard avec son coffre noir, son drap roussi, ses haridelles, et son cocher à face enluminée.

Derrière, chancelante, à demi morte, se traînait Noëlie.

Le docteur descendit, et, sans prononcer un seul mot, il lui prit le bras. Cette aide venait au moment où l'orpheline tremblait de défaillir.

Elle accepta, et ce fut appuyée sur ce bras loyal qu'elle pénétra dans le cimetière.

Quand la triste cérémonie fut achevée, le docteur Ferral lui dit avec une touchante bonté :

— Je reviendrai plus tard ici avec vous, quand on aura dressé une croix sur la tombe de celle que vous pleurez.

— Merci, monsieur, merci! dit-elle.

Elle accepta de nouveau le bras du docteur qui la conduisit jusqu'à sa voiture.

— A l'hôtel, dit-il au cocher.

Les chevaux partirent au galop.

Noëlie n'avait plus conscience de ce qui se passait. Des coups successifs, si rudes qu'ils eussent abattu une créature plus forte, venaient de fondre sur l'infortunée ; elle demeurait cette fois inerte et vaincue. Le corps s'abandonnait à une sorte d'évanouissement auquel il devait de perdre le sentiment de ses douleurs ; l'âme, repliée sur elle-même, n'avait plus ni attente, ni souvenir, ni espoir.

Elle était machinalement montée dans la voiture du docteur Ferral, et à peine s'y trouva-t-elle installée qu'elle tomba dans une torpeur dont le médecin n'essaya pas même de la tirer. En voyant M. Ferral venir à elle pendant qu'elle suivait le convoi de sa mère, Noëlie ne témoigna ni crainte ni surprise. Ne fallait-il pas qu'une main lui fût tendue, et celle-là n'était-elle point loyale entre toutes? La pensée d'Alexine ne traversa pas son esprit en ce moment; lui fût-elle venue, il n'est pas certain que la pauvre fille aurait eu le courage de refuser l'aide qui lui était offerte. N'avait-elle point trop souffert pour garder la force de souffrir davantage?

Elle aurait voulu dormir, dormir encore, s'enfoncer dans un sommeil sans rêves, y perdre à jamais la perception du présent et le souvenir du passé. Sa tête et son cœur lui semblaient à la fois douloureux.

Elle n'entendit point le docteur donner au cocher l'ordre de se diriger vers son hôtel et s'imagina qu'il la ramenait chez elle.

Lorsque Mme Dambrun écrivit à M. Ferral, le chirurgien, appelé à Boulogne-sur-Mer pour une opération grave, ne put recevoir la lettre de la pauvre malade. Il la trouva avec une volumineuse correspondance lors de son retour à Paris.

Après avoir réfléchi pendant un moment, le docteur quitta son cabinet, prit la lettre de Mme Dambrun et entra chez sa fille.

Elle tomba dans ses bras.

— En vérité, lui dit-il, tu te montres cruelle ! Ne veux-tu plus songer à notre angoisse? Seras-tu sans pitié pour notre désespoir?

— Nous souffrons tous! répondit la jeune fille.

— Oui, répondit le docteur d'une voix profonde, et, peut-être dans un moment, jugeras-tu qu'il est des êtres plus malheureux que toi.

Alexine regarda son père bien en face.

— Parce que je ne pleure pas! fit-elle avec une sorte de dédain

— Lis cette lettre, fit-il en la lui tendant.

Alexine la prit, tourna les pages, regarda la signature et la rendit à son père.

— Il est des noms que je veux oublier

— Me conseilles-tu donc d'abandonner Noëlie?

— Donnez-lui de l'argent, répondit-elle.

— Mon Alexine aimait tant les souffrants et les pauvres, jadis.

— Je leur faisais l'aumône, je la fais encore.

— L'aumône ne comporte-t-elle pas le don de la protection, de l'amitié, de la pitié, ma fille ?... Avec une pièce d'or n'as-tu pas souvent prodigué le meilleur de ton âme?

— Mon âme est lasse.

— Ainsi, Noëlie, cette Noëlie que tu protégeais, que tu dotais, tu me conseilles de l'abandonner, de refuser le legs de cette mère mourante?

— De quel droit nous imposerait-elle sa fille?

— Du droit des services passés.

— Vous me croyez meilleure que je ne suis, mon père, jamais je ne m'occuperai de cette ambitieuse fille, qui a osé devant moi me prendre mon fiancé...

— Pauvre enfant! J'aurais voulu t'épargner un récit terrible et t'amener à traiter Noëlie avec indulgence et bonté. Il me semblait que la religion te faisait un devoir de lui pardonner ce que tu regardes comme une faute... Je ne veux point que tu te méprennes sur le caractère de cette enfant, et que, dans le fond de ton âme, tu ne viennes à mépriser celui qui allait être ton mari. Tu recevras un choc violent, mais mieux vaut que tu connaisses la vérité. Sans aucun doute ton bonheur n'en restera pas moins brisé, mais tu ne garderas de haine pour personne, et tu me permettras de remplir près d'une enfant à qui j'ai sauvé la vie ce que je regarde comme un devoir.

UNE ERREUR FATALE

Il prit dans ses mains une des mains de sa fille. (Voir page 289.)

CHAPITRE XXV

CŒURS HÉROÏQUES

M. Ferral s'assit sur la causeuse et prit dans ses mains une des mains de sa fille.

Alors lentement, avec des précautions de père, et sachant bien qu'il la sauvait par cette confidence, il lui raconta, depuis l'enfance de Noëlie jusqu'à son arrivée à Versel, le drame qui s'y était passé et la mort de M. Dambrun.

— Ah! fit Alexine avec un sentiment de répulsion violente, tout cela est encore plus horrible que je ne croyais! Cette Noëlie est la fille d'un empoisonneur!

— Son père était innocent! répondit M. Ferral.

— Et on l'a condamné...

— Sur la déposition de Gilbert.

— Qui vous prouve cette innocence?

— C'est moi! moi! comprends-tu, qui ai tout fait. Dambrun était mort; nul ne connaissait l'existence de sa fille et de sa veuve; ou les croyait mortes... Gilbert était sans remords au sujet du drame de Versel. Il avait témoigné suivant sa conscience... Mais un jour, tu sais à quel point me possède l'amour de la science! je fis une découverte importante qui bouleversa l'Académie de médecine. Gilbert me servait d'aide dans mes expériences; quand il en vit le résultat, il comprit que, en affirmant que le comte Ostrog était mort empoisonné, il avait commis une irréparable erreur... Cela était vrai... Il n'y avait pas eu d'empoisonnement par la strychnine. Mais la lumière se faisait trop tard; la tête d'un homme était tombée sous le couperet infamant... Sa veuve et sa fille avaient disparu, s'enfonçant dans la ruine et la douleur... Gilbert vint à moi et me révéla le passé... Il ne me cacha même pas qu'autrefois le comte Ostrog avait souhaité le marier à Noëlie, et il ajouta qu'il croyait désormais de son devoir de l'épouser...

— L'épouser!

— Tu te souviens de son absence de Paris. Au moment de me quitter, et sous l'empire d'impressions dont il ne fut pas maître, il me révéla la tendresse que tu lui avais inspirée. Il s'éloignait le désespoir au cœur...

Un sanglot s'échappa des lèvres de la jeune fille.

— Il m'aimait!

— Le courage dont il faisait preuve me le rendait plus cher. Sans doute je regrettais mes vagues projets à son endroit; car j'avais vite compris que vous étiez dignes l'un de l'autre. Mais au-dessus des joies de ce monde il y a le devoir, et Gilbert n'y devait point faillir... Il ne devait revenir à Paris qu'en y ramenant sa femme... Trois mois plus tard, il me pressait dans ses bras. Son héroïsme restait inutile; les deux femmes étaient mortes noyées... Tandis qu'il les cherchait, sauvées miraculeusement par Jacques Landry, elles recevaient mes soins, se reprenaient à vivre, et tu en venais à chérir cette infortunée qui maintenant est l'objet de ta haine... Qu'ai-je besoin de te dire de plus? Un hasard providentiel mit Gilbert en face de celle qu'il croyait morte... Deux jours plus tard, il était ton mari, et en dépit de sa générosité, de sa loyauté, l'irréparable existait entre Noëlie et lui... Ce fut toi qui l'amenas dans cette bibliothèque où elle travaillait à ton trousseau de mariée... Dis, que devait-il faire ? Placé entre la fiancée de son choix et la jeune fille dont il avait fait guillotiner le père, quelle route devait-il prendre...

— Celle qu'il a suivie, répondit Alexine.

— Et Noëlie, que devait-elle répondre ?

- Tu m'as dit qu'elle l'aimait...

— Cependant elle refusa de devenir sa femme.

— Elle !

— Courageuse et presque héroïque, elle ne voulait pas allier le nom sans tache de Gilbert à son nom déshonoré.

— Oh ! fit Alexine, comme je l'ai méconnue !

- - C'est à toi maintenant de m'apprendre ce que je dois faire.

- Cette lettre ne vous le dit-elle pas ?

— Tu m'as adjuré de n'en point tenir compte.

— Me laisserai-je donc dépasser en générosité par Noëlie Dambrun ?

- Songes-y, sa mère se meurt...

- - Elle te la lègue.

— Et tu voudrais... ?

— Va près du lit de la mourante, fit Alexine en se levant avec un calme plein de noblesse, et, si tu ne peux lui rendre la vie, affirme-lui qu'elle trouvera une sœur dans Alexine.

— Réfléchis ! réfléchis !

— A quoi ?

— A l'importance de cette promesse.

— J'ai tout pesé, mon père.

— Gilbert reviendra ici...

— Ah ! Gilbert... Soit, il reviendra.

— Et ce sera pour supplier de nouveau Noëlie de devenir sa femme.

— Il le doit.

- Ne crains-tu pas de trop souffrir ?

— Non, fit-elle, c'est passé !

— Puis-je te croire ?

— Je souffrais plus de les mépriser que de ma propre douleur. Et puis, tu l'as dit : le devoir parle trop haut pour que nous refusions de lui obéir. C'est moi, moi qui encouragerai Gilbert à devenir le mari de Noëlie; il restera ton élève, ton ami; j'aimerai sa femme... Il faudra bien que je l'aime ! Qu'elle a souffert ! Dieu lui doit une revanche, elle l'aura... Sors vite, vite ! soigne Mme Dambrun avec tout ton art, et, si elle succombe, tu sais ce que je t'ai dit : ramène ici Noëlie... Je crois même que je trouverai une consolation à l'entourer de soins. Elle me chérira tendrement, et Gilbert deviendra mon frère... Je ne me marierai jamais... Je mettrai sur mes cheveux blonds les coiffes de sainte Catherine, et je resterai avec toi comme Claudie... Nicette sera heureuse pour trois... Elle aura un mari, des enfants que nous élèverons... Tu vois, me voilà devenue forte... Il ne s'agissait que de me montrer un noble but à atteindre... J'y courrai sans hésitation et sans regret... Ta confidence m'a sauvée... Je roulais au désespoir, je me sentais y faire naufrage... C'est si amer de se voir séparé sans retour d'un être cher... Plus encore de mépriser celui qui avait à la fois votre amour et votre estime !... Un dernier baiser, père... et adieu ! J'attendrai ton retour avec impatience.

Le docteur la serra contre sa poitrine avec une force contenue.

— Te voilà comme je te voulais, dit-il.

Il monta en voiture et arriva chez Mme Dambrun au moment où le pauvre corbillard prenait la route du cimetière de Saint-Ouen...

Pendant ce temps Alexine rejoignait sa mère et ses sœurs...

— Je te demande pardon, dit-elle à Mme Ferral, d'avoir montré si peu de courage... Ce que vient de m'apprendre mon père bouleverse mes idées et change mes résolutions... Permets-moi de faire de la bibliothèque une chambre pour ma brodeuse...

— Noëlie? demanda Claudie.

— Elle-même, fit tranquillement Alexine.

— Je croyais que ce qui s'est passé...

— Le vent de la douleur a soufflé sur nous; Dieu veuille apaiser l'orage.

— Fais ce que tu voudras, dit Mme Ferral, pourvu que tu reprennes la santé, le courage et la vie.

— Viens, Nicette, dit Alexine, tu m'aideras.

Claudie mit un long baiser dans les cheveux de sa sœur.

Puis toutes trois commencèrent l'aménagement de la chambre de Noëlie. L'une apportait un petit meuble, l'autre des fleurs; celle-ci une statuette, celle-là un oiseau. Nicette cacha le métier sous un tapis, afin que rien ne rappelât à la jeune fille qu'on l'y recevait comme jadis, en qualité d'ouvrière. C'était non la protégée, mais l'amie qui rentrait.

Mme Ferral, avec l'admirable confiance qu'elle gardait en son mari et la tendresse qu'elle portait à ses filles, laissait celles-ci suivre les prescriptions du docteur. Tout ce qui pouvait arracher Alexine à sa torpeur était regardé par elle comme un bienfait.

Un moment elle vint regarder les préparatifs de ses filles et, avec son tact exquis de chrétienne, elle apporta un crucifix.

Cette œuvre collective de tendresse et de charité était à peine achevée quand Nicette entendit rouler dans la cour la voiture de son père.

— Voici mon père! fit-elle.

Elle se pencha à la fenêtre.

— Il n'est pas seul! ajouta-t-elle; le cocher et le concierge lui viennent en aide. On soulève une femme qui semble morte... Noëlie! c'est Noëlie!

Claudie et Alexine se regardèrent.

— Allons! dit l'aînée, voici l'heure de se montrer vaillante.

— Ah! répondit Alexine, cela est facile pour toi qui n'as jamais aimé...

— Qu'en sais-tu? demanda Claudie.

Une sorte d'effroi se lut sur le visage d'Alexine.

— Tu aurais aimé sans le confier à personne?

— Et souffert sans le dire.

— Toi?

— Pourquoi pas?

— Mais alors tu es une sainte.

— Je suis une fille redoutant d'alarmer sa mère, une sœur disposée à tout sacrifier pour ses sœurs...

Peut-être Alexine allait-elle demander l'explication de ces paroles, mais au même moment la porte de la bibliothèque s'ouvrit.

— Doucement! doucement! fit le docteur Ferral en s'adressant aux deux hommes portant le corps sans mouvement de Mlle Dambrun... Posez cette enfant sur le lit... Je suis content de vous, mes filles... Déshabillez ma malade... Tout est fini pour Mme Dambrun, et je ramène Noëlie du cimetière... C'est une orpheline que je vous charge de consoler et de ramener à la vie... Des bouteilles chaudes aux pieds, des frictions légères... Elle recouvrera toute seule le sentiment... Dieu lui accorde une trêve... Les douleurs de la vie ne la ressaisiront que trop tôt.

Il s'éloigna, et les deux serviteurs fermèrent la porte derrière lui.

Les trois sœurs s'empressèrent alors doucement autour de l'orpheline.

Tandis que Nicette enlevait ses bottines, Claudie dégraffait sa robe et Alexine relevait ses longs cheveux. Le peigne qui les retenait venait de se briser sur le parquet.

En un instant Noëlie fut couchée dans le lit aux draps de fine batiste, et sa tête pâle reposa sur l'oreiller garni de dentelles.

On eût dit un ange endormi.

Après avoir abaissé les rideaux, les trois sœurs se groupèrent autour de la couche de Mlle Dambrun ; Nicette tenta de lui réchauffer les pieds, Alexine demeura debout à son chevet, Claudie s'agenouilla, priant à voix basse le front caché dans ses mains.

Une demi-heure se passa de la sorte ; le docteur Ferral était sorti, et, bien qu'il eût affirmé à ses enfants que la situation de Noëlie ne présentait aucun danger, celles-ci se demandaient avec angoisse si ce lourd sommeil ne prendrait pas bientôt fin. Alexine surtout demeurait en proie à une émotion extraordinaire. Après avoir rassemblé toutes ses forces pour tenir tête à l'orage, elle ne savait pas si elle n'allait pas retomber sur elle-même et se trouver plus malheureuse que jamais....

Elle aussi priait, mais moins ardemment, moins purement que Claudie. Un levain humain restait dans son âme. Le secret qu'elle venait d'apprendre la meurtrissait encore. A l'invocation qu'elle adressait à Dieu se mêlait la révolte inavouée de son cœur. Elle subissait l'épreuve de la vie dans toute son âpreté. Prête à remplir son devoir, elle trouvait ce devoir amer.

Et puis elle sentait en elle un aiguillon terrible : la jalousie.

Son père lui venait d'apprendre que Noëlie avait été dans la pensée de sa famille fiancée à Gilbert ; et quand elle regardait ce visage si beau, si pur, ces cheveux noirs opulents couvrant l'oreiller de leur masse ondoyante, ce cou délicat, ces mains charmantes, elle se disait que Gilbert n'aurait pas de peine à accomplir son devoir. Qu'il l'eût aimée, elle ne le niait point, elle l'avait senti, dans leurs âmes s'était fait un mutuel échange de tendresse ; sans doute il avait souffert à la pensée de renoncer à elle, de remplacer la fille du célèbre docteur Ferral par l'héritière d'Hector Dambrun que rien ne pouvait empêcher d'avoir été exécuté comme coupable d'empoisonnement. Mais elle eût préféré que Noëlie fût moins belle, moins digne d'inspirer la tendresse après avoir excité la pitié. Toutes ces pensées se confondaient dans son âme sans qu'elle s'en rendît un compte exact et qu'il lui fût possible de les analyser. Elle en éprouvait l'impression plutôt qu'elle ne les détaillait. Mais en dépit de la résolution prise, de sa volonté de sacrifice, elle sentait la plaie ouverte dans son cœur. Pauvre noble enfant ! elle eût nié, à qui eût tenté de le lui faire comprendre, que cette lutte continuait en elle ; il se passe souvent au fond de l'âme des combats dont nous ne savons ni l'origine ni la fin. Résolue à se sacrifier, Alexine ne s'était pas engagée à ne point souffrir de son immolation. Au lieu de sentir pénétrer en elle le calme qui d'ordinaire suit les résolutions viriles, elle sentait s'enfoncer plus avant le glaive qui la transperçait. Et pourtant elle demeurait résolue et, si on lui eût offert de revenir sur sa décision, elle s'y fût refusée.

Qui de nous, tout en acceptant le calice, ne l'a regardé avec crainte?

Qui de nous, l'ayant approché de ses lèvres, ne l'en a éloigné avec terreur, après en avoir constaté l'amertume?

Noëlie demeurait toujours immobile; cependant il semblait à Claudie qu'une faible rougeur montait à ses joues. Ce premier symptôme fut bientôt suivi d'un second, ses doigts se crispèrent sur la courte-pointe de soie. Enfin ses lèvres s'ouvrirent, ses paupières battirent; il fut possible de voir ses grands yeux noirs, mais la raison ne les éclairait point de son divin rayon, on n'y voyait briller que l'éclat de la fièvre.

— Je suis bien ici! fit-elle. Qui donc disait que je quitterais Versel et que ma mère et moi nous reprendrions notre marche sur la grande route, comme au temps où nous étions pauvres, si pauvres que nous manquions de pain... Est-ce possible, d'ailleurs? Je suis la nièce du comte Ostrog, et le comte Ostrog est le bienfaiteur de toute une contrée... C'est lui qui me dotera... Je le sais... Il l'a dit un jour à ma mère... Et quand je serai riche, bien riche, j'épouserai Gilbert... Voyons, allons dans le parterre, dans le jardin, le long des haies, je dois cueillir ma couronne de mariée : blanche! toute blanche! Les enfants du pays m'aiment, ils m'en apportent plein les mains... Oh! je voudrais être belle pour plaire davantage à Gilbert... Je le vois là-bas... Il passe, un livre à la main, sans me voir... Il ne me voit jamais qu'à l'heure où je me trouve en face de lui... Moi, je sais toujours où le trouver, je le devine, je le pressens... Mais qu'ai-je donc dans les mains? Les lis, les jasmins et les roses sont teints de sang... Le sang pleut autour de moi... Il souille ma robe, il rejaillit sur mon visage... De l'eau! de l'eau! Lavez-le... Ma robe de fiancée en est couverte... Gilbert a peur de moi, Gilbert me fuit...

Elle poussa un cri désespéré et se renversa en arrière.

Puis ses mains se joignirent, et elle reprit avec l'accent de la prière :

— Reviens! reviens! ce n'est pas ma faute! Ai-je commis un crime? Personne n'est coupable ici... Tu ne sais pas? On m'a dit que c'était toi qui avais taché de sang ma robe d'épousée, mais je ne veux pas le croire... Tu as couvert mes genoux de roses rouges, voilà tout... Ce que c'est pourtant, on me répète des mots qui m'effraient... Tu me voulais du mal, moi qui t'aimais, tu m'as perdue... Perdue! C'est pour cela que tu me fuis... Où vas-tu? Je te pardonne! Est-ce qu'on ne pardonne pas toujours quand on aime... Allons, c'est assez pleurer et souffrir... Mettons-nous en marche et cherchons Gilbert... J'ai prié la Vierge, elle me le fera trouver... Mes pieds sont meurtris... J'ai le cœur broyé, la tête lourde... Sur les durs pavés, j'ai marché longtemps... Qui me barre ici le passage... la foule... du monde encore, du monde toujours! et puis ! ah! de grands poteaux rouges... rouges comme ma robe, je chancelle, mon front s'y heurte, et là, là, qu'est-ce que je vois? une tête pâle... Cette tête parle, que dit-elle?...

— Je suis innocent! Je suis innocent! Gilbert! qui donc est criminel, sinon toi! toi! toi!

Elle se roula sur son lit, en proie à un horrible spasme.

Alexine, blême et mourante, l'écoutait avec épouvante.

Nicette pleurait.

Claudie s'efforçait de ramener sur la malade les couvertures qu'elle repoussait pendant son délire.

Tout à coup Alexine se leva. Une idée bienfaisante traversa't son esprit presque aussi fatigué que celui de Noëlie. Elle quitta la bibliothèque, entra dans le salon et se mit à chanter.

D'abord la malade ne sembla pas faire attention à cette mélodie; mais peu à peu elle agit sur elle, comme la harpe de David sur la folie furieuse de Saül. Son visage se détendit, ses mains demeurèrent inertes sur la batiste des draps, elle ferma ses yeux, et ses lèvres en s'agitant laissèrent passer ces mots :

— Les anges passent! les anges me bercent!

Oui, c'était bien un ange qui la berçait, un pauvre ange souffrant comme elle-même, et qui lui donnait à cette heure ce qu'il existait de meilleur en elle : son âme jaillissant de ses lèvres en un chant divin.

Calmée par cette harmonie, la jeune fille s'endormit, et, quand le docteur rentra, il la trouva paisible, au milieu de ses trois filles.

Un grave sourire effleura d'abord ses lèvres à la vue de ce tableau.

Mais quand il eut pris le poignet de Noëlie, il secoua la tête :

— Quelle fièvre! dit il.

— Et quel délire! ajouta Claudie.

— Je guérirai la fièvre, reprit le docteur; Dieu seul peut calmer le délire. Une créature plus robuste que cette enfant eût été brisée par les luttes qu'elle a subies et les épreuves qu'elle vient de traverser... Sa mère nous l'a léguée, gardons-la. Nous y sommes d'autant plus obligés qu'une dernière grande douleur, la plus horrible peut-être, l'a frappée ici.

— Tu peux compter sur moi, père, dit Alexine d'une voix ferme.

Le docteur posa une de ses mains sur le front de sa fille qu'il renversa doucement comme s'il voulait mieux lire dans son regard.

Elle ne ferma point les yeux. Elle savait, la noble et pure enfant, qu'en trouvant la douleur telle qu'elle était, immense, inguérissable, il trouverait aussi la force du sacrifice. Elle tenait trop de lui pour faiblir à son devoir.

Huit jours se passèrent de la sorte : la fièvre persistait, et avec elle le délire. Il changeait de nature et semblait perdre de son caractère sombre. La jeune fille voyait moins souvent se dresser l'échafaud d'Hector Dambrun, et se retrouvait plus vite dans les allées ombreuses du parc de Versel. Mais alors commençait pour Alexine une rude épreuve : le nom de Gilbert revenait sans fin sur les lèvres de la malade. Refrain d'une longue chanson dont chaque couplet ramenait la mélodie. Mais il n'y avait jamais rien de brûlant ou d'excessif dans cette passion. Cette enfant pure gardait même dans le délire l'exquise chasteté des êtres angéliques. Il lui semblait être transportée dans un des jardins mystiques où les fleurs sans cesse renaissantes sont cueillies par des mains de vierges et cachées dans les plis de leurs robes immaculées. Elle parlait du ciel où toute affection s'épure, plus que de la terre où tout s'étiole et se vicie... Rien ne pouvait mieux révéler le caractère adorable de Noëlie que cet état de souffrance et de fièvre, où, sans avoir conscience de ce qu'elle disait, elle laissait voir le fond de sa pensée, plus pure que la neige tombée sur les altitudes des Alpes.

Un soir le docteur dit à sa femme qui s'effrayait de la durée de cette maladie étrange :

— Ma science est à bout, il ne me reste qu'un moyen de la sauver.

— Emploie-le.

— J'ai reculé jusqu'à ce jour dans la crainte de faire souffrir Alexine.

— Veux-tu donc rapprocher Gilbert de Noëlie?

— Oui, si je tardais davantage, je craindrais de voir le délire amener la folie.

— Alexine est résignée à tout, dit Mme Ferral. Du reste, chaque soir elle chante pendant deux heures afin de calmer Noëlie; tu pourras profiter de ce moment pour introduire M. Favières, si tu crains que notre fille se souvienne trop des projets passés.

— Gilbert viendra donc ce soir.

Le docteur écrivit immédiatement au jeune homme.

Celui-ci se trouvait en proie à un chagrin sans nom. Depuis que Noëlie l'avait chassé de sa maison, il avait rôdé la nuit dans les rues, et, s'étant hasardé à entrer chez la concierge, il y apprit avec stupeur que la jeune fille n'y était point rentrée. Les suppositions les plus terribles et les plus folles traversèrent son cerveau. Sans nul doute un dernier malheur était arrivé. Il avait couru à la Morgue, à Saint-Cloud, demandant, s'informant, la croyant perdue, morte ou enfuie.

Il commençait à perdre l'espoir de réparer son crime involontaire.

Noëlie ne lui permettait pas de le racheter.

Une seule chose l'aurait consolé : retourner chez le docteur Ferral, mais il ne l'osait pas. Là encore n'avait-il point semé des larmes?

Quand il reçut le billet le conviant à se rendre chez le docteur, il lui sembla qu'il était sauvé. Que pouvait-il lui vouloir? Qu'allait-il lui apprendre? Il courut chez M. Ferral. A peine se trouva-t-il dans l'antichambre qu'il entendit s'élever la voix suave d'Alexine. Il reçut une violente commotion au cœur, et s'appuya, défaillant, contre la muraille.

Mais entre les draperies d'une portière apparut la tête de Nicette, et, sur un signe de la main de l'enfant, Gilbert se dirigea vers la bibliothèque.

Excepté Alexine, toute la famille s'y trouvait.

— Noëlie, chez vous! s'écria Gilbert.

— Qui la soignerait avec plus de pitié?

— Oh! vous possédez une bonté angélique.

— Nous sommes justes, monsieur Favières, cette enfant ne doit pas porter la peine des fautes d'autrui.

— Dieu me permettra-t-il de racheter les miennes?

— Nous vous y aiderons.

— Noëlie est bien malade?

— J'ai cru que votre présence la guérirait, dit le médecin, et je vous ai prié de venir.

— Vous avez eu raison, répondit le jeune homme.

Il était d'une pâleur livide.

A la vue de Noëlie étendue sur cette couche brûlante, il comprenait et la grandeur de sa faute et le devoir qu'il devait remplir; mais tandis qu'il prêtait l'oreille à la voix d'Alexine, il se souvenait que celle-là, et celle-là seule, avait été l'élue de son âme.

— Asseyez-vous près de son lit, Gilbert, parlez-lui, souvent il est possible de guider pour ainsi dire la marche de son délire. On la dirait plongée tantôt dans une catalepsie absolue et tantôt jetée dans un accès de somnambulisme; elle pourrait alors suivre logiquement un entretien, pourvu qu'il correspondît avec les idées qui s'ébauchent dans son cerveau et les tableaux qui se succèdent devant ses yeux.

Comme si la malheureuse enfant eût senti que Gilbert venait d'entrer dans le cercle d'amis au milieu desquels elle vivait depuis la mort de sa mère, elle se souleva et dit d'une voix faible :

— On est bien à Versel, je voudrais y vivre et être certaine d'y mourir... Ah! si Gilbert avait voulu, nous ne l'aurions jamais quitté... Il y avait assez de pauvres pour que chaque jour il nous fût possible de nous dévouer... C'est là que je l'ai connu, là qu'il me releva mourante de faim, là qu'un soir j'avouai à ma mère qu'après lui je ne saurais aimer que Dieu... J'aurais dû lui préférer Dieu qui ne trompe pas, qui ne manque jamais à sa créature... Gilbert! Gilbert! vois donc comme la campagne est belle! Des fleurs! des fleurs plein la chapelle pour notre mariage... Je vois des jeunes filles en blanc, j'entends le chant des orgues... Est-ce un mariage! Mais non! on pleure... ce sont des funérailles..

Elle ébaucha un geste de lassitude.

— Je suis morte... On est bien dans la tombe... Au-dessus de moi j'entends des pas... Je les reconnais, ce sont ceux de Gilbert... Il apporte des fleurs à la trépassée... la trépassée...

Pendant ce temps, Alexine chantait, d'une voix dont l'expression ne se peut rendre, l'air si connu d'*Ay Chiquita*

> On dit que tu te maries,
> Tu sais que j'en puis mourir...

Elle ignorait que Gilbert la pouvait entendre et mettait tous ses sanglots dans sa voix.

— Parlez-lui, mais parlez-lui donc! fit le docteur.

— Je ne peux pas! j'étouffe! murmura le jeune homme.

— Il le faut! répéta le docteur, il le faut! Nous avons déjà trop de douleurs ici...

Favières prit la main de la jeune fille.

— Ouvrez les yeux, Noëlie, dit-il, ne me reconnaissez-vous pas? C'est moi, Gilbert, moi que votre mère envoie pour vous guérir et vous chercher.

— Oh! je vous reconnais bien ; je l'ai dit tout à l'heure, vous marchiez sur ma tombe, doucement, si doucement... Votre voix semble un murmure, semblable a celui de l'oiseau qui s'est niché dans les rosiers... Mais vous n'êtes pas seul... Avec qui parlez-vous donc?..

De l'autre côté de la muraille, Alexine poursuivait :

> En passant devant ma porte
> Si tu vois prier le soir,
> Ah! songe à la pauvre morte,
> La morte de désespoir.

Gilbert frémit de la tête aux pieds.

Mais Noëlie poursuivit :

— Je la reconnais maintenant, c'est Alexine, votre femme; vous m'apportez des fleurs, elle me fait l'aumône de ses prières.

— Mais vous vivrez, Noëlie! fit Gilbert, que ces paroles et ce chant rendaient fou. Vous vivrez, vous guérirez, je vous emmènerai loin, bien loin...

Elle répéta docilement :

— Loin, bien loin, jusqu'au ciel, n'est-ce pas?

Il tomba sur les genoux et serra ses mains brûlantes avec une volonté capable de dompter sa fièvre et son délire :

— Regardez-moi! écoutez-moi! fit-il. Je perdrais à mon tour la raison au milieu de ces sinistres folies. Quel que soit le lien qui nous unit, nul de nous ne peut le briser. Vous serez ma femme... Votre mère l'a promis, et il le faut pour que je ne reste pas maudit de Dieu!

Lentement elle s'était soulevée, et, laissant ses mains dans les mains du jeune homme, elle le regarda d'abord avec égarement, ensuite avec une expression de souffrance dans laquelle battait déjà une ombre de raison. Enfin, elle poussa un grand cri, et, éclatant en sanglots, elle cria par trois fois :

— Gilbert! Gilbert! Gilbert!

— Elle vous reconnaît, dit le docteur, elle est sauvée.

Tout a coup la force qui l'avait soutenue, l'abandonna. (Voir page 305.)

CHAPITRE XXVI

LA NOVICE

La santé refleurissait sur les joues de Noëlie. Enveloppée d'habits de deuil, elle paraissait plus belle que jamais aux yeux de tous ceux qui la rencontraient dans le salon de Mme Ferral. On l'avait présentée à un petit nombre; nul d'entre eux ne se souvenait du drame de Versel; d'ailleurs, par un subterfuge bien pardonnable, et dans l unique but de dérouter les soupçons, le docteur avait légèrement changé la façon d'écrire le nom de la jeune fille. Elle l'orthographiait ainsi : *Noëlie Daubrun*. Oui, vraiment, elle était belle, avec la profondeur de son regard, et ce sourire plein de pensées qui fait le charme énigmatique de la tête de la *Joconde*.

Gilbert Favières venait chaque jour chez le docteur; il voyait Noëlie, et s'entretenait avec elle de l'avenir. Elle le laissait dire et lui répondait d'une façon vague. Jamais une promesse formelle n'était tombée de ses lèvres. Il savait, à n'en pouvoir douter, à quel point il était chéri de la jeune fille, mais celle-ci gardait comme une arrière-pensée qui lui interdisait d'engager l'avenir. Quand elle croyait que Gilbert ne pouvait s'en apercevoir, elle le regardait avec une fixité inquiétante. Plus d'une fois elle pria Alexine de chanter, dans l'unique but d'étudier pendant ce temps l'attitude et la physionomie du jeune médecin. Celui-ci ne se démentit jamais. Rempli d'égards et de respect pour Alexine, il la traitait en sœur et ne paraissait point garder pour elle de préférence. On eût dit même qu'il aimait mieux la grave Claudie ou la rieuse Nicette. Mais on ne pouvait guère la reconnaître cette Nicette au rire d'enfant, aux yeux vifs, à la tournure de bergeronnette. En présence des douleurs d'autrui elle avait subitement changé de caractère. Sa poupée avait été abandonnée pour jamais, et le docteur la raillait maintenant de sa tenue austère, de sa coiffure sobre et de ses robes longues. Non, Nicette ne riait plus. Elle allait de l'une à l'autre des jeunes filles, comme si elle devait en apprendre le mot d'une étrange énigme. Mais Claudie gardait, comme le sphynx antique, le secret de sa tristesse, et Noëlie, enveloppée de ses voiles de deuil, retrouvait à peine sur ses lèvres pâles le pli discret qui semble l'ébauche du sourire.

Alexine chantait encore par boutade, avec une sorte de passion sombre. Elle ne jouait plus que de la musique de Chopin, et son père s'effrayait de la façon dont elle traduisait ce grand mélancolique. Au milieu de cette famille qui gardait toute l'apparence de la force, de l'union et du bonheur, on sentait une souffrance latente, une ombre dangereuse sous laquelle mouraient les plus pures fleurs de la joie.

Noëlie avait tout d'abord interdit à Gilbert de lui parler mariage avant la fin de son deuil; mais ce deuil allait se terminer; elle aurait pu déjà égayer ses toilettes noires de rubans lilas; elle ne le faisait point, reculant toujours devant la décision à prendre.

Aimait-elle donc moins Gilbert ? Pauvre Noëlie! Jamais, même dans ses heures de joie à Versel, elle ne l'avait trouvé si bon, si grand, si aimable.

S'efforçant d'oublier dans l'étude ses chagrins et ses remords, Gilbert faisait dans la science des progrès dont s'émerveillait le docteur Ferral. A coup sûr ce jeune homme deviendrait à son tour un de ces médecins que l'Europe entière nous envie. Le temps qu'il pouvait consacrer au travail lui semblait le meilleur de sa journée. Il ne quittait plus le docteur Ferral, et sa clientèle commençait à s'étendre. Les riches l'estimaient savant; les malheureux le trouvaient d'une bonté angélique. Il avait réformé sa façon de vivre, n'accordait plus rien à ses plaisirs, jugeant que sa fortune devait appartenir à Noëlie d'abord, aux souffrants ensuite. Depuis les derniers événements son visage demeurait couvert d'un masque impénétrable, nul n'aurait pu lire au fond de cette âme fermée, hors Dieu qui lui donnait la force de suivre son chemin épineux. Derrière lui s'étendait le passé riant de la vie : un paradis de fleurs au milieu duquel il avait vu se promener Alexine, l'enchanteresse de ses rêves. Mais ces images fuyantes lui semblaient loin, toujours plus loin. Et devant lui, quand il sondait l'avenir, il voyait une steppe aride, sans ombre et sans fleurs, traversée par des lits de torrents desséchés, coupée par des flaques d'eau stagnante. Et il lui semblait qu'il traversait cette steppe sans fin, marchant d'un pas de fantôme, à côté d'une autre ombre

Il s'interdisait ces rêveries et ces pensées. Elles le troublaient, et il ne voulait plus être troublé. Près de Noëlie il se montrait prévenant et doux. Sa voix ne tremblait point quand il lui adressait la parole ; son regard ne se baissait point devant elle. Tout était calme, digne, presque froid.

On eût dit qu'il évitait de la trouver seule et que la présence des trois sœurs lui donnait du courage.

Pauvre Gilbert !

Il était temps que cette lutte finît. Il le sentait. Aussi, un soir, demanda-t-il à Noëlie si elle avait songé que son deuil expirait dans quinze jours.

— Oubliez-vous donc, Gilbert, que je le porterai toute ma vie ?

— Vous mettrez pourtant une robe blanche le jour de votre mariage ?

— Ah ! fit Alexine en s'enfonçant davantage dans l'ombre, la robe est toute prête...

— Je ne comprends pas...

— Vous souvenez-vous d'avoir admiré l'an passé une robe de satin blanc recouverte de dentelles, la mienne, Noëlie?... Je me suis demandé plus d'une fois si Dieu m'appelait dans le cloître, et alors je l'aurais revêtue pour ma prise d'habit; mais que voulez-vous qu'on fasse dans un couvent d'une créature qui n'a que le souffle et qui ne vit qu'en chantant... Je servirai Dieu dans ses pauvres, et j'espère en sa bonté et en son indulgence... Mais cette robe de mariée, toute blanche, dans les dentelles de laquelle frissonnent encore des guirlandes de fleurs d'orangers, vous la revêtirez à ma place, Noëlie. Votre taille est la même. Jadis vous deviez être plus robuste, mais depuis votre maladie vous êtes devenue mince comme moi... Ne me refusez pas ! Je vous servirai de demoiselle d'honneur, et je m'habillerai de rose...

— Non ! non ! répondit Noëlie avec une sorte de terreur, pas cette robe...

— Vous serez si belle sous cette parure. Moi, voyez-vous, elle m'eût écrasée... Je suis si pâle, si frêle, si blonde. Mais vous, avec vos cheveux noirs ondés, vos grands yeux sombres, vous serez ravissante... Il faut tenir à être belle pour son mari et pour ses amis, et, je vous le jure, dans cette toilette vous serez très belle... Vous changez de visage, ajouta-t-elle avec une sorte de rire forcé, je ne vous offre pas cependant la tunique de Nessus...

— Acceptez, dit Claudie, vous causeriez une peine profonde à ma sœur.

— Voyez-vous, reprit Mlle Ferral, j'ai depuis longtemps prévu ce dénouement. Les écrins sont rangés dans un coffre d'argent ciselé que j'ai découvert à votre intention. Les dentelles reposent dans une boîte de maroquin aux armes de Marie-Antoinette, boîte que j'ai achetée à la vente de M. Double... Demain je vous remettrai tout cela. Je suis une dépositaire fidèle. Pour vous entretenir de tous ces détails féminins, j'ai attendu que vous soyez tout à fait guérie, et qu'accédant à la demande de M. Favières vous ayez fixé l'époque de votre mariage... Avancez-la, Noëlie ; ne voyez-vous pas combien tous nous avons hâte de vous voir heureuse.

— Je le sais, je le sais ! dit Noëlie avec élan. Oui, vous avez raison, je dois me décider ; ma situation est fausse, il faut que ma destinée soit fixée.

— Elle l'est, fit Gilbert avec autorité, rappelez-vous le vœu de votre mère.

— Elle ne me commanda rien, dit la jeune fille.

— Parce qu'elle connaissait le fond de votre âme, Noëlie, ajouta Mme Ferral. Oui, ce mariage doit maintenant être célébré le plus vite possible ; ces enfants ont raison, et Gilbert aussi... Pourquoi hésitez-vous encore ?

— Je ne sais pas ! fit-elle.

— Eh bien ! ce soir, ce soir même, fixez la date de votre mariage.

— Ce soir ! ici, tout de suite ?

— Pourquoi non.

— Il faut que j'y pense, il faut que j y pense.
— Demain, alors.
Elle réfléchit un moment, puis elle dit :
— Oui, demain.

Son regard se leva sur Gilbert avec une expression de joie folle qu'elle s'efforça de dissimuler. Depuis un an elle jouait ainsi avec son cœur et avec sa destinée. Plus entraînée que jamais vers son fiancé, elle s'efforçait de lui cacher la violence d'un sentiment qui seul la faisait vivre, tant elle redoutait qu'il s'effrayât de l'excès de cette tendresse. Elle devinait bien qu'il remplissait un devoir sacré, impérieux; elle se rendait compte qu'il gardait au fond de lui-même un indélébile souvenir; et tantôt elle se croyait forte pour en triompher, tantôt elle redoutait de demeurer vaincue dans cette lutte. Elle souffrait comme jamais elle n'avait souffert, et trouvait un âpre plaisir à retourner le fer dans sa blessure.

Elle se leva, tendit la main à M. Favières, et se retira dans sa chambre.

Elle ne dormit point de la nuit.

A l'aube un fiévreux sommeil s'empara d'elle; quand elle s'éveilla, il était neuf heures. Elle avait dit qu'elle prierait Dieu de lui dicter la réponse qu'elle devait faire, et elle quitta l'hôtel pour se rendre à Saint-Étienne-du-Mont.

Elle sortit sans prévenir personne, et tout le monde la croyait paisiblement endormie quand elle pleurait agenouillée dans l'ombre d'une chapelle.

Claudie et Nicette, accompagnées de la femme de chambre, venaient de se rendre dans une triste rue où logeaient quelques ménages de pauvres gens.

Alexine seule restait dans l'appartement.

Comme elle s'était promis de le faire la veille, elle s'occupait à rassembler, dans le petit boudoir de sa mère, la robe de mariée couverte de dentelles et de fleurs, les écrins de velours et les cachemires. Au milieu de ces bijoux, de ce luxe, de ces dentelles, Alexine, vêtue d'un long peignoir de voile bleu couvert de dentelles teintées de jaune, effleurait de ses doigts tremblants ces objets dont chacun avait été l'occasion d'une joie.

Tout à coup la force qui l'avait soutenue jusque-là fondit, et, sans que rien pût faire prévoir cette crise de faiblesse contre laquelle elle se défendait depuis plusieurs mois, Alexine tomba sur les genoux, cacha son front dans la robe de noces, et cria d'une voix brisée :

— Je ne peux pas! non, je ne peux pas! Elle n'a donc rien vu, cette Noëlie! Ils sont donc tous aveugles ici! Ma mère, mes sœurs se laissent prendre à cette comédie de résignation. Mais je meurs, moi et je ne survivrai pas à la perte de...

— Dieu du ciel! vous m'aimez toujours! dit une voix entrecoupée.

Alexine leva la tête.

— Vous, dit-elle, vous, Gilbert.

— Oui, moi! Moi qui viens de vous entendre, moi qui connaissais l'héroïque effort que vous faisiez sur vous-même et qui m'efforçais de montrer la même grandeur d'âme. Moi qui remplis un devoir impérieux, en me demandant si je ne commets pas un crime.

— Ne pas conclure ce mariage en serait un.

— Vous vous trompez, Alexine. Noëlie sera malheureuse, en dépit de moi et d'elle-même. Je lui donnerai mon nom, ma situation, ma fortune. Je la ferai respecter, voilà tout. Je puis coordonner d'une façon opposée à un rêve les événements de ma vie, quoi que j'essaie de tenter, je ne commande pas à mon cœur. Vous seule avez été l'objet de ma tendresse. Sur le point de vous quitter à jamais. pardonnez-moi cet égoïsme, il m'est doux de songer que vous me pleurez.

— Hélas! dit-elle.

Il lui prit la main.

— C'est un adieu, fit-il, un adieu que je veux vous dire. Je bénis le ciel de m'avoir ménagé cette minute. Pourquoi nous cacherions-nous nos pensées. Ni vous ni moi nous ne manquerons jamais à nos devoirs... Je vous regrette, comme on pleure le bonheur entrevu, la terre promise dont on reste exilé... Je me demande si la vie vaut la peine qu'elle coûte.

— Oui, fit Alexine, elle nous permet de gagner le ciel.

— J'ai vingt fois été sur le point d'écrire à Noëlie, de lui montrer le fond de mon âme, et de partir pour l'Amérique en lui abandonnant ma fortune.

— Elle l'eût refusée.

— Oui, elle est fière.

— Elle vous aime surtout.

— Oui, elle m'aime!

— Elle est belle, jeune, vous finirez par trouver doux l'accomplissement de vos devoirs.

— Ainsi, vous voulez que je persiste?

— Vous le devez.

— Et si elle souffre plus tard?

— Vous êtes un honnête homme.

— Ah! elle me brise la vie!

— N'est-ce pas vous qui avez brisé la sienne?

Entre les deux vénérables doyennes de la communauté qui m'acceptera. (Voir page 310.)

— Toujours ce reproche.

— Toujours un remords, si vous faiblissiez.

— Mais vous! vous? dit Gilbert avec ardeur.

— Oh! moi, je mourrai jeune.

— Je vous serai donc fatal aussi !

— Ne serais-je pas toujours morte du mal que redoute mon père.

— Si vous vouliez...?

— Je ne veux rien que voir s'accomplir votre mariage avec Noëlie.

— Mais ces larmes, ces regrets...

— Vous avez commis une trahison en les surprenant.

— N'étais-je pas dans mon droit?

— Non ! j'avais eu la pudeur de me taire.

— Nous sommes fous ! nous broyons à plaisir notre cœur à deux mains.

— Si nous agissions autrement, vivrions nous tranquilles?

— Je suis moins héroïque que vous, Alexine.

— Devenez plus chrétien, répondit-elle.

Alexine repoussa les plis de la robe de mariée, et dit à Gilbert :

— Sortons d'ici, Noëlie seule y doit rentrer avec vous.

— Oh! je vous en supplie, dit Gilbert, demeurons-y un moment encore! Est-ce donc un crime d'échanger une dernière fois des regrets qui, je le redoute, nous remonteront souvent au cœur.

— Nous les chasserons, murmura Mlle Ferral.

— Je crains de perdre ma raison, répliqua Gilbert en pressant son front brûlant. Si vous saviez quel conflit de sentiments j'éprouve! Tantôt je me sens fort et disposé à l'accomplissement de mon sacrifice; tantôt je redoute de me trouver trop faible pour l'accepter .. Mon Dieu! mon Dieu! que je paie cher la fatale erreur commise dans le procès d'Hector Dambrun!... Près de vous ma vie eût été si belle, si douce, si facile! Toutes les vertus, vous les possédiez, et personne n'aura jamais pour moi le charme de votre faiblesse... Je n'entendrai point cette voix angélique me reposer de mes fatigues et me dire mes airs préférés. Lié à un devoir, je m'en considérerai comme l'esclave.

— Non! non! répliqua Mlle Ferral, il n'en doit pas être ainsi. Vous oubliez trop Dieu qui vous soutiendra dans la lutte. Je dirai plus : vous oubliez trop que Noëlie est plus belle que moi et qu'elle vous aime autant... Adieu! pour jamais adieu, ami et frère !... Nous nous reverrons sans doute encore dans le monde, comme des connaissances, mais jamais, jamais plus, nous n'échangerons nos larmes...

Gilbert saisit la main d'Alexine et l'étreignit à la briser...

— Oui, adieu ! fit-il.

Et pourtant en dépit de ce mot il restait là, aveuglé par les pleurs.

Un bruit léger qui parvint à l'oreille d'Alexine les arracha tous deux à un silence plein de douleurs. Sans doute Nicette et Claudie rentraient.

Gilbert regagna le grand salon, et Alexine rentra dans la bibliothèque.

Elle y trouva Noëlie.

Pâle comme une trépassée, celle-ci venait de tomber dans un fauteuil. Ses grands yeux noirs ne semblaient rien fixer devant elle. Le son de la voix d'Alexine l'arracha seule à sa torpeur désespérée :

— Ah ! c'est vous ! fit-elle, vous !

Elle dit ces mots d'un accent bizarre qui fit froid au cœur de Mlle Ferral.

— Vous revenez de l'église, Noëlie ?

— Oui, j'ai prié, beaucoup prié... pas assez, cependant.

— Souffrez-vous ce matin ?

Elle eut un sourire navré, et répondit :

— Je souffre toujours.

— Tout va changer, ajouta Mlle Ferral.

— Oui, vous avez raison, tout ! Il le faut !

Elle dénoua son chapeau, ôta son mantelet, et se mit à effleurer divers objets sans en ranger aucun, comme nous faisons sous l'empire d'un grand trouble.

— Quelqu'un vous attend, le savez-vous ?

— Gilbert, n'est-ce pas ? demanda Noëlie en tressaillant.

— Oui, M. Gilbert ! répliqua Mlle Ferral en baissant les yeux.

Au même moment les éclats de voix de Nicette s'élevèrent dans le vestibule. Une minute après elle rejoignait Alexine et Noëlie.

— Nous avons fait beaucoup de besogne en peu de temps, va ! D'abord nous revenons de chez nos pauvres, avec une moisson de bénédictions à partager entre tout le monde d'une façon équitable. Car enfin il faut être juste ; si nous savons consoler, c'est notre mère qui nous l'a appris ; l'or que nous semons, c'est notre père qui le gagne. Puis en quittant nos clients j'ai songé que, puisqu'on célébrait un mariage, nous pouvions bien choisir nos robes : j'ai pris du rose, le rose me va, et Claudie du bleu, mais un bleu ! Tu verras, Alexine, un rêve. Pour toi, nous avons trouvé une robe d'un ton d'ivoire qui te siéra merveilleusement, et nous t'offrons cette toilette en nous cotisant. Ah ! le mariage sera superbe, n'est-ce pas ? Noëlie...

— Oui, répondit-elle de cette même voix étrange qui troublait Alexine depuis un moment.

Elle prit le bras de Claudie, et ajouta :

— Si votre mère et le docteur sont rentrés, voulez-vous que nous passions de nouveau dans la pièce où sont étalées les merveilles de la corbeille de noces. J'ai à vous dire ce que Dieu m'a inspiré.

— Bon! fit Nicette, je vais chercher tout le monde.

— Ramenez M. Gilbert.

— Tout le monde! répéta Nicette.

En effet, du salon, puis de la chambre voisine arrivèrent Mme Ferral, puis le docteur et Gilbert Favières.

Celui-ci avait eu le temps de se remettre.

Noëlie l'enveloppa d'un long regard, regard indéfinissable dans lequel luttaient une résolution énergique et un incurable désespoir; puis, se rapprochant de la robe de mariée :

— J'accepte le présent que vous m'avez fait hier, Alexine, je revêtirai cette splendide parure... Et, croyez-le, ce jour-là je prierai pour vous du fond de mon âme.. Ce ne sera point dans une des grandes églises de Paris que vous m'en verrez parée, et pour cette fête je ne convoquerai qu'un petit, bien petit nombre d'amis... Je ne connais que vous, mes bienfaitrices et mes sœurs !... Oui, je paraîtrai devant l'autel toute blanche sous cette parure de vierge, mais ce ne sera point en m'appuyant sur le bras de M. Favières; ce sera entre les deux vénérables doyennes de la communauté qui m'acceptera.

— Quoi! s'écria Gilbert, vous songeriez?...

— Je sais qu'une vie flétrie comme la mienne ne doit appartenir qu'à Dieu... Le monde se montrerait plus implacable que vous... Gilbert Favières, reprenez la parole que vous m'avez donnée d'être mon soutien, mon mari... Je vous rends votre liberté, je sais que faire de la mienne... Il est des couvents où une pauvre fille comme moi peut vivre et mourir en paix... Le drap mortuaire sera jeté sur mon front avant l'heure du trépas, et plus tard nul n'apprendra que Noélie Dambrun a cessé de vivre... Ne gardez point sur la conscience le poids d'une erreur qui coûta l'existence à mon père... Dieu lui tiendra compte de l'âpreté de son calvaire... Ma mère vous a pardonné, je vous pardonne aussi... Serrez ma main, pour la dernière fois, puis rendez-la à Alexine, la fiancée que vous quittiez pour moi...

Noélie attira dans ses bras Alexine frémissante :

— Aimez-le bien! dit-elle, aimez-le profondément et toujours; du fond de mon cloître je prierai pour votre bonheur.

— Oh! Noëlie! s'écria Nicette, allez-vous donc nous quitter?

— Vous viendrez me voir au couvent, chère mignonne.

— Avez-vous réfléchi, Noëlie? demanda Gilbert.

— Oui, dit-elle. Entre nous un mariage est impossible ! Trop de souvenirs nous séparent.

Claudie enlaça doucement la taille de Noëlie :

— Ah ! noble fille ! dit-elle, tu te sacrifies pour eux !

— Tu m'as comprise, dit Noëlie en la pressant sur sa poitrine, et en collant ses lèvres sur sa joue. Il le fallait, vois-tu... Il le fallait...

Ce fut la dernière, l'unique marque de faiblesse qu'elle donna. Le jour même, Noëlie Dambrun, accompagnée de Mme Ferral, se rendait dans un couvent de Paris et demandait son admission. Elle fut aisément accordée. Deux jours plus tard la jeune fille laissait retomber derrière elle la lourde porte qui la séparait du monde.

Ce soir-là Mme Ferral dit à son mari :

— Je ne sais pourquoi je reste convaincue que Noëlie en rentrant de l'église entendit les derniers mots de l'entretien de Gilbert et d'Alexine.

— C'est le secret de Dieu ! répliqua le docteur ; cet ange a voulu porter seule le poids de la fatale erreur de Gilbert.

FIN.

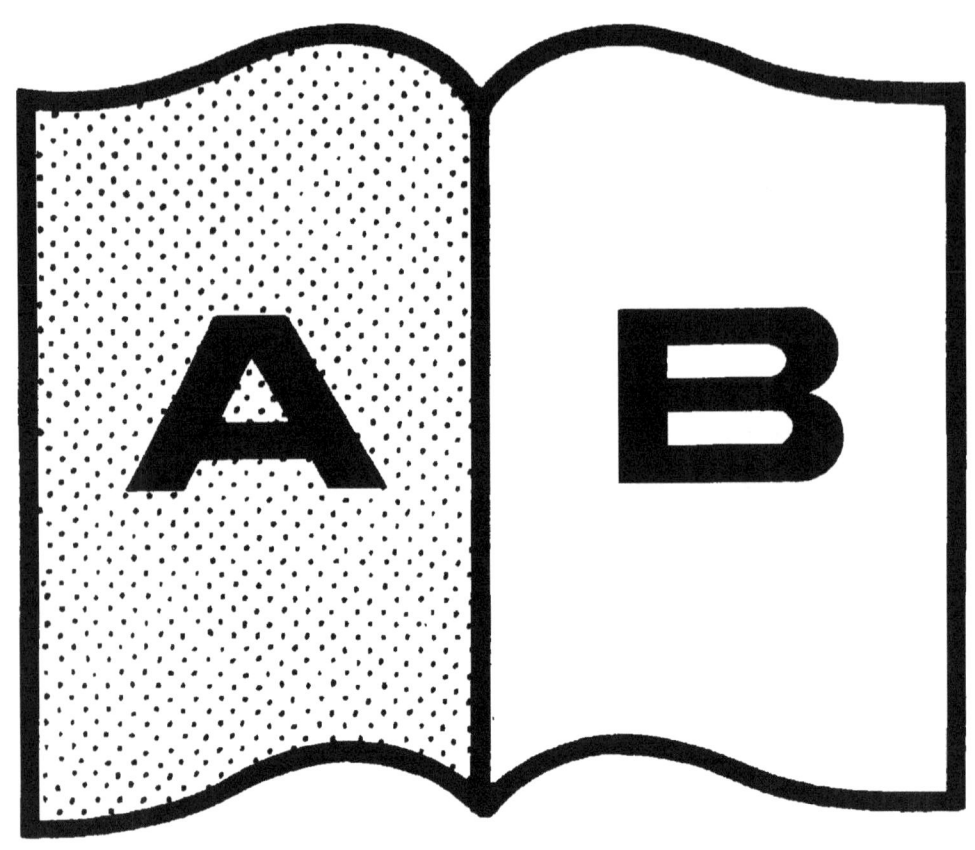

Contraste insuffisant

NF Z 43-120-14

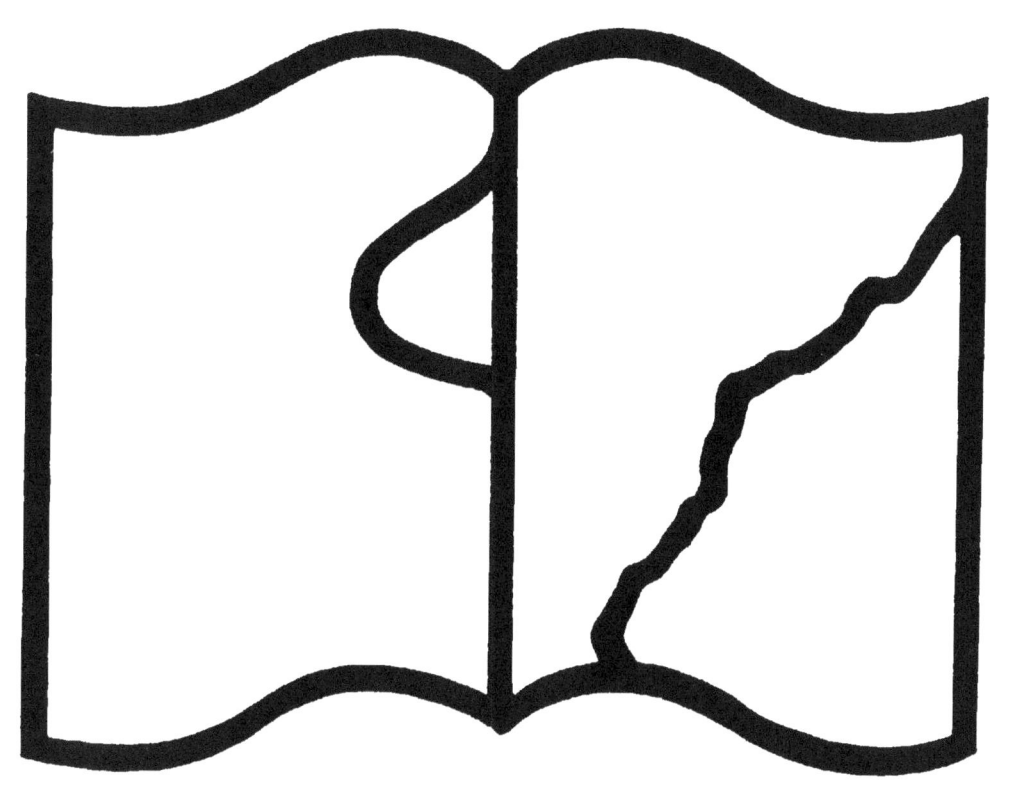

Texte détérioré — reliure défectueuse

NF Z 43-120-11

www.ingramcontent.com/pod-product-compliance
Lightning Source LLC
Chambersburg PA
CBHW071508160426
43196CB00010B/1457